Festival Romanistica

Contribuciones lingüísticas – Contributions linguistiques – Contributi linguistici – Contribuições linguísticas

Gunnel Engwall & Lars Fant (eds.)

STOCKHOLM UNIVERSITY PRESS

Published by
Stockholm University Press
Stockholm University
SE-106 91 Stockholm, Sweden
www.stockholmuniversitypress.se

Supporting Agency (funding): Department of Romance and Classical Studies, Stockholm University

First published 2015
Cover illustration by Liselotte Watkins Falk
Cover designed by Karl Edqvist, SUP

Stockholm Studies in Romance Languages (Online): ISSN 2002-0724

ISBN (Hardback): 978-91-7635-011-9
ISBN (EPUB): 978-91-7635-009-6
ISBN (Kindle): 978-91-7635-010-2
ISBN (PDF): 978-91-7635-008-9
DOI: http://dx.doi.org/10.16993/bac

Suggested citation:
Engwall, G. and Fant, L. (eds.) 2015. *Festival Romanistica. Contribuciones lingüísticas – Contributions linguistiques – Contributi linguistici – Contribuições linguísticas.* Stockholm: Stockholm University Press. DOI: http://dx.doi.org/10.16993/bac

To read the free, open access version of this book online, visit http://dx.doi.org/10.16993/bac or scan this QR code with your mobile device.

Stockholm Studies in Romance Languages

Stockholm Studies in Romance Languages (SSIRL) is a peer-reviewed series of monographs and edited volumes published by Stockholm University Press. SSIRL strives to provide a broad forum for research on Romance Languages of all periods, including both linguistics and literature. In terms of subjects and methods, the orientation is wide: language structure, variation and meaning, spoken and written genres as well as literary scholarship in a broad sense. It is the ambition of SSIRL to place equally high demands on the academic quality of the manuscripts it accepts as those applied by refereed international journals and academic publishers of a similar orientation.

Editorial Board

Titles in the series

1. Engwall, G. and Fant, L. (eds.) 2015. *Festival Romanistica. Contribuciones lingüísticas – Contributions linguistiques – Contributi linguistici – Contribuições linguísticas*. Stockholm: Stockholm University Press. DOI: http://dx.doi.org/10.16993/bac

Contenidos –Table des matières –
Indice – Índice

Prefacio

Una serie de circunstancias felices han impulsado la publicación de esta colección de artículos. Creada en 2001, la Escuela Nacional de Investigación en Lenguas Románicas (FoRom) ha formado hasta la fecha a 27 doctores en español, francés, italiano y portugués afiliados a las Universidades de Estocolmo, Växjö y Mälardalen. En 2010 la Lingüística Románica fue nombrada área de investigación de excelencia en la Universidad de Estocolmo. Al año siguiente fue creada la red científica RomLing, la cual coordina a los investigadores en la lingüística de las lenguas románicas de la Universidad de Estocolmo.

Con este telón de fondo se celebró en mayo de 2012 el *Festival de Lingüística Románica* en la Universidad de Estocolmo, con la participación de doctores egresados de la Escuela Nacional de Investigación en Lenguas Románicas y sus supervisores. Además de los representantes suecos –en su gran mayoría doctores egresados de FoRom– participaron cinco romanistas de renombre internacional, invitados al evento para dictar conferencias plenarias.

El presente volumen integra 19 contribuciones presentadas en el *Festival*, incluidas las de los cinco plenaristas. Entre estos, Patrick Charaudeau (Université Paris XIII, Francia) presenta una visión panorámica de la teoría de la lingüística del discurso. Los artículos de Anna Giacalone Ramat (Università di Pavia, Italia) y de María Antonia Martín Zorraquino (Universidad de Zaragoza, España) tienen ambos por objetivo describir la evolución y uso de marcadores discursivos –en italiano y en español, respectivamente– tomando en cuenta aspectos sintácticos, semánticos, discursivos y diacrónicos. La contribución de Augusto Soares da Silva (Universidade Católica Portuguesa – Braga, Portugal) así como la de Dominique Willems (Universiteit Gent, Bélgica) desde diferentes perspectivas teóricas dan cuenta de cuestiones relativas a la interfaz entre sintaxis y semántica, en portugués y en francés respectivamente.

Las contribuciones al volumen basadas en las plenarias reflejan y complementan el abanico de áreas de investigación en Lingüística

Románica representadas hoy día en la Universidad de Estocolmo: semántica, sintaxis, pragmática, análisis del discurso, lingüística diacrónica, traductología y uso/adquisición de segundas lenguas.

Tres contribuciones implican la comparación entre el sueco y una lengua románica: la de Emanuel Bylund y Linn Andersson Konke en el área de la semántica (metáforas espacio-temporales en español y sueco), la de Karin Lindqvist en la de la sintaxis (diversos tipos de aposición del nombre propio en francés y sueco) y la de Mary-Anne Eliasson en al área de la adquisición simultánea de primeras lenguas (respuestas mínimas en sueco y portugués). Dos otras contribuciones tratan de la reproducción de determinadas estructuras léxico-gramaticales suecas en la traducción literaria del sueco al francés: aquella de Maria Fohlin sobre los verbos de movimiento y la de Maria Rosenberg sobre los compuestos nominales.

El análisis del discurso perteneciente a diversos géneros constituye otra importante área, el artículo de Malin Roitman siendo dedicado a debates televisivos en francés, el de Igor Tchehoff, al aspecto económico del discurso novelístico del verismo italiano, y el de Maria Tell versando sobre la oposición subjetividad-objetividad en artículos de noticias de algunos diarios italianos.

Tres de los artículos versan sobre diferentes tipos de marcadores discursivos en español: el de Johan Falk sobre el uso en hablantes nativos de adjetivos modificados por "maximadores"; el de Johan Gille sobre el uso de "apéndices conversacionales" en hablantes nativos; el de Lars Fant acerca de las partículas *entonces* e *igual* en hablantes nativos y no nativos.

Thomas Johnen analiza los verbos volitivos en portugués a través de un acercamiento sintáctico, semántico y pragmático, mientras Olof Eriksson aborda el tema de los "pro-verbos" en francés desde una perspectiva diacrónica. Finalmente, el artículo de Ingmar Söhrman abarca una cuestión gramatical perteneciente a todas las lenguas románicas: el tiempo pluscuamperfecto en sus diversas formas y usos.

Es nuestra esperanza que la colección de artículos incluidos en el presente volumen aumente el interés por la investigación en Lingüística Románica y que sirva de inspiración a los estudiantes que serán sus futuros investigadores. Con este volumen hemos querido mostrar que las lenguas románicas constituyen un campo de investigación unitario y que la perspectiva comparativa es una vía fructífera.

Aparte de los coordinadores del volumen, el comité de redacción integra a los siguientes romanistas de la Universidad de Estocolmo, todos afiliados al Departamento de Estudios Románicos y Clásicos de la Universidad de Estocolmo y activos como supervisores en FoRom: Inge Bartning (francés), Luminiţa Beiu-Paladi (italiano), Johan Falk (español), Mats Forsgren (francés) y Thomas Johnen (portugués).

Coordinadores

Gunnel Engwall
Lars Fant

Préface

La publication de ce recueil d'articles a été inspirée par une heureuse série de circonstances : créée en 2001, l'École Doctorale Nationale de Linguistique Romane (FoRom) a formé à ce jour 27 docteurs en espagnol, français, italien et portugais, affiliés aux universités de Stockholm, Växjö et Mälardalen. En 2010, la Linguistique Romane a été promue domaine de recherche d'excellence à l'Université de Stockholm et l'année suivante a été créé le réseau scientifique « RomLing », coordonnant les chercheurs en linguistique romane à l'Université de Stockholm.

Au vu de ces prémisses, on a conçu et organisé en mai 2012 un *Festival de Linguistique Romane*, réunissant des docteurs formés dans l'École doctorale FoRom, ainsi que leurs directeurs respectifs. Outre les représentants suédois – dans leur grande majorité, docteurs issus de FoRom – cinq romanistes de renommée internationale ont été invités pour donner des conférences plénières.

Le présent volume renferme les 19 contributions présentées lors du *Festival*, y inclus les conférences plénières. Parmi ces dernières, Patrick Charaudeau (Université Paris XIII, France) fournit un panorama de la théorie de la linguistique du discours. Les articles de Anna Giacalone Ramat (Università di Pavia, Italie) et de María Antonia Martín Zorraquino (Universidad de Zaragoza, Espagne) ont pour objectif de décrire l'évolution et l'usage de marqueurs discursifs – en italien et en espagnol, respectivement – en considérant des aspects syntaxiques, sémantiques, discursifs et diachroniques. La contribution d'Augusto Soares da Silva (Universidade Católica Portuguesa – Braga, Portugal), tout comme celle de Dominique Willems (Universiteit Gent, Belgique), rendent compte selon différentes perspectives théoriques, en portugais et en français, de questions portant sur l'interface entre syntaxe et sémantique.

Les contributions faites par les conférenciers invités reflètent et complètent l'éventail des domaines de recherche représentés par la linguistique romane de l'Université de Stockholm: sémantique, syntaxe,

pragmatique, analyse du discours, linguistique diachronique, traductologie et acquisition/maîtrise des langues secondes.

Ainsi, trois contributions traitent la comparaison entre le suédois et
une langue romane: celle d'Emanuel Bylund et Linn Andersson Konke
en sémantique (métaphores spatio-temporelles en espagnol et suédois);
celle de Karin Lindqvist en syntaxe (différents types d'« apposition »
du nom propre en français et en suédois); celle de Mary-Anne
Eliasson dans le domaine de l'acquisition simultanée de deux langues
premières (réponses minimales en suédois et en portugais). Deux autres
études traitent des thèmes relatifs à la reproduction de certaines structures lexico-grammaticales suédoises dans la traduction littéraire du
suédois en français : celle de Maria Fohlin sur les verbes de mouvement,
et Maria Rosenberg sur les composés nominaux.

Un autre domaine important est celui de l'analyse du discours portant sur des genres différents : l'article de Malin Roitman a pour objet
des débats présidentiels télévisés ; celui d'Igor Tchehoff porte sur l'aspect économique du discours des romanciers véristes italiens, alors que
celui de Maria Tell aborde l'opposition subjectivité-objectivité dans des
articles d'actualités de certains quotidiens italiens.

Trois textes mettent le focus sur différents types de marqueurs discursifs en espagnol : celui de Johan Falk traite l'usage des adjectifs modifiés
par des « maximisateurs » chez des locuteurs natifs ; celui de Johan
Gille, l'emploi d' « appendices conversationnels » chez des locuteurs
natifs ; puis, Lars Fant étudie dans sa contribution l'usage des particules
entonces et *igual* chez des locuteurs natifs et non natifs.

Thomas Johnen analyse dans une perspective syntaxique, sémantique et pragmatique les verbes volitifs portugais, alors qu'Olof
Eriksson livre une analyse diachronique des « pro-verbes » en français.
Finalement, Ingmar Söhrman aborde une question grammaticale pertinente pour toutes les langues romanes : les différentes formes et l'usage
du plus-que-parfait.

C'est notre espoir que ce recueil d'articles contribuera à promou-
voir l'intérêt pour la recherche en linguistique romane en général,
voire inspirer des étudiants et futurs chercheurs. Avec ce volume, nous
avons voulu souligner que les langues romanes constituent un champ
de recherches unitaire et que la perspective comparative est une piste
fructueuse.

Outre les éditeurs du présent volume, le comité de rédaction a compris les personnes suivantes, toutes affiliées au Département d'Études
Romanes et Classiques de l'Université de Stockholm et actives en

tant que directeurs et directrices de FoRom: Inge Bartning (français), Luminiţa Beiu-Paladi (italien), Johan Falk, (espagnol), Mats Forsgren (français) et Thomas Johnen (portugais).

Éditeurs

Gunnel Engwall
Lars Fant

Prefazione

Una serie di circostanze felici ha dato impulso alla pubblicazione di questa raccolta di articoli. Creata nel 2001, la Scuola Nazionale di Ricerca nelle Lingue Romanze (FoRom) ha formato sinora 27 dottori di ricerca in francese, italiano, portoghese e spagnolo alle Università di Stoccolma, Växjö e Mälardalen. Nel 2010 la Linguistica Romanza è stata nominata area di ricerca d'eccellenza presso l'Università di Stoccolma. L'anno successivo è stata creata la rete scientifica RomLing, che coordina i ricercatori di linguistica delle lingue romanze dell'Università di Stoccolma.

Partendo da queste premesse, nel maggio 2012 all'Università di Stoccolma è stato celebrato il *Festival della Linguistica Romanza*, che ha visto la partecipazione dei dottori di ricerca formati presso la Scuola Nazionale e dei loro rispettivi relatori. Oltre ai partecipanti svedesi – in prevalenza dottori formati alla FoRom – sono stati invitati a tenere le conferenze plenarie cinque romanisti di fama internazionale.

Il volume contiene 19 contributi presentati in occasione del *Festival*, incluse le conferenze plenarie. Tra queste il contributo di Patrick Charaudeau (Université Paris XIII, Francia) fornisce una visione panoramica della teoria della linguistica del discorso. Gli articoli di Anna Giacalone Ramat (Università di Pavia, Italia) e di Maria Antonia Martín Zorraquino (Universidad de Zaragoza, Spagna) hanno come obiettivo descrivere l'evoluzione e l'uso dei segnali discorsivi rispettivamente in italiano e in spagnolo, tenendo conto degli aspetti sintattici, semantici, discorsivi e diacronici. Tanto il contributo di Augusto Soares da Silva (Universidade Católica Portuguesa – Braga, Portogallo) quanto quello di Dominique Willems (Universiteit Gent, Belgio) partono da prospettive teoriche diverse per trattare questioni riguardanti l'interfaccia sintassi/semantica rispettivamente in portoghese e in francese.

I contributi presentati nelle conferenze plenarie riflettono e completano il ventaglio delle aree di ricerca nella linguistica romanza presenti finora all'Università di Stoccolma: semantica, sintassi, pragmatica, analisi del discorso, linguistica diacronica, traduttologia e padronanza/acquisizione di una lingua seconda.

Tre contributi trattano il paragone tra lo svedese e una lingua romanza: quello di Emanuel Bylund e Linn Andersson Konke nell'area semantica (metafore spazio-temporali in spagnolo e in svedese), quello di Karin Lindqvist nel campo della sintassi (diversi tipi d'apposizioni del nome proprio in francese e in svedese), quello di Mary-Anne Eliasson nell'area dell'acquisizione simultanea delle prime lingue (risposte minimali in svedese e portoghese). Due altri contributi trattano temi riguardanti la riproduzione di certe strutture lessico-grammaticali svedesi nella traduzione letteraria dallo svedese al francese: quello di Maria Fohlin sui verbi di movimento e quello di Maria Rosenberg sui composti nominali.

Un altro campo importante è quello dell'analisi del discorso riguardante generi diversi. L'articolo di Malin Roitman ha come oggetto i dibattiti presidenziali televisivi, quello di Igor Tchehoff, l'aspetto economico nel discorso dei romanzieri veristi italiani, mentre quello di Maria Tell riguarda l'opposizione soggettività-oggettività in articoli di cronaca di alcuni quotidiani italiani.

Tre articoli si soffermano sui diversi tipi di marcatori discorsivi in spagnolo: quello di Johan Falk tratta l'uso dei "massimizzatori" con aggettivi presso i parlanti nativi, quello di Johan Gille, l'uso delle "appendici conversazionali" nei parlanti nativi e quello di Lars Fant, l'uso dei segnali discorsivi *entonces* e *igual* presso i parlanti nativi e non nativi.

Thomas Johnen analizza i verbi volitivi in portoghese attraverso un approccio sintattico, semantico e pragmatico, mentre Olof Eriksson presenta un'analisi diacronica dei "pro-verbi" in francese. Infine, Ingmar Söhrman tratta una questione grammaticale riguardante tutte le lingue romanze: le varie forme e l'uso del piuccheperfetto/trapassato prossimo.

È nostra speranza che questa raccolta di articoli aumenti l'interesse per la ricerca nell'ambito della linguistica romanza, servendo da ispirazione per tutti quegli studenti che diventeranno futuri ricercatori. Con questo volume vogliamo dimostrare che le lingue romanze costituiscono un campo di ricerca unitario e che la prospettiva comparativa è un percorso fruttuoso.

Oltre ai curatori del presente volume, il comitato di redazione è costituito dai seguenti romanisti dell'Università di Stoccolma, tutti affiliati al Dipartimento di Studi Romanzi e Classici dell'Università di Stoccolma e attivi come relatori nella FoRom: Inge Bartning (francese), Luminiţa Beiu-Paladi (italiano), Johan Falk (spagnolo), Mats Forsgren (francese) e Thomas Johnen (portoghese).

Curatori

Gunnel Engwall
Lars Fant

Prefácio

Várias circunstâncias felizes contribuíram para a publicação desta recolha de artigos. A Escola Nacional de Pesquisa em Línguas Românicas (FoRom) formou até à presente data 27 doutores em Espanhol, Francês, Italiano e Português nas universidades de Estocolmo, Växjö e Mälardalen. No ano de 2010, a linguística românica foi declarada área de investigação científica de excelência pela Universidade de Estocolmo e no ano seguinte foi criada a rede científica RomLing, reunindo todos os pesquisadores e doutorandos da linguística das línguas românicas ativos na Universidade de Estocolmo.

Neste contexto foi celebrado em maio de 2012 o *Festival de Linguística Românica* na Universidade de Estocolmo com a participação de doutores da Escola Nacional de Investigação em Línguas Românicas e os seus respectivos orientadores de tese. Também participaram cinco prestigiados romanistas provenientes de cinco universidades europeias, convidados para o evento para dar conferências plenárias.

O presente volume abrange 19 contribuições apresentadas no *Festival*, incluindo as dos cinco conferencistas plenários. Entre eles, Patrick Charaudeau, Université Paris XIII (França), apresenta uma visão panorâmica da teoria da linguística do discurso. Os artigos de Anna Giacalone Ramat, Università di Pavia (Itália), e de María Antonia Martín Zorraquino, Universidad de Zaragoza (Espanha), têm ambos por objetivo descrever a evolução e uso de marcadores discursivos – em italiano e em espanhol respetivamente – levando em conta aspectos sintáticos, semânticos, discursivos e ainda diacrónicos. A contribuição de Augusto Soares da Silva, Universidade Católica Portuguesa – Braga (Portugal) assim como a de Dominique Willems, Universiteit Gent (Bélgica) tratam de questões relativas à interface entre sintaxe e semântica, em português e francês, respetivamente.

As contribuições para este volume que se baseiam nas conferências plenárias refletem e complementam o espetro das áreas de pesquisa representadas hoje na Universidade de Estocolmo: a semântica, a sintaxe, a análise do discurso, a linguística diacrónica, a tradutologia e o uso/aquisição de línguas segundas.

Três contribuições implicam a comparação entre o sueco e uma língua românica: a de Emanuel Bylund e Linn Andersson Konke na área da semântica (metáforas espaço-temporais no espanhol e no sueco), a de Karin Lindqvist na área da sintaxe (diferentes tipos de aposição do nome próprio em francês e sueco) e a de Mary-Anne Eliasson na área de estudo da aquisição simultânea de línguas primeiras (respostas curtas em sueco e português). Duas outras contribuições tratam da reprodução de certas estruturas léxico-gramaticais suecas na tradução literária do sueco para o francês: a de Maria Fohlin sobre os verbos de movimento e a de Maria Rosenberg sobre os substantivos compostos.

A análise do discurso pertencente a diferentes géneros constitui outra área importante, com o artigo de Malin Roitman dedicado a debates televisivos em francês, o de Igor Tchehoff, ao aspeto económico no discurso de romanceiros veristas italianos, e o de Maria Tell tratando da oposição subjetividade-objetividade em artigos de notícias de jornais diários italianos.

Três dos artigos dedicam-se à descrição de diferentes tipos de marcadores discursivos em espanhol: o de Johan Falk sobre o uso em falantes nativos de adjetivos modificados por "maximizadores"; o de Johan Gille sobre o uso dos "apêndices conversacionais" em falantes nativos; finalmente, o de Lars Fant sobre as partículas *entonces* e *igual* em falantes nativos e não nativos.

Thomas Johnen analisa os verbos volitivos em português através de uma abordagem sintática, semântica e pragmática, enquanto que Olof Eriksson examina os "pro-verbos" do francês a partir de uma perspectiva diacrónica. Finalmente, o artigo de Ingmar Söhrman abrange uma questão gramatical comum a todas as línguas românicas: o tempo mais-que-perfeito nas suas diversas formas e usos.

Esperamos que esta recolha de artigos aumente o interesse pela pesquisa na área de Linguística Românica e que sirva de inspiração para os alunos que serão os futuros pesquisadores. Com este volume tencionamos mostrar que as línguas românicas constituem um campo de pesquisa unitário e que a perspectiva comparativa é um caminho frutífero.

Além dos organizadores deste volume, os seguintes romanistas da Universidade de Estocolmo, sendo todos orientadores de tese da FoRom, integraram o comité de redação: Inge Bartning (francês),

Luminiţa Beiu-Paladi (italiano), Johan Falk (espanhol), Mats Forsgren (francês) e Thomas Johnen (português).

Organizadores

Gunnel Engwall
Lars Fant

Ecclesia Militans/Sapientia Divina, oil on panel, 96x63 cm, attributed to Jacob (Jacques) de Backer (c. 1540/45-c 1591/1600), Antwerp. J.A. Berg Collection, Stockholm University, Inv. No. 293. Photographer: Jean-Baptiste Béranger (permission to publish with a CC-BY Creative Commons license obtained from Jean-Baptiste Béranger and Stockholm University).

Plenarias – Plénières – Plenarie – Plenárias

1. De la linguistique de la langue à la linguistique du discours, et retour[1]

Patrick Charaudeau

Université Paris XIII

1. Introduction

Le terme de linguistique est devenu ambigu. À quelle notion renvoie-t-il ? En ses débuts, avec l'arrivée du structuralisme, il était réservé aux études descriptives et non prescriptives de la langue, s'opposant ainsi à la grammaire, dite traditionnelle. La linguistique était alors la discipline qui analysait les systèmes phonologique, morphologique, syntaxique et sémantique des langues. Et puis le domaine s'est élargi aux aspects sociologiques (sociolinguistique), psychologique (psycholinguistique), ethnologique (ethnolinguistique) de la langue, et à ses divers usages : communicationnel, conversationnel, ethnographique, engendrant par là même des courants disciplinaires tels la sémiotique et l'analyse des discours.

Cela est vite dit et ne tient pas compte de la multiplicité des théories et des méthodologies qui sont nées pour tenter de rendre compte de ces différents aspects et de leur combinaison. Mais il ressort de cet ensemble quelque peu hétérogène deux grandes tendances du point de vue de la constitution de l'objet et de la démarche d'analyse. L'une qui est centrée sur l'étude des systèmes des langues dans leurs diverses dimensions comme on vient de le dire, l'autre davantage centrée sur les usages, le langage en tant qu'acte et ses procédés de mise en scène. Ces deux tendances ne sont pas exclusives l'une de l'autre ; on verra comment elles s'articulent, mais en leur fondement théorico-méthodologique elles se différencient suffisamment pour que l'on puisse distinguer – ce que j'ai proposé dans d'autres écrits – une *linguistique de la langue* et une *linguistique du discours*.

Comment citer ce chapitre :
Charaudeau, Patrick, De la linguistique de la langue à la linguistique du discours, et retour. In: Engwall, Gunnel & Fant, Lars (eds.) *Festival Romanistica. Contribuciones lingüísticas – Contributions linguistiques – Contributi linguistici – Contribuições linguísticas.* Stockholm Studies in Romance Languages. Stockholm: Stockholm University Press. 2015, pp. 3–12. DOI: http://dx.doi.org/10.16993/bac.a. License: CC-BY

C'est en me plaçant du point de vue sémantique que je voudrais montrer ce qui justifie cette distinction. Car de ce point de vue, on est obligé de s'interroger non seulement sur le sens des mots, en soi, mais aussi sur le sens qu'ils transmettent. Roland Barthes, toujours aussi pertinent, a rappelé que si le signe « signifie », on oublie qu'il « signifie à »[2]. En effet, le phénomène de signifiance résulte de ces deux orientations : une orientation centripète qui tend à stabiliser le sens sur lui-même, une orientation centrifuge qui tend à construire du sens en fonction de ses conditions d'emploi dans des actes de communication. On peut dire que le langage signifie en même temps qu'il transmet du sens, que c'est dans l'acte même de transmission qu'il signifie avec une intention de produire un certain effet sur l'autre du langage. Interrogeons-nous donc sur ce double sens qu'on dira de langue et de discours.

2. Le sens de langue n'est pas le sens de discours

Soit l'énoncé : « J'ai trente ans ». Une analyse sémantique, hors contexte, permettrait de montrer qu'il s'agit d'une assertion dans laquelle à un certain actant (*Je*) est attribuée (*avoir*) une certaine propriété (*ans*), laquelle est quantifiée (*trente*), le tout dans un acte d'énonciation qui dit que cette assertion doit être rapportée au sujet parlant lui-même (*Je*) dans une modalisation élocutive d'affirmation. Si, de plus, on consulte un dictionnaire, on apprendra que ce « ans » désigne une certaine segmentation du temps, et que, combiné à une certaine quantification (de *un* à *cent*), il peut désigner un âge de la vie.

Si maintenant on considère cet énoncé en contexte communicationnel, émanant d'un certain locuteur, comme une réplique à une assertion antérieure. Par exemple, imaginons qu'un locuteur conversant avec un ami qui s'étonne de le voir se retirer de la compétition sportive, réplique : « J'ai trente ans » ; alors cet énoncé signifiera : 'Je suis trop vieux'. Cela suppose évidemment que le locuteur en question soit un sportif et que l'interlocuteur le sache. Imaginons maintenant qu'il s'agit d'une personne qui vient d'être licenciée d'une entreprise, qu'elle en informe un de ses amis et que celui-ci tente une explication : « C'est peut-être parce que tu as passé l'âge ? » ; alors l'énoncé « J'ai trente ans » signifiera quelque chose comme : 'Pourtant, je suis encore jeune'.

Dès lors, on peut se poser la question de savoir quelle grammaire et quel dictionnaire pourraient dire que cet énoncé signifie 'vieux' ou 'jeune' ? Une chose est ce que signifient les mots en langue, autre chose ce qu'ils signifient en contexte communicationnel, lequel détermine l'enjeu de l'acte de langage. C'est que l'enjeu de l'acte de langage ne se trouve pas tant dans l'explicite de ce qui est dit (la langue) que dans l'implicite qu'il véhicule, la combinaison des deux fabriquants du discours. Tout acte de langage a, de façon constitutive, une double dimension *explicite* et *implicite*, indissociable l'une de l'autre.

3. Deux conceptualisations du signe

De cette observation, on peut tirer un certain nombre de conséquences quant à la façon de concevoir ce que serait la conceptualisation du signe linguistique:

- le *signe de langue*, d'après une tradition maintenant bien établie, se définit selon une triple dimension : *structurelle*, car il s'informe et se sémantise de façon systémique au croisement des co-occurrences syntagmatiques (combinaison de *trente* et *ans*) et des oppositions paradigmatiques (*Je* n'est pas *Tu*, *an* n'est pas *mois*, et réciproquement) ; *contextuelle*, dans la mesure où il est investi de sens par un contexte linguistique qui doit assurer une certaine isotopie ; *référentielle* dans la mesure ou tout signe réfère à une réalité du monde dont il construit la signifiance.
- le *signe de discours*, lui, se définit selon une double dimension : *situationnelle* et *énonciative*, car il dépend pour son sens des composantes de la situation de communication et d'un certain processus d'énonciation dans lesquels il apparaît ; *interdiscursive* (ou intertextuelle)[3], car son sens dépend également des discours déjà produits qui constituent des domaines de savoir normés.

Cela explique que le *signe de lang*ue soit répertoriable, catégorisable, et que son sens relève du *probable*, parce que parmi un ensemble de sens possibles, au vu des combinaisons syntagmatiques et des oppositions paradigmatiques, tout récepteur ou observateur entendra, probablement, la même chose. Par exemple : étant donné les sens possibles de *an*, sa *quantification*, son *attribution à une personne*, on s'entendra sur le sens probable de : 'âge', ce que pourra confirmer le dictionnaire, comme l'un des sens possibles. Le *signe de discours*, lui, n'est pas catégorisable car il est toujours dépendant d'autre chose que de lui-même, d'un quelque chose d'externe à l'énoncé, son sens relevant du *plausible*. Par exemple : étant donné que c'est un sportif de haut niveau qui parle en justifiant son retrait de cette activité, étant donné un savoir sur la

limite d'âge des sportifs au regard de la compétition, on peut en infé-
rer, plausiblement : 'il est trop vieux', et dans ce cas, le dictionnaire ne
sera d'aucun recours. De même, si un mot comme « intellectuel », dans
un énoncé du genre : « C'est un intellectuel ! », peut prendre tantôt
une valeur positive, tantôt une valeur négative, c'est parce que circulent
dans les groupes sociaux des discours qui, soit, opposent les intellectuels aux sportifs ou aux gens qui savent s'engager physiquement dans
des actions (valeur négative), soit les opposent à ceux qui n'agissent que
par pulsion, sans se contrôler, sans réfléchir (valeur positive).

On voit donc que le signe fait l'objet d'une double conceptualisation:
une *conceptualisation linguistique* (de la langue) qui se fait dans un
double mouvement de sémantisation entre l'universel et le particulier, le
particulier et l'universel, à des niveaux plus ou moins abstraits, comme
le montrent les travaux des sémanticiens et les théories des prototypes
et des topoï[4] ; une *conceptualisation discursive* (du discours) qui se fait
dans un double mouvement de sémantisation entre une norme sociale
et une spécificité individuelle de savoir, le savoir étant ici conçu comme
un ensemble de systèmes de connaissance et de croyance partagées. On
voit que pour déterminer le sens de discours il faut avoir recours à du
contexte. Mais, qu'est-ce que le contexte ?

4. De la diversité des contextes

Voilà encore une notion passe-partout. Lorsqu'elle est définie, c'est
tantôt de façon générale (tout est contexte), tantôt de façon restrictive, comme l'ensemble des co-occurrents qui environne physiquement
une unité linguistique ; tantôt elle est confondue avec la situation de
communication (le contexte d'une conférence), tantôt elle désigne plus
amplement la dimension culturelle d'un phénomène (le contexte américain ou le contexte français).

Si l'on adopte le point de vue du sujet parlant dans son travail de
production du langage, on peut supposer que pour réaliser son acte
de langage, il tient compte, à la fois, de *l'environnement linguistique*
immédiat de l'énoncé, de la *situation d'énonciation* et des *discours*
déjà produits. Si l'on adopte le point de vue du récepteur dans son
travail d'interprétation, il est aisé de constater qu'il doit avoir recours
à plusieurs types de contexte : un *contexte linguistique* constitué des
co-occurrents permettant de déterminer le sens premier des mots ; un
contexte textuel constitué de textes produits par une même source (par
exemple, les divers écrits d'un même auteur) qui permet par exemple de

saisir ce que signifie le mot « œil » chez Baudelaire ; un *contexte para-textuel* constitué de textes ou fragments de textes se trouvant en coprésence dans un même espace scriptural (les titres, sous-titres, chapeaux, légendes d'une page de journal) ; un *contexte hypertextuel*[5], constitué de textes qui se citent, se renvoient les uns aux autres, se reprennent et se transforment, comme sont les pastiches et parodies ; un *contexte intertextuel* (ou *interdiscursif*), constitué de textes et discours qui circulent dans l'espace social, et qui sont convoqués par le sujet récepteur pour justifier ses interprétations.

À ces différents types de contexte, il faut ajouter un contexte qui tient également compte d'un « hors-texte » (parfois appelé *cotexte*), c'est-à-dire des données présentes dans les conditions de production de l'acte de langage : *le contexte situationnel*[6]. Il s'agit, ici, de la situation de communication qui nous oblige (que l'on soit en position d'interlocuteur, de lecteur ou même d'analyste) à nous interroger sur l'*identité* de celui qui parle (un sportif, un travailleur), sur la *finalité* de l'échange (informer) qui détermine l'enjeu de signification de l'échange langagier, sur le *dispositif* et les *circonstances matérielles* (conversation) de celui-ci. Cet ensemble de composantes constitue les conditions de production du discours.

5. Les trois dimensions de l'acte de langage

Cette observation conduit à avancer que l'activité langagière des êtres parlants s'appuie à la fois sur une mémoire *linguistique* (l'organisation des systèmes), une mémoire *interdiscursive* (les savoirs supposément partagés) et une mémoire *situationnelle* (les conditions psychologiques et sociologiques de l'acte de communication). Des mouvements centripète et centrifuge, à l'articulation desquels se construit le sens qui consiste pour les sujets à parler du monde à travers leur relation à l'autre. Aussi peut-on dire que l'acte de langage comprend trois dimensions :

1. une dimension *topicalisante* où se construisent les savoirs sur le monde : savoirs de connaissance et savoirs de croyance qui constituent les « imaginaires sociaux » qui caractérisent une société. C'est-à-dire la façon dont les individus vivant en société se représentent le monde et jugent les comportements humains, organisant ces savoirs en doctrines, idéologies ou tout simplement opinions plus ou moins stéréotypées. C'est ce phénomène de circulation et d'entrecroisement des paroles qui s'échangent

dans l'espace public ou interpersonnel, qui est appelé, parfois, « intertextualité » (Genette)[7], parfois, « dialogisme » (Bakhtine)[8], parfois, « interdiscursivité ».

2. une dimension *énonciative* où se joue la *mise en scène discursive* avec son organisation descriptive, narrative, argumentative, énonciative et le choix des mots du lexique qui l'accompagne. Cependant, il convient ici de distinguer l'énonciation du point de vue de la langue et du point de vue du discours, bien que les deux soient intimement liés[9]. Du point de vue de la langue, l'énonciation a été définie par les textes, considérés comme fondateurs, d'Emile Benveniste[10] qui pose la présence des sujets *Je* et *Tu* comme déterminant l'acte même de langage, dans la mesure où parler, c'est toujours, pour un locuteur *Je*, s'adresser à un interlocuteur *Tu*, lequel peut à son tour prendre possession de la parole. Il s'établit ainsi entre eux un rapport de réciprocité non symétrique : pas de *Je* sans *Tu*, pas de *Tu* sans *Je*. À partir de ce principe de fonctionnement du langage, — qui détermine la présence de « l'homme dans la langue » — Benveniste décrit ce qu'il appelle l'appareil formel de l'énonciation[11], c'est-à-dire l'ensemble des formes et systèmes linguistiques qui expriment d'une façon ou d'une autre les différents positionnements du sujet parlant en relation avec son interlocuteur et ce qu'il dit : les pronoms personnels de 1ère et 2ème personne (positionnement des locuteurs), les temps des verbes et les adverbes de temps (positionnement dans le temps), les déictiques (positionnement par rapport à l'espace), les verbes, les adverbes de modalité et le discours rapporté (positionnement par rapport à l'énoncé), enfin, des adjectifs affectifs (positionnement par rapport à la subjectivité du locuteur). Du point de vue du discours, l'énonciation englobe la totalité de l'acte de langage. C'est le processus par lequel un sujet parlant met en scène son dire, l'ordonnant en fonction de divers paramètres lui permettant de construire une description, un récit, une argumentation, etc. Il s'agit là de deux définitions de l'énonciation dont on voit cependant comment elles s'articulent, la conception discursive déterminant la mise en scène de l'acte de langage, mais à l'aide de la conception linguistique qui fournit au sujet parlant l'appareil des marques linguistiques avec lesquelles il pourra s'exprimer.

3. une dimension *communicationnelle* qui oblige à prendre en compte l'aspect externe de l'acte de langage, là où se trouvent

ses conditions psycho-sociales de production et d'interprétation. On ne peut parler, écrire ni interpréter si on ne tient pas compte de ces prédéterminations. C'est ce qui fait qu'une même phrase n'aura pas le même sens et ne produira pas le même effet selon la situation dans laquelle elle a été produite : qui parle à qui (*identité*), avec quel enjeu (*finalité*), dans quel dispositif (*genre*). Cet ensemble de conditions de production/interprétation situationnelles constitue un *contrat de communication*, lieu de contraintes, qui donne des *instructions discursives* au sujet parlant, contraintes qu'il devra suivre pour procéder à son acte d'énonciation, et dont le sujet interlocuteur devra tenir compte pour interpréter. La situation de communication ne se confond donc pas avec la situation d'énonciation : la première concerne les conditions externes de production (englobante), la seconde, la mise en scène discursive (spécifiante), en fonction des instructions données par la première, et en ayant recours à l'appareil de l'énonciation que lui fournit le système linguistique.

6. Le sens se construit par inférence

Le sens se construit à l'articulation de ces trois dimensions, ce qui veut dire qu'il n'est pas ce qui émane du seul énoncé, mais de celui-ci inscrit dans un ensemble de conditions de production. De plus, la seule intention du sujet parlant n'est pas non plus ce qui constitue la totalité du sens, car il y a toujours un sujet interprétant qui lui, aussi, construit du sens, et c'est donc de la rencontre entre les deux partenaires de l'échange langagier dans une situation donnée que surgit un ensemble de sens possibles. Le sens d'un acte de langage, quel qu'il soit, est toujours le résultat d'une *co-construction*.

Une phrase comme « Les noirs sont différents des blancs » n'est pas raciste en soi. Elle le sera si nous savons : *qui* la prononce (par exemple, un acteur politique d'extrême droite, dont les discours sont explicitement racistes) ; dans quelle *dispositif* (par exemple, une interview journalistique, lors d'une campagne électorale) ; dans quelle *mise en scène énonciative* (une constatation empirique qui se veut d'évidence, pour justifier une discrimination sociale). Mais cette même phrase prononcée par un ethnologue qui est en train de décrire le statut qu'occupent les individus dans une population métissée, n'aura pas un effet de sens raciste.

Du coup, on voit que la production de sens, qu'elle provienne d'un sujet locuteur ou d'un sujet récepteur, résulte d'une activité *inférentielle*, non nécessairement *prévisible*, parce qu'elle s'appuie sur divers contextes. Et selon le type de contexte auquel on se réfère, on aura affaire à des *inférences contextuelles, situationnelles ou interdiscursives*, ce que représente le schéma suivant :

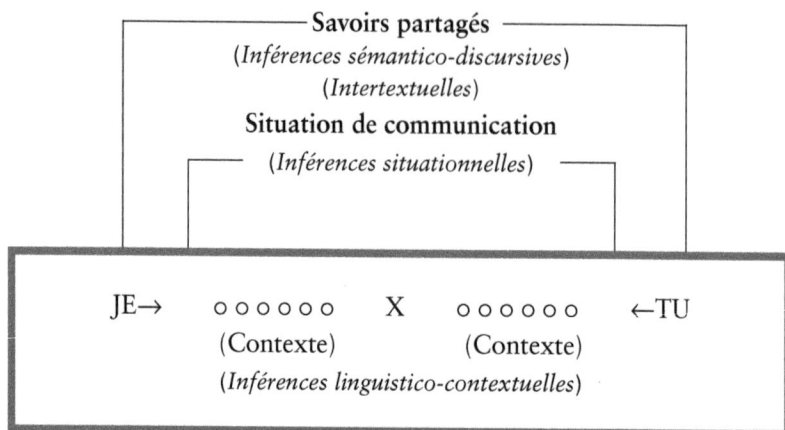

```
┌──────────────── Savoirs partagés ────────────────┐
│                (Inférences sémantico-discursives)  │
│                     (Intertextuelles)              │
│              Situation de communication            │
│        ┌──── (Inférences situationnelles) ────┐    │
│        │                                       │    │
┌────────┴───────────────────────────────────────┴────────┐
│                                                          │
│   JE→    o o o o o o    X    o o o o o o    ←TU          │
│          (Contexte)          (Contexte)                  │
│          (Inférences linguistico-contextuelles)          │
│                                                          │
└──────────────────────────────────────────────────────────┘
```

Le sens de discours n'est donc pas, comme on a voulu le dire à un moment donné, une transposition du sens de la phrase dans un au-delà de celle-ci. Car le sens de la phrase est de l'ordre de la *prédication*, alors que le sens du discours est de l'ordre de la *problématisation*. Sens de langue et sens de discours ne suivent pas les mêmes procédures de calcul : le premier s'obtient par un calcul déductif de probabilité, le second, par calcul d'inférence plausible selon les trois types ci-dessus décrits.

7. Du sens de langue au sens de discours via l'énonciation

Après avoir distingué ces deux types de signe, ces deux procédés de calcul du sens, on pourrait se demander si il n'existe pas tout de même un lien entre les deux, car on peut aussi défendre l'idée que le langage est un tout qui dans ses différentes réalisations tisse une toile sémantique, parfois labyrinthique, dont chaque fil est lié de façon plus ou moins directe aux autres. Ce lien, pour moi, se trouve dans l'énonciation, dans le procédé de mise en scène énonciative. Car c'est par lui que s'intriquent les sens de langue et de discours. À force d'intrication, ce qui dépend de l'aléa des contextes finit par s'inscrire dans la langue, et le sens de discours plausible, spécifique d'une situation particulière, par récurrence, s'ajoute aux autres traits sémantiques du signe en constituant par sédimentation une potentialité de sens, ensuite disponible pour d'autres emplois. C'est ainsi qu'évoluent les langues. Si « 30 ans » peut signifier 'jeune' ou 'vieux', si « intellectuel » peut signifier une qualité positive ou négative, ce n'est pas que ces termes soient directement porteurs de ces sens (une fois de plus on ne pourrait les répertorier dans un dictionnaire), c'est que ces mots ont dans leur sémantisme quelque chose (un ou des traits) qui — sans être explicite — est potentiellement disponible, ce qui leur donne la capacité d' « accueillir » des sens non prévus qui sont apportés par le contexte interdiscursif dont j'ai parlé. C'est aussi cette virtualité qui permet d'expliquer l'évolution du sens des mots. Comment est-on passé du « purros » grec qui signifiait 'roux' et 'feu' au latin « burra » qui signifiait 'étoffe de longs poils' à « robe de bure », « bourrelet » et « bourreau », si ce n'est par ce jeu de virtualités successives qui ont accueilli du sens qui n'était pas prévu à chacun de ces stades et qui s'est construit dans l'interdiscursivité ?

C'est donc bien par le biais du processus d'énonciation que s'établit un lien potentiel entre sens de langue et sens de discours, à condition d'admettre cependant que cela ne se fait pas nécessairement par continuité. C'est plutôt que le sens de discours arrivant par les savoirs qui se construisent dans la pratique sociale, il se trouve ensuite comme 'inoculé' dans le sens de langue qui après quelques hésitations finit par l'accepter, voire l'intégrer au point, peut-être, de se l'approprier et de le catégoriser dans une nouvelle dénotation.

*   *   *

Pour en revenir à la proposition de départ, on voit au terme de cette démonstration, qu'une linguistique du discours présuppose une linguistique de la langue : la première ne peut exister sans la seconde. Mais en retour, il faut accepter de considérer qu'une linguistique de la langue ne peut, à elle seule, prétendre rendre compte du sens des actes de langage produits en situation de communication réelle : elle a besoin d'être complétée par une linguistique du discours. Dans un cas comme dans l'autre, il s'agit de « traquer » le sens. Une double traque, à travers un calcul d'ordre probabiliste et d'ordre inférentiel, non nécessairement prévisible, sur un même terreau de virtualités de sens, et toujours dans un mouvement de va-et-vient entre le général et le particulier.

Notes

1. Ayant été amené à développer ce point de vue dans d'autres colloques, on retrouvera ici des parties d'une même démonstration.

2. *Roland Barthes par roland barthes*, Seuil, coll. «Écrivains de toujours», Paris, 1975.

3. Ici, nous ne ferons pas de distinction entre ces deux notions.

4. Voir Martin (1991) et Anscombre & Ducrot (1983).

5. Les contextes *paratextuel*, *métatextuel* et *hypertextuel* sont les propositions de Genette (1982).

6. Parfois appelé « contexte communicationnel ».

7. Genette (1982).

8. Bakhtine (1981).

9. Voir *Dictionnaire d'Analyse du Discours* (2002).

10. Voir Benveniste, Émile (1966), particulièrement le chapitre intitulé « L'homme dans la langue ».

11. Benveniste (1970).

Références

Anscombre, Jean-Claude & Oswald Ducrot. 1983. *L'argumentation dans la langue*. Liège : Mardaga.

Bakhtine, Mikhaïl. 1981. « Écrits du cercle de Bakhtine ». *In :* Tzvetan Todorov. *Mikhaïl Bakhtine, le principe dialogique*. Paris : Seuil.

Barthes, Roland. 1975. *Roland Barthes par roland barthes*, Paris : Seuil, coll. « Écrivains de toujours ».

Benveniste, Émile. 1970. « L'appareil formel de l'énonciation ». *Langages*, 17. 12–18.

Benveniste, Émile. 1966. *Problèmes de linguistique générale*. Paris : Gallimard.

Charaudeau Patrick & Dominique Maingueneau. 2002. *Dictionnaire d'Analyse du Discours*. Paris : Seuil.

Genette, Gérard. 1982. *Palimpsestes*. Paris : Seuil, coll. « Poétique ».

Martin, Robert. 1991. « Typicité et sens des mots ». *In :* Dubois, Danièle (dir.). *Sémantique et cognition. Catégories, prototypes, typicalité*. Paris : Éditions du CNRS. 151–159.

2. Variazione sincronica e mutamento diacronico: il caso di alcuni connettori dell'italiano

Anna Giacalone Ramat
Università di Pavia

> Synchrony and diachrony are two perspectives on the same thing
> (Lehmann 2005)

1. Sincronia e diacronia nella linguistica del Novecento

Negli studi sulla grammaticalizzazione si assume generalmente che sincronia e diacronia siano strettamente interrelate da molti punti di vista: il mutamento diacronico è promosso e spinto da opzioni che sono presenti in sincronia e a sua volta il mutamento è causa di variazione in sincronia, in un rapporto bidirezionale in cui la variazione è sia l'input che l'output dei processi di mutamento (Giacalone Ramat, Mauri & Molinelli, 2013). Insomma, come afferma Lehmann (2005), "[s]ynchrony and diachrony are two perspectives on the same thing".

Scopo di questo lavoro è riflettere sulle manifestazioni della relazione tra sincronia e diacronia e sugli strumenti metodologici più appropriati a descriverla prendendo spunto da alcuni casi di mutamento nella storia dell'italiano.

Vogliamo introdurre il tema con alcune considerazioni storiche: se gettiamo uno sguardo all'indietro, possiamo vedere che la stretta relazione tra sincronia e diacronia è in opposizione all'idea di netta separazione delle due prospettive, che è stata dominante nella linguistica del Novecento.

Saussure così definisce gli ambiti di pertinenza della linguistica sincronica e di quella diacronica:

> La *linguistique synchronique* s'occupera des rapports logiques et psychologiques reliant des termes coexistants et formant système, tels qu'ils sont

---

Come citare questo capitolo:
Giacalone Ramat, Anna, Variazione sincronica e mutamento diacronico: il caso di alcuni connettori dell'italiano. In: Engwall, Gunnel & Fant, Lars (eds.) *Festival Romanistica. Contribuciones lingüísticas – Contributions linguistiques – Contributi linguistici – Contribuições linguísticas*. Stockholm Studies in Romance Languages. Stockholm: Stockholm University Press. 2015, pp. 13–36. DOI: http://dx.doi.org/10.16993/bac.b
License: CC-BY

aperçus par la même conscience collective. La *linguistique diachronique* au contraire étudiera les rapports reliant des termes successifs non aperçus par une même conscience collective, et qui se substituent les uns aux autres sans former système entre eux (1955: 140).

Quindi per Saussure anche se nella produzione linguistica dei parlanti si osservano fluttuazioni o mutamenti, essi non hanno alcun valore per la descrizione del sistema (sono aree di imprecisione tollerabili, di variazione libera senza valore). In questa ottica la variazione linguistica viene esclusa dalla teoria linguistica e il mutamento linguistico è inosservabile, almeno nelle sue fasi iniziali.

Lo strutturalismo europeo introducendo la nozione saussuriana di sistema nella linguistica storica ha cercato di superare l'antinomia ricostruendo la diacronia attraverso la somma di sincronie. Gli studi di Martinet (1955, 1960) e della sua scuola hanno analizzato il mutamento fonetico e fonologico in relazione agli elementi del sistema nella convinzione che i sistemi tendano a trovare un punto di equilibrio e che il mutamento si attui in punti di squilibrio del sistema. Tuttavia, lo strutturalismo europeo e anche lo strutturalismo americano hanno in genere rivolto scarsa attenzione alla variazione individuale e alle cause del mutamento esterne al sistema; questo atteggiamento è condiviso anche dal generativismo, che ha privilegiato lo studio della competenza su quello dell'esecuzione (salvo alcuni recenti sviluppi nell'ambito della teoria minimalista: van Gelderen 2010).

Altre scuole di linguistica hanno promosso studi sulla variazione nello spazio (geografia linguistica, dialettologia) e nei gruppi sociali (sociolinguistica). Nei modelli sociolinguistici di Labov (1972, 1994) il mutamento individuato fin dalle sue prime manifestazioni e seguito nel suo svolgersi è inserito nel contesto sociale. Tuttavia, come osservano Hopper & Traugott, è mancata un'integrazione dei risultati e metodi delle ricerche sociolinguistiche negli studi sulla grammaticalizzazione (Hopper & Traugott 2003: 30).

La rigida separazione tra sincronia e diacronia è stata messa in crisi e superata dalla teoria della grammaticalizzazione in cui la stretta connessione tra le due dimensioni è inerente alla nozione stessa di grammaticalizzazione che individua nella variazione sincronica la condizione preliminare per l'attuazione del mutamento.

Fin dagli anni Ottanta i processi di grammaticalizzazione sono stati studiati nel *contesto*: il modello adottato da Hopper & Traugott (1993, 2003) prevede che nella prima fase del processo di grammaticalizzazione i nuovi significati possono sorgere per inferenza pragmatica nel contesto. Questo significa che gli elementi lessicali sviluppano un valore grammaticale solo in certi contesti: la grammaticalizzazione è essenzialmente sintagmatica. Altre affermazioni nello stesso spirito sono che le funzioni grammaticali emergono dall'uso linguistico (Hopper & Traugott 2003: 171) e che la teoria della grammaticalizzazione appartiene agli *usage-based models*.

2. L'evoluzione della teoria della grammaticalizzazione

L'interesse principale della prima fase degli studi si è concentrato sulla formazione di elementi morfosintattici come ausiliari, flessioni, marche di tempo e aspetto, che hanno origine da elementi lessicali. L'opera di Lehmann (1982 [1995]) ha segnato il momento di sintesi di questa fase: la proposta di sei parametri per misurare il grado di grammaticalizzazione di un elemento dal punto di vista sincronico e diacronico permette di prevedere che quanto più un elemento è grammaticalizzato, tanto più mostrerà perdita di autonomia sintagmatica e paradigmatica, perdita di libertà di posizione nella frase (*fixation*), riduzione di portata strutturale (*condensation*): questi processi, che si attuano gradualmente, hanno come risultato la trasformazione di un elemento lessicale libero, una parola, in un morfema o in un affisso flessivo.

Le proposte di Lehmann hanno ispirato molte ricerche, specialmente a livello morfosintattico: sono stati individuati percorsi graduali che certi elementi lessicali seguono nella produzione di esiti grammaticali: "a noun-to-affix cline", "a verb-to-affix cline" (Hopper & Traugott 2003). In questa prospettiva la grammatica è concettualizzata tipicamente come sintassi, morfologia e fonologia, mentre la semantica e la pragmatica rimangono sullo sfondo. Traugott & Trousdale (2010: 2) notano che "[t] he older view of grammaticalization is the more restrictive one, i.e. that it is a process of reduction, increased dependency and obligatorification".

Ma l'attenzione degli studiosi si è rivolta anche ad altri temi e argomenti, in particolare alla dimensione semantica e pragmatica del mutamento linguistico, che richiedono una concezione più ampia di grammaticalizzazione, in cui alcuni dei parametri di Lehmann possono essere violati (Diewald 2010). Con la cautela necessaria, poiché il discorso riguarda direzioni di ricerca spesso interdisciplinari entro confini temporali fluidi, possiamo individuare una seconda fase degli studi caratterizzata da "expansion" anziché "reduction", in cui secondo le parole di Croft la grammaticalizzazione è "[t]he process by which grammar is created"

(Croft 2006: 366). In questa ottica i fenomeni di riduzione ed espansione dipendono dalla funzione grammaticale verso cui un elemento si sta sviluppando e dal tipo di lingua. Funzioni come tempo, aspetto, caso comportano riduzione dello *scope* e della mobilità posizionale, e aumento della coesione sintagmatica, almeno in lingue flessive. Altre funzioni invece, come la connessione interfrasale, o la marcatura metatestuale possono non richiedere riduzione (Traugott & Trousdale 2010: 3).

Nella seconda fase dei processi di grammaticalizzazione si notano alcune direzioni promettenti che possiamo così riassumere:

a) una spiccata attenzione per i mutamenti semantici per i quali Traugott ha proposto tre tendenze di sviluppo (Traugott & Dasher 2002), e per la variazione sincronica, lasciando in ombra gli aspetti formali del mutamento (Bisang, Himmelmann & Wiemer 2004). Però recentemente van Linden, Verstraete & Davidse (2010) hanno proposto di *redress the balance* verso i fattori interni al sistema per render conto dei processi di mutamento.

b) crescente interesse per la dimensione pragmatica del mutamento, per la quale alcuni hanno proposto il termine di *pragmaticalizzazione*. In questa ottica si segnalano gli studi di Waltereit (2002, 2006) su alcuni elementi dell'italiano come *guarda, diciamo*, la cui funzione è di articolare il discorso e il cui sviluppo si sovrappone in parte ai processi di grammaticalizzazione però non rispetta alcuni parametri di Lehmann.

Di fatto, alcuni casi studiati da Traugott & Dasher (2002) e da Mauri & Giacalone (2012) mostrano che elementi come *indeed, in fact, instead*, o in italiano *invece, però, tuttavia* hanno origine da costruzioni a testa nominale e hanno seguito nel loro sviluppo storico i percorsi tipici della grammaticalizzazione, come perdita di proprietà categoriali, espansione dei contesti d'uso, e sono entrati nella dimensione pragmatica nel momento in cui hanno sviluppato valori intersoggettivi o valori procedurali, cioè di articolazione del testo dando luogo a polisemie varie. Giustamente Traugott insiste nel sostenere che questi sono veri casi di grammaticalizzazione "which connect single utterances of longer discourse sequences establishing anaphoric and cataphoric relations and imposing a hierarchy to the sequence" (Traugott 2003: 643). Il termine *pragmaticalizzazione* allude ad una visione più ristretta dei fenomeni pertinenti al campo della grammaticalizzazione che considera i parametri di Lehmann come caratteristiche ineludibili del processo. In realtà la pragmaticalizzazione può essere vista come un caso speciale di grammaticalizzazione, in cui alcuni elementi linguistici che avevano già subito un processo di grammaticalizzazione, hanno fatto un passo ulteriore verso il dominio della pragmatica e sono stati recrutati per servire funzioni discorsive.

Un caso chiaro di questo processo in due fasi è dato da *instead* e dal suo corrispondente italiano *invece*, che mostrano un classico percorso di grammaticalizzazione seguito da una estensione pragmatica. Una costruzione con testa nominale *stede* "luogo" seguita da un complemento preposizionale ha subito un processo di decategorizzazione del nome (che non è più modificabile), di univerbizzazione e anche di estensione della *host class* (è stato usato per designare anche relazioni astratte). In seguito *instead* ha sviluppato un valore di connettivo per esprimere principalmente la relazione di sostituzione (*instead of...* + gerundio) (*scope increase*). Questa relazione implica il riferimento a luoghi astratti, "in the mental world of values and functions" (Traugott & Dasher 2002: 636). Gli usi di *instead* come marca discorsiva sono stati analizzati da Fraser (2007).

Invece sostanzialmente ha seguito un percorso analogo: l'origine è dal latino *vece(m)* (rimasto in italiano moderno in espressioni fisse: *in vece sua*, *fare le veci di*) che, passato attraverso decategorizzazione e univerbizzazione, ha dato luogo a usi di preposizione, di avverbio contrastivo e di congiunzione subordinante seguita dall'infinito:

(1) *porta gli occhiali, invece ci vede benissimo*

(2) *invece di studiare è uscito a fare una passeggiata*

Infine *invece* può essere usato come marca discorsiva di apertura di turno, in cui il valore contrastivo è molto attenuato:

(3) sì ecco io vorrei *invece* fare un'altra domanda... (LIP, FC5 86)

c) Le nozioni di *soggettivizzazione* e di *costruzionalizzazione* hanno goduto di crescente popolarità nelle ricerche linguistiche (Davidse, Vandelanotte & Cuyckens 2010, Traugott & Trousdale 2010, Trousdale 2013). Com'è noto, i processi di soggettivizzazione e di intersoggettivizzazione riguardano mutamenti semantici che mettono in primo piano gli atteggiamenti ed opinioni del parlante e la sua attenzione verso l'ascoltatore: questi processi si sono rivelati un fattore motivante cruciale per il processo di grammaticalizzazione. Le ricerche si sono concentrate finora su alcune aree della grammatica, gli avverbi, i modali, le particelle discorsive, le particelle scalari e le congiunzioni di subordinazione come ingl. *while* o ital. *mentre*.

Gli approcci costruzionisti, elaborati per la descrizione sincronica (Goldberg 1995), sono stati con profitto applicati alla diacronia e agli studi di grammaticalizzazione (Bergs & Diewald 2008). La cornice teorica della *Construction Grammar* offre alcuni vantaggi per le indagini sul mutamento linguistico: anzitutto l'attenzione ai tratti contestuali e la focalizzazione sul momento iniziale del mutamento e anche la mancanza di una divisione netta tra semantica e pragmatica. Questi aspetti rendono la grammatica costruzionista particolarmente adatta a indagare l'interfaccia sincronia/diacronia e la nascita del mutamento dalla variazione. Anche la maggiore disponibilità negli anni recenti di *corpora* di lingua parlata e scritta facilita il compito di indagare la nascita di nuove costruzioni e di verificarne le frequenze delle varianti in gioco in un dato contesto di mutamento. Tra gli esempi più noti di analisi costruzioniste menzioniamo Traugott (2008) sulla grammaticalizzazione di costruzioni partitive del tipo *NP1 of NP2* (*a bit of an apple*) a determinanti complessi o quantificatori (*a bit of a liar*); altre indagini hanno studiato elementi strutturalmente simili a questi ultimi, ma con funzioni diverse: *sort of, kind of* (Denison 2005, Mihatsch 2007 e Margerie 2010).

La cornice teorica costruzionista è adottata negli studi di caso che costituiscono la seconda parte di questo lavoro.

d) Gli studi sincronici e diacronici sulla natura graduale o istantanea (*abrupt*) del mutamento linguistico e sulla nozione di *gradience* intesa come variazione nell'appartenenza a categorie linguistiche (Traugott & Trousdale 2010) hanno promosso un vivace dibattito. Come esempio di *gradience* tra nomi o aggettivi che sono vicini al prototipo della categoria Nome, Aggettivo ed altri membri marginali che mostrano restrizioni distribuzionali si può considerare il caso di *utter*. *Utter* non è modificabile da quantificatori e non ha uso predicativo: *an utter disgrace*, *very utter, **the problem is utter*, quindi è meno prototipico di un aggettivo come *thin* (Aarts 2007: 106). Se tuttavia, seguendo l'approccio sincronico di Aarts (2007: 98–101), consideriamo la *gradience* all'interno di una classe di verbi (ad es. da verbo principale *hope to*, a semi-ausiliare *have to*, a modale marginale *dare*, a modali centrali *can*), ci rendiamo conto che la *gradience* può essere letta come un percorso diacronico che mostra il graduale costituirsi della classe dei modali: *gradience* e *gradualness* sono in stretta relazione, non si escludono reciprocamente, ma sono complementari.

Secondo Traugott & Trousdale (2010) e Trousdale (in stampa) il mutamento linguistico è fatto di *micro-steps*, di per sé istantanei, che però danno l'apparenza della gradualità. Questa interpretazione contribuisce a mettere la relazione tra la variazione sincronica e il mutamento diacronico al centro del dibattito.

3. Alcuni case studies: origine e sviluppo dei connettori contrastivi in italiano

Le analisi qui presentate sono basate sull'esame qualitativo e quantitativo dello sviluppo di alcuni connettori italiani e intendono identificare i ruoli della frequenza, della sintassi e del contesto nel percorso di grammaticalizzazione (Mauri & Giacalone Ramat 2012). Sono stati presi in esame *però*, *tuttavia* e *mentre* dalla documentazione più antica fino all'italiano moderno, con l'ausilio dei *corpora* dell'OVI, della Biblioteca Italiana, della LIZ, e del LIP[1].

I *connettivi avversativi* codificano un contrasto semantico tra due proposizioni. Si tratta di una nozione astratta di carattere soggettivo che deriva da altre nozioni, più concrete, temporali o causali (Traugott & König 1991). Nelle lingue romanze si osservano percorsi di sviluppo simili dal significato originario (*source meaning*) a quello contrastivo (Giacalone Ramat & Mauri 2012):

- *causa > contrasto* (it. *però*, sp. *pero*, fr. *pourtant*)
- *simultaneità > contrasto* (it. *mentre*, sp. *mientras*, ant.franc. *domientres*)
- *continuità > contrasto* (it. *tuttavia*, fr. *toutefois*)

Il parametro semantico centrale dell'analisi è stata la *compatibilità* o *incompatibilità* tra il significato originario e il significato contrastivo. Abbiamo cercato di valutare per ciascuna occorrenza se essa era compatibile col significato originario di ciascun elemento (*source meaning*) o con quello di arrivo (*target meaning*), ossia il valore contrastivo. Una terza possibilità ammessa dall'analisi è la *doppia compatibilità* che si trova nei contesti che ammettono sia il valore originario temporale o causale sia quello avversativo (*dual compatibility*), da alcuni chiamati contesti ambigui o *critical contexts* (Diewald 2002) o *bridging contexts* (Heine 2002). Abbiamo evitato il termine *ambiguità* perché non ci è sembrato sufficientemente esplicito sull'origine e le cause del fenomeno. Si potrebbe pensare che l'ambiguità nasca nel discorso del parlante, nel senso che il parlante stesso potrebbe essere incerto sul valore da dare a una data occorrenza di un connettore nel suo discorso; tuttavia di solito i parlanti non scelgono di proposito di essere ambigui. Sembrerebbe più plausibile pensare che sia l'ascoltatore che interpreta con l'aiuto del contesto il messaggio e può aggiungere, se il contesto lo permette, un'inferenza contrastiva al messaggio, oltre alla relazione temporale o causale espressa dal connettore. Il termine ambiguità implica mancanza di chiarezza, mentre in realtà si tratta della possibilità di una lettura multipla, che è poi il *locus* del mutamento.

Ci sono dei criteri per valutare la compatibilità: ad es. se troviamo un uso di *mentre* che collega due proposizioni chiaramente collocate in momenti temporali diversi, possiamo sicuramente parlare di incompatibilità col significato originario: **oggi** *è piovuto a lungo,* **mentre** *la settimana scorsa abbiamo avuto un tempo magnifico.*

Seguendo la tradizione degli studi sui percorsi di grammaticalizzazione (Traugott 2008, Diewald 2002, 2010), abbiamo individuato nella nostra analisi delle *fasi* o *stadi* del processo, ciascuno caratterizzato da un insieme di proprietà semantiche e sintattiche dei *contesti* in cui le forme in questione occorrono. La nostra analisi rientra nell'insieme degli approcci costruzionisti al mutamento linguistico.

Abbiamo preso in considerazione la *frequenza relativa* con cui certe proprietà semantiche e morfosintattiche occorrono in contesti specifici per individuare le associazioni preferenziali tra certi tratti e certi contesti. Come sostiene Bybee (2006, 2007), la frequenza è un fattore cruciale nel momento in cui i parlanti attuano una rianalisi della forma e funzione di un elemento dal valore originario a quello di arrivo. In tale momento si osserva un aumento significativo della frequenza di contesti a doppia compatibilità che sono quelli che ammettono la reinterpretazione e rendono possibile il mutamento semantico. Tali contesti infatti devono essere sufficientemente frequenti per permettere ai parlanti la reinterpretazione della costruzione come unità associata sistematicamente al nuovo significato.

3.1. Il caso di *però*

Nell'italiano moderno *però* è un connettore contrastivo con valore controaspettativo (Mauri & Giacalone Ramat 2012) usato per codificare il contrasto che nasce da un'aspettativa negata (cfr. il tedesco *aber*) (Scorretti 1988: 230–231), ossia la negazione dell'aspettativa dichiarata nella prima proposizione.

(4) *Mario gioca bene* **però** *perde in continuazione.*

Inoltre nell'italiano moderno non è difficile trovare usi in cui *però* ha *funzione discorsiva*, serve cioè a introdurre in una conversazione l'opinione dell'interlocutore che oppone il suo punto di vista a quanto detto dall'altro interlocutore. Ecco alcuni esempi tratti dal LIP (per esempi di italiano scritto si veda Giacalone Ramat & Camugli 2011):

(5)   C: *cioè l'ho fatto io questo qui me lo posso rifare*
      A: *ah sì però tu l'hai fatto a macchina o con il computer*
      C: *no al computer*
      A: *ah che amore vallo a ristampare con l'interlinea due*
      (un colloquio tra giornalisti) (LIP, FA 4 22 A)

(6)   *ammazza la vecchia col cric è troppo bellina*
      C: *sì ma quella non è inventata è vecchia come il cucco però*
      (alla ricerca di motivi musicali) (LIP, FA2)

Ma in origine *però* aveva valore causale: lo sviluppo diacronico da connettivo causale-resultativo a connettivo contrastivo si può ricostruire secondo il seguente percorso a stadi (Giacalone Ramat & Mauri 2008):

1. *stadio*: dal latino *per hoc* "per questo motivo" all'italiano antico *però* "perciò" con valore risultativo, accanto a *però che* = "perché", causale:

(7)   *Ed elli a me: «Però che tu trascorri/ per le tenebre troppo da la lungi,/ avvien che poi nel maginare abborri./ Tu vedrai ben, se tu là ti congiungi,/ quanto 'l senso s'inganna di lontano;/ però alquanto più te stesso pungi».*
      (Dante Alighieri, *Inferno* XXXI, 22–27)

(Virgilio rimprovera Dante che da lontano aveva creduto di vedere delle torri, mentre si trattava di giganti: poiché tu trascorri con lo sguardo troppo lontano, accade che nel rappresentarti alla mente l'oggetto della tua visione ti allontani dal vero (*abborri*).

2. *stadio: non però*
I contesti per la reinterpretazione (o *form-function reanalysis*) di *però* in senso contrastivo sono quelli negativi. Già nel XIV sec. troviamo contesti ambigui che ammettono due interpretazioni:

(8)   *Poi giunse: «Figlio, queste son le chiose/ di quel che ti fu detto; ecco le 'nsidie/ che dietro a pochi giri son nascose./ Non vo' però ch' a' tuoi vicini invidie, [...]».*
      (Dante Alighieri, *Paradiso* XVII, 94–97, canto di Cacciaguida)

Si tratta di un contesto ambiguo che ammette tanto la lettura risultativa "perciò" quanto quella controaspettativa "però, tuttavia" : la negazione ha scope su *però*, ma anche sulla relazione interfrasale che *però* codifica e quindi nega la sequenza causale tra gli *states of affairs* connessi, ossia nega l'aspettativa creata dalla prima frase. Pertanto nei contesti in cui *però* è nello scope della negazione si genera un'inferenza contrastiva che favorisce la rianalisi di *però* come la marca esplicita del contrasto. I contesti a doppia compatibilità aumentano di frequenza durante i secoli XIV e XV (Mauri & Giacalone Ramat 2012 per dettagli) ed è in questo periodo che è plausibilmente avvenuta la rianalisi di *però* da resultativo a contrastivo.

3. *stadio*: specializzazione sintattica.
Emerge nei secoli XVI e XVII una distribuzione sintattica complementare che è associata sistematicamente al valore originario o al valore avversativo di *però*, mentre i contesti a doppia compatibilità diminuiscono:

- *(e) però* in posizione iniziale ha valore resultativo;
- *non* (VP) *però* e *ma però* in posizione posposta hanno valore avversativo.

Solo dall'inizio del XVII sec. si trovano casi in cui la negazione può essere tralasciata perché ormai *però* ha assunto valore avversativo.

(9) *La guerra e queste querele posero in silenzio per questo anno le trattazioni di concilio; le quali* **però** *ritornarono in campo il seguente 1544.*
(Paolo Sarpi, *Istoria del Concilio Tridentino* I, 1619)

4. *stadio*. Estensione di *però* avversativo a qualsiasi posizione e scomparsa del valore resultativo: questo sviluppo si attua nel corso del XIX secolo.

(10) - *Non per sempre,* **però** - *sibila*
(Sandro Veronesi, *Caos calmo*, p. 175)

3.2. Il caso di *tuttavia*

Il valore originario di *tuttavia* < latino *tota via*, era temporale "sempre, continuamente", mentre nell'italiano moderno *tuttavia* esprime il contrasto controaspettativo. Per questo percorso di mutamento i parametri considerati sono stati la posizione all'inizio della proposizione, all'interno, o dopo il verbo e la co-occorrenza con *ma* o con una proposizione concessiva precedente (Giacalone Ramat & Mauri 2009).

1. *stadio*: *tuttavia* avverbio temporale di predicato "sempre, continuamente"

> (11) *Fortemente mi 'navanza/ e cresce tuttavia/ lo meo innamoramento*
>
> (Rinaldo d'Aquino, sec. XIII)

2. *stadio*: alcuni contesti compatibili sia col valore originario sia col valore contrastivo si trovano già fin dal XIII sec. Quando *tuttavia* è in posizione iniziale può essere interpretato come riferito alla continuità temporale della proposizione che segue *tuttavia*, oppure come riferito ad una nozione più astratta di continuità che coinvolge entrambe le proposizioni: [clause *a*] *tuttavia* [clause *b*]. In questa seconda interpretazione anaforica il contrasto può sorgere nel caso che la [clause *a*] sia in conflitto con la [clause *b*].

> (12) *E avegna che lla naturale memoria sia perfettissima cosa a l'uomo,* **tuttavia** *è molto debole e fragile [...]*
>
> (Bono Giamboni, *Fiore di Rettorica* [58], 1292)

Questo passo ammette sia l'interpretazione temporale "sempre", sia quella contrastiva "nonostante". Diversamente da *però* i contesti a doppia compatibilità raggiungono il picco più alto già nel XIV sec., il che mostra che il mutamento è iniziato precocemente, forse prima della documentazione scritta.

> (13) *Non ha dubbio che questo che voi dite ha assai dell'apparente;* **tuttavia** *potete vedere come la sensata esperienza mostra il contrario*
>
> (Galileo Galilei, *Dialogo sopra i due massimi sistemi del mondo*, Giornata Prima, 1624–1630)

Questo contesto, più tardo, non è compatibile col valore temporale originario e può essere interpretato solo come contrastivo.

3. *stadio*. Specializzazione sintattica: dal XVI sec. la distribuzione di *tuttavia* sembra osservare una tendenza alla "specializzazione sintattica": in posizione iniziale prevale il valore contrastivo, in posizione postverbale per lo più il valore temporale. Si noti che il valore temporale si riscontra ancora nel XIX sec.

4. *stadio*. Nell'italiano contemporaneo *tuttavia* ha solo valore contro-aspettativo e piena mobilità sintattica all'interno della proposizione.

> (14) *naturalmente la cosa non ebbe seguito ma fu* **tuttavia** *un atto che poteva chiarire alcuni   sospetti [...]*
>
> (LIP, N D 10 1 A)

3.3. Dalla simultaneità al contrasto nella diacronia di *mentre*

Il tipo di contrasto codificato da *mentre* non implica la negazione di un'aspettativa, come nel caso di *però* e *tuttavia*, ma semplicemente un'opposizione tra due proposizioni caratterizzate da qualche tratto antonimico percepito dal parlante e/o dall'ascoltatore.

Mentre, dal latino *dum+interim*, ha corrispondenze nel mondo romanzo: ant.franc. *domientres*, ant.ital. *domentre*, *dementre*, ant. sp. *domientre*.

1. *stadio*: *mentre* nell'italiano del XII e XIII secolo (spesso associato *che*: *mentre che*) esprime la *simultaneità*, la *co-estensione* "finché, per tutto il tempo che" e anche la relazione di *terminus ad quem* "finché non".

(15) *Ella non temè niente la forza di Oloferne, anzi si mise a rischio di morte, per scampare lo popolo, e sì l'uccise **mentre** ch'egli dormia*
(*Tesoro volg.* [ed. Gaiter], *XIII ex. (fior.)> [L. 1, chap. 59 | p.140])*

(16) *[...] Agata disse: "**Mentre** ch'io viverò, sempre il chiamerò con la lingua e col cuore".*
(*Leggenda Aurea, XIV sm. (fior.) [chap. 39, S. Agata | p. 340])*

(17) *sappi che se' nel secondo girone [...] e sarai mentre/ che tu verrai ne l'orribil sabbione.*
(Dante Alighieri, *Inferno* XIII, 17–19 *"finché non"*)

I valori co-estensivi non sono continuati nell'italiano moderno.

2. *stadio*

I contesti in cui *mentre* ha valore di sovrapposizione temporale possono contenere elementi antonimici che possono suggerire un'opposizione perché due situazioni simultanee si prestano ad essere confrontate sulla base delle loro differenze (oltre o piuttosto che delle somiglianze). Uno degli esempi più antichi è il seguente, es. (18), in cui le due situazioni "pensare di fare il furto" e "vangare" si sovrappongono temporalmente, ma denotano un'opposi-zione nelle intenzioni soggettive. Casi del genere fanno parte dei *contesti critici*, in cui al valore di *simultaneità* si associa un'opposizione semantica polare, un'opposizione astratta:

(18) *Costui sì lavorava uno orto; sì che alcuni, volendoli torre de l'erbe del suo orto, **mentre che** pensavano di fare il furto per tutta la notte, diligentemente vangavano l'orto [...]*
(*Leggenda Aurea, XIV sm. (fior.) [cap. 19, S. Felice | p. 204])*

Nell'es. (19) la simultaneità temporale è in secondo piano e l'opposizione polare è stabilita a un livello astratto e soggettivo:

(19) *[...] sciocchezza grande è il voler noi terreni esser arbitri delle grandezze, e regolatori delle loro locali disposizioni,* **mentre** *siamo ignorantissimi di tutti i loro affari e interessi*
(Galileo Galilei, *Dialogo sopra i due massimi sistemi del mondo*, Giornata III, 1624–1630)

I contesti con doppia compatibilità sono piuttosto rari nei secoli XIV e XV, mentre nel corso del XVII sec. diventano molto più frequenti (Mauri & Giacalone Ramat 2012 per i dati sulle frequenze).

3. *stadio*
In questo stadio appaiono dei *contesti isolanti*, in cui l'interpretazione di simultaneità è esclusa: si tratta di solito di contesti in cui è presente un'indicazione esplicita di distanza temporale o che riportano eventi non fattuali non collocabili nel tempo:

(20) *Le famiglie dei patrioti si vollero esentare,* **mentre** *forse era più giusto che dassero le prime l'esempio di contribuire con generosità ai bisogni della patria.*
(Vincenzo Cuoco, *Saggio storico sulla rivoluzione napoletana del 1799* - XXVIII Imposizioni)

4. *stadio*
Mentre nell'italiano contemporaneo ammette la coesistenza del valore di simultaneità e di opposizione (*"layering"*, Hopper & Traugott 2003: 124 sgg.). Lo statuto sintattico di *mentre* richiede qualche riflessione: di solito viene considerato una congiunzione subordinante (Serianni 1988), tuttavia il *mentre* non temporale sembra avere proprietà di congiunzione di coordinazione. Per accertare se la proposizione introdotta da *mentre* ha uno statuto coordinato o subordinato rispetto all'altra proposizione, si possono applicare i test di assertività come la *tag question* (*vero?*) e la negazione di frase (*clausal negation: non è vero che*) che sono usati nella linguistica tipologica per distinguere coordinazione e subordinazione (Mauri 2008, Cristofaro 2005). Nel caso dell'esempio (21) soltanto la proposizione principale viene negata; questo significa che la proposizione introdotta da *mentre* non ha forza illocutiva propria ed è subordinata; nel caso invece di (22) (esempio da Scorretti 1988: 238) entrambe le proposizioni rispondono ai test di assertività, quindi

entrambe hanno forza illocutiva. Il rapporto che le unisce è quindi di coordinazione.

(21) *Mentre parte, dal finestrino ti fa "io mi fermo a Mestre"*
Non è vero che, mentre parte, [dal finestrino ti fa "io mi fermo a Mestre"]

(22) *Gino raccoglie francobolli mentre Vincenzo fa collezione di ombrelli colorati*
Non è vero che [Gino raccoglie francobolli mentre Vincenzo fa collezione di ombrelli colorati]

Occorrono studi più approfonditi per valutare il mutamento sintattico di *mentre* da subordinatore a coordinatore. Si può far notare che la possibilità di anteporre tutta la frase introdotta da *mentre* (*Mentre Vincenzo fa collezione di ombrelli colorati, Gino raccoglie francobolli*) è un tratto tipico della relazione di subordinazione impossibile per la coordinazione. Comunque non abbiamo prove che un eventuale mutamento sintattico abbia influenzato lo sviluppo della funzione avversativa. Basti qui ricordare che, come osserva Kortmann (1997: 56), molti subordinatori avverbiali possono assumere funzioni di coordinazione: il ted. *weil* "perché" può essere usato per asserire le ragioni di una proposizione precedente, e in tal caso non è più un subordinatore causale.

4. La grammatica costruzionista diacronica e le costruzioni emergenti

Ricordando con Hopper (1987) che la grammatica non è un'entità statica, ma un sistema dinamico in movimento, discuteremo alcuni casi di *emergent grammar* nell'italiano contemporaneo, ossia di costruzioni grammaticali in via di sviluppo, che non compaiono ancora nelle grammatiche e nei dizionari e non fanno parte dell'uso comune. Questi casi sono interessanti non solo perché mostrano l'italiano in movimento, ma anche perché offrono un *testing ground* per le teorie sul mutamento linguistico di cui abbiamo discusso sopra, in particolare sulla gradualità e sulla variazione sincronica. È possibile controllare su *corpora* estesi l'espansione del mutamento e la sua frequenza. Dai due studi recenti di Voghera e di Giacalone Ramat e Mauri, che presentiamo qui sotto, sembrano emergere conferme delle analisi metodologiche proposte e applicate a dati storici negli studi sulla grammaticalizzazione.

Miriam Voghera (2012 e in stampa) ha esaminato gli usi non nominali di *tipo* nell'italiano contemporaneo. Si tratta di sviluppi recenti che hanno dato origine a nuovi significati e nuove funzioni grammaticali, la cui distribuzione varia in relazione a dimensioni diverse, testuali e di registro (quindi variazione sincronica). Si sono venute a creare nuove unità di forma e significato per esprimere nozioni di vaghezza e approssimazione. Si noti inoltre che la vicenda di *tipo* si confronta con quella di termini simili in lingue europee, che hanno conosciuto analoghi percorsi di mutamento: inglese *type, kind of, sort of, like*, svedese *typ*, francese *genre* (Denison 2005, Mihatsch 2007, Margerie 2010).

A partire dal nome *tipo* "modello", attestato dal XVI secolo, Voghera ricostruisce un percorso di grammaticalizzazione e di decategorizzazione, che individua nel sintagma preposizione *del tipo di/sul tipo di* i "bridging contexts" o contesti critici (Diewald 2002) verso usi non nominali con caduta delle preposizioni. La funzione di queste costruzioni è di attribuire una qualità o una caratteristica a un SN attraverso una similitudine o analogia con un altro elemento o insieme di elementi:

(23) *Si istituiranno scuole speciali **sul tipo della** scuola all'aperto [...]*
(Regolamento per difesa contro le malattie infettive
nelle scuole, ottobre 1921)

(24) *la guerra divenne una guerra di civiltà, una guerra **tipo** «Crociate»*
(A. Gramsci, *Quaderni del carcere*, 1937)

Il complesso sviluppo diacronico di *tipo*, molto recente, si svolge secondo una successione di passi discreti e definiti (e senza cancellare le fasi precedenti):

nome > preposizione > avverbio > avverbio di frase > marca discorsiva

Alcuni esempi di usi non nominali di *tipo*:
tipo come preposizione, con funzione di identificazione approssimativa:

(25) *La trattava **tipo** segretaria insomma* (LIP-Conversazione)

tipo come avverbio "approssimativamente, più o meno": il parlante sceglie di lasciare la scelta non determinata:

(26) *Partiamo domani // **tipo**//*

tipo come *discourse marker*, con funzione di *approximator*, per attenuare la forza pragmatica di un'espressione o come focalizzatore non contrastivo (come *like* in inglese):

(27) *alla fine gli lascio un messaggio proprio **tipo** a mezzanotte* (Chatline)

(28) *ma **tipo** se faccio un caffè?* (Conversazione - LIP)

(29) *se uno dei due **tipo** al cambio dell'ora scende e mette il nome?* (conversazione)

Secondo Voghera la distribuzione degli usi non nominali di *tipo* varia in relazione alle dimensioni testuali e di registro: la frequenza è maggiore nel parlato, specialmente nei dialoghi, in cui le condizioni comunicative favoriscono l'uso di espressioni vaghe (*vague language*: Channel 1994). L'analisi, di tipo qualitativo piuttosto che quantitativo, è un buon esempio di come sincronia e diacronia giochino un ruolo cruciale l'una nella spiegazione dell'altra.

Caterina Mauri e Anna Giacalone Ramat (2011) hanno studiato un uso specifico dell'italiano *piuttosto che*, un caso che le due studiose hanno chiamato di indefinitezza restrittiva (*restricted indefiniteness*). Si tratta di una costruzione emergente col significato di "e qualcosa del genere" caratterizzata dalla struttura [XP/clause *piuttosto che*] in posizione finale di proposizione, dove XP sta per una qualsiasi categoria maggiore SN, SP, SA, SV:[2]

(30) *[...] spesso lo metto anch'io [**in zaini piuttosto che**], ma una protezione in più non fa mai male [...]* (forum discussion)

Piuttosto (che) è in primo luogo un comparativo preferenziale (questo è il significato segnalato nelle grammatiche: Serianni 1989):

(31) *preferiscono mangiare **piuttosto che** essere mangiati* (COLFIS corpus)

o un comparativo preferenziale con valore scalare, come in (32), in cui *piuttosto che* introduce l'alternativa meno desiderabile (equivalente a *anziché, invece di*).

(32) ***piuttosto che** stare con uno che ha la fissa per il calcio, rimango sola [...]* (http://forum.alfemminile.com/)

Piuttosto che può essere anche usato nel parlato, meno frequentemente nello scritto, come congiunzione *disgiuntiva* con valore indefinito:

(33) *[...] una serie di attività 'che le persone che lavorano non [...] possono sviluppare quindi non so dall'andare a fare le file alla posta eh*

piuttosto che avere una baby-sitter all'ultimo momento [...] **piuttosto che** *non so organizzare ecco una festa per una mamma che lavora al suo bambino' [...]* (LIP, R E 8 12 B)

In questo caso *piuttosto che* è posto tra alternative simmetriche e non preferenziali e si sovrappone in parte con o, ma presenta una serie di restrizioni: ad es. può comparire solo in frasi dichiarative, non in interrogative; inoltre la lista delle alternative potenziali non è esaustiva e non è mirata ad alcuna scelta (Bazzanella & Cristofoli 1988, Brucale 2012).

Infine *piuttosto che* compare con una funzione indefinita restrittiva, come nell'es. (29) e nell'es. (34): si tratta di una costruzione presente nell'italiano parlato, specialmente settentrionale, che non è stata finora oggetto di studio:

(34) *Spesso c'è il problema di dire "dove si va", magari per un giro pomeridiano,* **piuttosto che.** *E magari dietro casa si hanno itinerari che non si conosce minimamente semplicemente perchè "non ho mai girato a destra".* (forum discussion)

In questo caso *piuttosto che* può essere parafrasato con "o qualcosa del genere" e denota una serie di alternative alla proposizione che precede che il parlante non specifica o non vuole specificare. Forme simili esistono in altre lingue: inglese *and the like, or something* e sono state denominate *general extenders* (Overstreet 1999) o *vague categories identifiers* (Channel 1994).

La costruzione è caratterizzata da alcune *proprietà distribuzionali*: è preceduta di norma da un solo costituente, occorre in posizione finale di proposizione, è pronunciata con intonazione discendente, resa nello scritto col punto, con la virgola, i contesti in cui compare sono di solito contesti irreali che designano stati non fattuali, ipotesi, istruzioni, eventi abituali.

Le sue *proprietà semantiche* sono: la referenza indefinita, una restrizione di somiglianza sui referenti possibili (per cui il parlante si riferisce a una serie di elementi che includono la proposizione [XP/**clause** *piuttosto che*]) e una componente connettiva di tipo disgiuntivo "o" (cfr. Overstreet 1999: 4 sui *disjunctive general extenders: or something (like that), or whatever* in cui il connettore *or* è esplicitato).

(35) *Se vuoi la cucina bella, [della Salvarani* **piuttosto che**], *te la devi pagare!* (conversazione tra amiche)

(36) *Io cerco sempre angoli speciali, [un balcone o un tetto* **piuttosto che**], *ma anche, un piccolo davanzale.* (http://www.forumtime.it/)

Le proprietà distribuzionali e semantiche individuate consentono secondo le autrici di questo studio di identificare una funzione grammaticale specifica ben distinta dal *piuttosto che* comparativo denominata *restricted indefiniteness*.

È stato anche preso in considerazione lo sviluppo diacronico di *piuttosto che* allo scopo di accertare come sono nati i valori più recenti di congiunzione disgiuntiva e di indefinito restrittivo. Anche in questo caso è stato adottato un modello a stadi, che è compatibile con l'idea di grammaticalizzazione come processo complesso in cui interagiscono mutamenti semantici e strutturali.

1. *stadio*: *piuttosto che* (spesso nei testi antichi anche *più tosto che*) ha in origine valore temporale, concreto "più rapidamente che", che presto sviluppa un valore astratto di preferenza tra due elementi comparati. La priorità temporale suggerisce infatti un'inferenza di preferibilità: ciò che viene prima è interpretato come preferibile, migliore.

2. *stadio*: nell'Ottocento *piuttosto che* comincia a comparire insieme a elementi non specifici, indefiniti "uno o l'altro" in cui due alternative sono presentate come intercambiabili: "una proprietà o l'altra"; la preferenza di *a* su *b* è equivalente alla preferenza di *b* su *a*. Sono questi i contesti critici in cui il mutamento semantico da comparativo a congiunzione disgiuntiva si sviluppa:

(37) *non potendo noi discorrere in nessun modo della natura di quegli esseri che non possiamo concepire; e non avendo nessun possibile fondamento per attribuire ad un essere posto fuori della materia, una proprietà **piuttosto che** un'altra, una maniera di esistere, la semplicità o la composizione, l'incorruttibilità o la corruttibilità.*
(Giacomo Leopardi, *Lo Zibaldone*, 4. Feb. 1821)

(38) *E è dunque dimostrato, anche col fatto, che ogni effetto grammaticale può essere ottenuto con mezzi diversi; e che, per conseguenza, l'applicazione d'uno **piuttosto che** d'un altro di essi, dipende da un arbitrio.*
(Alessandro Manzoni, *Della lingua italiana*.
Quinta redazione e appendice)

3. *stadio*: una relazione comparativa preferenziale tra due esemplari presi a caso in un set più ampio è logicamente equivalente a una *relazione disgiuntiva* tra esemplari presi a caso in una lista non esaustiva: *piuttosto che* assume il valore indefinito disgiuntivo, che oggi si è parecchio diffuso anche nella prosa giornalistica, anche se l'uso viene talora biasimato (De Santis 2001).

(39) *c'è il vantaggio che ti puoi customizzare la macchina* come vuoi, in relazione alle tue esigenze (grafica, **piuttosto che** sviluppo, **piuttosto che** *giochi...*)

(dialogo sulle caratteristiche del desktop)

4. *stadio: piuttosto che* con valore di connettivo disgiuntivo introduce espressioni indefinite come *altre cose di questo genere* (es. 40), ossia costruzioni indefinite con una restrizione di somiglianza esplicita *di questo genere*:

(40) *sfrondando concezioni personalistiche della cosa (che so, i potenti della Terra che si riuniscono ogni tanto,* **piuttosto che** *la razza aliena dedita alla distruzione della civiltà umana,* [**piuttosto che** *altre cose del genere*]*) [...]*

5. *stadio:* quando le alternative potenziali sono omesse e sostituite dall'intonazione sospensiva si produce una costruzione ellittica in cui il connettivo disgiuntivo indefinito mantiene il riferimento ad alternative potenziali non specifiche.

(41) *non voglio giudicare la tua scelta di patteggiare* **piuttosto che!!** *ma hai scritto una cosa importante: "poter chiarire e ridimensionare alcune cose"* (http://www.stalking.it/?p=1556)

Piuttosto che arriva ad acquisire una funzione referenziale indefinita.

Dunque anche la costruzione *piuttosto che* può essere connessa alla famiglia di costruzioni che danno voce alla vaghezza, in cui i parlanti lasciano all'ascoltatore la scelta di completare il percorso: essa ha tratti di somiglianza con il caso di *tipo*, anche se *tipo* è certamente più versatile. Un elemento che accomuna i due percorsi è anche il fatto che siano i contesti dialogici quelli in cui si sviluppano entrambi.

Come hanno mostrato gli studi sul mutamento linguistico in prospettiva costruzionista, la variazione contestuale e sociale può essere di grande ampiezza nelle costruzioni emergenti: *piuttosto che* come espressione di indefinitezza non è accettato da tutti, alcuni parlanti affermano addirittura di non conoscerlo. Anche qui i concetti di *gradience* e di gradualità aiutano a vedere meglio i percorsi di mutamento.

Note

1. Abbiamo cercato di costruire per ciascun secolo un campione il più bilanciato possibile, che includesse testi poetici, narrativi, argomentativi, tecnici, lettere private e anche un numero comparabile di parole (min 311.649 – max 540.022). I testi sono stati immagazzinati per mezzo di Wordsmith Tools,

riportati in fogli Excel e analizzati in base a parametri semantici e sintattici rilevanti.

2. L'indagine è basata su un corpus di italiano parlato, con esempi colti al volo da conversazioni, da trasmissioni televisive e da ricerche in rete su blog, forum discussions, chat lines e sul corpus NUNC http://www.corpora.unito.it/index_nunc.php.

È stato consultato anche il LIP e il *Corpus e lessico di Frequenza dell'Italiano Scritto Contemporaneo* (COLFIS). Per l'indagine diacronica sono stati consultati i *corpora* dell'OVI, LIZ, Biblioteca Italiana.

Riferimenti

Aarts, Bas. 2007. *Syntactic Gradience*. Oxford: Oxford University Press.

Bazzanella, Carla & Mirella Cristofoli. 1998. "*Piuttosto che* e le alternative non preferenziali: un mutamento in atto?". *Cuadernos de filologia italiana*, 5. 267–278.

Bergs, Alexander & Gabriele Diewald. 2008. *Constructions and Language Change*. Berlin/New York: Mouton de Gruyter.

Bisang, Walter, Nikolaus P. Himmelmann & Björn Wiemer (eds). 2004. *What makes Grammaticalization? A Look from its Fringes and its Components*. Berlin/New York: Mouton de Gruyter.

Brucale, Luisa. 2012. "L'uso non canonico di 'piuttosto che' coordinativo in italiano contemporaneo". *In*: Bianchi, Patricia, Nicola De Blasi, Chiara De Caprio & Francesco Montuori, *La variazione nell'italiano e nella sua storia. Atti dell'XI Congresso SILFI*. Firenze: Franco Cesati, 483–493.

Bybee, Joan. 2006. "From usage to grammar: the mind's response to repetition". *Language*, 82. 711–733.

Bybee, Joan. 2007. *Frequency of use and the organization of language*. Oxford: Oxford University Press.

Channell, Joanna. 1994. *Vague Language*. Oxford: Oxford University Press.

Cristofaro, Sonia. 2005. *Subordination*. Oxford: Oxford University Press.

Croft, William. 2003. *Typology and Universals*. 2nd edition. Cambridge: Cambridge University Press.

Croft, William. 2006. *Typology. The Handbook of Linguistics*. Oxford: Blackwell. 337–368.

Croft William. 2010. "The origins of grammaticalization in the verbalization of experience". *Linguistics*, 48:1. 1–48.

Croft William & Alan D. Cruse. 2004. *Cognitive Linguistics*. Cambridge: Cambridge University Press.

Davidse, Kristin, Lieven Vandelanotte & Hubert Cuyckens. 2010. *Subjectification, Intersubjectification and Grammaticalization*. Berlin: Mouton de Gruyter.

Denison, David. 2005. "The grammaticalization of *sort of*, *kind of* and *type of* in English". Paper presented at *New Reflections on Grammaticalization 3*, University of Santiago de Compostela, July 17–20, 2005.

De Santis, Cristiana. 2001. "L'uso di *piuttosto che* con valore disgiuntivo". *Studi di Grammatica Italiana*, XX. 339–350.

Diewald, Gabriele. 2002. "A model for relevant types of contexts in grammaticalization". *In*: Wischer, Ilse & Gabriele Diewald (eds.), *New Reflections on Grammaticalization*. Amsterdam: Benjamins.103–120.

Diewald, Gabriele. 2006. "Discourse particles and modal particles as grammatical elements". *In*: Fischer, Kerstin (ed.). 2006. *Approaches to discourse particles*. Amsterdam: Elsevier. 403–425.

Diewald, Gabriele. 2010. "On some problem areas in grammaticalization studies". *In*: Stathi, Katerina, Elke Gehweiler & Ekkehard König (eds.). 17–50.

Fischer, Kerstin (ed.). 2006. *Approaches to discourse particles*. Amsterdam: Elsevier.

Fischer, Olga. 2007. *Morphosyntactic Change. Formal and Functional Perspectives*. Oxford: Oxford University Press.

Fraser, Bruce. 2007. "The English contrastive discourse marker 'instead'." *In*: Butler, Christopher S., Raquel Hidalgo Downing & Julia Lavid (eds.), *Functional Perspectives on Grammar and Discourse. In honour of Angela Downing*. Madrid: University of Wales, Swansea/Universidad Complutense. 301–312.

Giacalone Ramat, Anna & Caterina Mauri. 2008. "From cause to contrast. A study in semantic change". *In*: Verhoeven Elisabeth, Stavros Skopeteas, Yong-Min Shin, Yoko Nishina & Johannes Helmbrecht (eds.). *Studies on Grammaticalization*. Berlin/New York: Mouton de Gruyter. 303–321.

Giacalone Ramat, Anna & Caterina Mauri. 2009. "Dalla continuità temporale al contrasto: la grammaticalizzazione di *tuttavia* come connettivo avversativo". *In*: Ferrari, Angela (a cura di), *Sintassi storica e diacronica dell'italiano: Subordinazione, coordinazione, giustapposizione*. Atti del X Convegno della Società Internazionale di Linguistica e Filologia Italiana (Basilea, 30 giugno-3 luglio 2008). Firenze: Franco Cesati Editore. 449–470.

Giacalone Ramat, Anna & Catherine Camugli Gallardo. 2011. "L'emploi des connecteurs: *però* correspond-il toujours à *mais* ?". *Revue Française de linguistique appliquée*, XVI:2. 57–74.

Giacalone Ramat, Anna, Caterina Mauri & Piera Molinelli. 2013. *Synchrony and Diachrony: a Dynamic Interface*. Amsterdam: John Benjamins.

Goldberg, Adele E. 1995. *Constructions: A Construction Grammar Approach to Argument Structure*. Chicago: University of Chicago Press.

Goldberg, Adele E. 2006. *Constructions at work. The Nature of Generalization in Language*. Oxford: Oxford University Press.

Haspelmath, Martin. 2004. "On directionality in language change with particular reference to grammaticalization". *In*: Fischer, Olga, Muriel Norde & Harry Perridon (eds.), *Up and Down the Cline – the Nature of Grammaticalization [Typological Studies in Language 59]*. Amsterdam: John Benjamins. 17–44.

Heine, Bernd. 2002. "On the role of context in grammaticalization". *In:* Wisher, Ilse & Gabriele Diewald (eds.). *New Reflections on Grammaticalization*. Amsterdam/ New York: John Benjamins. 83–101.

Hopper, Paul & Elisabeth C. Traugott. 2003. *Grammaticalization*. 2nd ed. Cambridge: Cambridge University Press

Labov, William. 1972. *Sociolinguistic Patterns*. Philadelphia: University of Pennsylvania Press.

Labov, William.1994. *Principles of Linguistic Change: Internal factors*. Oxford: Blackwell.

Labov, William. 2001. *Principles of Linguistic Change: Social factors*. Oxford: Blackwell.

Lehmann, Christian. 1982. "Thoughts on grammaticalization: a Programmatic Sketch". *In: Arbeiten des Kölner Universalien Projektes*, Nr. 48. Köln: Institut für Sprachwissenschaft. Ripubblicato: München, LINCOM EUROPA, 1995.

Lehmann, Christian. 2005. "Theory and method in grammaticalization". *Zeitschrift für Germanistik und Linguistik*, 32:2, 2004. 152–187.

Margerie, Hélène. 2010. "On the rise of (inter)subjective meaning in the grammaticalization of *kind of/kinda*. Subjectification, intersubjectification and grammaticalization". *In:* Davidse, Kristin, Lieven Vandelanotte & Hubert Cuyckens (eds.). 2010. *Subjectification, Intersubjectification and Grammaticalization*. Berlin: De Gruyter Mouton. 315–346.

Mauri, Caterina & Anna Giacalone Ramat. 2011. "Restricted indefiniteness: the case of Italian *piuttosto che*". (Paper presented at the SLE 44th Annual Meeting -Logroño, 9–11 September 2011).

Mauri, Caterina & Anna Giacalone Ramat. 2012. "The development of Italian adversative connectives: factors at play and stages of grammaticalization". *Linguistics*, 50:2. 191–239.

Martinet, André.1955. *Economie des changements phonétiques*. Berne: Francke.

Martinet, André.1960. *Eléments de linguistique générale*. Paris: Armand Colin.

Mihatsch, Wiltrud. 2007. "The construction of vagueness: *sort of* expressions in Romance languages". *In:* Radden, Günter, Klaus-Michael Köpke, Thomas Berg & Peter Siemund (eds.). *Aspects of meaning constructing meaning: From concepts to utterance*. Amsterdam/Philadelphia: John Benjamins. 225–245.

Overstreet, Marianne. 1999. *Whales, Candlelight, and Stuff Like That: General Extenders in English Discourse*. New York: Oxford University Press.

Saussure, Ferdinand de. 1955 [1916]. *Cours de Linguistique Générale*. 5ᵉ éd. Paris: Payot.

Scorretti, Mauro. 1988. "Le strutture coordinate". *In:* Renzi, Lorenzo (ed.). *Grande grammatica italiana di consultazione*, vol. I. Bologna: Il Mulino. 227–270.

Serianni, Luca. 1989 (con la collaborazione di Alberto Castelvecchi). *Grammatica italiana. Italiano comune e lingua letteraria*. Torino: UTET Libreria.

Stathi, Katerina, Elke Gehweiler & Ekkehard König. 2010. *Grammaticalization. Current views and issues*. Amsterdam/Philadelphia: John Benjamins.

Traugott, Elizabeth C. 1989. "On the rise of epistemic meanings in English: an example of subjectification in semantic change". *Language*, 57. 33–65.

Traugott, Elisabeth C. 2003. "Constructions in Grammaticalization". *In:* Joseph, Brian D. & Richard D. Janda (eds.). *A Handbook of Historical Linguistics*. Oxford: Blackwell. 624–647.

Traugott, Elisabeth C. 2008. "The grammaticalization of *NP of NP* constructions". *In:* Bergs, Alexander & Gabriele Diewald (eds.). *Constructions and Language Change*. Berlin/New York: Mouton de Gruyter. 21–43.

Traugott, Elizabeth C. 2010. "(Inter)subjectivity and (Inter)subjectification". *In:* Davidse, Kristin, Lieven Vandelanotte & Hubert Cuyckens (eds.). *Subjectification, intersubjectification and grammaticalization*. Berlin/New York: Mouton de Gruyter. 29–71.

Traugott, Elisabeth C. & Ekkehard König. 1991. "The pragmatics of grammaticalization revisited". *In:* Traugott, Elisabeth C & Bernd Heine (eds.). *Approaches to grammaticalization*. Vol. I: *Focus on theoretical and methodological issues*. Amsterdam: John Benjamins.189–218.

Traugott, Elisabeth C. & Richard B. Dasher. 2002. *Regularity in semantic change*. Cambridge: Cambridge University Press.

Traugott, Elisabeth C. & Graeme Trousdale. 2010. *Gradience, Gradualness and Grammaticalization*. Amsterdam: John Benjamins.

Trousdale, Graeme. 2010. "Issues in constructional approaches to grammaticalization in English". *In:* Stathi, Katerina, Elke Gehweiler & Ekkehard König (eds.). *Grammaticalization. Current views and issues*. Amsterdam/Philadelphia: Benjamins. 51–71.

Trousdale, Graeme 2013. "Gradualness in language change: a constructional perspective". *In:* Giacalone Ramat, Anna, Caterina Mauri & Piera Molinelli (eds.). *Synchrony and Diachrony: a Dynamic Interface*. Amsterdam: John Benjamins. 27–42.

Van Gelderen, Elly. 2010. "Features in reanalysis and grammaticalization". *In:* Traugott, Elisabeth C. & Graeme Trousdale (eds.). *Gradience, gradualness and grammaticalization*. Amsterdam: John Benjamins.129–147.

Van Linden, An, Jean-Christophe Verstraete & Kristin Davidse. 2010. *Formal Evidence in Grammaticalization Research*. Amsterdam: Benjamins.

Voghera, Miriam. 2012. "When vagueness implies (categorization by) similarity". (Paper presented at the 45th Annual Meeting of the Societas Linguistica Europaea, Stockholm 29 August - 1 September 2012).

Voghera, Miriam. 2013. "A case study on the relationship between grammatical change and synchronic variation: the emergence of *tipo*$_{[-N]}$ in Italian". *In:* Giacalone Ramat, Anna, Caterina Mauri & Piera Molinelli (eds.). *Synchrony and Diachrony: a dynamic interface*. Amsterdam: John Benjamins. 283–311.

Waltereit, Richard. 2002. "Imperatives, interruption in conversation, and the rise of discourse markers: a study of Italian *guarda*". *Linguistics*, 40. 987–1010.

Waltereit, Richard. 2006. "The rise of discourse markers in Italian: a specific type of language change". *In:* Fischer, Kerstin (ed.). *Approaches to discourse particles*. Oxford: Elsevier. 61–76.

3. De nuevo sobre los signos adverbiales de modalidad epistémica que refuerzan la aserción en español actual: propiedades sintácticas y semánticas y comportamiento discursivo

María Antonia Martín Zorraquino
Universidad de Zaragoza

1. Introducción

En la presente contribución vuelvo sobre un tema del que vengo ocupándome desde hace bastantes años (cf. Martín Zorraquino 1993, 1994, 2001, 2003, 2010a, 2010b y 2013) y que constituye un campo de estudio del que también tratan otros investigadores de la Universidad de Zaragoza con los que me honra colaborar[1].

Los elementos de los que voy a tratar forman parte del elenco de los llamados signos adverbiales de *modalidad* (utilizado el término en su más amplio sentido: cf. n. 1). Más en concreto integran un paradigma que incluye unidades como: *evidentemente, obviamente, desde luego, naturalmente, por supuesto, claro, claramente*, etc. No se trata de un paradigma cerrado. Junto a todos esos signos, se hallan a veces unidades como: *ciertamente* y *verdaderamente*, o *indudablemente* y *sin duda*, o *efectivamente* y *en efecto*, etc. E incluso elementos como *francamente*. El motivo por el que todos estos signos se reúnen en un mismo grupo suele radicar en que parecen funcionar de manera afín desde el punto de vista sintáctico y desde el punto de vista semántico-pragmático: todos ocupan una posición marginal o extrapredicativa respecto del conjunto de constituyentes que comentan (es decir, no están integrados dentro de la construcción lingüística a la que remiten –verbal o nominal, habitualmente, pero también de otra índole: cf. *infra*, ejs. 1 a 6–), todos refuerzan la verdad del segmento discursivo aludido y, en el caso de que sean adverbios en –*mente*, son signos que guardan relación con adjetivos que califican algo como ajustado a la verdad o a la percepción

Cómo citar este capítulo:
Martín Zorraquino, María Antonia, De nuevo sobre los signos adverbiales de modalidad epistémica que refuerzan la aserción en español actual: propiedades sintácticas y semánticas, y comportamiento discursivo. In: Engwall, Gunnel & Fant, Lars (eds.) *Festival Romanistica. Contribuciones lingüísticas – Contributions linguistiques – Contributi linguistici – Contribuições linguísticas.* Stockholm Studies in Romance Languages. Stockholm: Stockholm University Press. 2015, pp. 37–63. DOI: http://dx.doi.org/10.16993/bac.c. License: CC-BY

que se tiene de ello (*cierto, verdadero, veraz, claro, evidente*, etc., para, por ejemplo, *una noticia cierta, una información verdadera* o *veraz, un problema claro, un resultado evidente, una propuesta franca*, etc.).

Pero, a pesar de sus aparentes afinidades, los signos adverbiales que acabo de mencionar no son homogéneos desde el punto de vista sintáctico. Y presentan también algunas diferencias respecto de sus propiedades semánticas, pese a su real proximidad significativa (y pragmática). Por ello, me ha parecido oportuno centrarme en algunos de los rasgos que los caracterizan. Voy a analizar, así, ciertos aspectos de: a) sus propiedades sintácticas; b) sus rasgos semánticos; c) la proyección pragmática que dichos rasgos manifiestan en el discurso. Especialmente, trataré de abordar un pequeño conjunto de cuestiones problemáticas que suscita el análisis de dichos elementos y que preciso a continuación. Desde el punto de vista semántico-pragmático: 1) ¿constituyen signos propiamente integrables dentro de la clase funcional de los *marcadores discursivos*?, o, dicho de otra manera: ¿en qué medida su significado puede ser considerado de procesamiento, en el marco, por ejemplo, de la Teoría de la Relevancia (Sperber / Wilson 1986); y 2) ¿qué afinidades y diferencias presenta el paradigma de signos adverbiales que aquí destacamos con el de los adjetivos cuya base léxica coincide con la suya (*cierto, verdadero, claro, evidente*, etc.)? Desde el punto de vista más propiamente informativo: 3) siendo unidades disjuntas, pueden ocupar posiciones incidentales al inicio, en medio o al final del enunciado al que remiten, pero ¿qué repercusión alcanzan dichas diferencias distribucionales en el nivel informativo del análisis?; 4) ¿le impone algún tipo de condicionamiento a dicha versatilidad distribucional la linealidad del significante que determinó F. de Saussure (1916) como propiedad del signo lingüístico? Son muchas preguntas. Intentaré, no obstante, contestar a ellas aunque no lo haga de modo exhaustivo, pues no me ocuparé de todos los signos mencionados ni contestaré de forma minuciosa a todas las cuestiones expuestas. Lo que voy a intentar ofrecer, como respuesta, es una propuesta, con base en el análisis de algunos de los elementos citados, que pueda servir de "pista" para aplicarse al resto.

2. Propiedades sintácticas

Es Barrenechea (1979 [1969]) quien denomina, a los elementos de que tratamos, "reforzadores de la aserción", en el sentido de que la intensifican o la enfatizan, confirmándola en el enunciado en el que comparecen. Pongamos algunos ejemplos para ilustrar la función semántico-pragmática que señalamos.

Supongamos que Juan, que es un niño muy travieso, ha roto, de nuevo, con el balón, el cristal de la ventana del cuarto donde está su madre. La mamá bien puede decirle a Juan los enunciados que siguen (especialmente, los incluidos de 1 a 6) o bien puede emitir, reflexionando consigo misma –o dirigiéndose a otra persona–, los marcados de (1)' a (6)':

(1)   *Ciertamente*, eres incorregible
(1)' *Ciertamente*, un niño incorregible / *Ciertamente*, incorregible
(2)   *Verdaderamente*, eres incorregible
(2)' *Verdaderamente*, un niño incorregible / *Verdaderamente*, incorregible
(3)   *Evidentemente*, eres incorregible
(3)' *Evidentemente*, un niño incorregible / *Evidentemente*, incorregible
(4)   *Obviamente*, eres incorregible
(4)' *Obviamente*, un niño incorregible / *Obviamente*, incorregible
(5)   *Desde luego*, eres incorregible
(5)' *Desde luego*, un niño incorregible / *Desde luego*, incorregible
(6)   *Francamente*, eres incorregible
(6)' *Francamente*, un niño incorregible / *Francamente*, incorregible

Teniendo en cuenta los ejemplos que acabamos de ofrecer, parece que nos encontremos ante signos adverbiales intercambiables y muy próximos en su significado y en su proyección pragmática. Sin embargo, a pesar de sus aparentes afinidades, los elementos adverbiales expuestos no son homogéneos desde el punto de vista sintáctico. En relación con el conjunto de ejemplos propuesto, *francamente* no se comporta exactamente como los demás. Sintácticamente, siguiendo la clasificación ya clásica de Sidney Greenbaum (1969), que determinó una renovación importante en los estudios sobre los adverbios en muchas lenguas, entre ellas, las románicas, *francamente* sería un *disjunct of style* o *disjunto de estilo*. Es decir, con variaciones terminológicas, según las lenguas, un *adverbio enunciativo*.

Así, en el seno de la gramática española, la Real Academia Española y la Asociación de Academias de la Lengua Española (2009: § 30.10) (en adelante, NGLE) lo denominan *adverbio oracional de la enunciación* o *del acto verbal*, mientras que, a los restantes signos adverbiales (adverbios o locuciones adverbiales) mencionados, los etiquetan como *adverbios oracionales del enunciado* (y más concretamente, a tenor de sus propiedades semánticas, los incluyen en el subgrupo de *evidenciales*)[2].

En la gramática funcional de Dik (1997) se diferencian también ambos grupos de adverbios: los llamados adverbios oracionales enunciativos se incluyen en el nivel o estrato superior del análisis de la estructura oracional (nivel 4), mientras que los llamados adverbios oracionales del enunciado se incluyen en el inmediatamente más bajo (nivel 3); a los primeros, Dik los considera *disjuncts of style*, y a los segundos, *attitudinal disjuncts* (y el propio Dik reconoce que adopta la terminología y la caracterización de Greenbaum). En efecto, Greenbaum (1969) determina claramente las diferencias entre una y otra clases de adverbios. Los que pertenecen al grupo de *francamente* (los enunciativos) pueden combinarse con todas las modalidades oracionales (asertiva, imperativa, interrogativa). Así, volviendo a los ejemplos de la madre disgustada con el pequeño Juan, esta podría decirle no solo lo que le ha dicho en el ejemplo (6), sino también:

(7) *Francamente*, ¿cuándo vas a dejar de ser tan bruto?
(8) *Francamente*, pórtate bien y no rompas más cristales

En cambio, parece que resultaría más raro que la mamá le dijera a Juan algo como:

(9) ?*Obviamente*, ¿cuándo vas a dejar de ser tan bruto?,

o como:

(10) ?*Evidentemente*, pórtate bien y no rompas más cristales,

a no ser que, antes de proferir los enunciados incluidos en (9) o en (10), ella u otra persona hubieran emitido ya, respectivamente, la pregunta incluida en (7) o la orden reflejada en (8). En esos casos, se mostraría, con (9), la obviedad de la necesidad de plantear la pregunta formulada o, en el caso de (10), lo evidente de la necesidad de dar (y cumplir) la orden proferida. Es decir, tanto en (9) como en (10), el empleo de los adverbios con una oración interrogativa o imperativa reflejarían un comentario en cierto modo metalingüístico, pues remitirían a una pregunta o a una orden ya formuladas (Martín Zorraquino 1994; *cf.* Jackendoff 1972 y Bellert 1977).

En Greenbaum (1969) se recogen con precisión las propiedades que distinguen a los adverbios de la enunciación de los adverbios del enunciado (*disjuntos de estilo* y *disjuntos de actitud*, respectivamente). La distinción se viene practicando en los trabajos sobre los adverbios llamados oracionales en muchas otras lenguas[3]. Dicho esto, quiero destacar también que, a pesar de las diferencias que separan a los adverbios disjuntos enunciativos de los actitudinales, no siempre es fácil establecer distinciones netas entre ambos conjuntos de signos. Las afinidades semánticas son a menudo muy estrechas (los ejemplos expuestos lo prueban, y podríamos recordar más propiedades comunes), y las funciones discursivas que ambos grupos pueden desempeñar son muy parecidas. El carácter extrapredicativo (marcado habitualmente por pausa o pausas en la entonación, y por medio de coma o comas en la escritura) de unos y otros signos adverbiales facilita que se los analice o se los estudie conjuntamente; así como el hecho de que ambas clases de adverbios suelan considerarse vinculadas con el concepto de *subjetividad* o con la noción de *la expresión de la actitud del hablante* (es decir: la modalidad de la enunciación y la modalidad del enunciado). De hecho, la NGLE, por ejemplo, reconoce que, no solo a los llamados adverbios oracionales de la enunciación y a los llamados adverbios oracionales del enunciado, sino también a los adverbios y locuciones adverbiales de tipo conectivo (como, por ejemplo, *consecuentemente* o *por consiguiente*), se los denomina y engloba, conjuntamente, bajo la etiqueta de *adverbios periféricos* (*op. cit.*, § 30.10). La NGLE prefiere distinguir, sin embargo, entre adverbios oracionales (de la enunciación y del enunciado) y conectores discursivos adverbiales (*op. cit.*, §§ 30.11–12) (para el caso de los dos últimos signos citados). (También las interjecciones suelen considerarse clases de palabras de tipo periférico.[4]) Así, los ejemplos (11), (12) y (13) reflejan un empleo desviado, respectivamente, de *francamente* (debería incluir "no", tras pausa, a diferencia de lo que sucede con *evidentemente*), de *obviamente* (no se asocia con el tipo de paráfrasis con la que se vincula *sinceramente*) y de *consecuentemente* (no puede comparecer autónomamente en el enunciado de una intervención reactiva, en contraste con lo que sucede con *honradamente* o con *ciertamente*)[5]:

(11) –Veo que no vendrás al concierto
      –?*Francamente* / *Francamente, no* / *Evidentemente*

(12) *Sinceramente*, Juan no cuenta todo lo que sabe. / *Obviamente*, Juan no cuenta todo lo que sabe
      Soy sincero al decir(te) que Juan no cuenta todo lo que sabe / **Soy obvio al decir(te) que* Juan no cuenta todo lo que sabe / *Es obvio que* Juan no cuenta todo lo que sabe

(13) –Es una injusticia que no le hayan dado el premio a Pedro
      –*Honradamente, sí* / *Ciertamente* / **Consecuentemente* / *Consecuentemente*, deberíamos hacer un escrito de protesta

Aun admitiendo como legítimas las razones del gramático para prevenir contra las combinaciones de elementos heterogéneos en las clasificaciones que han de elaborarse en el marco gramatical y, por consiguiente, para proscribirlas, hay que reconocer igualmente que, a menudo, el análisis de elementos sintácticamente heterogéneos puede resultar aceptable e incluso plausible desde otras perspectivas del análisis lingüístico, y esto vale especialmente para el enfoque pragmático. Todo depende del punto de partida del investigador: por ejemplo, y con referencia siempre al español, en un estudio onomasiológico, como el de Barrenechea (1979 [1969]), se presentan unidades morfológica y sintácticamente muy diversas bajo marbetes singularizados desde un punto de vista semántico-pragmático. Y, así, se analizan conjuntamente unidades como verbos performativos o realizativos (*creo*; *me parece*, etc.), locuciones adverbiales (*en efecto*; *al parecer, por lo visto, tal vez*, etc.) o adverbios (*efectivamente, naturalmente*; *quizás, posiblemente*, etc.), como elementos matizadores de la aserción (expresan, según la autora citada –y tal como se ha indicado–, el *refuerzo de la aserción*, o la *suspensión motivada de la aserción* –caso de los llamados "adverbios de duda": *quizá, tal vez*, etc., o de los signos que apuntan hacia la fuente del mensaje: *al parecer, por lo visto*, etc.–, etc.).

Reconociendo la legitimidad del enfoque onomasiológico para un estudio pragmático, yo he querido situarme, en el presente trabajo, en una perspectiva más ajustada a los criterios más puramente gramaticales, sintácticos: es decir, he prescindido de unidades de tipo enunciativo (como *francamente*) para centrarme más claramente en un conjunto de signos adverbiales (tanto adverbios como locuciones adverbiales) que se ajustan al estatuto de los llamados adverbios (y locuciones adverbiales) oracionales del enunciado, de modalidad epistémica (cf. Palmer 1986), y que refuerzan la aserción, es decir, que entran dentro de lo que la NGLE denomina *evidenciales*. O sea, me refiero siempre a elementos adverbiales que son *disjuncts of attitude*, o *adverbes de phrase qui expriment la modalité épistemique*, o *avverbi modali*, etc. Precisemos, pues, más las propiedades distribucionales de estos signos.

Los adverbios disjuntos de actitud (o de modalidad) (y las locuciones adverbiales de función semejante), es decir los llamados adverbios oracionales del enunciado, incluyen en su interior subconjuntos numerosos, porque muestran ciertas diferencias de comportamiento en relación, sobre todo, con las paráfrasis que se les asignan (Greenbaum 1969: 94). Pero suelen caracterizarse, específicamente, por los siguientes rasgos: a) no alteran el contenido proposicional del segmento del discurso que comentan, pues quedan fuera del alcance de la función predicativa de dicho segmento, y, por ello, no les alcanza la negación ni se someten a la interrogación parcial (a diferencia de lo que sucede, por ejemplo, con los adverbios y locuciones adverbiales de tipo adjunto, llamados también adverbios modales o de modo); b) solo suelen combinarse con la modalidad asertiva o declarativa (según hemos comentado ya); y, como hemos indicado también ya: c) pueden desempeñar, solos, con autonomía, un turno de habla, que comenta el enunciado del turno precedente.

Es claro, pues, que dichos signos adverbiales muestran, respecto de a), un comportamiento afín al de las interjecciones, los elementos adverbiales disjuntos de estilo y los signos adverbiales conjuntivos (todos ellos, como indica la NGLE, *elementos periféricos*). Asimismo, son afines a las interjecciones también en relación con la propiedad indicada en c) (rasgo que los diferencia, en cambio, de los otros dos tipos de elementos adverbiales "oracionales"). Por otra parte, los signos que nos ocupan difieren de las interjecciones, de los elementos enunciativos (disjuntos de estilo) y de los signos conjuntivos en lo referente al rasgo b).

Detengámonos brevemente a recordar ahora las diferencias entre los signos adverbiales de modalidad (o adverbios oracionales del enunciado) y los adverbios adjuntos o de modo (precisadas también por Greenbaum, 1969)[6]. Así, en (14a), *naturalmente* se comporta como un adverbio de modalidad: no puede resultar afectado por la negación de la estructura oracional a la que remite, ni puede servir de respuesta a una pregunta de tipo parcial (no funciona como un complemento circunstancial, sino como un complemento de modalidad o un atributo oracional, según ciertos autores: cf. Gutiérrez Ordóñez, 1997); mientras que, en (14b), *naturalmente* funciona como un adverbio de modo (o sea, como un adverbio adjunto): se comporta, así, como un complemento circunstancial, y, por ello, puede verse afectado por la negación del predicado verbal de la oración en la que se halla incluido, y servir de respuesta a una pregunta de tipo parcial. Veámoslo:

(14a)   *Naturalmente*, Juan no ha venido hoy a clase
(14a)'   *Juan no ha venido hoy a clase *naturalmente*, sino *evidentemente*
(14a)"   –¿Cómo no ha venido hoy Juan a clase?
     –*Naturalmente*
(14b)   Juan se expresa *naturalmente*
(14b)'   Juan no se expresa *naturalmente*, sino *afectadamente*
(14b)"   –¿Cómo se expresa Juan?
     –*Naturalmente*. Sin ninguna afectación. Con naturalidad

De modo análogo, la locución adverbial *sin duda* (con alguna variante como *sin duda alguna*) se comporta como un adverbio oracional del enunciado (un adverbio de modalidad) en (15a), mientras que el sintagma preposicional *sin duda* (con muchas más posibilidades de variación), en (15b), muestra el comportamiento característico de un adverbio adjunto, pues funciona como un complemento circunstancial:

(15a)   *Sin duda / Sin duda alguna*, Esther ha estudiado mucho

(15a)' *Esther no ha estudiado *sin duda / sin duda alguna*, sino *con inseguridad*

(15a)" –¿Cómo ha estudiado Esther?
        –*Sin duda*

(15b)   Esther me respondió *sin (ninguna) duda / sin dudas / sin dudarlo / sin duda de ningún género*

(15b)' Esther no me respondió *sin dudas / sin dudar*, sino *con vacilaciones / con inseguridad*

(15b)" –¿Cómo te respondió Esther?
        –*Sin dudas / Sin dudar*

Establecidas –y destacadas– las diferencias de tipo sintáctico entre los signos adverbiales de modalidad y los de modo (disjuntos y adjuntos, respectivamente), ha de reconocerse, con todo, que no siempre es fácil determinar la frontera distribucional que existe entre unos y otros elementos (si bien es cierto que es más restringido el conjunto de los primeros que el de los segundos, al caracterizar aquellos un enunciado –un acto de habla asertivo, habitualmente–, y estos, en cambio, un conjunto de procesos verbales de variadas posibilidades significativas). El siguiente ejemplo, tomado de un texto de Julián Marías, permite ilustrar lo que intento exponer:

(16)   La actitud de incomprensión frente a la existencia de lenguas distintas del español (pero tan españolas como él), la suspicacia frente a su uso, la voluntad de estorbarlo, a veces el más tosco desdén, todo ello, lejos de resolver el "problema" –si es que en realidad hay un problema–, lo ha agudizado hasta el punto de que hoy *evidentemente* lo es (y, sobre todo, lo será mañana). (Julián Marías, *La España real*, 44)

En el ejemplo precedente, el signo *evidentemente* puede ajustarse a las dos categorías (y las correspondientes funciones) que venimos distinguiendo. De una parte, *evidentemente* puede reflejar un adverbio de modo o de manera –complemento circunstancial de "es"–, pues podemos parafrasearlo como "de forma evidente", "de modo palpable", "con toda evidencia", etc., y podemos también desplazar el signo en el cotexto: "hoy *evidentemente* lo es", "hoy lo es *evidentemente*", subrayando el valor modal, sin ninguna pausa. Pero, de otro lado, en (16), *evidentemente* puede expresar también un comentario valorativo de Marías, como adverbio de modalidad, en el sentido de que su aserto – "la incomprensión frente a la existencia de lenguas distintas del español es hoy un problema"– se fundamenta en una deducción o en una percepción de evidencia, es decir, no admite duda, se impone como algo evidente. La ausencia de comas favorece la ambigüedad semántica aducida y comentada. Es claro que, en cuanto adverbio de modalidad, *evidentemente* matizaría la aserción, reforzándola.

Desde el punto de vista sintáctico, pues, los signos adverbiales que nos ocupan se ajustan a las propiedades distribucionales de los disjuntos de actitud (*cf.* Greenbaum 1969; Dik 1997, etc.) o de los llamados adverbios oracionales del enunciado (*cf.* NGLE), de modalidad epistémica (de índole evidencial) (*cf.* Palmer, 1986), una de cuyas funciones semántico-pragmáticas más importantes consiste en reforzar la aserción (*cf.* Barrenechea 1979 [1969]). Dicha función semántico-pragmática deriva de las propiedades semánticas de los signos adverbiales de que tratamos, las cuales resultan especialmente sugestivas para el análisis lingüístico de los elementos que estudiamos. Vamos a ocuparnos de ellas a continuación[7].

3. Propiedades semánticas

En primer término, tratando de responder a la primera cuestión que hemos planteado *supra*, en el § 1, debemos abordar el tipo de significado que reflejan los signos adverbiales de modalidad epistémica que analizamos. De acuerdo con el enfoque relevantista predominante en los años 90, los disjuntos actitudinales no forman parte de la descripción de los marcadores del discurso (MD), ya que su significado no es, según los autores aludidos, de procesamiento, sino conceptual (aunque los signos adverbiales de modalidad se ajustan a otra propiedad semántica de los MD: no modifican las condiciones de verdad de los elementos que comentan). Suele fundamentarse tal punto de vista en las paráfrasis con las que se vinculan los signos adverbiales que nos ocupan. Compárese, así, el ejemplo (17) con el (18), que contiene la paráfrasis del que le precede:

(17) *Obviamente*, ya no viene al cine
(18) *Es obvio* que ya no viene al cine

Sin embargo, no parece sostenible tal propuesta: a) porque muchos otros MD incluidos habitualmente entre los conectores adverbiales (prototípicamente MD, pues) muestran contenido tan conceptual como el de los adverbios disjuntos (me refiero especialmente a los llamados reformuladores de conclusión o síntesis: v. gr., *en resumen, en síntesis, en conclusión, en suma*, etc., que se ajustan al estatuto de los disjuntos de estilo o adverbios oracionales enunciativos) (lo cual ha sido reconocido por varios estudiosos, e incluso desde la propia teoría mencionada: véase Martín Zorraquino 2010b); b) porque el valor de los adverbios disjuntos no es equivalente al de la paráfrasis con que se los vincula (cf. Bellert 1977), como vamos a intentar mostrar. En otras palabras, lo que quiero decir es que los signos de que tratamos orientan sobre el procesamiento de la información, al contextualizar de forma específica el segmento de discurso al que remiten, y, al mismo tiempo, presentan, en parte, rasgos semánticos afines a los de la base léxica, conceptual, que reflejan o con la que guardan relación (*cf.* Martín Zorraquino & Portolés Lázaro 1999; Torner 2007).

A diferencia, sin embargo, de un sustantivo –denotador de una entidad, con un conjunto de propiedades específicas– o de un adjetivo –denotador, a su vez, de una cualidad–, los adverbios de modalidad constituyen semánticamente, según se viene mostrando en la bibliografía, marcos o universos –mundos– que le sirven al locutor para comentar, valorándolo o matizándolo, el aserto que emite o que otro interlocutor ha emitido (*cf.* Molinier & Levrier 2000; Anscombre 2001; Martín Zorraquino 2001 y 2013, etc.)[8].

Vamos a tratar de ilustrar lo que vengo exponiendo por medio de un ejemplo que reproduce uno de los comentados en Martín Zorraquino (2001). Cada signo adverbial de modalidad aportado va a ser descrito semánticamente partiendo de una hipótesis interpretativa de su contenido que se verifica a partir de los encadenamientos cotextuales incluidos en cada caso. Comentemos, así, el ejemplo (19):

(19) A: Ese cuadro está torcido.
    B: a. *Desde luego.* Está ladeado hacia la izquierda
       b. *Naturalmente.* Ha habido un terremoto esta mañana
       c. *Claro.* Se ha caído uno de los clavos que lo sostenían
       d. *Por supuesto.* Y es feísimo

Como leemos, en el ejemplo (19), el locutor A aserta "Ese cuadro está torcido". Tal opinión es comentada por el locutor B por medio de un signo adverbial de modalidad epistémica que refuerza lo asertado por

A, si bien, en cada caso (al emplear cada uno de los signos adverbiales, en a, b, c y d), el comentario respectivo encierra, junto a rasgos semánticos coincidentes, algunas propiedades específicas –diferenciadoras–, pues no estamos ante elementos completamente sinonímicos.

En efecto. Todos los signos adverbiales destacados expresan, confirmándolo, lo evidente del contenido asertado por A ("es patente que el cuadro está torcido"), pero, en (a), tal confirmación asertiva se apoya en la propia experiencia del hablante B (de ahí que su discurso continúe, congruentemente, aduciendo algo percibido personalmente por él); en (b), en cambio, lo que el locutor B señala con *naturalmente* es que el contenido de la aserción de A, siendo evidente, viene fundamentado, desde el punto de vista de B, por una relación natural, de acuerdo con su conocimiento del mundo, entre diversos factores que operan en el contexto de comunicación (en concreto: la modificación posicional de las cosas y los terremotos), por lo que B prosigue su discurso añadiendo el dato de "Ha habido un terremoto esta mañana"; en (c), por su parte, lo que B expresa, por medio del uso de *claro*, es que lo evidente de lo asertado por A descansa en una relación de causa-consecuencia entre algunos datos convergentes en el contexto de comunicación (en concreto, que los cuadros se tuercen si los clavos que los sostienen se caen; por eso B prosigue con su discurso advirtiendo: "Se ha caído uno de los clavos que lo sostenían"); y, finalmente, en (d), B recalca lo evidente del aserto de A interpretando, además, que dicho aserto presupone algún tipo de juicio de valor que él cohesiona congruentemente en su propio discurso (en concreto: el cuadro torcido produce una impresión negativa y ello se enlaza coherentemente también con las palabras de B: "el cuadro es feísimo").

A su vez, el ejemplo (20) nos va a permitir ilustrar igualmente la forma de significar de los signos adverbiales que venimos analizando. En este caso, compararemos el significado de *desde luego* con el de *sin duda* basándonos en lo expuesto en Martín Zorraquino (2010a y 2013). Supongamos que A oye ruido de agua en los cristales; A bien podrá emitir (20a) o (20b):

(20a) *Sin duda*, está lloviendo
(20b) *Desde luego*, está lloviendo

Pero, de acuerdo con lo que se ha propuesto a propósito del ejemplo (19) (en el enunciado 19a), con *desde luego* el locutor basa su comentario en la propia experiencia de aquello que comenta. Por ello, la sucesión propuesta en (20c) es congruente, mientras que la indicada en

(20d) resulta costosa de comprender, e incluso no aceptable o, mejor, no esperable normalmente en el contexto comunicativo:

> (20c) [Se oye ruido de agua] *Sin duda*, está lloviendo. [El locutor abre la ventana] *Desde luego*, llueve.
>
> (20d) [Se oye ruido de agua] #*Desde luego*, está lloviendo. [El locutor abre la ventana] #*Sin duda*, llueve.

Mientras que, con *desde luego*, el locutor comenta, confirmándolo, el hecho de que esté lloviendo, como algo que se ajusta a lo que él percibe o experimenta, con *sin duda* simplemente presenta tal hecho como algo que, dada la realidad percibida o dados los indicios asumidos, resulta indudable para cualquiera. Es decir, *desde luego* sirve para comentar como ajustado a la propia experiencia del hablante lo evidente de lo comentado; en cambio, *sin duda* se emplea para comentar aquello que resulta indudable para un conjunto indeterminado o general de enunciadores evocados en el contexto de comunicación (siguiendo postulaciones de la teoría de la polifonía ducrotiana: *cf.* Martín Zorraquino, 2013). Por eso, *sin duda* (no *desde luego*) puede valer, en ciertos cotextos, por 'seguramente', 'muy probablemente', como en el ejemplo (21):

> (21) Jugaban en la plaza tantos niños, que, *sin duda*, había un colegio en sus alrededores[9]

¿Qué tipo de significado encierran, pues, los signos adverbiales que nos ocupan? Como he indicado más arriba, y tal y como suele admitirse en muchos estudios sobre el tema, los adverbios y locuciones adverbiales disjuntos de modalidad comentan el contenido proposicional del segmento del discurso al que remiten, y guían sobre las condiciones contextuales del proceso de la comunicación, en concreto sobre la posición doxológica o valorativa del hablante respecto de aquello a lo que este se refiere con el signo adverbial. Como sucede con los adverbios enunciativos o con las interjecciones, con los disjuntos de modalidad, el hablante no describe, sino que *reconoce* un marco de fundamentación para la verdad de lo que dice (*claro, evidentemente, sin duda, por supuesto, desde luego, por lo visto*, etc.) o un marco de valoraciones sobre aquello que emite o aquello que asimila en el proceso comunicativo (*bien, bueno, afortunadamente, lamentablemente, incorrectamente, injustamente*, etc.). Los adverbios disjuntos modales sirven para insertar en mundos o universos de creencias o de valores la posición del hablante en relación con lo que este presenta o comenta en el proceso comunicativo (*cf.*, por ejemplo, Dendale & Tasmowski

1994, Anscombre 2001, o Martín Zorraquino 2001; *cf.* también, por ejemplo, Molinier-Levrier 2000, para el francés o Venier, 1986, para el italiano, y véase especialmente Martín Zorraquino, 2013, y la bibliografía que contiene y comenta).

Tales propiedades semánticas tienen diversas implicaciones de alcance pragmático. Pragmáticamente, los adverbios de modalidad epistémica que refuerzan la aserción o la ponderan valorando, como fuera de toda duda o como cierto, el contenido del segmento del discurso que comentan, producen un efecto metacomunicativo que evita cualquier tipo de discusión (*cf.* Venier, 1986). Como consecuencia de ello se prestan a expresar el acuerdo con el interlocutor y se convierten en herramientas eficaces para la intensificación de la imagen positiva del interlocutor y para crear una interrelación marcada cortésmente de modo positivo, que puede atenuar, a su vez, la actividad verbal que amenaza la imagen negativa del interlocutor (Brown & Levinson 1987; Haverkate 1994).

Ahora bien, por medio de la entonación el hablante puede matizar si su posición es compartida por otros (la ubica en el universo general que el adverbio codifica) o si obedece a un posicionamiento exclusivamente propio (el locutor manipula en ese caso el valor general del adverbio: se apropia de su carácter general, para dar mayor fuerza a su propia opinión o voluntad) (*cf.* Martín Zorraquino 2001). Así, en el ejemplo (22), B puede replicarle a A de forma totalmente ajustada a su propio punto de vista (con una entonación similar: cadente e intensiva), o, más bien, de modo algo divergente, por medio de una entonación más o menos discordante (suspensiva), que, indicando menor aquiescencia, exprese grado distinto de entusiasmo o convicción, etc.:

(22) A: ¡A una madre no se la desobedece jamás!
    B: ¡*Naturalmente*! / *Naturalmente*…

De modo parecido, en (23), A puede tratar de buscar la connivencia de B por medio de un *claro* suspensivo, con el que insinúa como evidente el aserto que comenta, o puede, más bien, imponer dicho aserto con un *claro* contundente. A su vez, B puede confirmar el punto de vista de A coincidiendo con él, por medio de una entonación expresivamente concordante, o B puede mostrar un punto de vista divergente mediante una entonación discordante con la de A:

(23) A: Ustedes, *claro*…, / ¡*claro*!, después de un viaje tan largo, estarán
    cansados

B: 1) *Claro* [agradeciendo la amable suposición de A]. 2) *¡¡Claro, claro!!* [asegurando como indudable el cansancio y tratando de evitar, por tanto, por ejemplo, cualquier insinuación posterior que implique esfuerzo por parte de B] / 1) *Claro...* [marcando, por ejemplo, como algo impositiva la intervención de A]. 2) *¡Claro!* [coincidiendo plenamente con A][10]

Y, de otra parte, la proyección pragmática de los signos adverbiales que estamos analizando varía, asimismo, en función del elemento concreto que utilicemos (*claro* o *naturalmente* o *desde luego* o *evidentemente*, etc.). La unidad seleccionada por el locutor refleja, en cada caso, la fundamentación perceptiva o deductiva en que este basa lo evidente del aserto que comenta, orientando, así, dentro del contexto comunicativo, sobre la posición doxológica que él adopta en función de los diversos factores que operan en este (el destinatario o destinatarios posibles; lo dicho anteriormente, etc.). Por ello, en el ejemplo (24) resultaría raro que el locutor B comentara con *evidentemente* lo expuesto por A (la muerte de la madre de María), valorando el sufrimiento de la señora aludida, puesto que difícilmente pueden evocarse elementos que hagan perceptible o deducible dicho sufrimiento; en cambio, el empleo de *ciertamente* es sintomático de la certidumbre de B (como compartible, además, por cualquiera, en particular por A, destinatario de la réplica de B) sobre los padecimientos de la señora aludida antes de morir:

(24) A: Ha muerto la madre de María
     B: *Ciertamente*, la pobre señora sufrió mucho. / #*Evidentemente*, la pobre señora sufrió mucho

En cambio, en (25), el segundo enunciado emitido por A permite convocar en el contexto datos que llevan a experimentar o a deducir a B (y a cualquiera) que el sufrimiento de la madre de María fue intenso, por lo que lo comenta con *evidentemente*:

(25) A: Ha muerto la madre de María. Se le declaró una peritonitis aguda la semana pasada
     B: *Evidentemente*, la pobre señora ha tenido que sufrir mucho

A su vez, es claro que en (25), por motivos análogos a los aducidos para (24), el locutor B podría haber empleado también *ciertamente* para comentar lo dicho por A:

(25)' A: Ha muerto la madre de María. Se le declaró una peritonitis aguda la semana pasada
     B: *Ciertamente*, la pobre señora ha tenido que sufrir mucho

Y, volviendo a (24), por razones parecidas a las aportadas para (25), B podría haber utilizado *evidentemente*, con toda naturalidad, para comentar el enunciado al que remite, ya que el contexto comunicativo permite, en este caso, deducir el contenido de dicho enunciado (la muerte de una madre es normalmente muy dolorosa para los hijos):

(24)' A: Ha muerto la madre de María
       B: *Evidentemente*, María estará pasándolo muy mal[11]

Llegados a este punto, debemos recordar la segunda pregunta que hemos planteado *supra*, en el § 1: ¿qué afinidades y diferencias existen entre los signos adverbiales que nos ocupan y aquellos adjetivos cuya base léxica comparten? (O sea, entre *ciertamente / cierto*; *evidentemente / evidente*, etc., cuando unos y otros se emplean para comentar o valorar un segmento del discurso).

A mi juicio, es semánticamente diferente lo que se dice por medio de un adverbio de modalidad y lo que se dice a través de un adjetivo calificativo parentético, destacado (*cf.* Martín Zorraquino 2010b): el signo adverbial es, puesto que evoca un marco o mundo de creencias o de valores, polifónico; el adjetivo, en cambio, remite a un solo locutor. Por ejemplo, en (26), lo que el hablante comenta con *ciertamente* no solo deja claro que es cierto el hecho de que "Juan tiene buen corazón", sino que, además, sitúa la certeza en un universo que tanto él como su interlocutor pueden compartir; por ello, el adverbio permite inscribir el comentario del hablante en un marco de certeza del que ambos interlocutores pueden considerarse "propietarios" o "responsables" (la entonación permite regular el grado de participación en la certeza de cada uno de ellos: puede ampliar o restringir la polifonía implicada en el signo adverbial):

(26) A: Juan ha entregado el sueldo de este mes a la UNICEF
     B: Juan tiene buen corazón, *ciertamente*

Mientras que, con *cierto*, el locutor asume la responsabilidad del comentario. Es él el que califica de *cierto* el que "Juan tiene buen corazón":

(27) A: Juan ha entregado el sueldo de este mes a la UNICEF
     B: Juan tiene buen corazón. *Cierto*

Por eso es más esperable que (26) prosiga como en (28) y que (27) prosiga como en (29), y no al revés:

(28) A: Juan ha entregado el sueldo de este mes a la UNICEF
     B: Juan tiene buen corazón, *ciertamente*, porque gestos así no son frecuentes

(29) A: Juan ha entregado el sueldo de este mes a la UNICEF
     B: Juan tiene buen corazón. *Cierto*. No es la primera vez que hace eso:
     soy testigo de su generosidad en muchas otras ocasiones

El ejemplo siguiente –(30)–, tomado de los materiales del CREA, permite apreciar la diferencia de significado (y la respectiva proyección pragmática) de *ciertamente* y *cierto*:

(30) Digámoslo con toda claridad: la única hegemonía indiscutible de los EE
     UU, en el mundo actual, es la militar. Ésta es, *ciertamente*, sustantiva. Si
     no recuerdo mal, la segunda potencia mundial armamentística tiene un
     tercio del poder militar de los EE UU. *Sin duda*, más de un partidario
     de la realpolitik diría a estas alturas que, *efectivamente*, los imperios se
     construyen y mantienen sobre el pilar desnudo del poder, del músculo
     de las armas. *Muy cierto*. (*Apud* CREA, *El País*, 17.03. 2003)

En el ejemplo precedente, con *ciertamente*, el periodista pondera y reconoce como conocido, ajustado a la realidad, a la verdad compartida por cualquiera evocable en el contexto, el hecho de que sea sustantiva la hegemonía militar de los Estados Unidos. Mientras que con *cierto* (intensificado por medio de *muy*) el periodista, por sí mismo, declara verdadero (y lo describe así), ajustado a su certidumbre, todo lo que ha expuesto en el fragmento de discurso precedente; califica lo dicho como "muy cierto".

4. Comportamiento discursivo

Como se suele señalar en todos los estudios que versan sobre los signos de que tratamos, los elementos que venimos analizando pueden ocupar una posición inicial, media o final respecto del segmento de discurso al que remiten (lo destacó ya Barrenechea 1979 [1969]). Es decir: o bien preceden al segmento discursivo que comentan (con una pausa entre ambos, marcada normalmente mediante una coma) (cf. *supra*, v. gr., la réplica de B en el ejemplo 24'); o bien se intercalan (entre pausas, no siempre marcadas por comas) en el interior de dicho segmento, como sucede en el ejemplo (30); o bien ocupan una posición final, precedida de pausa (señalada habitualmente con coma), comentando lo enunciado anteriormente (o, en una réplica, el enunciado que ha emitido el interlocutor que ha hablado previamente), según sucede en el siguiente ejemplo tomado de un texto de Francisco Umbral:

(31) Así que cuando el escritor cena, decide hacerlo en público, porque lo
     de menos es la cena, *claro*. Una gran cena hay que hacerla ante toda la

literatura española, con su ritual, su pompa y su circunstancia de cena del Tenorio. (Francisco Umbral, *La noche que llegué al Café Gijón*, 66–67)[12]

Aunque el tipo de posición –inicial, media o final– suele vincularse con factores informativos (*tema / rema*, por ejemplo), lo cierto es que es difícil a menudo asignar un valor definido a la colocación del signo adverbial comentador, pues frecuentemente parece cumplir, más bien, un papel focalizador respecto del fragmento discursivo comentado, que una función asociada a las de *tópico / comentario*. Barrenechea (1979 [1969]), por ejemplo, advierte de tal complejidad. No voy a aportar, pues, una respuesta propiamente a la tercera pregunta que he incluido *supra*, en el § 1 del presente trabajo.

Diré solo que la versatilidad distribucional de los signos que estudiamos nos lleva a reflexionar sobre los condicionamientos que impone al discurso la linealidad del significante que, como propiedad esencial del signo lingüístico, destacó Saussure (1916) (cf. *supra*, la última pregunta planteada en el § 1). Tal característica restringe las posibilidades expresivas del locutor y le obliga a encadenar su discurso en una sola dirección. Los incisos, sin embargo, representan un procedimiento interesante para paliar, en parte, tal restricción: aportan comentarios secundarios o complementarios a la línea fundamental de los hechos que el locutor expone, en buena medida porque él es consciente del conjunto de factores que, convergiendo en el contexto comunicativo, gravitan en la propia transacción comunicativa, de suerte que trata de matizar esta, sobre la marcha, a base de signos de distinto estatuto (adverbial, conjuntivo, interjectivo, etc., y a veces también oraciones enteras, etc.), que intercala en el texto, marcando, por medio de pausas, su marginalidad y, al mismo tiempo, su vinculación con lo que les precede o les sigue.

En lo que se refiere a los signos adverbiales que nos ocupan, las consultas que he llevado a cabo, para algunos de ellos, en el CREA (2000–2004) (referidas a la prensa de España), revelan que la posición inicial (PI) es la segunda más frecuente, precedida por la posición media (PM) –la que arroja cifras más altas– y seguida muy de lejos (en tercer lugar) por la posición final (PF). Hay que advertir, con todo, que no he podido hacer un análisis exhaustivo, pues las consultas resultan especialmente complicadas para la posición media[13]. Pero, para algunos signos, he podido hacer el recuento para las tres posiciones y creo que el resultado, aunque modesto, es pertinente: las cifras son significativas, como vemos a continuación (la primera cifra indica el número de casos; y la segunda, el de documentos; cuando doy dos cifras entre corchetes, la que queda fuera del corchete refleja los casos inequívocos de disjuntos de modalidad identificados; la primera dentro del corchete, el número total de signos encontrados; la segunda dentro del corchete, el número de documentos):

> *Ciertamente*: PI (15 / 15); PM (29 [51 / 51]); PF (2 / 51)
> *Verdaderamente*: PI (5 / 5); PM (1 [112 / 96]); PF (0 / 96)
> *Evidentemente*: PI (32 / 30); PM (40 [46 /49]); PF (3 / 49)
> *Obviamente*: PI (24 / 24); PM (49 [51 / 49]; PF (0 / 49)
> *Naturalmente*: PI (35 / 35); PM (43 / 43); PF (0 / 43)
> *Desde luego*: PI (71 / 68); PM (137 / 129); PF (6)
> *Indudablemente*: PI (3 / 3); PM (13 / 13); PF (0 / 13)

Los datos aportados confirman que la posición final es mucho menos frecuente que la inicial o la intermedia. El desplazamiento, pues, a la derecha (conocido como *afterthought*) queda preterido en relación con las otras posiciones. Pero no puedo entrar a analizar el interesante ámbito de los llamados "margen izquierdo" y "margen derecho" de la periferia en el discurso.

Los datos para la prensa mexicana, y para los mismos años, muestran tendencias parecidas cuantitativamente: por ejemplo, en PI, *ciertamente* arroja 6 casos en 6 documentos; *verdaderamente*, 0; *obviamente*, 6 / 6; *evidentemente*: 3 / 3; *naturalmente*: 6 / 6; *claro*: 21 / 19; *desde luego*: 21 / 18; *sin duda*: 19 / 17; *indudablemente*: 5 / 5; *por supuesto*: 7 / 7. Y es interesante observar que, en Argentina, apenas se usa *desde luego* (si bien se detecta en el ejemplo 32) y, en cambio, se emplea *desde ya*, tanto con valor de adjunto (ejemplo 33), como con valor de locución adverbial de modalidad epistémica (ejemplo 34):

(32) Y, *desde luego*, una investigación que desemboque en la pérdida del trabajo realizado por las personas, no concuerda con ninguna de las corrientes filosóficas. (*Apud* CREA, *Clarín*, 16.07.2003)

(33) Lo que hay que promover *desde ya* es el abandono de esa megacampaña que nos transporta a la Tribu de los Brady. (*Apud* CREA, *Clarín*, 12.03.2004)

(34) Tiene muchas características que nos hacen presumir que no se trata de un juguete: una funda renovada [...], flash incorporado, vídeoclips de 30 segundos, una pantalla trasera de cristal líquido, buena resolución [...] y, *desde ya*, un precio de 300 dólares. (*Apud* CREA, *Clarín*. *Suplemento de Informática*, 11. 12. 2002)

Debe destacarse, por último, el sentido (el objetivo argumentativo o simplemente comunicativo) que cumplen los signos que nos ocupan en el conjunto discursivo en el que aparecen. Insisto en que los elementos analizados sirven fundamentalmente para reforzar la aserción (en el caso de los signos que destacan lo evidente) o para ponderarla (se trata, más bien, de los signos que enfatizan la certidumbre: *ciertamente, verdaderamente*)[14]. Pero, en la construcción del discurso, se emplean, con ese valor, para otros objetivos: por ejemplo, para justificar la conclusión en un conjunto argumentativo de tipo ilativo-consecutivo (ejemplo 35), o para destacar el primer elemento de una construcción adversativa, marcando una concesión representada por el miembro que precede a *pero* (y con el que el locutor sale al paso, concediendo la razón de antemano, a un argumento que imagina que el interlocutor podría proponer)[15]:

(35) Daba envidia viajar en estas fechas por el resto del mundo y ver el esplendor luminoso de los Campos Elíseos, o asomarse a las pantallas del cine y la televisión para descubrir que había otras formas de anunciar un tiempo de fiestas [...]. Este año las cosas han cambiado y, *ciertamente*, los madrileños podemos disfrutar de un gran salto en el tiempo. (*Apud* CREA, *La Razón*, 02.09.2002)

(36) El evento más importante en la Zaragoza de 1908 fue la Exposición Hispano-Francesa. Pudo haber otras actividades importantes, *desde luego* [*ciertamente / evidentemente / sin duda / naturalmente / .../*], pero la Exposición marcó la vida y el desarrollo de la ciudad de forma determinante. (E. Fernández Clemente, *Aragón en el siglo XX*, Zaragoza, Librería General, 2002, 123)

5. Conclusión

En síntesis, las propiedades sintácticas que caracterizan al paradigma de unidades que hemos analizado son las siguientes: se trata de signos adverbiales disjuntos actitudinales, de modalidad epistémica (Greenbaum, 1969), que, de acuerdo con los rasgos de tal clase de palabras, pueden acompañar a enunciados de estructura sintáctica diversa, pero especialmente de tipo oracional y de modalidad asertiva, siempre en posición periférica (destacada suprasegmentalmente entre pausas), o que pueden comparecer aislados constituyendo un enunciado autónomo (por ejemplo, en una intervención dialogal reactiva).

Desde el punto de vista semántico estos signos constituyen marcos o universos desde los que el locutor comenta lo que aserta, fundamentando su opinión o visión perceptiva como inscrita en dichos marcos. Los signos analizados se caracterizan, en concreto, por expresar la modalidad epistémica (doxológica), presentando la verdad del enunciado al que remiten como claramente evidente, es decir, fuera de toda duda. Por lo que se prestan, desde el punto de vista pragmático, a reforzar la aserción, y, en el discurso, a reforzar la argumentación, lo que implica, de otro lado, otras propiedades pragmáticas relacionadas con el acuerdo y la toma de postura por parte del hablante respecto del interlocutor (Martín Zorraquino 2001, 2003, 2010a y b).

Para la construcción del discurso, los elementos estudiados pueden ocupar tres clases de posición respecto del segmento que comentan: inicial, media y final. La más frecuente es la media y la menos frecuente (con mucho), la final. Las tres posiciones guardan relación con factores informativos que no hemos dilucidado, pero que se hallan vinculados, tanto con conceptos como *tema / rema* y *tópico / comentario*, como con el de *foco* o *función focalizadora*, así como con los ámbitos informativos tan sugestivos actualmente del "margen izquierdo" o del "margen derecho" incidentales. En todo caso, la versatilidad distribucional de las unidades estudiadas constituye una muestra de los procedimientos de que se vale la lengua para paliar la restricción semiótica que impone la linealidad del significante como propiedad saussureana del signo lingüístico. De otra parte, dicha versatilidad está también al servicio de la construcción del discurso para establecer conclusiones argumentativas, contraargumentativas, concesivas, etc., especialmente relevantes.

Quisiera destacar, en fin, que la utilización de unos u otros signos adverbiales del tipo aquí analizado puede ser un indicio también de la actitud subjetiva, la visión de la realidad y la propia personalidad del hablante. Así, por ejemplo, frente a la joven estudiosa María Antonia Martín Zorraquino, que, en *Las construcciones pronominales en español. Paradigma y desviaciones* (Madrid, Gredos, 1979), utiliza, con valor pragmáticamente concesivo, *naturalmente, por supuesto, evidentemente*, etc., en cinco ocasiones, en sus cuatro páginas liminares, el profesor Ignacio Bosque no echa mano de dichos signos adverbiales en las primeras treinta páginas de *Las categorías gramaticales* (1989). Probablemente, la joven lingüista que escribió el libro editado en 1979 se hallaba cercada, en su imaginación, por las posibles objeciones de los sabios lingüistas que –lo esperaba– iban a leer su libro, y trataba, por ello, de hacer frente, concediendo de antemano su validez, a las previsibles observaciones aludidas.

Notes

1. El presente trabajo se inscribe dentro de los estudios realizados por el Grupo de Investigación Consolidado *Pragmagrammatica Peripheriae*, subvencionado por el Gobierno de Aragón y por el Fondo Social Europeo (código H-029). Forma parte especialmente de todo un conjunto de contribuciones dedicadas al análisis de los signos adverbiales de modalidad (tanto de la enunciación como del enunciado), cuyo objetivo último es ofrecer un diccionario de palabras modales del español, principalmente de estatuto adverbial e interjectivo. Las referencias citadas son las más relevantes en relación con el tema tratado aquí, pero recuerdo al lector que otros investigadores del Grupo mencionado (en particular, Margarita Porroche Ballesteros, José Laguna Campos, Juan Manuel Cuartero Sánchez, Verónica Edeso Natalías, Carmen Solsona Martínez, Carlos Meléndez Quero y Elisa González Ramos) y yo misma, nos hemos ocupado de las partículas de modalidad (adverbios, locuciones adverbiales, interjecciones, etc.), desde la perspectiva sincrónica y desde el punto de vista diacrónico (por ejemplo, los procesos de lexicalización y de gramaticalización que les afectan), en otros trabajos, recogidos, en buena parte, en DIALNET, y de los que incluyo algunos de los más representativos en la bibliografía final.

2. Obsérvese que a menudo se denomina a todos los adverbios de que tratamos "adverbios oracionales", a pesar de que, como hemos mostrado, puedan afectar a segmentos discursivos no oracionales (no verbales) (cf. supra, ejemplos 1' a 6'). Ello se debe, sin duda, a que se intenta subrayar su carácter extrapredicativo y al hecho de que estos adverbios pueden afectar a un enunciado de estructura oracional y no solo a un sintagma verbal, o a un adjetivo, o a otro adverbio.

3. Afortunadamente, el adverbio ha dejado de ser "le parent pauvre" del que hablaba Moignet (1963) en los años sesenta del siglo pasado (*cf.*, asimismo, López García-Molins, 1977, y Wotjak, 1996: VII). Es una categoría que refleja muy bien cómo puede avanzar nuestra disciplina –la lingüística y, más concretamente, la gramática– introduciendo "unidades nuevas que permitan [...] progresar en la competencia del objeto de estudio" (Bosque 1989: 15): en efecto, a partir de toda una serie de contribuciones sobre el adverbio, publicadas desde fines de los años sesenta, sobre el inglés y sobre muchas otras lenguas, en particular, las románicas, esta clase de palabra ha dejado de ser un "cajón de sastre", marbete con el que tantos gramáticos la han etiquetado (*cf.*, por ejemplo, las referencias bibliográficas citadas, más adelante, en la n. 8).

4. Y dicha postura es pertinente (y explicable), porque el objetivo de la Real Academia Española, en la NGLE, es esencialmente gramatical. Como recuerda Ignacio Bosque (1989: 19–20), igual que un estudiante de medicina o un estudiante de arquitectura no pueden conformarse con saber "lo que es" un elemento que están estudiando, sino que tienen que ser capaces de dar cuenta

de "cómo funciona", y prever que, si se dan determinadas condiciones en el empleo del mismo, puede producirse una catástrofe (por ejemplo, la muerte del paciente sometido a tratamiento o el derrumbamiento de la casa que pretende construirse), también un gramático debe saber que, si se empeña en usar un adverbio enunciativo como si fuera un adverbio del enunciado o como si se tratara de un adverbio de tipo conjuntivo o conectivo, pueden producirse errores lamentables en la construcción lingüística.

5. Las desviaciones detectadas a continuación, en el texto, muestran sendos conjuntos de desajustes respecto de las propiedades a) de los adverbios enunciativos (estos requieren la presencia de *sí / no* habitualmente en las intervenciones reactivas; admiten paráfrasis vinculadas con la primera persona –a veces también con la segunda persona–, porque remiten –califican- a un verbo realizativo del 'decir' *–digo / di–* en primera o segunda persona; pueden constituir una intervención o un turno autónomamente –seguidos habitualmente de *sí / no–*); b) de los adverbios del enunciado (los cuales pueden constituir una intervención reactiva de forma totalmente autónoma y admiten paráfrasis en tercera persona, de sentido impersonal o generalizador, porque, como veremos, proporcionan un cuadro o un marco universal de valoración epistémica); y c) de los adverbios conjuntivos (estos no comparecen en una intervención reactiva de forma autónoma, porque ponen en relación dos segmentos del discurso: conectan explícitamente dos fragmentos textuales).

6. No hace falta insistir en que se trata de propiedades que también distinguen a los adverbios adjuntos de las interjecciones, los adverbios enunciativos y los adverbios conjuntivos.

7. Los signos adverbiales de modalidad epistémica han recibido atención intensa en los últimos treinta años. No puedo dejar de destacar aquí, para el español, las aportaciones de Kovacci (1986 y 1999), Fuentes Rodríguez (1991) –Martín Zorraquino (1994), de hecho, se presenta como una contribución que intenta avanzar en la línea trazada por ambas autoras–, Gutiérrez Ordóñez (1997) (ya citado), Rodríguez Ramalle (2003), Santos Río (2003), Torner (2007), etc. (y aun antes, López García-Molins (1977), que ya se ha citado también). Para otras lenguas románicas, la bibliografía es también copiosa: véanse, por ejemplo, para el francés Borillo (1976) y, sobre todo, Molinier / Levrier (2000), y para el italiano, Venier (1986) (en todos los casos: entre otros muchos títulos).

8. Así, en Martín Zorraquino (2003), abordé el tratamiento lexicográfico de *desde luego*, como ejemplo de descripción de las propiedades semánticas de la locución y de los sentidos más frecuentes que adquiere en el discurso. En Martín Zorraquino (2010a) hice algo análogo para *sin duda*, *al parecer* y *por lo visto*.

9. Obsérvese que resultaría extraño sustituir *sin duda* por *desde luego* en el ejemplo (21). En cambio, *desde luego* valdría como signo adverbial adecuado

en el ejemplo (21)': "Jugaban en la plaza muchos niños que, *desde luego*, procedían de un colegio, porque llevaban todos el mismo uniforme".

10. La variedad de matices expresivos con que la entonación permite graduar el alcance pragmático de los signos adverbiales que nos ocupan es extraordinariamente rica, tanto si tales signos aparecen en intervenciones iniciativas, como si comparecen en réplicas. En Martín Zorraquino (2001) se incluyen ejemplos con algunas otras unidades (*desde luego* y *por supuesto*).

11. En el ejemplo (24)' sería también posible, por lo expuesto para (24) y para (25)', el uso de *ciertamente*. El empleo de uno u otro signos adverbiales (*ciertamente* / *evidentemente*) es sintomático, de otra parte, según ya he indicado, de la posición doxológica, valorativa, del locutor respecto de aquello que comenta, en función de los factores que convergen en el contexto de comunicación (múltiples y complejos).

12. En el ejemplo (31) Umbral comenta con *claro*, destacándolo –confirmándolo– como algo evidente, fuera de toda duda, el hecho de que, en el mundo de los escritores, cenar (ingerir alimentos de noche) es lo menos importante, y ello porque, tal y como se percibe y se sabe habitualmente (es lo que desvela *claro*), lo que los escritores buscan es ser vistos en público y no tanto alimentarse. Por eso, el escritor prosigue su discurso explicitando la conexión de contenidos que ha tratado de subrayar con *claro*: "Una gran cena hay que hacerla ante toda la literatura española, con su ritual, su pompa y su circunstancia de cena del Tenorio".

13. En posición inicial, incluyendo en la consulta la coma detrás del signo adverbial, es fácil identificar y contar los casos inequívocos de los disjuntos de modalidad epistémica. Pero, en posición media, es muy laborioso separar los casos de disjuntos de modalidad de los de adjuntos de modo (frecuentemente aquellos no van destacados por comas). Por otra parte, los ejemplos en posición final (precedidos de coma) suelen ser muy escasos.

14. Barrenechea (1979 [1969]) distingue los signos que refuerzan la aserción (*desde luego, claro, evidentemente, naturalmente, indudablemente, sin duda, efectivamente, en efecto, por supuesto*) de los que la ponderan (*ciertamente, verdaderamente, realmente, en realidad*). No he podido entrar en tal distinción, que es muy fina y pragmáticamente pertinente. Los primeros elementos se integran en marcos o universos que expresan lo evidente (comentan algo cuyo contenido se siente impuesto como tal a través de los sentidos o de la experiencia perceptiva); los segundos, en cambio, se integran en marcos vinculados con la certeza o la certidumbre, experiencia más interiorizada por parte del locutor. Es interesante observar (y no me he ocupado de ello en el presente estudio; sí lo he hecho en Martín Zorraquino, 1994, y lo hemos tenido en cuenta en Martín Zorraquino & Portolés Lázaro, 1999), que el primer grupo de unidades suele poder combinarse con *que* (por ejemplo: ¡*claro, evidentemente, naturalmente, por supuesto, sin duda, indudablemente que* lo sabe!), mientras que el segundo es,

tal vez, menos proclive a dicha construcción (?*ciertamente, verdaderamente, realmente que* lo sabe).

15. El sentido concesivo que pueden aportar los signos adverbiales que nos ocupan es particularmente interesante, porque pone de relieve, a menudo, un discurso polifónico: el locutor actúa como un enunciador que sale al paso de lo que cree que podría objetar un posible interlocutor en el contexto comunicativo (*cf.* Martín Zorraquino, 2013, que comenta el análisis ducrotiano de *certes*). Dicho sentido concesivo en los signos adverbiales analizados viene ampliamente destacado en Martín Zorraquino / Portolés Lázaro (1999); *cf.* igualmente, Martín Zorraquino (2001, 2010a y 2013).

Referencias

I. Textos citados para los ejemplos analizados

Marías, Julián.1976. *La España real*. Madrid: Espasa-Calpe.

Real Academia Española. Banco de datos (CREA) [en línea]. Corpus de referencia del español actual. http://www.rae.es [Consultas realizadas entre el 16.04.2012 y el 18.05.2012]

Umbral, Francisco.1980. *La noche que llegué al Café Gijón*. Barcelona: Destinolibro. (Primera ed.: Barcelona, Edics. Destino, 1977).

II. Monografías y artículos citados

Anscombre, Jean-Claude. 2001. "*A coup sûr / Bien sûr*: des différentes manières d'être sûr de quelque chose". *In*: Depuy-Engelhardt, Hiltraud, Silvia Palma, Jean-Emmanuel Tyvaert (eds.). *Les phrases dans les textes. Les sons et les mots pour les dire. Les connecteurs du discours. L'opposition verbonominale en acte*. Reims: Presses Universitaires de Reims. 135–160.

Barrenechea, Ana María.1979 [1969]. "Operadores pragmáticos de actitud oracional: los adverbios en –*mente* y otros signos". *In*: *Estudios lingüísticos y dialectológicos*. Buenos Aires: Hachette. 39–59.

Bellert, Irena.1977. "On semantic and distributional properties of sentential adverbs". *Linguistic Inquiry*, 8 / 2. 321–347.

Borillo, Andrée.1976. "Les adverbes et la modalisation de l'assertion". *Langue fran-çaise*, 30. 74–89.

Bosque, Ignacio.1989. *Las categorías gramaticales*. Madrid: Síntesis.

Brown, Penelope & Stephen Levinson. 1987. *Politeness: Some universals in Language Usage*. Cambridge: Cambridge University Press (2.ª ed.; 1.ª ed., 1978).

Cuartero Sánchez, Juan Manuel. 2011. "*Notoriamente* y otros adverbios modales de valoración epistémica". *Español Actual*, 96. 41–61.

Dendale, Patrick & Liliane Tasmowski.1994: "Présentation". *Les sources du savoir*. *Langue Française*, 102. 3–7.

Edeso Natalías, Verónica. 2009. *Contribución al estudio de la interjección en español*. Bern: Peter Lang.

Fuentes Rodríguez, Catalina. 1991. "Adverbios de modalidad". *Verba*, 18. 275–321.

González Ramos, Elisa. 2005. "Cómo eludir responsabilidades sobre lo dicho: los signos 'por lo visto' y 'al parecer' (analogías y diferencias en su empleo actual)". *Español Actual*, 84. 153–158.

Greenbaum, Sidney. 1969. *Studies in English Adverbial Usage*. Londres: Longman.

Gutiérrez Ordóñez, Salvador. 1997. "Complementos de verbo enunciativo y atributos de modalidad". *In*: Gutiérrez Ordóñez, Salvador. *La oración y sus funciones*. Madrid: Arco / Libros. 343–367.

Haverkate, Henk. 1994. *La cortesía verbal*. Madrid: Gredos.

Jackendoff, Ray. 1972. *Semantic Interpretation in Generative Grammar*. Cambridge: MIT Press.

Kovacci, Ofelia.1986. "Notas sobre adverbios oracionales: dos clases de limitadores del *dictum*". *Revista Argentina de Lingüística*, 2. 299–316.

Kovacci, Ofelia. 1999. "El adverbio". *In*: Bosque, Ignacio & Violeta Demonte (dirs.). *Gramática descriptiva de la lengua española*. Madrid: Espasa-Calpe, vol. 1. 705–786 (esp. 760–763).

López García-Molins, Ángel.1977. *Elementos de semántica dinámica: semántica española*. Zaragoza: Pórtico.

Martín Zorraquino, María Antonia.1993. "Algunas observaciones sobre *claro* como operador pragmático en español actual". *In*: Gerold Hilty (ed.). *Actes du XXème. Congrès International de Linguistique et Philologie Romanes*, I. Tübingen-Basel: Francke. 467–478.

Martín Zorraquino, María Antonia.1994. "Sintaxis, semántica y pragmática de algunos adverbios oracionales asertivos". *In*: Violeta Demonte (ed.). *Gramática del español*. México, El Colegio de México. 557–590.

Martín Zorraquino, María Antonia. 2001. "Remarques sur les marqueurs de modalité, l'expression de l'accord et la prise de position du locuteur". *In*: Depuy-Engelhardt, Hiltraud, Silvia Palma & Jean-Emmanuel Tyvaert (eds.). *Les phrases dans les textes. Les sons et les mots pour les dire. Les connecteurs du discours. L'opposition verbo-nominale en acte*. Reims: Presses Universitaires de Reims. 183–202.

Martín Zorraquino, María Antonia. 2003. "Marcadores del discurso y diccionario: sobre el tratamiento lexicográfico de *desde luego*". *In*: Echenique Elizondo, María Teresa & Juan Sánchez Méndez (coords.). *Lexicografía y lexicología en Europa y América. Homenaje a Günther Haensch*, Madrid-Valencia: Gredos / Biblioteca Valenciana. 439–452.

Martín Zorraquino, María Antonia. 2010a. "Las partículas discursivas en los diccionarios y los diccionarios de partículas discursivas (con referencia especial a *desde luego / sin duda* y *por lo visto / al parecer*)". *In*: Bernal, Elisenda, Sergi Torner & Janet DeCesaris (eds.). *Estudis de Lexicografia 2003–2005*. Barcelona: IULA. 231–357.

Martín Zorraquino, María Antonia. 2010b. "Los marcadores del discurso y su morfología". *In*: Loureda Lamas, Óscar & Esperanza Acín Villa (coords.). *Los estudios sobre marcadores del discurso en español, hoy*. Madrid: Arco / Libros. 93–181.

Martín Zorraquino, María Antonia. 2013. "La polifonía en algunos signos adverbiales disjuntos que matizan la aserción en español actual (*desde luego* y *sin duda*; *por lo visto* y *al parecer*)". *In*: Gévaudan, Paul, Vahram Atayan & Ulrich Detges, *Modalität und Polyphonie. Modalité et polyphonie. Modalidad y polifonía*. Tübingen: Stauffenburg-Verlag. 99–126.

Martín Zorraquino, María Antonia & Portolés Lázaro, José.1999. "Los marcadores del discurso". *In*: Bosque, Ignacio & Violeta Demonte (dirs.). *Gramática descriptiva de la lengua española*. Vol. 3. Madrid: Espasa-Calpe, 4051–4213.

Meléndez Quero, Carlos. 2011. *Los adverbios disjuntos de valoración emotiva en español actual*. (2 vols.) Saarbrücken: Editorial Académica Española.

Moignet, Gérard. 1963. "L'incidence de l'adverbe et l'adverbialisation des adjectifs". *Travaux de Linguistique et de Littérature*, I. Strasbourg. 175–194.

Molinier, Christian & Françoise Levrier. 2000. *Grammaire des adverbes. Description des formes en –ment*. Genève: Librairie Droz.

Porroche Ballesteros, Margarita. 2005. "Sobre los adverbios enunciativos españoles: caracterización, clasificación y funciones pragmáticas y discursivas fundamentales". *Revista Española de Lingüística*, 35 / 2. 495–522.

Porroche Ballesteros, Margarita & Laguna Campos, José. 2011. "El acuerdo y el desacuerdo. Los marcadores discursivos *bueno, bien, vale* y *de acuerdo*". *Español Actual*, 96. 159–179.

Palmer, Frank.1986. *Mood and modality*. Cambridge: Cambridge University Press.

Real Academia Española y Asociación de Academias de la Lengua Española. 2009. *Nueva Gramática de la Lengua Española. Morfología y sintaxis. Sintaxis II*, 2 vols. Madrid: Espasa, (esp., cap. 30; pp. 2344–2370).

Rodríguez Ramalle, Teresa María. 2003. *La gramática de los adverbios en-*mente *o cómo expresar maneras, opiniones y actitudes a través de la lengua*. Madrid: Universidad Autónoma de Madrid.

Santos Río, Luis. 2003. *Diccionario de partículas*. Salamanca: Luso-Española de Ediciones.

Saussure, Ferdinand.1946 [1916]. *Curso de lingüística general*. Buenos Aires: Losada, (trad. al esp. de Amado Alonso).

Sperber, Dan & Deirdre Wilson.1986. *Relevance. Communication and cognition*. Oxford: Blackwell.

Solsona Martínez, Carmen. 2011. "Funciones discursivas del marcador *in-somma* en la enseñanza del italiano L2 a hispanohablantes". *Cuadernos de Filología Italiana*, 18. 45–74.

Torner Castells, Sergi. 2007. *De los adjetivos calificativos a los adverbios en -*mente: *semántica y gramática*. Madrid: Visor Libros.

Venier, Federica. 1986. "Gli avverbi modali". *Lingua e stile*, XXI/4. 459–483.

Wotjak, Gerd (ed.).1996. *En torno al adverbio y los circunstanciales*. Tübingen: Narr.

4. Subjetificação, objetificação e (des) gramaticalização nas construções completivas infinitivas em português, em comparação com outras línguas românicas

Augusto Soares da Silva
Universidade Católica Portuguesa – Braga

1. Introdução

A alternância e a distribuição das construções subordinadas infinitivas e finitas são geralmente motivadas por fatores conceptuais: as diferentes construções de infinitivo não flexionado, infinitivo flexionado e finita em português contrastam não só em grau de integração estrutural dos eventos principal e subordinado, mas também em perspetivação conceptual ou, nos termos da Gramática Cognitiva de Langacker (1987, 1991, 2008), *arranjo de visão* nas posições do *sujeito* e *objeto* de per/conceção. Do ponto de vista do *objeto* de per/conceção, a construção de infinitivo não flexionado representa o grau mínimo e a construção finita o grau máximo de *objetificação* do evento subordinado. Do ponto de vista do *sujeito* de per/conceção (o locutor), a construção de infinitivo não flexionado representa o grau mínimo e a construção finita o grau máximo de *subjetificação* ou envolvimento do locutor na conceptualização do evento descrito.

Neste estudo, analisaremos sincrónica e diacronicamente o grau de *subjetividade/objetividade* e o grau de *gramaticalização* das construções completivas infinitivas de verbos percetivos, causativos, de controlo (como *querer*) e de elevação (como os verbos modais) em português, em comparação com outras línguas românicas. No português antigo, estes verbos eram mais afins dos verbos auxiliares. Do português antigo ao português moderno, verifica-se um incremento da construção bioracional com a introdução de propriedades estruturais que aumentam a independência do evento subordinado. Esta *desgramaticalização*,

Como citar este capítulo:
da Silva, Augusto Soares, Subjetificação, objetificação e (des)gramaticalização nas construções completivas infinitivas em português, em comparação com outras línguas românicas. In: Engwall, Gunnel & Fant, Lars (eds.) *Festival Romanistica. Contribuciones lingüísticas – Contributions linguistiques – Contributi linguistici – Contribuições linguísticas.* Stockholm Studies in Romance Languages. Stockholm: Stockholm University Press. 2015, pp. 64–91. DOI: http://dx.doi.org/10.16993/bac.d. License: CC-BY

que se atesta também no espanhol, embora em grau menos acentuado, coloca o português num estádio mais recuado de gramaticalização das construções infinitivas em comparação com outras línguas românicas, como o francês e o italiano. Com base numa análise de *corpus*, descreveremos a desgramaticalização diacrónica que se verifica em português e no espanhol como um processo de *objetificação* do evento subordinado, particularmente do seu sujeito.

O presente texto está estruturado em oito pontos. A seguir a esta introdução, são apresentados breves apontamentos sobre gramaticalização, subjetificação e a natureza do infinitivo. Nos pontos três e quatro, são analisadas as diferenças conceptuais entre as construções infinitivas e finitas alternantes e é caracterizado o significado do infinitivo flexionado em português. Seguidamente, no ponto cinco, desenvolvemos uma abordagem conceptual das três construções infinitivas dos verbos causativos e percetivos e comparamos o seu grau de gramaticalização no português, espanhol, francês e italiano. No ponto 6, analisamos a dupla tendência evolutiva das construções completivas infinitivas nas línguas românicas: o processo de gramaticalização no italiano e no francês e, em certos contextos, no espanhol e no português e o processo de desgramaticalização no espanhol e, mais rápida e nitidamente, no português. Segue-se, no ponto sete, uma explicação *cognitiva* destes processos de (des)gramaticalização com base nos processos conceptuais de subjetificação e objetificação. Finalmente, apresentamos as conclusões do presente estudo e sugestões para investigação futura.

2. Gramaticalização, subjetificação e infinitivo

O processo gradual de gramaticalização, pelo qual uma unidade lexical adquire uma função gramatical ou uma unidade gramatical adquire uma função ainda mais gramatical (Hopper & Traugott 2003), manifesta-se em dois níveis: a nível do significado da unidade lexical/gramatical, como um processo de *debilitamento* semântico, e a nível da construção, como um processo de *integração estrutural* de eventos. Isto significa que, entre as diferentes construções completivas, a mais gramaticalizada será aquela que apresentar um grau maior de debilitamento semântico do verbo principal e/ou de integração estrutural dos eventos subordinado e principal. Esta distinção está em sintonia com a assunção de que o processo de gramaticalização ocorre dentro de construções particulares (Bybee 2003; Traugott 2003, 2008).

Menor variabilidade formal e semântica é sinal de alto grau de gramaticalização. A avaliação de um processo de gramaticalização envolve tanto a dimensão da saliência semasiológica (ou prototipicidade) como a dimensão da saliência onomasiológica (ou familiarização e convencionalização), tanto a dimensão lexical como a dimensão construcional e tanto a dimensão diacrónica como a dimensão sincrónica.

Na teoria linguística atual, existem duas abordagens principais do fenómeno da subjetificação, nomeadamente a abordagem funcionalista de Traugott (1989, 1995), no quadro da Linguística Funcional, e a abordagem cognitivista de Langacker (1990, 1999), no enquadramento da Linguística Cognitiva. Traugott focaliza o processo diacrónico e a dimensão pragmática da subjetificação, entendendo este fenómeno como um processo de mudança semântica pelo qual significados que descrevem uma situação externa passam a indicar perspetivas, atitudes e crenças do locutor em relação a essa situação. Langacker focaliza o próprio processo de conceptualização envolvido e entende a subjetificação em termos da dimensão conceptual da *perspetiva* ou *arranjo de visão* na relação assimétrica entre sujeito observador/conceptualizador e objeto observado/conceptualizado. Uma entidade ou situação é *objetivamente* construída na medida em que é colocada "dentro de cena" e vista do exterior, como foco específico de atenção, como objeto de per/ conceção; é *subjetivamente* construída na medida em que permanece "fora de cena", como sujeito não consciente de si mesmo e implícito de per/conceção. A *subjetificação* é, então, o processo pelo qual uma entidade passa de 'objeto' a 'sujeito' de per/conceção e, consequentemente, o conceptualizador/locutor (ou um outro elemento do ato de fala) deixa de ser um observador/elemento externo e passa a fazer parte do conteúdo de conceptualização.

Traugott assume uma perspetiva pragmático-funcional e explica a subjetificação em termos de reforço pragmático e como resultado da convencionalização de inferências contextualmente sugeridas. Em contrapartida, Langacker assume uma perspetiva cognitiva e explica a subjetificação em termos de perspetivação conceptual e como resultado de um processo de atenuação semântica. Apesar destas diferenças, que têm mais a ver com a conceção geral de linguagem, as duas abordagens são compatíveis e até se complementam, na medida em que reforço pragmático e atenuação semântica são duas dimensões de um mesmo fenómeno (ver Soares da Silva 2011a).

O infinitivo caracteriza-se pela sua natureza híbrida entre verbo e nome (ver Cristofaro 2007; Soares da Silva 2008; Vanderschueren

2013): o infinitivo conceptualiza um evento, mas carece de certas características dos verbos e manifesta certas características dos nomes. Morfossintaticamente, carece de certas marcas tipicamente verbais, como o sufixo temporal, e ocorre apenas em contextos sintaticamente subordinados. Discursivamente, não assevera a atual ocorrência de um evento e não estabelece relação deítica com a realidade discursiva. Conceptualmente, e seguindo a caracterização cognitiva de Langacker (1987; 1991) relativamente às classes do verbo e do nome, o infinitivo conceptualiza um evento, não *sequencialmente* como um verbo, mas *sumariamente* (holisticamente) como um nome. Mais especificamente, o infinitivo implica um escaneamento mental *sumário* e concebe o processo na sua totalidade e sem focalizar a sua evolução no tempo.

Dada esta natureza híbrida, o infinitivo pode aproximar-se ou afastar-se mais ou menos do protótipo verbal. Por exemplo, desviam-se bastante do protótipo verbal os chamados *infinitivos nominais*, isto é, os infinitivos precedidos de determinante e que podem ser modificados por adjetivos. Já os infinitivos que regem complementos verbais ou que formam parte de uma perífrase ou ainda que constituem o núcleo de uma oração adverbial aproximam-se bastante do protótipo verbal. Neste contínuo de maior ou menor *verbalidade* do infinitivo, o português apresenta uma categoria ausente noutras línguas: é o infinitivo flexionado, que possui obviamente mais características verbais do que o infinitivo não flexionado. Veremos, na próxima secção, o contraste entre as duas formas de infinitivo, bem como o significado do infinitivo flexionado. Veremos, também aí, esse contraste em termos de gramaticalização e subjetificação.

3. Construções infinitivas e finitas alternantes: diferenças conceptuais

Os exemplos (a), (b) e (c) de (1)-(3) – que representam, respetivamente, a construção com infinitivo não flexionado (Inf NF) (a), a construção com infinitivo flexionado (Inf Fl) (b) e a construção com verbo finito (c) – constituem três modos diferentes de conceber uma mesma situação extralinguística. As diferenças entre as três construções – completivas em (1)-(2) e adverbiais em (3) – são essencialmente conceptuais e as três construções alternantes dispõem-se em diversas escalas conceptuais contínuas que têm a construção finita de um lado, a construção de Inf NF do outro e a construção de Inf Fl numa posição intermédia.

O Quadro 1 identifica sete parâmetros conceptuais (em maiúsculas) que distinguem as três construções alternantes.

(1) a. É preciso fazer uma pausa.
     b. É preciso fazermos uma pausa.
     c. É necessário que façamos uma pausa.
(2) a. Eles reconheceram ter errado.
     b. Eles reconheceram terem errado.
     c. Eles reconheceram que erraram.
(3) a. Alegram-se por ver o pai.
     b. Alegram-se por verem o pai.
     c. Alegram-se porque veem o pai.

Vejamos brevemente as diferenças conceptuais que distinguem as três construções:[1]

(i) **independência** do evento subordinado relativamente ao evento principal. A construção com Inf Fl codifica maior independência conceptual e menor integração dos eventos principal e subordinado do que a construção com Inf NF. Por isso, o Inf Fl tem várias marcas de um verbo independente: as marcas de pessoa e número e a marca nominativa do seu sujeito gramatical e, no caso das construções com verbos modais e verbos causativos e percetivos, preservação da estrutura argumental, não havendo pois subida de clíticos nem de argumentos.

(ii) **especificidade** do evento subordinado. Como vimos anteriormente, o infinitivo implica um escaneamento mental sumário, porque representa um *processo tipo*. No entanto, o Inf Fl é mais específico do que o Inf NF, pois explicita a referência pessoal, sendo pois mais concreto do que um *processo tipo*.

(iii) **atualização** ("grounding": Langacker 1987, 1991) ou relação explícita com o ato de fala. O verbo finito estabelece uma relação epistémica com a situação enunciativa, isto é, situa o evento em relação à realidade, através das suas especificações de tempo, modo e seus participantes. A ele se opõe o infinitivo, que não implica tal atualização. Entre os dois encontra-se o Inf Fl, que estabelece explicitamente a relação entre o participante principal do evento subordinado e os participantes do ato de fala, mas sem dar informação sobre o estatuto epistémico do respetivo evento.

(iv) **proeminência** da forma: o Inf Fl é, por um lado, mais proeminente do que o Inf NF, porque explicita mais informação acerca do evento subordinado, designadamente sobre o seu sujeito, e, por outro

INF NF	INF FL	FIN
MENOS		
MAIS		
INDEPENDÊNCIA		
V independente: não marcas	V independente: marcas	V independente: todas as marcas
subida clíticos e argumentos	sem subida	sem subida
sujeito não-especificado/subido	sujeito especificado, nominativo	sujeito especificado, nominativo
construção mono-oracional	construção bioracional	construção bioracional
ESPECIFICIDADE		
processo tipo	processo tipo (ref. pessoal)	instância de processo tipo
escaneamento sumário	escaneamento sumário	escaneamento sequencial
ATUALIZAÇÃO ("GROUNDING")		
não	mínimo (pessoal)	total (estatuto epistémico)
PROEMINÊNCIA		
não	trajetor	total (mais material morfológico)
DISTÂNCIA CONCEPTUAL E CONTROLO		
- distância, + controlo	± distância, ± controlo	+ distância, - controlo
ECONOMIA		
+ previsib. temporal e pessoal	+ previs.temp/- previs.pessoal	- previsib. temporal e pessoal
OBJETIVIDADE/SUBJETIVIDADE		
- objetividade: processo tipo	+ objetividade: trajetor	+ objetividade: evento
- subjetividade (eixo subjetivo)		+ subjetividade (eixo subjetivo)

lado, menos proeminente do que o verbo finito, já que este contém mais material morfológico.

(v) **distância conceptual** e **controlo**. Seguindo Haiman (1980) e Givón (1991), maior distância formal assinala iconicamente maior distância conceptual. Além disso, maior distância conceptual implica menor controlo por parte do sujeito principal relativamente ao evento subordinado e vice-versa. Assim, a construção com verbo finito, sendo precedida de uma conjunção, está formalmente mais separada do evento principal do que a construção infinitiva. Simultaneamente, a construção finita é conceptualmente mais complexa do que as construções infinitivas. Relativamente às duas construções infinitivas, a construção com Inf Fl está conceptualmente menos vinculada ao evento principal, já que não recupera nenhum dos seus referentes, e o controlo do sujeito principal é menos forte, visto que o Inf Fl remete para um participante específico, que até pode ser distinto do participante principal.

(vi) **objetividade/subjetividade** (no sentido de Langacker 1990, 1999): relativamente ao eixo *objetivo* de per/conceção, a construção com verbo finito é a mais objetiva, na medida em que é ela quem *põe em palco* todas as componentes do evento subordinado; do ponto de vista do eixo *subjetivo* de per/conceção, a construção com verbo finito é a mais subjetiva, na medida em que é nela que há mais *atualização* e um papel mais ativo do locutor na conceptualização do evento, havendo assim lugar para certas elaborações mentais e transferências para outros *espaços mentais* (Fauconnier 1985). Por exemplo, as duas construções infinitivas de (3a) e (3b) só podem exprimir a causa propriamente dita, ao passo que (3c) pode ter uma leitura inferencial, no sentido de que o facto de que as crianças veem o pai permite concluir que elas se alegram.

4. O significado do infinitivo flexionado

Da caracterização conceptual feita na secção anterior, podemos concluir que, em comparação com o Inf NF, o Inf Fl exprime maior independência, maior especificidade, maior atualização, maior proeminência, maior distância conceptual, maior elaboração conceptual e maior *objetividade*. O Inf Fl exprime uma *objetificação* na conceção do sujeito do infinitivo (ver Soares da Silva 2008). Retomemos os exemplos (1)-(3) e comparemos a construção com Inf Fl em (b) com a construção com Inf NF em (a). A flexão – por si própria, como nos exemplos (b), ou conjuntamente com o sujeito explícito – torna o sujeito do infinitivo mais proeminente no contexto da conceptualização do evento, já que fornece informação acerca desse participante. A flexão "põe em palco" o participante principal como foco específico de atenção, como *objeto* de per/conceção. A flexão de pessoa tende a aumentar a distância entre o evento subordinado e o conceptualizador, fazendo com que o evento ganhe uma certa independência e possa ser visto a partir do "exterior". Deste modo, a flexão de pessoa aumenta a assimetria entre observador e observado e, consequentemente, cria as condições para uma conceptualização *objetiva*. Tal como Langacker (1991: 445–449) assinala, há correlação positiva entre a construção objetiva de uma entidade ou situação, a sua menção explícita e uma certa distância conceptual em relação ao conceptualizador: a menção explícita e a distância conceptual têm um efeito *objetificador*.

Três grupos de fatores podem favorecer a construção com Inf Fl: (i) a autonomia sintático-semântica da oração infinitiva, (ii) a verbalidade da forma infinitiva e o consequente estatuto oracional da construção infinitiva e (iii) a acessibilidade mental do sujeito do infinitivo (Soares da Silva 2008; Vesterinen 2011; Vanderschueren 2013). Relativamente à autonomia sintático-semântica, a construção bioracional é, como vimos, favorável à ocorrência de Inf Fl. Um outro fator específico tem a ver com a semântica do conector e da oração subordinada: os conectores temporais (*depois de*, *antes de*) e causais (*por*) compatibilizam-se mais com Inf Fl do que o conector *para*; de igual modo, as orações temporais e causais, porque conceptualizam o evento como real e factivo, combinam-se melhor com o Inf Fl do que as orações finais, que conceptualizam um evento como virtual (Vanderschueren 2013: 139–150). Relativamente ao segundo fator, há uma correlação positiva entre a verbalidade do infinitivo e a ocorrência do Inf Fl. Assim, a forma pronominal do verbo no infinitivo, a presença de reflexivos, a construção passiva, a construção perifrástica, a presença de predicativos e a negação do infinitivo favorecem a ocorrência do Inf Fl. Por outro lado, e como efeito de compensação, o Inf Fl ocorre mais frequentemente com verbos não dinâmicos do que com verbos dinâmicos. Finalmente, quanto ao terceiro fator, a anteposição e interposição do infinitivo, a pausa e uma maior distância entre infinitivo e antecedente do sujeito do infinitivo dificultam a acessibilidade ao sujeito do infinitivo e, consequentemente, favorecem a construção com Inf Fl (Vesterinen 2011).

Através de uma rigorosa análise multifatorial de *corpus*, Vanderschueren (2013: 189) conclui sobre o impacto dos três fatores – autonomia, verbalidade e acessibilidade – na seleção do Inf Fl da seguinte forma, sintetizada na Figura 1.

```
┌─────────────────────────────────────────────────────────┐
│  Maior impacto                                            │
│    Vpronominal              Autonomia do Inf              │
│    perífrase                                              │
│    conector                 Verbalidade do Inf            │
│    dinamicidade                                           │
│    negação                  Acessibilidade do Suj Inf     │
│    aspeto lexical                                         │
│    posição ante/inter                                     │
│  ▼ pausa                  ▼                               │
│  Menor impacto                                            │
└─────────────────────────────────────────────────────────┘
```

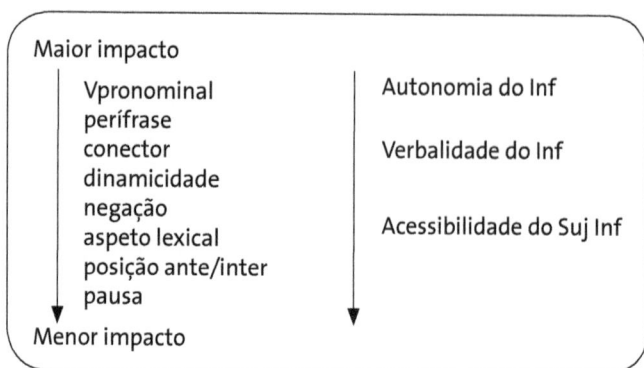

Figura 1. Hierarquia do impacto de fatores na seleção do Inf Fl

5. Construções completivas infinitivas: verbos causativos e percetivos

Vamos analisar as construções infinitivas de verbos causativos e percetivos. Para além da construção completiva com verbo finito, as línguas românicas (exceto o romeno) possuem diferentes tipos de construções infinitivas. Uma primeira construção infinitiva é aquela em que o objeto (O) do verbo principal ocorre depois dos dois verbos – é a construção VVO ou, simplesmente, construção VV, exemplificada em (4). Uma segunda construção infinitiva apresenta o objeto entre o verbo principal e o infinitivo – é a construção VOV, como em (5). Os exemplos (4) e (5) do português são igualmente válidos para outras línguas românicas. O português possui uma terceira construção infinitiva, na qual o objeto é interposto entre os dois verbos mas, ao contrário da anterior, é interpretado como sujeito do infinitivo e este ocorre como Inf Fl: é a construção VSV, como em (6). Embora o galego possua também a construção com Inf Fl, o Inf Fl não ocorre nas construções completivas de verbos causativos e percetivos no galego (Sousa Fernández 1999: 176). Além desta variação da ordem de palavras, há também a variação de marcação de caso do sujeito lógico do infinitivo. Ele pode ser codificado como acusativo ou objeto direto (OD), como em (4a, 5a, b), (ii) como dativo ou objeto indireto (OI), como em (4b), (iii) menos frequentemente, como agentivo/instrumental, como em (4c), e (iv) como nominativo ou sujeito em português, necessariamente acompanhado de Inf Fl, como em (6a, b).

Estas variações na ordem das palavras e na marcação de caso do sujeito do infinitivo estão correlacionadas com a valência transitiva/intransitiva do infinitivo. O padrão correlacional é apresentado no

Quadro 2, embora haja alguma exceções. Nos casos regulares, as construções intransitivas codificam o sujeito do infinitivo como OD e as transitivas codificam-no como OD na construção VOV e como OI ou outro oblíquo na construção VV. De notar que os verbos de causação interpessoal como *forçar* (mas não *mandar*) ocorrem apenas numa construção próxima de VOV, nomeadamente a construção VO*à/a*V em que o infinitivo é precedido pela preposição *à/a*.

Quadro 2. Propriedades distribucionais das construções infinitivas com verbos causativos e percetivos

ordem de palavras	VSV		VOV		VV	
marcação de caso	INF intransitivo	INF transitivo	INF intransitivo	INF transitivo	INF intransitivo	INF transitivo
nominativo - SUJ	6a	6b				
acusativo - OD			5a	5b	4a	
dativo - OI						4b
agentivo						4c

(4) a. A Maria fez/mandou/deixou/viu correr os miúdos (-os correr).

b. A Maria fez/mandou/deixou/*viu ler esse livro aos miúdos (-lhes ler esse livro).

c. O presidente fez/mandou/(não)?deixou/*viu aprovar a lei pelos deputados.

(5) a. A Maria fez/mandou/deixou/viu os miúdos (-os) correr.

b. A Maria fez/mandou/deixou/viu os miúdos (-os) ler esse livro.

(6) a. A Maria fez/mandou/deixou/viu os miúdos (eles/*-os) correrem.

b. A Maria fez/mandou/deixou/viu os miúdos (eles) lerem esse livro.

VSV, VOV e VV representam três estádios diferentes num *continuum* de dependência (controlo do sujeito principal e dependência do sujeito subordinado) e de integração estrutural dos eventos principal e subordinado. VSV e VOV são construções bioracionais, sendo VSV mais bioracional do que VOV, ao passo que VV é uma construção monooracional. O Quadro 3 sistematiza as propriedades estruturais destas três construções.[2]

Quadro 3. Propriedades estruturais das três construções infinitivas

Mais independência do evento complemento Menos integração de eventos		Menos independência do evento complemento Mais integração de eventos
não-subida do SujInf	subida SujInf: subida clíticos	subida SujInf: subida clíticos
Inf Fl	Inf NF	Inf NF
não-subida do ObjInf	não-subida do ObjInf	subida ObjInf: subida clíticos
negação encaixada	negação encaixada	negação encaixada impossível
bioracional	bioracional	mono-oracional
VSV	**VOV**	**VV**

Na construção VSV, o infinitivo apresenta muitas marcas de um verbo independente: preserva as marcas de pessoa e número e toda a sua estrutura argumental, pelo que é impossível qualquer subida do clítico. Além disso, o sujeito lógico do infinitivo é marcado no nominativo, da mesma forma que o sujeito de uma oração independente (SV). Consequentemente, o evento complemento é construído com maior independência. No outro extremo do contínuo, está a construção VV: o infinitivo não tem nenhuma marca de verbo independente e mostra todos os sinais de subida em direção ao verbo principal, donde a subida de todos os clíticos e a impossibilidade da negação. Ou seja: o infinitivo é inteiramente integrado no verbo principal, formando com ele um verbo complexo (VV) e passando os seus argumentos a serem argumentos deste complexo. Nos termos de Raposo (1981), VV é uma construção de "união de orações". Num ponto intermédio, está a construção VOV: o infinitivo preserva grande parte da sua estrutura argumental, sendo o evento complemento ainda visto como independente, mas o sujeito do infinitivo é marcado como objeto direto do verbo principal (VO).

As três construções infinitivas envolvem diferentes *perspetivações conceptuais* do evento complemento; em termos da Gramática Cognitiva de Langacker (1987, 1991), diferentes organizações *figura/base* ou *trajetor/marco*.[3] VSV toma todo o evento complemento como alvo do contacto estabelecido pelo sujeito principal; por outras palavras, como *marco* do verbo principal. VSV perfila pois uma relação indireta entre dois eventos e uma interação entre duas fontes de energia ou dois *trajetores*. Este conteúdo conceptual faz com que VSV mais se aproxime de uma construção bioracional. Pelo contrário, a construção VOV toma o participante principal do evento complemento como alvo específico do contacto estabelecido pelo sujeito principal, isto é, como *marco* do verbo principal, mas ao mesmo tempo também o reconhece como fonte de energia ou *trajetor* do evento complemento, sendo todo o evento complemento tomado como *marco* secundário do verbo principal. A construção VOV perfila assim uma relação indireta entre dois eventos, embora com uma interação mais direta entre as duas fontes de energia ou *trajetores*: o sujeito principal interage diretamente com o sujeito do infinitivo, sendo este tomado como *ponto de referência* para se aceder ao evento complemento. Consequentemente, a construção VOV é menos bioracional do que a construção VSV. Finalmente, a construção VV constrói o participante principal do evento complemento como argumento interno (objeto ou experienciador) de um único complexo verbal e perfila um único evento com uma única fonte de energia, isto é, um único *trajetor* exercendo controlo sobre o evento como um todo, o que faz de VV uma construção mono-oracional.

A trajetória que vai de VSV a VV pode ser descrita como um processo progressivo de *subjetificação* ou atenuação no controlo do sujeito: o sujeito lógico do infinitivo perde gradualmente controlo sobre a sua própria atividade ou estado. Esta atenuação conduz a um aumento do grau de integração de eventos e a uma relação mais direta entre os dois eventos. Esta integração construcional e esta relação direta estão iconicamente codificadas nas propriedades estruturais da construção VV indicadas no Quadro 3. Há assim um aumento de gramaticalização da construção VSV para a construção VV: entre as três construções infinitivas, VV representa o grau mais elevado de gramaticalização construcional, ao passo que VSV representa o grau mais baixo. Resumidamente, a escala crescente de integração construcional e gramaticalização é a seguinte: VSV > VOV > VV.

Comparemos agora as construções infinitivas de quatro línguas românicas: português, espanhol, francês e italiano.[4] A principal diferença verifica-se com o verbo prototipicamente causativo 'fazer'. Enquanto o francês *faire* e o italiano *fare* se combinam necessariamente com a construção mono-oracional VV, o português *fazer* e o espanhol *hacer* são compatíveis tanto com VV como com a construção bioracional VOV. O verbo *fazer* combina-se ainda com a construção mais bioracional VSV. Todas as propriedades sintáticas da construção VV referidas acima no Quadro 3 são obrigatórias na construção do francês e do italiano *faire/fare* + Inf. Além disso, *faire* + Inf e (geralmente) *fare* + Inf não podem alternar com a construção de verbo finito, contrariamente ao que se verifica com *fazer/hacer* + Inf, o que evidencia um grau elevado de integração estrutural nas construções do francês e do italiano.

Comparando as construções dos italiano e do francês, o italiano *fare* + Inf mostra um grau mais elevado de integração estrutural do que o francês *faire* + Inf. Prova disso são três propriedades sintáticas da construção *faire* + Inf:

(i)   a possibilidade de interpor o pronome reflexivo *se*, como em (7);
(ii)   a interposição de clíticos com o imperativo na forma positiva, como em (8), e a impermeabilidade no italiano a tal interposição, como em (9);
(iii) a impossibilidade de cliticizar o objeto subordinado junto do verbo principal, como em (10b), contrariamente ao que ocorre no italiano, como em (10c):[5]

    (7)   Le bruit les fait se lever.
    (8)   Fais-les-lui planter.
    (9)   Glie-le voglio far baciare.
    (10) a. Je ferai parler Jean a Pierre.
           b. *Je lui ferai parler Jean.
           c. Ci farò parlare Giovanni.

Há também diferenças de grau de integração de eventos entre as construções do português e do espanhol. O espanhol *hacer* + Inf apresenta um grau mais elevado de integração estrutural do que o português *fazer* + Inf. Para além da existência da construção VSV no português, a prova disso está nas seguintes propriedades:

(i)   no espanhol, o causado dativo pode ocorrer quer posposto a *hacer* + Inf quer interposto entre os dois verbos, como em (11a), embora a posposição seja mais frequente, ao passo que o português permite apenas a posposição, como se pode ver em (11b);
(ii)   no espanhol, o causado dativo pode ocorrer com infinitivo intransitivo, ao passo que esta construção é dificilmente aceitável no português – veja-se (12). Neste aspeto, o português segue o padrão regular observado no francês e no italiano;
(iii) no português, a construção mais frequente é VOV quando o causado é [+ HUM] e quando o infinitivo é transitivo (ver Soares da Silva 2005), como em (13a), ao passo que no espanhol a construção mais frequente é claramente VV, como em (13b).

(11) a. Juan hizo a su mujer traer un regalo. (Cano Aguilar 1981: 243)
     b. *O João fez à sua mulher trazer um   presente.
(12) a. Le hice correr.
     b. ??Fiz-lhe correr.
(13) a. O João fez a sua mulher trazer um presente.
     b. Juan hizo traer un regalo a su mujer.

A Figura 2 representa a escala crescente de integração estrutural de eventos e, assim, de *gramaticalização* construcional nas construções completivas infinitivas do verbo causativo 'fazer' nas quatro línguas românicas. A construção mais gramaticalizada é a do italiano *fare* + Inf, seguida da construção do francês *faire* + Inf. A seguir, vem a construção do espanhol *hacer* + Inf e, por último, como construção menos gramaticalizada, o português *fazer* + Inf. As três propriedades sintáticas analisadas nos exemplos (7)-(10) e (11)-(13) confirmam esta afirmação.

fazer + Inf   *hacer* + Inf   *faire* + Inf   *fare* + Inf

− --->   +

Figura 2. Escala de gramaticalização nas construções causativas românicas ('fazer' + Inf)

Em relação às construções causativas com o verbo 'deixar', há menos diferenças entre as línguas românicas. De qualquer forma, a construção do português *deixar* + Inf é a que apresenta um grau menor de gramaticalização construcional: para além do facto de que *deixar* participa na construção menos integrada VSV, a construção dominante é VOV com infinitivos transitivos, tanto sincrónica como diacronicamente (ver Soares da Silva 1999, 2005). O mesmo se diga em relação a *mandar* + Inf. Na verdade, a existência da construção VSV é suficiente para que as construções infinitivas do português possuam um grau mais baixo de gramaticalização do que as mesmas construções no espanhol, francês e italiano.

A Figura 3 representa a escala crescente de gramaticalização construcional nas construções completivas infinitivas, tendo num extremo a construção bioracional do português VSV e no outro extremo a construção mono-oracional do italiano VV.

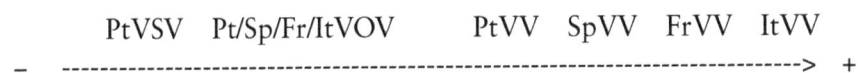

PtVSV   Pt/Sp/Fr/ItVOV   PtVV SpVV FrVV ItVV

− --->   +

Figura 3. Escala de gramaticalização construcional nas construções completivas infinitivas do português, espanhol, francês e italiano

6. (Des)gramaticalização

As construções infinitivas com verbos causativos e percetivos têm origem no latim (ver Norberg 1974 e Chamberlain 1986). O latim teve a construção completiva com verbo finito e conjunção *ut* e a construção completiva infinitiva, exemplificadas em (14)-(15). A construção infinitiva tornou-se mais frequente do que a construção finita no latim tardio (ou, pelo menos, nos primórdios das línguas românicas). A construção infinitiva latina apresentava uma estrutura com acusativo (*accusativus cum infinitivo*) e uma outra com dativo (*dativus cum infinitivo*).

No latim clássico, *iubere* 'ordenar' era o verbo causativo prototípico. Era geralmente seguido de uma completiva com *ut* e conjuntivo ou da construção *accusativus cum infinitivo*, como em (14). Também o verbo *facere* 'fazer' podia ser usado nestas construções causativas, como em (15), embora menos frequentemente.

> (14) a. Populus Romanus iussit ut Sullae voluntas esset pro lege. (Cerbasi 1997: 166)
> 'O povo romano ordenou que a vontade de Sulla fosse tornada lei'
> (14) b. iusserunt simulacrum Iouis facere maius (Cícero, Catiline, 3.20)
> 'Mandaram construir uma estátua de Júpiter maior'
> (15) a. Faciam ut ejus diei locique meique semper meminerit. (Plauto, *Captivi*, 4.6.3)
> 'Fá-lo-ei lembrar-se sempre de mim, do seu dia e do seu lugar'
> (15) b. Qui nati coram me cernere letum fecisti. (Virgilio, *Aeneid* 2, 538–539)
> '(Tu) que me obrigaste a assistir à morte do meu filho'

Foi a partir do verbo causativo *iubere* que a construção infinitiva com acusativo (*accusativus cum infinitivo*) se espalhou a outros verbos, como *facere*. A construção exemplificada em (15b) é, pois, o antepassado das construções causativas infinitivas nas línguas românicas. Chamberlain (1986) observa que, a partir do séc. V, a construção *facere* + Inf (em vez de *facere* + *ut*) começou a difundir-se tornando-se a construção mais frequente a partir do séc. VI. Norberg (1974) e Chamberlain (1986) sugerem que as construções causativas de grau mais elevado de integração de eventos, isto é, as construções mono-oracionais se desenvolveram nos últimos períodos do latim.

As construções completivas infinitivas estavam já estabelecidas no período antigo das línguas românicas (ver Chamberlain 1986, Herman 1989, Pearce 1990, Davies 1995, Soares da Silva 1999, Sousa Fernández 1999, Vieira da Silva 2003), o que pode ser justificado com

base em quatro factos linguísticos. Em primeiro lugar, a complementação infinitiva aparece como opção padrão (em vez da complementação
com verbo finito) nos textos latino-românicos, tanto nos textos latino-
-gauleses dos sécs. VI e XI (Chamberlain 1986), como nos textos latino-
-ibéricos dos sécs. XI e XII (Vieira da Silva 2003). Em segundo lugar, a
construção mono-oracional consolidou-se nos textos latino-românicos
e nos textos do período antigo das línguas românicas, tornando-se por
vezes mais frequente do que a construção bioracional. Chamberlain
(1986: 135) sugere que as duas construções com o latim *facere* e o
francês *faire* já existiam no latim tardio e no francês antigo em variação
livre, embora a construção mono-oracional fosse mais frequente do que
a construção bioracional. Em terceiro lugar, verifica-se nesses períodos
o desenvolvimento da construção *dativus cum infinitivo* (que, segundo
Norberg 1974, é de origem latina), a ponto de se tornar mais frequente
do que a construção mais antiga com acusativo. Finalmente, a correlação entre marcação de caso do sujeito do infinitivo e padrão sintá-
tico (intransitivo/transitivo) do infinitivo, típica das línguas românicas,
remonta ao período antigo das línguas românicas. Tudo isto mostra
uma evolução das construções infinitivas no sentido da gramaticalização construcional.

   Desde os primeiros estágios das línguas românicas, as construções
infinitivas com o verbo causativo 'fazer' apresentam um grau mais elevado de integração estrutural do que as construções infinitivas com o
verbo causativo 'deixar' ou o verbo ibérico 'mandar'. Há, porém, uma
divergência entre as línguas românicas na evolução das construções
infinitivas com 'fazer': de um lado, o francês e o italiano *faire/fare* + Inf
perdem a construção bioracional VOV e a construção com verbo finito
e conjuntivo; do outro lado, o português e o espanhol *fazer/hacer* + Inf
mantêm a alternância entre a construção mono-oracional VV, a construção bioracional VOV e a construção com verbo finito. Quer isto
dizer que o francês e o italiano *faire/fare* + Inf evoluíram no sentido de
um aumento de gramaticalização. Já o português e o espanhol evoluíram, como veremos melhor a seguir, no sentido inverso, e isso aconteceu não só com os verbos causativos como com outros verbos que
selecionam complemento infinitivo.

   Vejamos mais de perto o desenvolvimento das construções infinitivas
no português e espanhol. No seu estudo acerca da evolução das construções causativas no espanhol e no português, Davies (1995, 2000)
conclui que o português e o espanhol são as línguas românicas em que
se verificam maiores mudanças na evolução das construções causativas

infinitivas, independentemente do verbo causativo, e essas mudanças configuram uma mudança geral que vai da estrutura mono-oracional para a estrutura bioracional. Ainda segundo Davies, estas mudanças terão começado com os verbos de perceção como *ver* e *ouvir/oír* e depois ter-se-ão espalhado aos verbos causativos, inicialmente, *deixar/dejar, permitir, obrigar/obligar* e *ordenar* e, finalmente, aos verbos causativos prototípicos *fazer/hacer* e *mandar*. Também Martins (2004, 2006) analisa estas mudanças das construções infinitivas dos verbos causativos e percetivos, mas integra-as no contexto de uma mudança mais geral das construções infinitivas do português que vai de estruturas "mais reduzidas" a estruturas "menos reduzidas" e afeta não só verbos causativos e percetivos mas também verbos de controlo, como *querer*, e verbos de elevação, como o verbo modal *poder*.

Tendo em conta estes estudos diacrónicos de Davies (1995, 2000) e de Martins (2004, 2006) e com base numa análise de *corpus*,[6] identificamos seis mudanças sintáticas nas construções infinitivas, que ocorreram mais rápida e acentuadamente no português do que no espanhol e que começaram por afetar os verbos percetivos e os verbos perifericamente causativos e se espalharam depois aos verbos prototipicamente causativos (Soares da Silva 2011b):

(i)   cliticização no infinitivo, isto é, não subida dos clíticos
(ii) emergência do pronome *se* no complemento infinitivo (F_2)
(iii) mudança no caso do sujeito do infinitivo transitivo: de dativo para acusativo
(iv) emergência da negação no complemento infinitivo (F_2)
(v)   mudança de ordem das palavras no complemento infinitivo (F_2): de VS para SV
(vi) emergência do Inf Fl em português a partir do séc. XVI nos complementos dos verbos causativos e percetivos[7]

Estas mudanças estão exemplificadas no Quadro 4, nos exemplos (16c, d)-(21c, d) do português e do espanhol médios e modernos, em contraste com os exemplos (16a, b)-(21a, b) do português e espanhol antigos.

Comentando muito brevemente estas mudanças, a análise de *corpus* mostra que até ao séc. XVI a norma é a subida dos clíticos e que a tendência para a cliticização no infinitivo se torna mais clara apenas nos séc.s XIX e XX. É o verbo *hacer/fazer* o que mais resiste a esta mudança. Em relação à segunda mudança, os primeiros usos de *se* no complemento infinitivo ocorrem no séc. XVI e com maior frequência com os verbos de perceção e o verbo permissivo *deixar/dejar* do que com os verbos *fazer/hacer* e *mandar*. A tendência para o uso do *se* no complemento infinitivo torna-se mais clara apenas no português e espanhol modernos. Quanto à terceira mudança, há uma diminuição clara do uso do clítico dativo ao longo do tempo, mais acentuada com infinitivos transitivos. A mudança é mais lenta no espanhol do que no português. Em relação à quarta mudança, é a partir do séc. XVI que se verifica uma maior tendência para a ocorrência da negação predicativa no complemento infinitivo. Quanto à quinta mudança, verifica-se ao longo do tempo um aumento da ordem SV, claramente mais nítida no português do que no espanhol e maior com os verbos percetivos e *deixar/dejar*. Finalmente, é a partir do séc. XVI que se encontram no português as primeiras ocorrências do Inf Fl nos complementos dos verbos percetivos e causativos.

Quadro 4. Mudanças da construção infinitiva mono-oracional do português e espanhol antigos para a construção infinitiva bioracional do português e espanhol médios e modernos

Português/Espanhol antigos + subida dos clíticos	Português/Espanhol médios e modernos − subida dos clíticos
(16a) *e outrossi* **lhe** *fez dar muy grande cõtia en dinheiros* (*Cron.* 1344) (16b) *non* **gelo** *dexaron sacar del canpo* (*HistTroy* 1253)	(16c) *Se vai ao Castelhano, prometendo Que ele faria dar-***lhe*** *obediência* (Camões, *Obras*, 15??) (16d) **nos** *iba a dejar sacarlo* (Gazapo, 19??)
− *se* em F₂	+ *se* em F₂
(17a) *Et el rrey o fezera* **cobrir** *de hũa púrpura negra moy preçada* (*CronTroyana* 1388) (17b) *conuidaua los & fazie los* **assentar** (*GenEst* 1272)	(17c) *ela fará ao marido* **cobrir-se** *de tinha e muito mais que ela* (Gil Vicente, 15??) (17d) *los oye* **sacudirse** *como si temieran que algo les caiga* (Caballo 19??)
Suj. Inf-Tr: Dativo	Suj. Inf-Tr: Acusativo
(18a) *e que* **lhe** *rogava que* **lhe** *leixasse veer o conde* (*Cron.* 1344) (18b) *o* **le** *fazen perder la onrra o el señorio que ante auia* (Alfonso X, *Siete Partidas*, 1260)	(18c) *pediu licença ao Capitão-mor, que em companhia deles* **o** *deixasse ir ver aquele Mosteiro* (Barros, *Ásia*, 15??) (18d) **la** *fazen forçosamente confessar el contrario de lo que sienten* (Celestina, 1499)

– negação em F_2	+ negação em F_2
(19a) (19b)	(19c) *Só um terramoto me faria **não** cumprir um mandato até ao final* (Fernando Gomes, 199?) (19d) *aquello creaba toda una serie de pequeños problemas que hacían **no** ser interesante* (España Oral 19??)
ordem em F_2: VS	**ordem em F_2: SV**
(20a) *E, quando ouve de morrer, estando en Sevilha, **fez ante sy vĩir** seu filho dom Fillippe* (Cron. 1344) (20b) *las mujeres **fazen errar** al omne sabidor* (Castigos 1292)	(20c) *preparam já medidas para **fazer** o país **sair** da pior recessão económica desde os anos 30* (Público 1993) (20d) *la gran tormenta ... **hazia los arboles sallir** de tierra* (GrimGrad 1480)
(21a) (21b)	**INF FL (em Pt, séc. XVI)** (21c) *porque a natureza delas não as faz **serem** mas ou boas* (Barros, 1532) (21d) *e muito mais ver minhas experiências não **convirem** com o escrito* (Barros, Ásia, 15??)

Estas seis mudanças sintáticas específicas e esta mudança geral de uma estrutura mono-oracional para uma estrutura bioracional configuram um processo de *desgramaticalização* que envolve uma atenuação gradual das propriedades sintáticas e semânticas da estrutura mono-oracional (ou, na perspetiva inversa, um reforço gradual das propriedades sintáticas e semânticas da construção bioracional). Explicaremos este processo de desgramaticalização na secção seguinte. Quanto às causas desta mudança, Davies (1995) sugere que o uso gradualmente crescente de sujeitos do infinitivo explícitos a partir do período médio nos complementos dos verbos causativos e percetivos está na origem das mudanças da estrutura mono-oracional para a estrutura bioracional, ao passo que Martins (2004, 2006) encontra a origem destas mudanças na existência de frases estruturalmente ambíguas envolvendo coordenação, elipse e orações independentes de Inf Fl com valor imperativo (que já se encontravam na gramática do português antigo).

A emergência do Inf Fl nos complementos dos verbos percetivos e causativos a partir do séc. XVI é a manifestação mais clara desta tendência *desgramaticalizante*. Este facto coloca o português num estádio menos avançado de gramaticalização das construções infinitivas, em comparação com outras línguas românicas. A maior proximidade da construção com Inf Fl à construção bioracional VOV do que à construção mono-oracional VV terá favorecido o uso do Inf Fl.

Ainda em relação ao português, os dados disponíveis nos textos medievais mostram que a construção VV e a construção VOV já coexistiam no português antigo e que a construção mono-oracional VV era mais frequente no português antigo do que a construção bioracional VOV e ainda mais com infinitivo intransitivo e sujeito geralmente marcado no dativo (Vieira da Silva 2003). Quer isto dizer que a hipótese segundo a qual a mudança do português antigo ao português moderno se deveu à emergência da construção bioracional não se confirma. O que aconteceu foi que a partir do séc. XVI a construção bioracional reforçou a independência do complemento infinitivo, introduzindo nele propriedades estruturais de menor integração do evento complemento no evento principal.

O nosso estudo diacrónico sobre o verbo *deixar* e seus correspondentes noutras línguas (Soares da Silva 1999, 2007) e o nosso estudo sincrónico sobre as construções infinitivas dos verbos causativos e percetivos no português contemporâneo (Soares da Silva 2005) mostram uma outra mudança nas construções infinitivas que Davies (1995) não refere. Trata-se de um aumento gradual da construção mono-oracional VV com verbos causativos e infinitivo intransitivo, pelo menos em português, e o seu claro predomínio no português europeu contemporâneo.

Estes resultados sugerem uma dupla tendência na evolução das construções infinitivas no português e no espanhol. Por um lado, temos uma desgramaticalização construcional, mais rápida e mais nítida no português do que no espanhol. Esta desgramaticalização é a razão pela qual o português e o espanhol divergem do francês e do italiano na evolução das construções infinitivas com verbos causativos e percetivos. Por outro lado, o aumento da construção mono-oracional VV com verbos causativos e infinitivo intransitivo mostra que o português e o espanhol seguem, até certo ponto, a tendência gramaticalizante geral que se observa nas línguas românicas, em particular no italiano e no francês.

7. Motivações conceptuais: subjetificação e objetificação

O processo diacrónico de gramaticalização das construções infinitivas dos verbos causativos e percetivos que ocorreu no francês e no italiano, especialmente com o verbo causativo *faire/fare*, e no português e no espanhol nas construções com infinitivo intransitivo consiste num processo conceptual de *subjetificação* ou atenuação do controlo do sujeito e consequente mudança de um sujeito ativo para o conceptualizador (Langacker 1999). O sujeito do infinitivo vai gradualmente perdendo controlo sobre a sua própria atividade ou estado e deixa de ser o foco específico do evento complemento. A atividade ou fonte de energia passa do domínio do sujeito do infinitivo para o domínio do sujeito principal. O sujeito principal torna-se assim o conceptualizador do evento complemento, exercendo maior controlo sobre o evento complemento. Consequentemente, a relação causal ou percetiva torna-se mais direta e imediata e mais dependente da atividade mental do conceptualizador e, portanto, mais *subjetiva*. Em termos da abordagem de Traugott (1989, 1995) ao fenómeno da subjetificação, a relação causal/percetiva torna-se cada vez mais situada no domínio do conceptualizador – o sujeito principal e/ou o locutor. Estruturalmente, surgem determinadas propriedades sintáticas que iconicamente codificam um maior grau de integração construcional e, consequentemente, de gramaticalização.

O processo diacrónico inverso de desgramaticalização que ocorre no português e no espanhol e apresenta a sua manifestação mais visível na emergência do Inf Fl no português consiste num processo conceptual de *objetificação* do sujeito do infinitivo. O participante principal do evento subordinado torna-se mais independente e mais comprometido na realização do evento; entra "em palco" como foco específico de atenção e, portanto, como *objeto* de conceptualização. Esta promoção do sujeito do infinitivo cria uma distância entre o evento complemento e o conceptualizador, pelo que o evento complemento ganha uma certa independência e pode ser visto "desde o exterior", recebendo assim as propriedades estruturais dessa autonomia. A construção do português com Inf Fl exprime a conceptualização mais *objetiva* do evento subordinado.

8. Conclusões e investigação futura

As construções completivas infinitivas estão menos gramaticalizadas no português e no espanhol do que no italiano e no francês. Verifica-se um contínuo decrescente de gramaticalização que começa no italiano, a seguir o francês, depois o espanhol e finalmente o português. Vimos que a construção do italiano *fare* + Inf está mais gramaticalizada do que a construção do francês *faire* + Inf e que a construção do espanhol *hacer* + Inf está mais gramaticalizada do que a construção do português *fazer* + Inf. Tudo isto confirma grande parte da hipótese de De Mulder & Lamiroy (2008) de uma escala decrescente de gramaticalização nas línguas românicas, que começa no francês, passa para o italiano, depois o espanhol e finalmente o português e o romeno.

O português e o espanhol mostram um interessante processo gradual de desgramaticalização das construções infinitivas com verbos causativos e percetivos e com verbos de controlo e elevação, do período antigo para o período atual, situando-se por isso num estádio mais recuado de gramaticalização destas construções no conjunto das línguas românicas. Esta desgramaticalização desenvolveu-se mais rápida e intensamente no português do que no espanhol e envolveu a perda da subida obrigatória dos clíticos, a alteração do caso do sujeito do infinitivo do dativo para o acusativo, a mudança da ordem VS para SV, o surgimento do pronome *se* e da negação predicativa no complemento infinitivo e, no caso do português nos complementos dos verbos causativos e percetivos, a emergência do Inf Fl.

A evolução das construções infinitivas mostra que os processos de gramaticalização e de desgramaticalização se podem combinar. A desgramaticalização no português e no espanhol não impediu que as mesmas construções infinitivas em determinados contextos, designadamente com verbos causativos e infinitivos intransitivos, seguissem a tendência geral de gramaticalização construcional.

A (des)gramaticalização das construções infinitivas envolve fatores conceptuais de *perspetivação* e fatores estruturais de *integração* de eventos. A desgramaticalização das construções infinitivas no espanhol e, mais acentuadamente, no português envolve um processo conceptual de *objetificação* do evento subordinado e do seu sujeito. A gramaticalização das construções infinitivas no italiano e no francês e, com os verbos causativos e infinitivo intransitivo, no espanhol e no português envolve um processo conceptual de *subjetificação* ou atenuação do controlo do sujeito do infinitivo.

As línguas românicas revelam uma maior atenção perspetival às diferentes partes e relações do evento codificado na construção infinitiva e um contínuo maior de integração de eventos do que as línguas germânicas. Crucialmente, o português evidencia maior elaboração do evento codificado na construção infinitiva, maior atenção perspetival às partes desse evento e maior flexibilidade conceptual e construcional do que as outras línguas românicas. O Inf Fl do português marca maior *autonomia* e maior *objetividade* na conceptualização do evento codificado na oração infinitiva.

Os dados diacrónicos evidenciam as diferenças de perspetivação conceptual entre as diferentes construções infinitivas das línguas românicas. Mais especificamente, os dados diacrónicos são uma boa evidência empírica da adequação da abordagem *cognitiva* das diferenças entre a construção infinitiva mono-oracional VV, a construção infinitiva bioracional VOV e a construção infinitiva mais bioracional do português VSV, cuja melhor identificação é a ocorrência do Inf Fl.

Obviamente que é necessária mais investigação diacrónica e sincrónica sobre as construções infinitivas nas línguas românicas. Sugerimos três tópicos de investigação. Primeiro, são necessárias mais análises de *corpus* quantitativas e multifatoriais que possam confirmar a escala de gramaticalização das construções infinitivas nas línguas românicas aqui sugerida e permitam definir com maior rigor as motivações, os mecanismos e a cronologia das mudanças sintáticas e semânticas. Especificamente, a maior gramaticalização do italiano *fare* + Inf em comparação com o francês *faire* + Inf e a maior gramaticalização do espanhol *hacer* + Inf em comparação com o português *fazer* + Inf precisam de uma análise de *corpus* mais extensa. Um segundo tópico de investigação consiste em identificar os fatores sociolinguísticos e sócio-históricos que contribuíram para os diferentes estádios de (des) gramaticalização das construções infinitivas e ver como esses fatores sociais se correlacionam com os fatores conceptuais e estruturais aqui identificados. Finalmente, é importante desenvolver o estudo dos processos de (des)gramaticalização no vasto contexto das construções infinitivas, comparando as construções completivas (com verbos causativos, percetivos, de controlo e elevação) e as construções adverbiais. Uma questão relevante é saber até que ponto o significado da construção influencia o processo de (des)gramaticalização e até que ponto este processo é influenciado pelo significado do verbo principal e/ou do verbo subordinado.

Notas

1. Para mais desenvolvimento, ver Soares da Silva (2008).

2. Para uma análise mais desenvolvida, ver o estudo pioneiro de Raposo (1981) e a análise de corpus de Soares da Silva (2005).

3. Para uma análise mais desenvolvida, ver Soares da Silva (2004, 2005).

4. Para um estudo mais desenvolvido em relação à gramaticalização das construções causativas nestas quatro línguas românicas, ver Soares da Silva (2012).

5. Burzio (1978: 25) dá o seguinte exemplo como gramatical: "Gli lascerò parlare Giovanni" (Deixarei Giovanni falar com ele). Todavia, esta frase dificilmente é aceitável. A prova disso é que não encontramos nenhum exemplo semelhante a este no Google.

6. O corpus de análise inclui o *Corpus do Português* (45 milhões de palavras, do séc. XIV ao séc. XX), de M. Davies e M. Ferreira, e o *Corpus del Español* (100 milhões de palavras, do séc. XIII ao séc. XX), de M. Davies. Agradeço a M. Davies algumas informações sobre o uso destes corpora.

7. O Inf Fl não é opção com verbos de controlo nem de elevação, visto que estes verbos não permitem um sujeito subordinado referencialmente independente.

Referências

I. Corpora (exemplos citados)

Cícero:
Cicero, Marcus Tullius. 1869. *Ciceros Reden gegen L. Catilina für den Schulgebrauch*, herausgegeben von F. Richter. Leipzig: Teubner; disponível sob: http://books.google.se/books?id=ZZc9AAAAcAAJ (09/05/2013).

Davies, Mark. 2002–. *Corpus del Español: 100 million words, 1200s–1900s*, disponível sob: http://www.corpusdelespanol.org (06/05/2013).

Davies, Mark & Michael Ferreira. 2006-. *Corpus do Português: 45 million words, 1300s-1900s*, disponível sob: http://www.corpusdoportugues.org (06/05/2013).

Plauto:
Plautus, Titus Maccius. 1843. *The Captives: A Comedy of Plautus with English notes for the use of students* by John Proudfil. New York: Harper; disponível online: http://books.google.se/books?id=kwrZxPlB4JYC&printsec (09/05/2013).

Virgílio:
Virgilius Maro, P[ublius]. 1854. *P[ublii] Virgilii Maronis opera*, editit Hermannuns Paldamus. Lipsiae : Karl Tauchnitz, disponível online: http://books.google.se/books?id=LvQYP3NrTOMC (09/05/2013).

II. Obras citadas

Burzio, Luigi. 1978. "Italian causative constructions". *Journal of Italian Linguistics,* 2: 1–71.

Bybee, Joan L. 2003. "Mechanisms of change in grammaticization: The role of repetition". *In:* Joseph, Brian D. & Richard D. Janda (eds.). *Handbook of Historical Linguistics.* Oxford: Blackwell. 602–623.

Cano Aguilar, Rafael. 1981. *Estructuras sintácticas transitivas en el español actual.* Madrid: Gredos.

Cerbasi, Donato. 1997. "Las construcciones causativas del tipo *hacer* + Infinitivo en español, portugués e italiano". *Lingüística Española Actual,* 19:2. 155–171.

Chamberlain, Jeffrey T. 1986. *Latin antecedents of French causative faire.* New York: Peter Lang.

Cristofaro, Sonia. 2007. "Deconstructing categories: finiteness in a functional--typological perspective". *In:* Nikolaeva, Irina (ed.). *Finiteness. Theoretical and Empirical Foundations.* Oxford: Oxford University Press, 91–114.

Davies, Mark. 1995. "The evolution of causative constructions in Spanish and Portuguese". *In:* John Amastae, Grant Goodall, Mario Montalbetti & Marianne Phinney (eds.). *Current research in Romance Linguistics: papers from the 22nd Linguistic Symposium on Romance Languages El Paso, Cd. Juárez, February 1992.* Amsterdam: John Benjamins. 105–122.

Davies, Mark. 2000. "Syntactic diffusion in Spanish and Portuguese infinitival complements". *In:* Dworkin, Steven & Dieter Wanner (eds.). *New approaches to old problems: Issues in Romance Historical Linguistics.* Amsterdam: John Benjamins. 109–127.

De Mulder, Walter & Béatrice Lamiroy. 2008. "Different stages of grammaticalization: the position of French among the Romance languages". Paper presented at *4th International Conference "New Reflections on Grammaticalization".* University of Leuven, 16–19 July 2008.

Fauconnier, Gilles. 1985. *Mental Spaces.* Cambridge, Mass.: The MIT Press.

Givón, Talmy. 1991. "Isomorphism in the grammatical code: cognitive and biological considerations". *Studies in Language,* 15. 85–114.

Haiman, John. 1980. "The iconicity of grammar: isomorphism and motivation". *Language,* 56. 515–540.

Herman, Jozsef. 1989. "Accusativus cum infinitivo et subordonnée à *quod, quia* en latin tardif". *In:* Calboli, Gualtiero (ed.). *Subordination and other topics in Latin. Proceedings of the Third Colloquium on Latin Linguistics, Bologna, 1–5 April 1985.* Amsterdam: John Benjamins. 133–152.

Hopper, Paul J. & Elizabeth C. Traugott. 2003. *Grammaticalization.* 2nd ed. Cambridge: Cambridge University Press.

Langacker, Ronald W. 1987. *Foundations of Cognitive Grammar. 1. Theoretical prerequisites*. Stanford: Stanford University Press.

Langacker, Ronald W. 1990. "Subjectification". *Cognitive Linguistics*, 1:1. 5–38.

Langacker, Ronald W. 1991. *Foundations of Cognitive Grammar. 2. Descriptive application*. Stanford: Stanford University Press.

Langacker, Ronald W. 1999. "Losing control: grammaticalization, subjectification, and transparency". *In*: Blank, Andreas & Peter Koch (eds.). *Historical semantics and cognition*. Berlin / New York: Mouton de Gruyter. 147–175.

Langacker, Ronald W. 2008. *Cognitive Grammar. A basic introduction*. Oxford: Oxford University Press.

Martins, Ana Maria. 2004. "Ambiguidade estrutural e mudança linguística: A emergência do infinitivo flexionado nas orações complemento de verbos causativos e perceptivos". *In*: Brito, Ana, Olívia Figueiredo & Clara Barros (eds.). *Linguística Histórica e História da Língua Portuguesa. Actas do Encontro de Homenagem a Maria Helena Paiva*. Porto: Faculdade de Letras da Universidade do Porto. 197–225.

Martins, Ana Maria. 2006. "Aspects of infinitival constructions in the history of Portuguese". *In*: Randall Scott Gess, & Deborah Arteaga (eds.). *Historical Romance Linguistics: Retrospective and perspectives*. Amsterdam: John Benjamins. 327–355.

Norberg, Dag. 1974. «Faire faire quelque chose à quelqu'un». Recherches sur l'origine latine de la construction romane. *In* : Norberg, Dag (ed.). *Au Seuil du Moyen Age. Études linguistiques, métriques et littéraires publiées par ses collègues et élèves à l' occasion de son 65e anniversaire*. Padova: Antenore. 16–60.

Pearce, Elizabeth. 1990. *Parameters in Old French syntax: infinitival complements*. Dordrecht: Kluwer.

Raposo, Eduardo Paiva.1981. *A construção "união de orações" na gramática do português*. Dissertação de Doutoramento. Universidade de Lisboa.

Soares da Silva, Augusto. 1999. *A Semântica de deixar: Uma contribuição para a abordagem cognitiva em Semântica Lexical*. Lisboa: Fundação Calouste Gulbenkian.

Soares da Silva, Augusto. 2004. "Imagery in Portuguese causation/perception constructions". *In*: Lewandowska-Tomaszczyk, Barbara & Alina Kwiatkowska (eds.). *Imagery in language. Festschrift in honour of Professor Ronald W. Langacker*. Frankfurt am Main: Lang. 297–319.

Soares da Silva, Augusto. 2005. "Revisitando as construções causativas e perceptivas em português: significado e uso". *In*: Duarte, Inês & Isabel Leiria (eds.). *Actas do XX Encontro Nacional da Associação Portuguesa de Linguística (Lisboa 13, 14 e 15 de Outubro de 2004)*. Lisboa: Associação Portuguesa de Linguística. 855–874 [disponível online: http://www.apl.org.pt/docs/actas-20-encontro-apl-2004.pdf (último acesso: 02/06/2013)].

Soares da Silva, Augusto. 2007. "Verbs of letting: Some cognitive and historical aspects". *In:* Delbecque, Nicole & Bert Cornillie (eds.). *On interpreting construction schemas. From action and motion to transitivity and causality.* Berlin & New York: Mouton de Gruyter. 171–200.

Soares da Silva, Augusto. 2008. "The Portuguese inflected infinitive and its conceptual basis". *In:* Lewandowska-Tomaszczyk, Barbara (ed.). *Asymmetric events.* Amsterdam: John Benjamins. 225–241.

Soares da Silva, Augusto. 2011a. "(Inter)subjetificação na linguagem e na mente". *Revista Portuguesa de Humanidades – Estudos Linguísticos, 15:1.* 93–110.

Soares da Silva, Augusto. 2011b. "Gramaticalización y desgramaticalización en las construcciones de infinitivo con verbos causativos y perceptivos en portugués y en español". *Comunicação apresentada no International Ibero-Romance Linguistics Conference, University of Leuven, 3–5 fevereiro.*

Soares da Silva, Augusto. 2012. "Stages of grammaticalization of causative verbs and constructions in Portuguese, Spanish, French and Italian". *Folia Linguistica, 46:2.* 513–552.

Sousa Fernández, Xulio. 1998. *Estudio diacrónico das construccións con mandar como verbo de orde en galego.* Tesis Doctoral. Universidade de Santiago de Compostela.

Traugott, Elizabeth C. 1989. "On the rise of epistemic meanings in English: an example of subjectification in semantic change". *Language, 65.* 31–55.

Traugott, Elizabeth C. 1995. "Subjectification in grammaticalisation". *In:* Stein, Dieter & Susan Wright (eds.). *Subjectivity and Subjectivisation. Linguistic Perspectives.* Cambridge: Cambridge University Press. 31–54.

Traugott, Elizabeth C. 2003. "Constructions in grammaticalization". *In:* Joseph, Brian D. & Janda, Richard D. (eds.). *The handbook of historical linguistics.* Oxford: Blackwell. 624–647.

Traugott, Elizabeth C. 2008. "Grammaticalization, constructions and the incremental development of language: Suggestions from the development of degree modifiers in English". *In:* Eckardt, Regine, Gerhard Jäger & Tonjes Veenstra (eds.). *Variation, selection, development: Probing the evolutionary model of language change.* Berlin / New York: Mouton de Gruyter. 219–250.

Vanderschueren, Clara. 2013. *Infinitivo y Sujeto en Portugués y Español. Un estudio empírico de los infinitivos adverbiales con sujeto explícito.* Berlin/ New York: Mouton de Gruyter.

Vesterinen, Rainer. 2011. *A Cognitive Approach to Adverbial Subordination in European Portuguese. The infinitive, the clitic pronoun Se and finite verb forms.* Cambridge: Cambridge Scholars Publishing.

Vieira da Silva, Maria Cristina. 2003. *A complementação infinitiva em textos latinos dos séculos XI e XII e textos portugueses dos séculos XIII e XIV. Reflexões sobre o Latim-Romance e o Português Antigo.* Dissertação de Doutoramento. Universidade Nova de Lisboa.

5. Les constructions verbales en co(n)texte et en contraste : le cas du verbe *observer*

Dominique Willems
Universiteit Gent

1. Les verbes de perception visuelle en français : organisation syntaxique et lexicale

Le champ sémantique des verbes de perception visuelle s'organise traditionnellement autour des deux verbes principaux : *voir* et *regarder*. Ces verbes partagent d'une part les propriétés syntaxiques et sémantiques essentielles des verbes de perception, à savoir la possibilité d'entrer dans une structure infinitive directe (ex. 2) et une structure à relative attributive (ex. 3), à côté de la structure transitive simple (ex. 1) :

(1) a. Dès qu'ils *voient* un uniforme, ils pètent les boulons.[1]
     b. Noreddine *regarde* le ciel en espérant qu'il va neiger ou faire très froid.

(2) a. C'est plaisir de *voir* tous les petits bourgeons poindre à fleur d'écorce.
     b. Elle restait des heures à *regarder* les grands danser paso-doble, valses et autres tangos.

(3) a. « C'est à la fois dégoûtant parce qu'on *voit* ses ongles acérés qui en-trent dans la chair, et libérateur parce que cette dame ose poser nue », commente une grande blonde à lunettes avant de grimper dans un wagon.
     b. De retour du travail, Oscar et Karl, des ingénieurs, prennent le temps de *regarder* les images qui s'étalent sur de vastes panneaux.

Cette famille de trois constructions est en effet spécifique pour l'ensemble des verbes de perception en français (cf. Willems 1981, 1983; Willems & Defrancq 2000) et peut être corrélée à un sémantisme précis : la possibilité pour un sujet (généralement humain) de percevoir simultanément un objet et un procès lié à cet objet.

Tant *voir* que *regarder* admettent par ailleurs une construction à attribut de l'objet, véhiculant un sens de jugement (ex. 4) (cf. Willems & Defrancq 2000) :

(4)   a.   Elle est interne en première STT au lycée Simone-Weil de Dijon « du nom de la résistante », précise-t-elle, assez contente de ce qu'elle a décidé de *voir* comme une coïncidence.

      b.   Ces phénomènes, qui exigent une grande mobilité et une « adaptabilité » des travailleurs, peuvent être *regardés* comme positifs s'ils concourent à améliorer la compétitivité de l'économie.

Les deux verbes s'opposent toutefois sur bien des points. Sur le plan syntaxique, c'est surtout le comportement par rapport à la construction complétive qui différencie les deux verbes, *regarder* n'admettant pas cette structure contrairement à *voir* (ex. 5, 6). *Regarder* se construit par ailleurs fréquemment avec un complément prépositionnel locatif (ex. 7), propriété que le verbe partage avec les verbes de mouvement directionnels.

(5)   Regardez à votre gauche et à votre droite, et vous *verrez* (*regarderez*) que la défense des droits de l'homme implique des sacrifices.

(6)   Je suis surpris de *voir* (*regarder*) que les hommes sont là, tranquillement accroupis dans la vase, et je comprends que les Boches sont en train de repousser une attaque imaginaire.

(7)   a.   Souvent, entre deux visites, il *regarde* (*voit*) par terre.
      b.   Le tableau doit-il être *regardé* de bas en haut ou de gauche à droite?

Ces différences syntaxiques s'accompagnent de différences sémantiques importantes : alors que *voir* est un verbe d'état exprimant pour son sujet 'expérienceur' une perception réussie, *regarder* exprime une activité perceptive intentionnelle et dirigée, pas nécessairement réussie, de la part d'un agent actif et volontaire. *Voir*, par le biais de la construction complétive passe du domaine perceptif physique au domaine cognitif, en passant par la perception indirecte[2]. L'analyse des éléments contextuels (en particulier les adverbes de manière) accompagnant ces verbes, révèle l'importance du sujet agentif dans le cas de *regarder*, celle de l'objet ou du prédicat dans le cas de *voir* :

(8)   a.   Comme chaque matin, *il regarde* avec un rien de tendresse le cimetière qui s'étend devant son immeuble délabré.

      b.   L'homme que l'on *voyait* de dos depuis le début de l'émission se re-tourne enfin : c'est Bertrand Delanoë, sénateur socialiste de Paris.

Nous résumons les propriétés syntaxiques et sémantiques dans les Tableaux 1 et 2 ci-dessous, en marquant en gras les structures spécifiquement perceptives :

Tableau 1. voir /v/ regarder : différences syntaxico-sémantiques

structures	sens structural	*voir*	*regarder*
SN1 + V + SN2	(perception)	+	+
SN1 + V + SN2 + INF	**perception directe**	+	+
SN1 + V + SN2 + rel. attrib.	perception directe	+	+
SN1 + V + que + P$_{IND}$	perception (directe et indirecte) /cognition	+	–
SN1 + V + SNprép$_{LOC}$	perception directe + mouvement directionnel	–	+
SN1 + V + SN2 + CAO	jugement	+	+

Tableau 2. voir /v/ regarder : différences sémantico-lexicales

voir	regarder
généralement non agentif	agentif, volontaire, intentionnel
perception réussie	résultat perceptif non garanti
perception directe et indirecte (→ cognition)	perception directe
état/achèvement	activité + mouvement
orienté vers l'objet	orienté vers le sujet

La presque totalité du lexique verbal de perception visuelle se laisse classer dans une des deux sous-classes (cf. Tableau 3) :

Tableau 3. Le lexique de la perception visuelle

Percevoir par les yeux :	
A) **voir**	B) **regarder**
apercevoir, entrevoir, revoir, découvrir, déceler, discerner, distinguer, remarquer, repérer, surprendre, imaginer, envisager (...)	*admirer, contempler, examiner, scruter, inspecter, guetter, épier, fixer, guigner, lorgner, loucher, zieuter, bigler, dévisager, toiser, reluquer (...)*

2. La place particulière du verbe *observer* dans le champ de la perception visuelle

Le verbe *observer* occupe toutefois une place particulière dans le champ : il présente des caractéristiques à la fois de *voir* et de *regarder* : avec ce dernier il partage le caractère agentif et volontaire du sujet, avec le premier l'aspect réussi de la perception ainsi que la possibilité de se construire avec une complétive et d'adopter de ce fait les caractéristiques plus cognitives de *voir*. Nous reproduisons ci-dessous le Tableau 2 en marquant en caractères gras les propriétés sémantico-lexicales du verbe *observer* :

Tableau 4. observer : *propriétés sémantico-lexicales par rapport à* voir *et* regarder

voir	regarder
généralement non agentif	**agentif, volontaire, intentionnel**
perception réussie	résultat perceptif non garanti
perception directe et indirecte (→ cognition)	perception directe
état/achèvement	**activité + mouvement**
orienté vers l'objet	orienté vers le sujet

Nous examinerons plus en détail les propriétés syntaxiques, sémantiques et lexicales du verbe afin de mieux cerner sa position particulière dans le champ de la perception. Notre étude est basée sur une analyse d'un ensemble de 600 exemples, pris d'une part à un corpus journalistique (*le Monde* 2006 : 150 exemples, *Libération* 2006 : 150 exemples), au corpus littéraire de *Frantext* d'autre part (300 exemples).

2.1. *Observer* : sens et structures

Le verbe présente deux sens principaux, relevés par l'ensemble des dictionnaires, sans lien apparent entre eux : un premier sens « perceptivo/cognitif », de loin le mieux représenté dans le corpus (ex. 9), et un deuxième sens, historiquement le premier, non perceptif, que nous appellerons « d'observance »[3] (ex. 10), et que nous ne retrouvons que dans la structure transitive nominale, avec un nombre restreint et bien délimité de SN2 (*la loi, des réserves, la grève, une minute de silence* etc.).

(9) Pas très loquace, il *observait* les gens, les choses autour de lui, avec une attention soutenue. (Alphonse Boudard, 1995, Frantext)

(10) Par le silence qu'il *observe* habituellement, refusant radicalement les interviews depuis des années, le romancier sud-africain John Maxwell Coetzee s'attire un succès mêlé de crainte, les rares fois où il consent à se montrer en public. (Le Monde, 29.9.2006)

Le sens « perceptivo/cognitif » présente quant à lui quatre sous-ensembles de constructions, liés à des sous-sens spécifiques :
(a) Dans son sens perceptif pur (physique, direct ou indirect) le verbe utilise le plus souvent une structure transitive nominale avec un objet de nature essentiellement concrète (ex. 11)[4]. On relève également les autres structures typiquement perceptives, telle la structure à infinitif (ex. 12) ou la relative attributive (ex. 13), ainsi que quelques interrogatives indirectes en *comment* (ex. 14) :

(11) Le visiteur *observe* furtivement le paquet de cigarettes, le cendrier posés sur le bureau de Beaune. (Jean-Bertrand Pontalis, Frantext, 1996)
(12) Mais c'est avec des rires incrédules qu'ils *observent* finalement le vendeur cracher dans un grand récipient en inox au terme de la démonstration. (Libération, 1997)
(13) Non loin, trois jeunes originaires de Pärnu, dans le sud-ouest de l'Estonie, *observent* des grands-mères qui se recueillent devant le soldat de bronze. (Libération, 1997)
(14) Il sera intéressant d'*observer* comment Ségolène Royal va gérer ce phénomène. (Le Monde, 2006)

Dans cet emploi, *observer* est proche du verbe *regarder* (perception active, intentionnelle), tout en présentant des spécificités lexicales que nous développerons sous 2.2. C'est le sens le plus courant d'*observer* dans les deux corpus distingués.

(b) Dans le sens plus cognitif de 'constater', le verbe s'emploie essentiellement dans la structure complétive (suivi d'une *que* P) (ex. 15) ou avec un SN2 de nature abstraite (*tendance, mouvement, évolution, hausse* etc.) (ex. 16). Le sème de perception reste présent, mais il s'y ajoute une dimension interprétative et déductive. C'est en quelque sorte le résultat de la perception qui est présenté comme objet du verbe et non la perception proprement dite.

(15) J'*observe* qu'un autre sujet revient souvent dans les débats concernant la Turquie : la question arménienne. (Le Monde, 2006)
(16) C'est pourquoi on *observe* un retour progressif vers des supports plus risqués. Ce constat a incité de nombreux établissements financiers à repenser leur offre. (Le Monde, 2006)

(c) Le verbe peut finalement s'employer avec un sens causatif, de perception ('faire voir') (ex. 17), ou de cognition ('faire savoir, dire') (ex.18), soit en explicitant le sème causatif par l'utilisation de l'opérateur *faire*, soit, plus rarement, en utilisant simplement la structure bitransitive à complément nominal indirect (à + SN_{humain}). C'est surtout le sens de 'dire' qui s'est développé, en particulier dans l'incise (ex. 19). Ce sens est plus fréquent dans le corpus de presse que dans le corpus littéraire (cf. Tableau 5).

(17) Lorsque leur ignorance des réalités atteignait à la candeur, c'est moi qui les mettais en garde, leur faisais *observer* toutes les pommes pourries, ou tavelées, pour ne rien dire des patates, adroitement dissimulées parmi celles qui l'étaient un peu moins. (Jean Rolin, 1996, Frantext)

(18) Patrick fit *observer* qu'il ne risquait pas grand-chose, mais la maîtresse dit que non, c'était une question de principe. (Emmanuel Carrère, 1995, Frantext)

(19) « Il existe au sein des populations néandertaliennes des tendances évolutives », *observe-t-elle*. (Libération, 1997)

Le tableau 5 ci-dessous synthétise les divers emplois et leur fréquence dans le corpus. Les deux corpus journalistiques ne présentant pas de différences significatives, nous les avons regroupés. Nous présentons en gras et soulignés les chiffres affichant des différences notables:

Tableau 5. Observer : *structures et sens*

Sens & structure	Texte		Total
	Frantext	Journaux	
1. sens perceptif (394 ex)			
• SN_1 + V + [$SN_{2concret+ abstr}$]	**222**	**145**	367
• SN_1 + V + SN_2 + inf/rel/ppr	8	7	15
• SN_1 + V + QI	3	4	7
• SN_1 + V + *que* P	2	3	5
2. sens (perceptivo)/cognitif (« constater ») (87 ex)			
• SN_1 + V + $SN_{2 abstr}$	**14**	**26**	40
• SN_1 + V + *que* P	24	23	47
3. sens causatif de perception (« faire voir ») (5 ex)			
• SN_1 + V + [à + SN_2] + *que* P	–	2	2
• SN_1 + *faire*V + [à + SN_2] + *que* P	1	2	3

Sens & structure	Texte		Total
	Frantext	Journaux	
4. sens causatif de cognition («faire savoir, dire») (87 ex)			
• SN1 + V (en incise)	<u>6</u>	<u>62</u>	68
• SN1 + V + [à + SN2] + *que* P	2	4	6
• SN1 + *faire*V + [à + SN2] + *que* P	<u>13</u>	–	13
5. sens d'observance («se conformer à, suivre») (26 ex)			
• SN1 + V + SN2	<u>5</u>	<u>22</u>	27
Total	300	300	600

2.2. Observer *dans son sens perceptif : analyse co(n)textuelle détaillée*

Une analyse détaillée des contextes d'apparition du verbe, en particulier la fréquence et la nature des compléments adverbiaux, la nature sémantique des sujets et des objets, ainsi que les combinatoires lexicales de verbes, révèle des traits sémantiques spécifiques à la perception rapportée par *observer*. Nous donnons pour chaque trait les indices contextuels et quelques exemples révélateurs :

(a) **l'intensité de la perception** : la présence d'adverbes tels *attentivement, soigneusement, avec intérêt, méticuleusement, avec une curiosité particulière, sous toutes les coutures* (...), ainsi que les combinaisons fréquentes avec des verbes tels *ausculter, inspecter, examiner, étudier* (...) sont révélateurs du caractère minutieux et non banal de la perception rapportée par *observer*. Ce trait va de pair avec le caractère intentionnel du procès (*je m'appliquais à observer, je m'exerce à observer, je me réveillais pour observer* etc.) et le trait 'intéressant' de l'objet observé (cf. infra). La présence fréquente de l'instrument d'observation (*à la jumelle, à la loupe, via des caméras, à l'œil nu...*) renforce l'intensité de la perception. On précise aussi régulièrement le point de vue de l'observateur (*de haut, de loin, d'en bas, à travers la vitre, derrière la fenêtre, de la cuisine, à la dérobée, furtivement, du coin de l'œil, de plus près...*).

(20) La Suède *est observée avec intérêt*, et souvent enviée, pour avoir réussi à « réinventer » le modèle social-démocrate. (Le Monde 2006)

(21) Pas très loquace, il *observait* les gens, les choses autour de lui, *avec une attention soutenue.* (Alphonse Boudard, 1995, Frantext)

(22) Comme il ne comprenait rien, il les a *observées à la loupe.* (Valérie Mréjen, 2001, Frantext)

L'intensité de l'observation peut être telle qu'elle affecte la personne observée, qui 'se sent' ou 'se sait' observée :

(23) Au bout d'un instant, il changea d'attitude, allongea une grande main vers le sac (...). Peut-être *se savait-il observé.* (Julien Green, 1950, Frantext)

(b) l'aspect duratif et cumulatif du procès : l'intensité de la perception va de pair avec une certaine durée (*longuement, longtemps, plusieurs semaines, nous restions des heures à observer, passer ses journées (deux mois) à observer* etc.). Elle présente par ailleurs souvent un aspect cumulatif dans le temps et dans l'espace (*depuis huit jours, depuis une décennie, depuis trente ans, d'année en année, comme chaque soir, depuis vingt sondages; partout en Europe et aux Etats-Unis, en Italie, au Mexique en Allemagne* etc.). Par un raccourci logique, le résultat synthétique de la perception est souvent présenté en tant que COD du verbe (*la hausse, la tendance, la progression* etc.), ajoutant au sens perceptif une dimension clairement interprétative :

(24) Plus tard, dans le silence du soir, j'*observais longuement* la plaine déserte avec les rayures sombres de l'herbe arrachée çà et là. (Andreï Makine, 1995, Frantext)

(25) « C'est une tendance que l'on *observe partout en Europe et aux Etats-Unis* », reconnaît Arlette Chabot. (Le Monde 2006)

(26) *Depuis une décennie, d'année en année,* on *observe* une augmentation moyenne des prix de 3 % ! (Le Monde 2006)

(c) la télicité du procès et l'aspect déductif de la perception : ce qui frappe par ailleurs c'est le caractère télique de l'action d'*observer*: on observe pour analyser, étudier et finalement connaître. L'observation a un but qui se situe clairement au-delà de la perception (cf. Willems 2000 : 181). C'est généralement la connaissance qui est visée (*pour savoir, pour conclure, pour voir, pour discerner*), ou, plus modestement, la constatation par déduction synthétique (*constater, repérer, déceler*) ou, dans le corpus littéraire, la description ou l'inspiration (*pour décrire, pour peindre, pour s'en inspirer*). Si l'aspect télique est souvent explicitement marqué par la préposition *pour*, il ressort aussi de la simple succession des verbes (*observer et voir, observer et constater, observer et supposer, observer et tirer la conclusion*) :

(27) Je procède comme suit : j'*observe* attentivement le ventre de l'animal *pour y repérer* les parasites. (Lydie Salvayre, 1995, Frantext)

(28) Le dispositif permet d'*observer* les évolutions du monde du travail, des relations sociales et du rapport à l'outil *en tentant de comprendre* ce que l'on transmet, comme de déterrer ce que l'on enfouit. (Le Monde 2006)

(29) [...] et il fallait l'*observer* avec beaucoup d'attention *pour voir* la grâce d'une longue paupière à la Garbo voilant à demi un œil très vif. (Annie Duperey, 1999, Frantext)

(d) Les aspects intentionnel, intensif et télique du procès soulignent par ailleurs **l'importance de l'objet**, qui dans l'observation importe bien plus que l'agent. Ceci se traduit entre autres par la fréquence de la structure passive ou relative, mettant l'objet en position focale et permettant d'omettre aisément le sujet (cf. Willems, 2000). Ce dernier est souvent aussi indéfini ou général (fréquence du pronom *on*).

(30) Tu l'intéresses, comprends-tu ? Il t'a vu l'autre jour, il t'a *observé* [...] lui et moi, nous avons passé la soirée entière à parler de toi. (Julien Green, 1950, Frantext)

(31) A *observer* tout ce qui oppose désormais Ségolène Royal et François Hollande, on comprend qu'il y avait bien urgence à ce que le couple officialise sa séparation. (Le Monde 2006)

(32) L'essor des pentecôtistes *s'observe* dans toute l'Amérique latine – où vit près d'un catholique sur deux – et explique pourquoi Benoît XVI a choisi de se rendre dans cette région stratégique pour l'avenir de l'Eglise. (Le Monde 2006)

Ces diverses caractéristiques font d'*observer* le verbe par excellence pour désigner l'activité scientifique empirique, où, dans un souci d'objectivité, le sujet est en quelque sorte neutralisé. Elles expliquent également la fréquence élevée du verbe dans des contextes littéraires, l'observation d'un sujet (souvent humain) menant dans ce cas à des interprétations de nature plus psychologique.

L'analyse détaillée sur le plan lexical nous permet de proposer pour le verbe *observer* la définition suivante : regarder attentivement et de façon répétée un objet intéressant, afin de l'analyser, de faire des déductions et finalement de le connaître.

Sur un plan contextuel plus large, *observer* apparaît de façon privilégiée dans les cadres sémantiques[5] suivants :

(a) la recherche scientifique (l'observation constituant une des étapes essentielles de la recherche empirique)

(33) Mais nous n'avons pas pour le moment *observé* de Culicoides imicola – le principal vecteur de la FCO en Europe du Sud – dans nos prélèvements, et ceux de nos collègues européens ne l'ont pas non plus révélé. (Le Monde 2006)

(34) Un archisémème peut ne correspondre à aucun « mot » par exemple pour la série *échelle, escalier,* etc. On peut quelquefois *observer* la création d'archisémèmes, par exemple pour la série *professeur, instituteur,* etc. ou *agrume.*

(b) l'analyse psychologique (l'objet = comportement humain)

(35) Elle avait eu de nombreuses occasions de l'*observer* quand, aux vacances d'automne, il chevauchait en voisin jusqu'au château ; rien à faire : elle ne l'aimait pas. (Francoise Chandernagor, 1995, Frantext)

(36) Et Charlotte, en *observant* les gestes quotidiens de sa mère, se disait souvent en souriant : « Mais c'est une vraie Sibérienne ! » (Andreï Makine, 1995, Frantext)

(c) l'observation des phénomènes de la nature (ciel, étoiles...)

(37) J'*observe* les constellations – cette fois-ci du chemin (comme hier), et non de la verrière (comme au début). (Raymond Queneau, 1928–1932, Frantext)

(38) Je venais d'*observer* longuement un faucon crécerelle – un oiseau auquel s'attache pour moi une signification symbolique particulière – perché au sommet d'un tronc. (Jean Rolin, 1996, Frantext)

(d) le domaine politique et diplomatique (l'observation impliquant distance et non engagement ; cf. le dérivé nominal *observateur*)

(39) Sa prudence et sa circonspection sont partagées. « Pour l'instant on *observe* », résume le président de la CFTC, Jacques Voisin. (Le Monde 2006)

(40) Alors que certains responsables du secteur humanitaire du Hezbollah *observent* avec une méfiance ostensible la visite des casques bleus français à l'hôtel Dana. (Le Monde 2006)

2.3. *Observer* : polysémie 'logique' et ambiguïté

Le sémantisme particulier du verbe permet de rendre compte de sa polysémie. L'objet de l'observation présentant un intérêt particulier et les résultats donnant lieu à des déductions intéressantes, il est normal de vouloir les partager (ex. 41). Cette dimension intersubjective, qu'on relève également pour le verbe *remarquer,* explique la fréquence de l'emploi causatif, que ce soit un causatif de perception ('montrer') (ex. 42) ou plus fréquemment un causatif de cognition ('faire savoir/ dire') (ex. 43) :

(41) Ligne claire et ferme du cinéaste qui, sans commentaire, *observe* et *fait voir.* (Le Monde, 2006)

(42) [...] c'est moi qui les mettais en garde, leur faisais *observer* toutes les pommes pourries, ou tavelées, pour ne rien dire des patates, adroitement dissimulées parmi celles qui l'étaient un peu moins. (Jean Rolin, 1996. Frantext)

(43) [...] mais Marie m'a fait *observer* (constatant par ailleurs la détérioration évidente de mon humeur), que c'était plutôt moi (entre autres) qui était puni par cet acte politiquement courageux, certes. (Jacques Roubaud, 1997, Frantext)

Avec le sens de 'dire', le verbe s'approprie sans problème la structure en incise, propre aux paroles rapportées.

(44) « En dépit de la volonté des deux entreprises de la minimiser, la communication des griefs est extrêmement sévère, *observe* un expert bruxellois, si rien n'est fait, il n'est pas exclu que la fusion soit interdite. » (Le Monde 2006)

Le lien avec l'emploi performatif d'observance ('se conformer à, suivre') est plus difficile à expliquer : *observer* rejoint dans ce cas un verbe comme *écouter,* qui, en dehors de son sens purement perceptif peut également prendre la valeur performative d'« exaucer ». Les traits intentionnel et intensif forment sans doute le lien entre ces deux valeurs à première vue fort différentes.

La polysémie inhérente du verbe ne donne que rarement lieu à de réelles ambiguïtés : les structures syntaxiques partiellement différentes et la nature lexicale de l'objet rendent l'interprétation le plus souvent transparente. Il reste toutefois quelques cas intéressants d'ambiguïté réelle, comme en témoignent les exemples ci-dessous : entre le sens perceptif et performatif (ex. 45, 46), entre le sens perceptif et le dire (ex. 47) :

(45) D'emblée quelque chose cloche dans l'ordre du rituel qu'*observent* la femme en noir et ses trois fils. (Libération, 1997) ['regarder' ou 'suivre']

(46) Train de nuit *observe* les limites entre le politique (entendre : le domaine de la répression) et l'intime (la liberté des yeux pour pleurer) : ici même, la surveillance permanente qui menace les couples adultères. (Libération, 1997) ['regarder' ou 'se conformer à']

(47) Je me souviens d'*avoir observé* que nous étions en nombre pair et, excepté Orazio et moi, tous semblables par leur robustesse et leur appartenance à une classe intermédiaire. (Hector Bianciotti, 1995, Frantext) ['constater' ou 'dire']

Un co(n)texte plus large ou une connaissance extra-linguistique plus approfondie suffit bien souvent à désambiguïser le verbe.

Dans la Figure 1, nous visualisons la configuration polysémique du verbe, en précisant les structures propres à chaque sens et en marquant la fréquence d'usage des différents emplois.

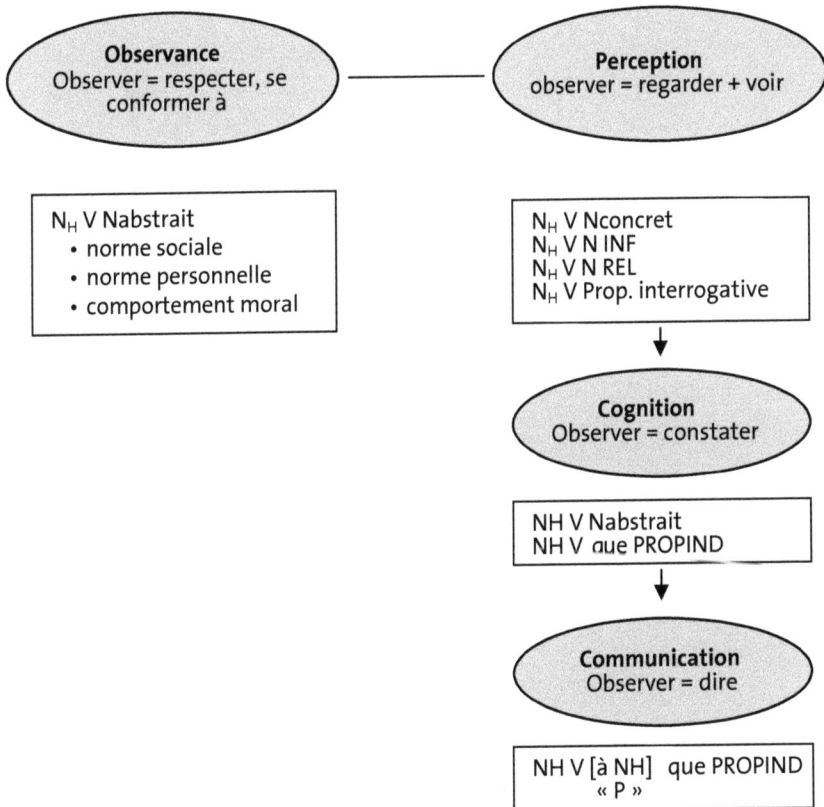

Figure 1. *La polysémie* d'observer

3. *Observer* en contraste

3.1. Observer /v/ regarder *et* voir

Si, sur bien des plans, *observer* se rapproche de *regarder* (caractère agentif, volontaire et intentionnel du procès), il apparaît comme sémantiquement plus marqué, comme en témoignent les exemples suivants, où les deux verbes sont combinés :

(48) J'*observais* cela comme on *regarde* une pile thermoélectrique. (Catherine Pozzi, 1997, Frantext)

(49) La Comtesse *regarda* son fils comme un entomologiste *observe* un insecte d'une espèce inconnue. (Françoise Chandernagor, 1995, Frantext)

(50) Et voilà que soudain il la *regarde* ! Et même qu'il l'*observe* ! (Françoise Dorin, 1997, Frantext)

(51) Vous me *regardez* avec la passion sérieuse que l'on a pour *observer* au miroir son propre visage. (Catherine Pozzi, 1997, Frantext)

D'autres traits spécifiques expliquent la proximité avec le verbe *voir* : la perception rapportée par *observer* est, comme celle de *voir,* une perception réussie, qui mène logiquement à un constat de faits. Celui-ci se traduit alors formellement par l'utilisation de la construction complétive, la structure cognitive par excellence.

(52) « On *observe* qu'il ressemble beaucoup à celui des grands singes, souligne Jean-Jacques Jaeger, professeur de paléontologie à l'université de Poitiers. (Le Monde 2006)

Les deux verbes se retrouvent aussi fréquemment en coordination ou en juxtaposition, l'observation menant logiquement au « voir » :

(53) Aussi, ce n'est pas sans quelque inquiétude que les stratèges du parti centriste *observent* les récentes études d'opinion *et voient se dessiner l'hypothèse* d'un match mettant aux prises Ségolène Royal et Nicolas Sarkozy. (Le Monde 2006)

(54) Je ne sais plus, et ne *vois* plus rien, du reste, tant j'ai *observé* avec des émotions contraires. (Philippe Forest, 1997, Frantext)

(55) Elle était un peu folle, les nerfs malades, on l'a mise finalement à l'asile, ou peut-être à l'hôpital, mais elle savait *observer*, et ce don, elle l'a donné à son fils, elle lui a appris à *voir*. (Geneviève Brisac, 1996, Frantext)

En réalité, le verbe *observer* semble combiner les sémantismes de *regarder* et de *voir* : la perception se déroule en deux mouvements : une perception physique minutieuse et cumulative (une façon de *regarder*), menant à une perception mentale déductive et synthétique (une façon de *voir)*. Dans bien des contextes, les deux étapes se confondent dans une sorte de raccourci, n'exprimant explicitement que la deuxième phase du procès.

3.2. Observer /v/ contempler

Pour compléter l'analyse du verbe *observer* et mettre en lumière sa spécificité, il est utile de le comparer à d'autres verbes du champ, qui lui sont proches. Avec *contempler*[6], le verbe présente plusieurs traits lexicaux en commun : les deux verbes expriment une perception active et volontaire (du type *regarder*), présentant une certaine durée et intensité (ex. 56, 57) et portant sur un objet intéressant (ex. 58, 59) :

(56) Il *contempla* son modèle pendant un moment et marmonna quelque chose d'incompréhensible. (Julien Green, 1950, Frantext)

(57) Je suis resté des heures à *contempler* ce côté-là et les variations de structure que le déclin du soleil y apportait. (Albert T'Serstevens, 1963, Frantext)

(58) Il *contemple* Corte comme s'il était en présence de quelque être extraordinaire. (Albert Camus, 1955, Frantext)

(59) [...] un mur un mur je vous demande enfin pourquoi le *contempler* un mur n'est pas beau un mur n'est pas grand un mur n'est qu'un mur. (Louis Aragon, 1956, Frantext)

Les verbes diffèrent toutefois sur plusieurs points : l'aspect télique est beaucoup moins net pour *contempler* que pour *observer* et le but de la perception, si but il y a, n'est pas de nature cognitive (observer pour connaître), mais de nature plus spirituelle ou affective : le sujet est en quelque sorte imprégné par l'objet perçu, qui produit sur lui un effet émotionnel certain (ex. 60, 61). Le verbe n'admet d'ailleurs pas la structure complétive, propre au domaine de la cognition.

(60) Déjà cependant, Rilke nous dit sa joie de *contempler* une boîte qui ferme bien. (Gaston Bachelard, 1957, Frantext)

(61) Or l'icône n'est pas faite pour donner l'impression de la vie réelle, mais pour produire sur ceux qui la *contemplent* un effet d'ordre moral et religieux. (Louis Bréhier, 1950, Frantext)

Alors que la perception rapportée par *observer* est vérifiable et objective, indépendante du sujet, avec *contempler* elle est, au contraire, fortement influencée par l'état d'âme du sujet. Ici, c'est la subjectivité qui l'emporte (ex. 62, 63).

(62) Henri revit cette journée de printemps où il *contemplait avec nostalgie* les pêcheurs à la ligne. (Simone de Beauvoir, 1954, Frantext)

(63) *Je m'exaltais*, comme aux soirs où, derrière des collines bleues, *je contemplais* le ciel mouvant; j'étais le paysage et le regard : je n'existais que par moi, et pour moi. (Simone de Beauvoir, 1958, Frantext)

La contemplation peut aussi être abstraite, intérieure, et dépasser la pure perception, pour atteindre l'essence même de l'objet contemplé :

(64) Jusqu'ici, l'antiquité s'était confondue pour moi avec la Méditerranée; sur l'acropole, dans le forum, *j'avais contemplé* sans surprise mon propre passé. (Simone de Beauvoir, 1954, Frantext)

Les deux cadres sémantiques les mieux représentés sont le contexte religieux et philosophique d'une part[7], les phénomènes de la nature (paysages, larges étendues) ou les œuvres d'art d'autre part.

3.3. Observer /v/ considérer

La comparaison d'*observer* avec *considérer*[8] est intéressante elle aussi, tant sur le plan synchronique que diachronique[9]. Les deux verbes partagent les mêmes structures syntaxiques perceptives et cognitives, auxquelles *considérer* ajoute encore, tout comme *voir* et *regarder*, la structure évaluative avec attribut de l'objet (cf. Tableau 6). Les deux verbes sont par ailleurs proches dans leur sens perceptif, dénotant tous deux une perception volontaire, active et attentive (ex. 65) :

(65) Clérambard descend de la roulotte qu'il *considère* en prenant quelque peu de recul. (Marcel Aymé, 1950, Frantext)

Comme *regarder*, et plus qu'*observer*, le verbe *considérer* se construit fréquemment avec des compléments adverbiaux précisant la manière de percevoir ou le point de vue subjectif de la perception (ex. 66, 67) :

(66) Quatre jeunes gens vêtus avec élégance le *considéraient avec un sourire assez moqueur.* (Julien Green, 1950, Frantext)

(67) Elle le *considéra d'un œil froid* que la fumée de la cigarette faisait ciller. (Julien Green, 1950, Frantext)

Cet aspect subjectif explique sans doute le passage fréquent vers le sens épistémique d'opinion en adoptant la structure complétive (ex. 68) et de jugement dans la structure attributive (ex. 69) :

(68) Les ouvriers ne *considéreraient* pas qu'ils y gagnent, et certainement se mettraient immédiatement en grève. (Simone Weil, 1951, Frantext)

(69) On peut *considérer* son livre comme des Confessions ou des Mémoires personnels [...] (Louis Bréhier, 1950, Frantext)

Comme pour *contempler*, la perception peut aussi être purement mentale :

(70) *Considérez* cette chance que vous avez si peu méritée et ne soyez pas si cornichon. (Marcel Aymé, 1950, Frantext)

Observer et *considérer* présentent tous deux une polysémie intrigante : *observer* combine le sens 'd'observance', historiquement le premier, avec le sens perceptif, qui l'emporte largement et reste présent dans les emplois plus cognitifs du verbe. Inversement, pour *considérer*, c'est le sens perceptif qui paraît actuellement déconnecté des autres, le sens évaluatif et épistémique étant aujourd'hui largement dominant.

Le Tableau 6 présente de façon synthétique les diverses structures syntaxico-sémantiques des verbes étudiés.

Tableau 6. voir, regarder, contempler, observer *et* considérer : *structures syntaxico-sémantiques*

structures	sens structural	*voir*	*regarder*	*contem-pler*	*observer*	*consi-dérer*
SN1 + V + SN2	perception directe	+	+	+	+	+
SN1 + V + SN2 + INF						
SN1 + V + SN2 + rel. attrib.						
SN1 + V + que + PIND	perception indirecte/ cognition/ opinion	+ *perception/ cognition*	–	–	+ *percep-tion/co gnition*	+ *opinion*
SN1 + V + SN2 + AO	évaluation	+	+	–	–	+

4. Conclusion

Cette analyse d'un certain nombre de verbes de perception illustre surtout les rapports étroits entre syntaxe et sémantique, chaque construction ou famille de constructions étant porteuse d'un sens précis, auquel les verbes étudiés s'adaptent selon leurs spécificités lexicales propres. Elle montre par ailleurs la complémentarité entre l'apport structural du sens, et l'apport proprement lexical de chaque lexème impliqué.

Ce champ particulier est d'autre part un lieu privilégié pour l'étude du rapport entre langue et structure conceptuelle : la diversité des modalités de la perception visuelle, la variété lexicale et la polysémie particulièrement riche des verbes impliqués, témoignent de l'importance de la vision dans notre conceptualisation du monde. Le verbe *observer*, de par son rôle dans le passage entre perception et cognition, en constitue un chaînon essentiel.

Notes

1. Tous les exemples cités de *voir* et *regarder* proviennent du journal *Le Monde* de 1997.

2. Par la perception indirecte, à la fois physique et cognitive, nous entendons la perception d'un fait par déduction à partir d'indices (ex. *je vois à ta mine que tu es rentré tard hier soir*) (Cf. Lemhagen 1979, Willems 1983).

3. Ce dérivé, ne s'appliquant qu'à ce sens spécifique du verbe *observer*, nous a paru la meilleure étiquette sémantique.

4. Le corpus littéraire peut présenter des emplois métaphoriques, mais qui restent dans le champ perceptif.

5. Nous utilisons le terme 'cadre sémantique' pour traduire le terme anglais 'semantic frame' (cf. Framenet)

6. Notre analyse est basée sur 215 occurrences du verbe dans la base de données Frantext (de 1950 à 1980)

7. Les auteurs les mieux représentés dans l'échantillon analysé sont significatifs sur ce plan (Simone Weil, Teilhard de Chardin, Camus, Simone de Beauvoir, Vladimir Jankélévitch, Jean-Paul Sartre).

8. Notre analyse est basée sur 250 occurrences du verbe dans la base de données Frantext (de 1950 à 1980).

9. Je tiens à remercier Jacques François pour ses remarques pertinentes à ce sujet (communication personnelle).

Références

Baker, Collin, F. & Josef Ruppenhofer. 2002. « FrameNet's Frames vs. Levin's Verb Classes ». *In :* Larson, Julie & Mary Paster (dir.). Proceedings of the 28th Annual Meeting of the Berkeley Linguistics Society. 27–38.

Baker, Colin F. 1999. *Seeing Clearly: Frame Semantic, Psycholinguistic, and Cross-linguistic Approaches to the Semantics of the English Verb See*. PhD Dissertation. UCBerkeley.

Framenet website: framenet.icsi.berkeley.edu

Hanegreefs, Hilde. 2008. *Los verbos de percepción visual. Un análisis de corpus en un marco cognitivo*. Thèse de doctorat non publiée sous la direction de Delbecque, Nicole & Dominique Willems. Koninglijke Universiteit Leuven.

Lemhagen, Gunnar. 1979. *La concurrence entre l'infinitif et la subordonnée complétive introduite par que en français contemporain*, Stockholm : Almqvist & Wiksell.

Miller, Philip & Brian Lowrey. 2003. « La complémentation des verbes de perception en anglais et en français ». *In :* Miller, Philip & Anne Zribi-Hertz (dir.). *Essais sur la grammaire comparée du français et de l'anglais*. Paris : Presses Universitaires de Vincennes. 131–188.

Willems, Dominique. 1981. *Syntaxe, lexique et sémantique. Les constructions verbales*, Publications de l'Université de Gand.

Willems, Dominique. 1983. « *Regarde voir*. Les verbes de perception visuelle et la complémentation verbale ». *Romanica Gandensia 20*. 147–158.

Willems, Dominique. 2000a. « Les verbes de perception et le passif ». *In :* Schøsler, Lene (dir.). *Le passif* (= Etudes Romanes 45). Copenhagen. 171–185.

Willems, Dominique & Bert Defrancq. 2000b. « L'attribut de l'objet et les verbes de perception ». *Langue française 127*: 6–21.

Willems, Dominique. 2007. « Typologie des procès et régularités polysémiques ». *In :* Bouchard, Denis & Ivan Evrard (dir.). *Représentations du sens II*, De Boeck-Duculot. 162–177.

Willems, Dominique. 2011. « *Observer* : entre *regarder* et *voir* ». *In :* Neveu, Franck, Peter Blumenthal & Nicole Le Querler (dir.). *Au commencement était le verbe. Syntaxe, Sémantique et Cognition*. Peter Lang. Série Sciences pour la communication 97. 467–478.

The Tower of Babel, oil on panel, 53x75 cm, attributed to Hendrick van Cleve (c. 1525–1589), Antwerp and Utrecht. J.A. Berg Collection, Stockholm University, Inv. No. 124. Photographer: Jean-Baptiste Béranger (permission to publish with a CC-BY Creative Commons license obtained from Jean-Baptiste Béranger and Stockholm University).

Comunicaciones – Communications – Comunicazioni – Comunicaçoes

6. Las metáforas espacio-temporales y la percepción del tiempo: un estudio comparativo sobre el español y el sueco

Emanuel Bylund & Linn Andersson Konke
Stockholms universitet

1. Introducción

Desde la Antigüedad, la naturaleza del lenguaje y su relación con el pensamiento han sido objeto de especulaciones filosóficas y pesquisas científicas en un abanico de disciplinas, tales como la lingüística, la filosofía, la antropología y la psicología. Una pregunta central y controvertida en esta tradición concierne al papel que desempeña el lenguaje en la percepción del mundo y el modo de pensar. Formulada de forma más específica: la lengua que habla un individuo, ¿condiciona y da forma a su manera de pensar? En caso de ser afirmativa la respuesta, cabría entonces formularse una segunda pregunta: ¿acaso los hablantes de lenguas diferentes piensan asimismo de manera diferente?

En lo que sigue, se ilustrará esta última pregunta tomando como ejemplo el fenómeno del *tiempo*. El tiempo se define comúnmente como una magnitud física según la que se pueden ordenar sucesos pasados, presentes o futuros, y medir su duración o separación. El tiempo desempeña un papel fundamental en todos los niveles de nuestra vida cotidiana, como lo demuestran, por ejemplo, los instrumentos conceptualizados a lo largo de la historia para medirlo (v.gr. el reloj de sol y el reloj atómico). Un denominador común de los instrumentos de medición temporal es que su función gira en torno al movimiento, es decir, se basan en la dimensión espacial para conferir una medida de la dimensión temporal. De la misma forma, las lenguas del mundo muchas veces recurren de forma metafórica al dominio del

---

Cómo citar este capítulo:
Bylund, Emanuel & Andersson Konke, Linn, Las metáforas espacio-temporales y la percepción del tiempo: un estudio comparativo sobre el español y el sueco. In: Engwall, Gunnel & Fant, Lars (eds.) *Festival Romanistica. Contribuciones lingüísticas – Contributions linguistiques – Contributi linguistici – Contribuições linguísticas.* Stockholm Studies in Romance Languages. Stockholm: Stockholm University Press. 2015, pp. 113–130. DOI: http://dx.doi.org/10.16993/bac.f. License: CC-BY

espacio para expresar relaciones temporales. Por ejemplo, *el futuro por delante* o *tiempo atrás*, o las palabras *el porvenir* y *el pasado*, las cuales hacen referencia a un movimiento metafórico del tiempo. Las lenguas difieren, con todo, en cuanto al tipo de *metáfora espacio-temporal* que usan (metáforas usadas para expresar relaciones temporales pero cuya semántica hace referencia al dominio espacial). Como se acaba de ver en los ejemplos anteriores, en español, así como en otras lenguas románicas y germánicas, se habla del pasado y del futuro en términos de 'delante' y 'detrás'. En otros idiomas, tal como el aymara, se habla del futuro en términos de detrás, y, del pasado en términos de delante, siguiendo la lógica de que el pasado, a diferencia del futuro, se conoce y es por lo tanto visible (es decir, podemos ver lo que está físicamente delante de nosotros pero no lo que está detrás). Sin embargo, no todas las lenguas utilizan un eje temporal horizontal para ordenar y situar los sucesos. En chino mandarín, por ejemplo, es común hacer referencia a un eje temporal vertical para este fin, según el que el pasado está hacia arriba y el futuro hacia abajo. En cada una de estas lenguas, las metáforas espacio-temporales obligan a sus hablantes a verbalizar las relaciones temporales de distintas maneras. ¿Es posible que al tenerse que expresar habitualmente de una forma determinada acerca del tiempo, el hablante acabe pensando sobre el tiempo de esa forma? ¿Acaso, por ejemplo, un hablante de aymara está más inclinado a comprehender el fenómeno del tiempo en términos horizontales que un hablante de chino? El tema de si la lengua tiene algún impacto en la forma en que aprehendemos el mundo, es decir, el tema de si los hablantes de lenguas diferentes piensan de manera diferente dadas las características propias de sus lenguas, se conoce con el nombre de *relatividad lingüística*.

El presente estudio se inscribe dentro del marco general de la relatividad lingüística. El objetivo general del estudio consiste en investigar, desde una perspectiva translingüística, la percepción del tiempo en hablantes de sueco y hablantes de español. Tomando como punto de partida las diferencias translingüísticas en lo que respecta a las metáforas espacio-temporales en español y en sueco, el estudio examina en particular los posibles efectos de dichas metáforas en la percepción de la duración temporal. Para conseguir este objetivo, el estudio se divide en dos subestudios: el primero tiene como fin estudiar las frecuencias distributivas de los diferentes tipos de metáforas espacio-temporales en español y en sueco, mientras que el segundo investiga en qué medida estos diferentes tipos de metáforas dan lugar a diferencias translingüísticas cognitivas, es decir, en qué medida producen diferencias en la estimación del tiempo por parte de suecohablantes e hispanohablantes.

El capítulo se organiza de la siguiente forma: en el apartado que viene a continuación, se da una breve vista panorámica de la investigación de la relatividad lingüística, y se sitúa el presente estudio dentro del marco teórico de las metáforas conceptuales. El apartado 'Estudio I' describe los objetivos y las delimitaciones del primer subestudio, cuyo fin es establecer el uso cuantitativo de las metáforas espacio-temporales. Este apartado comprende también un análisis estadístico, así como una interpretación de los patrones de uso de dichas metáforas. El siguiente apartado, 'Estudio II', presenta los objetivos, delimitaciones, y diseño experimental del segundo subestudio. En este apartado, se analizan las estimaciones de duración temporal por parte de hablantes de español y de sueco en una tarea psico-física. Se cierra el capítulo con unas conclusiones generales acerca de la relación entre las metáforas espacio-temporales y la percepción del tiempo.

2. Trasfondo teórico

2.1. Relatividad lingüística

En principio, la noción de relatividad lingüística se basa en dos premisas y una conclusión. La primera premisa presupone que las distintas lenguas en el mundo difieren fundamentalmente en cuanto a sus estructuras semánticas, y la segunda que la categorización semántica implicada en un idioma en concreto determina, bien de forma parcial o completa, el modo en que una persona categoriza, recuerda y percibe la realidad (Levinson & Gumperz, 1996). La conclusión lógica sacada a partir de estas dos premisas es que el modo en que una persona concibe la realidad varía en función de la lengua que habla. En vista de este razonamiento, puede formularse el silogismo de la relatividad lingüística:

1) Las lenguas que se hablan en el mundo caracterizan semánticamente la realidad de distintas maneras;
2) la estructura de una lengua determinada influye en la forma en que sus hablantes conciben la realidad;
3) por lo tanto, hablantes de diferentes lenguas conciben la realidad de manera diferente.

(Véase Whorf, 1941/1956)

La antítesis del principio de la relatividad lingüística, es decir, que hablantes de diferentes lenguas comparten la misma concepción de la realidad, se fundamenta en los siguientes puntos: en primer lugar, presupone que la diversidad lingüística (i.e., las diferentes estructuras semánticas de las lenguas en el mundo) es una manifestación superficial, y que todas las lenguas comparten ciertos principios semánticos básicos (primitivos semánticos, Jackendoff, 1990); en segundo lugar, conjetura que la estructura lingüística no hace más que proporcionar las formas fonológicas de conceptos preexistentes (bien innatos o adquiridos antes del lenguaje) (Fodor, 1975). Partiendo de estos presupuestos, se deriva, pues, la conclusión de que la concepción de la realidad no varía en función de la lengua.

Durante los últimos lustros, el estudio sobre la relatividad lingüística ha experimentado un verdadero apogeo, sobre todo gracias al desarrollo teórico y metodológico de este campo de investigación, lo cual ha posibilitado refinadas operacionalizaciones de las nociones de 'pensamiento' y 'lenguaje'. En efecto, hoy en día, hay una variedad de estudios dedicados a indagar las posibles diferencias translingüísticas cognitivas en dominios perceptuales tales como el espacio, el tiempo, los colores, el movimiento y las sustancias (v.gr. Gentner & Goldin-Meadow, 2003; Majid et al., 2004; Casasanto, 2008; Regier & Kay, 2009).

2.2. Las metáforas conceptuales

Si bien es una concepción común que las metáforas pertenecen a un lenguaje poético o narrativo, estas aparecen también en el lenguaje cotidiano sin que nos demos cuenta de ello. En la prominente monografía de Lakoff & Johnson (1980), se refuta la creencia tradicional de que el uso de la metáfora es una anomalía lingüística y que pertenece a un vocabulario especial. Al contrario, Lakoff & Johnson ponen en evidencia que las metáforas son visibles en todo tipo de discurso, al decir, por ejemplo, *esa camisa te va a costar un ojo de la cara* es poco probable que el precio de una mercancía realmente fuera una parte del cuerpo, o al decir *pásame el agua* no se trata del líquido sino de la jarra o de la botella que contiene el agua, y está claro que no será posible interpretar el enunciado de forma literal. Lakoff y Johnson postulan que la metáfora, además de estar siempre presente en el lenguaje, también influye en nuestras acciones y pensamientos. De esta manera, el uso de las metáforas conceptuales es entendido como un proceso cognitivo, es decir, las metáforas residen en nuestro sistema conceptual, lo cual nos ayuda a entender conceptos abstractos y situaciones complejas. Con el fin de ilustrar qué es lo que constituye una metáfora conceptual presentamos a continuación algunos ejemplos (véanse Cuenca & Hilferty, 1999: 100; Lakoff & Johnson, 1980).

MORIR ES PARTIR	Nuestro padre nos ha *dejado*
LAS PERSONAS SON ANIMALES	Él es muy *burro*
LAS TEORÍAS SON EDIFICIOS	Esa teoría carece de *fundamentos* empíricos
LA ARGUMENTACIÓN ES UNA GUERRA	Juana *atacó* mi trabajo sobre la cognición

Si se analizaran las frases (en minúscula) una por una y sin contexto, serían todas expresiones metafóricas, es decir, casos individuales de una metáfora conceptual (en mayúscula). Por ejemplo, en la frase LA ARGU-MENTACIÓN ES UNA GUERRA, se emplean conceptos procedentes del dominio de la GUERRA para conceptualizar y hablar sobre el dominio de la ARGUMENTACIÓN, con lo cual la ARGUMENTACIÓN es estructurada y comprendida de la misma manera que la GUERRA.

Según Lakoff y Johnson, la metáfora conceptual está dividida en dominio origen y dominio destino. En el ejemplo de la metáfora conceptual LAS TEORÍAS SON EDIFICIOS, el sintagma LOS EDIFICIOS es el dominio origen y LAS TEORÍAS es el dominio destino. En otras palabras, al hablar de TEORÍAS se usa el mismo vocabulario que al hablar de EDIFICIOS. Lakoff & Johnson (1980) sostienen que la estructura de la metáfora conceptual sirve para comprender los conceptos abstractos: "the essence of a metaphor is understanding and experiencing one kind of thing in terms of another" (p. 5).

Para el establecimiento de la estructura de la metáfora conceptual se plantea el concepto de proyección (en inglés *mapping*). La proyección indica la relación entre el dominio origen y el dominio destino y se divide en dos tipos: correspondencias ontológicas y correspondencias epistémicas. La correspondencia ontológica tiene como función poner de relieve las relaciones analógicas existentes entre las partes más importantes de cada dominio, en otras palabras, conecta subestructuras entre los dos dominios. La correspondencia epistémica, a su vez, describe los factores comunes entre los dominios y traslada información desde el dominio origen al dominio destino. En los siguientes ejemplos

se emplea la metáfora conceptual LAS IDEAS SON ALIMENTOS
(Cuenca & Hilferty, 1999: 102):

Correspondencia ontológica:
a. las ideas corresponden a los alimentos
b. la persona que come los alimentos corresponde a la persona que
acepta la idea
c. cocinar los alimentos corresponde a concebir las ideas

Correspondencia epistémica:
Dominio origen: los alimentos sustentan el cuerpo
Dominio destino: las ideas sustentan la mente

2.3. Diferencias translingüísticas en la percepción del tiempo

Una idea básica de Lakoff & Johnson (1980) es, pues, que las proyec-
ciones de las metáforas conceptuales sirven para entender conceptos
abstractos. Un ejemplo de tal concepto es el tiempo, el cual, como se
pudo ver más arriba, se subdivide en varias metáforas conceptuales.
La metáfora conceptual EL TIEMPO ES UN OBJETO MOVIBLE es
la que se utiliza al expresar tanto sucesión (v.gr. *el lunes viene antes del
martes*)[1] como duración (v.gr. *una reunión corta*), conceptualizando de
esta manera el tiempo como un objeto que se mueve a través del espacio.
    Las lenguas del mundo exhiben cierta variación en las metáforas
conceptuales que usan para expresar duración temporal. En español,
por ejemplo, normalmente se habla de duración en términos de cantidad, a saber, *mucho tiempo* y *poco tiempo*. La duración se expresa,
pues, de la misma manera que el espacio, por ejemplo, *mucho vino* y
poca agua. El griego exhibe un patrón muy similar: en esta lengua,
se recurre a metáforas de cantidad para hacer referencia a duración,
por ejemplo, *poli ora* ('mucho tiempo'), e incluso en contextos en que
el español hace uso de metáforas de distancia para denotar duración,
como por ejemplo, *una reunión larga*, el griego usa metáforas de cantidad: *megali synandisi* (literalmente 'reunión grande', es decir, 'reunión
larga'). Las lenguas germánicas, por otro lado, normalmente utilizan
metáforas basadas en distancia para expresar duración. En inglés, por
ejemplo, la expresión *long time* ('tiempo largo') es comúnmente usada,
al igual que en afrikaans, *lank tyd* ('tiempo largo').
    Tomando como punto de partida estas diferencias translingüísticas,
Casasanto et al. (2005) investigaron, en primer lugar, la frecuencia de
diferentes tipos de metáforas espacio-temporales en español, griego,
inglés e indonesio, y en segundo lugar, la percepción del tiempo en

hablantes de estas lenguas. Un análisis de la frecuencia distributiva de las metáforas mostró que en inglés e indonesio había una marcada preferencia a usar *long time* ('largo tiempo') y *waktu panjang* ('largo tiempo'), respectivamente, a diferencia de *much time* ('mucho tiempo') y *waktu banyak* ('mucho tiempo'). En español y griego, por el contrario, la tendencia iba a la inversa, en el sentido de que las expresiones *mucho tiempo* y *poli ora* ('mucho tiempo') exhibían una frecuencia considerablemente más alta que *largo tiempo* y *makry kroniko diatstima* ('largo tiempo'). En otras palabras, en español y en griego, predominaban las metáforas espacio-temporales de cantidad, mientras que en inglés y en indonesio, las metáforas de distancia eran más frecuentes.

Habiendo establecido las diferencias translingüísticas, Casasanto et wal. (2005) estudiaron la percepción de la duración por parte de hablantes de estas lenguas mediante una tarea de estimación temporal. En esta tarea, los participantes veían o bien líneas o contenedores que iban creciendo o llenándose en la pantalla, y luego tenían que estimar el tiempo que estas animaciones tardaban en crecer. Los resultados de este experimento mostraron que los hablantes de griego y de español se dejaron influir por el crecimiento de los contenedores, en el sentido de que cuanto más se llenaban estos, más larga les parecía la duración a los hablantes de estas lenguas. En cambio, no se registró el mismo efecto en el caso de las estimaciones de duración de las líneas. Los análisis de las estimaciones hechas por los hablantes de inglés y de indonesio evidenciaron el patrón opuesto: mientras que estos hablantes no se vieron influidos por el nivel de los contenedores, sí que se dejaron llevar por la longitud de las líneas, creyendo que cuanto más crecían estas, más tiempo les había transcurrido. En vista de estos resultados, Casasanto et al. concluyeron que en el dominio perceptual del tiempo, las metáforas espacio-temporales idiosincrásicas de un idioma pueden dar lugar a que los hablantes conciban la duración temporal de una forma correspondiente a esas metáforas. Esto, a su vez, implica que hablantes de lenguas con diferentes tipos de metáforas espacio-temporales conciben el tiempo de formas distintas (véase también Casasanto, 2008).

3. Estudio I

3.1. Objetivos y delimitaciones

¿Cuáles son los tipos de metáforas espacio-temporales y su uso en sueco y en español? La investigación de Casasanto nos proporciona una respuesta parcial a esta pregunta, por lo menos en lo que respecta a la lengua española (véase más arriba). Los patrones de uso de las metáforas espacio-temporales en sueco y su grado de similitud con los patrones de uso en español son temas que, sin embargo, se están aún por investigar. El objetivo del Estudio I consiste, pues, en establecer y comparar las frecuencias distributivas de los principales tipos de metáforas espacio-temporales de distancia y cantidad en sueco y en español. Este procedimiento constituye, sin duda, un paso central en la búsqueda de diferencias cognitivas translingüísticas en la percepción del tiempo: en caso de que no se registren diferencias translingüísticas en los patrones de uso de las metáforas espacio-temporales en español y sueco, hay poca base para creer que los hablantes de español y de sueco conceptualizan el tiempo de manera diferente. Por otro lado, si resulta que estas lenguas difieren a este respecto, hay motivo para indagar si tales diferencias originan diferentes percepciones del tiempo.

Como queda dicho, el Estudio I tiene por objeto examinar y comparar las frecuencias distributivas de las metáforas espacio-temporales de español y de sueco. El estudio tiene, en otras palabras, un enfoque principalmente de índole cuantitativa. Siguiendo la investigación de Casasanto et al. (2004), el presente estudio examina las frecuencias distributivas de expresiones tales como *largo tiempo* y *mucho tiempo*. Mientras que el estudio de Casasanto et al. midió las frecuencias de expresiones que denotan una duración temporal mayor (v.gr. *mucho tiempo* en español, y *long time* en inglés), este estudio aspira a investigar también expresiones que hacen referencia a una duración de menor magnitud (v.gr., *poco tiempo* y *corto tiempo*).

3.2. Materiales y método

Conforme a la metodología de Casasanto et al. (2004), el presente estudio hizo uso del buscador Google para calcular las frecuencias distributivas de las metáforas espacio-temporales en las lenguas bajo investigación. Este procedimiento consiste simplemente en calcular el número de entradas de las expresiones relevantes de duración temporal de distancia y cantidad (véase Tabla 1).

Tabla 1. Las expresiones analizadas en el estudio I

	Distancia	Cantidad
Español	*largo tiempo, corto tiempo*	*mucho tiempo, poco tiempo*
Sueco	*lång tid, kort tid*	*mycket tid, lite tid*

Asimismo, los números de entradas de estas expresiones fueron agrupados en una tabla de contingencia en diferentes combinaciones y analizados mediante un test de chi cuadrado (χ^2).

3.3. Resultados y discusión

Los análisis se dividen en tres etapas. La primera atañe a la distribución de expresiones de duración de mayor magnitud (lo cual es el mismo tipo de análisis que realizaron Casasanto et al.). Los resultados de este análisis se presentan en la tabla 2.

Tabla 2. Frecuencias distributivas de metáforas de mayor duración temporal

	Distancia *(largo, lång)*	Cantidad *(mucho, mycket)*
Español	5 860 000	60 900 000
Sueco	18 800 000	3 070 000

Un análisis de chi cuadrado demuestra que la distribución de los diferentes tipos de metáforas varía según la lengua de forma significativa, $\chi^2 = 4{,}08\times10^5$, *grados de libertad* (*gl*) $= 1$, $p < 0{,}0001$. Esta variación inter-grupal exhibe una magnitud intermedia, $d = 0{,}49$.

El segundo análisis concierne a la distribución de expresiones de duración temporal de magnitud menor, y difiere, por lo tanto, del enfoque de Casasanto, el cual concernía solamente a las expresiones de mayor duración. Los resultados de las frecuencias distributivas de estas expresiones se presentan en la Tabla 3.

Tabla 3. Frecuencias distributivas de metáforas de menor duración temporal

	Distancia *(corto, kort)*	Cantidad *(poco, lite)*
Español	2 700 000	32 200 000
Sueco	8 950 000	2 990 000

Al igual que en el análisis anterior, la variación translingüística de las expresiones espacio-temporales de magnitud menor es estadísticamente significativa, $\chi^2 = 2{,}15\times10^5$, $gl = 1$, $p < 0{,}0001$. En el caso de estas expresiones, la magnitud de la variación resulta incluso más robusta, $d = 1{,}84$.

La tercera etapa del presente análisis implica sumar las frecuencias de las tablas 2 y 3 para formar macrocategorías de metáforas de distancia y cantidad de español y de sueco, sin tener en cuenta su referencia a la magnitud de duración temporal. Como es de esperar, la distribución que emerge a raíz de este procedimiento exhibe una significación y magnitud muy sólidas, $\chi^2 = 7{,}02 \times 10^6$, $gl = 1$, $p < 0{,}0001$, $d = 2{,}07$. Estos resultados de frecuencia, convertidos en porcentajes, se presentan en el Gráfico 1.

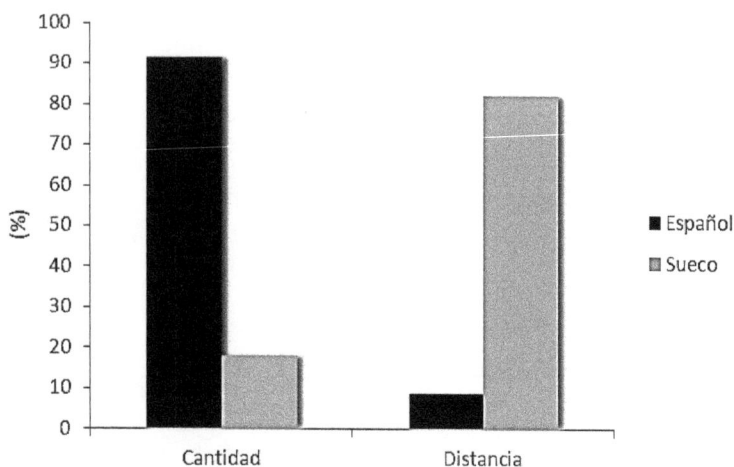

Gráfico 1. La distribución de expresiones de duración de cantidad y distancia en español y en sueco

A modo de resumen, se puede constatar que hay una diferencia translingüística muy saliente en el uso de las metáforas espacio-temporales en las lenguas bajo investigación: en sueco prevalecen las expresiones basadas en distancia (*lång tid* y *kort tid*), mientras que en español, las expresiones de cantidad (*mucho tiempo* y *poco tiempo*) son las más frecuentes. Cabe destacar, sin embargo, que por muy salientes que sean estas preferencias, existe en ambas lenguas la posibilidad de hablar del tiempo usando ambos tipos de metáforas. En sueco, para empezar, un 18% de las expresiones analizadas conceptualizan el tiempo en términos de cantidad, v.gr., '*mycket tid*'. Es importante hacer constar, no obstante, que la expresión *mycket tid* denota otro tipo de valor temporal: a diferencia de *lång tid*, *mycket tid* no hace referencia a duración temporal, sino que muchas veces denota tiempo invertido, repetido, o acumulado, v.gr., *jag har ägnat mycket tid åt X* ('he dedicado mucho tiempo a X').

Asimismo, en español, existe la posibilidad de usar metáforas de distancia (v.gr., *largo tiempo*) a la hora de hablar del tiempo. Tal como muestran los resultados, este tipo de metáforas representa un 8% del material analizado. ¿Cuál es, entonces, la diferencia entre las expresiones *mucho tiempo* y *largo tiempo*? De forma preliminar, puede decirse que la expresión de *largo tiempo* se usa con el fin de describir un período determinado de duración extraordinariamente larga. De hecho, la expresión *largo tiempo* aparece a menudo en la frase *un largo tiempo*.

El objetivo de Estudio I ha sido establecer las frecuencias distributivas de las metáforas espacio-temporales en español y en sueco, tal y como han sido definidas y operacionalizadas en Tabla 1. Los análisis estadísticos han puesto en evidencia que la distribución de metáforas de distancia y de cantidad varía en función de la lengua. Los resultados confirman, pues, en parte los hallazgos de Casasanto et al. (2004), quienes encontraron un patrón de uso muy similar para el español. Cabe reconocer, con todo, que el método usado en este estudio y en el de Casasanto impone ciertas limitaciones, en lo que respecta tanto a la fiabilidad como a la validez de los resultados. En primer lugar, el material analizado no proviene de un corpus lingüístico muy controlado, sino que se basa simplemente en el número de entradas que las expresiones investigadas produjeron en Google. A pesar de que el elevado número de entradas ofrece una potencia estadística considerablemente alta, están muy reducidas las herramientas para controlar parámetros como, por ejemplo, género, puntuación y orden de palabras.[2] En segundo lugar, el enfoque adoptado, limitado a las expresiones de *mucho tiempo*, *lång tid,* etc., implica hacer caso omiso de otros recursos como, por ejemplo, los adverbios temporales, que ofrecen las lenguas bajo investigación para hablar del tiempo. Volveremos a tocar este tema en las conclusiones generales.

4. Estudio II

4.1. Objetivos y delimitaciones

Habiendo establecido los principales patrones de uso de metáforas espacio-temporales en español y en sueco, cabe preguntarse: ¿cuáles son las consecuencias cognitivas de esta variación translingüística? Es decir, el hecho de que un hispanohablante normalmente hable de duración en términos de cantidad, ¿significa que esta persona piensa

o comprende el fenómeno del tiempo en base a este tipo de términos espaciales? Igualmente, ¿concibe el suecohablante el tiempo en
términos espaciales de distancia por el hecho de usar tales términos
al hablar sobre el mismo? Siguiendo los postulados de la teoría de
las metáforas conceptuales, la respuesta a estas preguntas sería afirmativa. El Estudio II va más allá e intenta investigar este tema de
forma empírica, planteando la siguiente pregunta de investigación:
¿surgen diferencias translingüísticas en la percepción de la duración
temporal por parte de suecohablantes e hispanohablantes, a raíz de
los diferentes patrones de uso de metáforas espaciales que exhiben
estas lenguas?

Para proporcionar una respuesta a esta pregunta, el presente estudio investigará en qué medida la percepción del tiempo se ve influida
por diferentes tipos de información espacial. Siguiendo la técnica
utilizada por Casasanto et al. (2004), el presente estudio se limita a
medir la interferencia espacial a partir de estímulos visuales que representan distancia y cantidad. Partiendo de los resultados presentados
por Casasanto et al. (2004), puede formularse la siguiente hipótesis:
la percepción de la duración por parte de los suecohablantes se verá
interferida por los estímulos de distancia, mientras que en el caso de
los hispanohablantes, la interferencia se producirá por parte de los
estímulos de cantidad. En otras palabras, los suecohablantes pensarán
que cuanto más crece una línea, más tiempo ha pasado, mientras que
los hispanohablantes pensarán que cuanto más se llena un contenedor,
más tiempo ha transcurrido.

A diferencia del estudio de Casasanto, que concernía también la estimación de información espacial, el presente estudio está enfocado solamente en la estimación de la duración.

4.2. Participantes

Diez hablantes nativos de sueco y 10 hablantes nativos de español
participaron en el estudio. Los hablantes de español o bien estaban
de visita en Suecia en la fecha en que se realizaba el experimento,
o bien se habían mudado recientemente a Suecia –de todas formas
sus conocimientos de la lengua sueca eran inexistentes o muy rudi-
mentarios. Los suecohablantes no tenían conocimientos de la lengua
española. Los participantes tenían entre 21 y 45 años de edad, y cada
uno de ellos había estudiado –o estaba estudiando– en la universidad.
Recibieron 50 coronas suecas (aprox. 5€) como remuneración por su
participación.

4.3. Materiales y método

Un total de 98 animaciones fueron creadas en PowerPoint. Estas animaciones consistían en 49 líneas que iban creciendo horizontalmente de izquierda a derecha, y 49 rectángulos (o 'contenedores') que se iban llenando de negro verticalmente desde abajo hacia arriba. El crecimiento de las animaciones variaba entre 5 y 17 cm, con un aumento de 2 cm (es decir, 5 cm; 7 cm; 9 cm; 11 cm, etc.). La duración de las animaciones oscilaba entre 1 y 5 segundos, con un aumento de aproximadamente 0,67 segundos (es decir, 1,00 s; 1,67 s; 2,33 s; 3,00 s, etc.). Había, pues, 7 duraciones diferentes y 7 crecimientos diferentes. Cada una de las duraciones aparecía con cada uno de los crecimientos, creando así un total de 49 líneas y 49 contenedores. Este diseño difiere del de Casasanto et al., en el sentido de que aquí se mezclaron los estímulos de líneas y contenedores, mientras que en el estudio de Casasanto et al. se presentaron estos estímulos por separado (v.gr., un grupo de ingleses hizo la tarea de líneas, mientras que otro grupo de ingleses hizo la de contenedores).

Se presentaron las animaciones en series aleatorias en una pantalla de 17 pulgadas de 1280x1024 píxeles. La tarea de los participantes consistía en estimar la duración de cada animación, haciendo uso del ratón para simular el tiempo que tardaba cada animación en crecer. En concreto, esta tarea implicaba hacer clic para marcar el comienzo de la duración percibida, esperar el tiempo estimado, y hacer otro clic para marcar el final. Se registraron las respuestas de los participantes mediante el programa Time Station. Antes de que se pusiera en marcha el experimento, los participantes recibieron instrucciones detalladas acerca de la tarea. Estas instrucciones carecían de pistas lingüísticas que pudieran influir o sesgar las estimaciones de los participantes (v.gr. en sueco: *uppskatta hur lång tid...*, literalmente 'estima cuán largo tiempo...').

4.4. Resultados y discusión

El análisis se realizó en dos pasos: en primer lugar, se examinó el grado de acierto de las estimaciones de duración de los dos grupos; y en segundo lugar, se analizó en qué medida los participantes se vieron influidos por los crecimientos de las animaciones a la hora de estimar el tiempo, es decir, el grado de interferencia espacial. El primer paso analítico es primordial: si no hay diferencias inter-grupales en la estimación de la duración, las diferencias que se observen a nivel de interferencia espacial no pueden deberse a la existencia de diferencias generales en la capacidad de hacer estimaciones de duración.

Con el fin de analizar las estimaciones de duración temporal de los grupos de participantes, se calcularon las medias de las estimaciones por cada duración, independientemente del crecimiento, en cada uno de los grupos. Una vez obtenidas las medias, se realizó un test de regresión entre las duraciones estimadas y las verdaderas. Los resultados de este test demostraron que tanto el grupo de hispanohablantes como el grupo de suecohablantes mostraron una estimación del tiempo muy acertada, $r^2 = 0,99$, $gl = 7$, *inclinación (incl)* $= 0,81$, y $r^2 = 0,99$, $gl = 7$, *incl* $= 0,83$, respectivamente. Los dos grupos no se diferenciaron, pues, en su estimación general del tiempo.

El segundo paso del análisis consistió en medir la posible interferencia espacial en las estimaciones de duración hechas por los dos grupos. Empezando por los hispanohablantes, una regresión lineal de las duraciones estimadas de cada crecimiento mostró que las estimaciones de duración de los contenedores se veían influidas por el desplazamiento de los mismos, $r^2 = 0,98$, $gl = 6$, *incl* $= 4,24$. Este efecto exhibió una significación estadística relativamente alta, $p < 0,01$. Resultó, no obstante, que también había interferencia espacial en las estimaciones de las duraciones de las líneas, $r^2 = 0,94$, $gl = 6$, *incl* $= 3,99$, $p > 0,01$. En otras palabras, se registraron efectos de interferencia espacial tanto en el caso de los contenedores como en el de las líneas. Los análisis de interferencia espacial de los suecohablantes pusieron en evidencia un patrón muy similar: se observó un efecto general de crecimiento en las estimaciones de duración tanto de las líneas como de los contenedores, $r^2 = 0,81$, $gl = 6$, *incl* $= 2,22$, $p < 0,01$, y $r^2 = 0,94$, $gl = 6$, *incl* $= 2,70$, $p < 0,01$, respectivamente. Estas regresiones se representan en los diagramas de dispersión en los Gráficos 2.1–2.4. A modo de resumen, los análisis llevados a cabo hasta ahora han evidenciado que había efectos de interferencia espacial, independientemente del tipo de estímulo, en ambos grupos.

Con el fin de comprobar la constancia de estos resultados, se siguió el procedimiento del estudio de Casasanto (2005), en el que se excluyeron del análisis los estímulos más extremos (a saber, la máxima y mínima duración, y el máximo y mínimo crecimiento). Mientras que Casasanto eliminó cuatro medidas de esta forma, el presente estudio se limita a eliminar solamente dos, puesto que una eliminación de cuatro hubiera reducido el número total de medidas a tres, lo cual se considera muy poco para una regresión. Los resultados de este análisis mostraron, sin embargo, un patrón muy parecido al resultado más arriba: hispanohablantes, contenedores: $r^2 = 0,93$, $gl = 4$, *incl* $= 3,59$, $p < 0,01$;

líneas: $r^2 = 0,88$, $gl = 4$, *incl* $= 4,37$, $p < 0,02$; suecohablantes, contenedores: $r^2 = 0,88$, $gl = 4$, *incl* $= 2,75$, $p < 0,02$; líneas: $r^2 = 0,88$, $gl = 4$, *incl* $= 1,67$, $p < 0,02$.

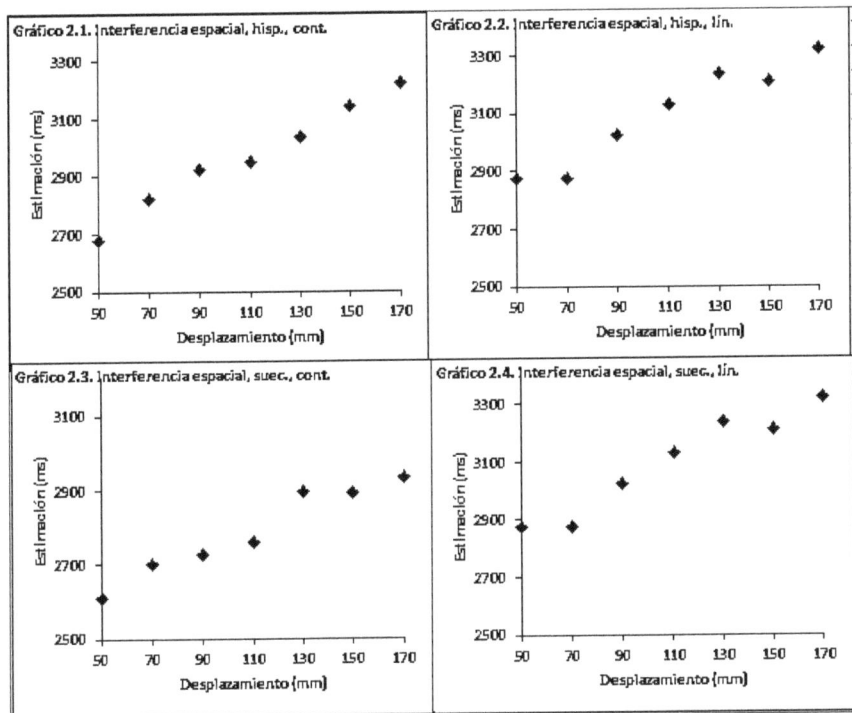

Gráficos 2.1–2.4. Diagramas de dispersión

Los resultados muestran, pues, que incluso con esta modificación del análisis los hablantes de español y de sueco exhiben el mismo tipo de interferencia espacial. Al interpretar estos resultados, cabe tener en cuenta que el presente diseño difiere del de Casasanto et al. (2004) en un aspecto importante: en aquel estudio, los participantes vieron los estímulos de contenedores y líneas por separado, mientras que en el presente estudio los participantes vieron estos estímulos mezclados. Los resultados de este estudio no rechazan, en otras palabras, los hallazgos de Casasanto et al. (2004), pero sí modifican las conclusiones que sacan estos investigadores acerca del lenguaje y su relación con la percepción temporal. Si bien las metáforas espacio-temporales influyen en la percepción de la duración, tal como muestra el estudio de Casasanto, la incidencia de esta influencia está limitada a ciertas condiciones: si el participante tiene que estimar la duración a partir de un solo tipo de estímulo (es decir, o contenedores, o líneas), se producen diferencias translingüísticas conformes a las metáforas espacio-temporales idiosincrásicas de la lengua del participante. No obstante, si el participante se enfrenta a la tarea de estimar la duración a partir de dos tipos de estímulos diferentes, las diferencias translingüísticas desaparecen. Posiblemente esto se debe a que la influencia de cierto tipo de estímulo (v.gr. líneas) en la percepción temporal es transferida a la percepción de otro tipo de estímulo (v.gr. contenedores). Es decir, al participante le resulta difícil dejarse influir por solo un tipo de información espacial, y al mismo tiempo hacer caso omiso a otro tipo de información espacial.

5. Conclusiones

El objetivo principal del presente estudio ha sido indagar, desde una perspectiva translingüística, la relación entre las metáforas espacio-temporales y la percepción del tiempo. Los resultados del primer subestudio pusieron en evidencia que en sueco hay una preferencia destacada por usar metáforas de distancia para referirse a la duración, mientras que en español prevalece el uso de las metáforas de cantidad. El segundo subestudio, que era de corte experimental, mostró que no había diferencias en la percepción del tiempo entre hablantes de español y hablantes de sueco, en el sentido de que ambos grupos se vieron influidos por la información espacial –independientemente del tipo de dicha información– en una tarea consistente en estimar la duración de diferentes animaciones. El hecho de que estos resultados no converjan con los de Casasanto et al. (2004) tiene, como se mencionaba más arriba, implicaciones para la interpretación de los efectos del lenguaje en el pensamiento. En general, estos resultados están en consonancia con estudios anteriores en los que se muestra que la influencia del lenguaje sobre el pensamiento no es un fenómeno de todo o nada, sino que está limitada a ciertos procesos cognitivos realizados bajo ciertas condiciones (para una discusión más detallada, véase Athanasopoulos & Bylund, 2013).

Asimismo, los resultados del presente estudio también son relevantes para la teoría de las metáforas conceptuales. Dado que no se registraron efectos de interferencia espacial que fueran atribuibles a las metáforas espacio-temporales prevalentes en los idiomas estudiados, cabe preguntarse en qué medida se puede sustentar la idea de que las metáforas conceptuales constituyen una herramienta importante para aprehender un concepto abstracto como el tiempo, tal y como postulan Lakoff & Johnson (1980). Los hallazgos del presente estudio no descartan, desde luego, la noción básica de las metáforas conceptuales, pero sí ponen en duda el supuesto que guía este marco teórico. Según este supuesto, el nivel semántico equivale al nivel conceptual, es decir, se basa en la semántica de una expresión lingüística para explicar cómo un individuo *entiende* o *aprehende* un determinado concepto. Está claro que un análisis semántico de una estructura lingüística constituye un paso primordial en el camino hacia una teoría del pensamiento y del lenguaje, pero este paso de por sí no es suficiente para explicar o sacar conclusiones acerca de cómo un individuo piensa acerca de un concepto dado –para entender esto, haría falta evidencia empírica del comportamiento cognitivo.

Notas

1. También cabe notar que el adverbio *antes*, si bien tiene un significado principalmente temporal en el español moderno, originalmente deriva del latín *ante*, lo cual significaba 'delante' o 'anterior' (cf. la preposición español *ante*).

2. Desafortunadamente, todavía no existen corpora de sueco y español comparables o paralelos como para llevar a cabo un estudio de corpus de este tipo.

Referencias

Athanasopoulos, Panos & Emanuel Bylund. 2013. "Does grammatical aspect affect motion event cognition? A cross-linguistic comparison of English and Swedish speakers". *Cognitive Science*, 37. 286–309.

Casasanto, Daniel. 2005. *Perceptual foundations of abstract thought*. Tesis doctoral. Cambridge, MA: MIT.

Casasanto, Daniel. 2008. "Who's afraid of the big bad Whorf? Crosslinguistic differences in temporal language and thought". *Language Learning*, 58, Supplement 1. 63–79.

Casasanto, Daniel & Lera Boroditsky. 2008. "Time in the mind: Using space to think about time". *Cognition*, 106. 579–593.

Casasanto, Daniel & Lera Boroditsky, Webb Phillips, Jesse Green, Shima Goswani, Simon Bocanegra-Thiel et al. 2004. "How deep are the effects of language on thought? Time estimation in speakers of English, Indonesian, Greek, and Spanish". *Proceedings of the Annual Conference of the Cognitive Society*, 26. 186–191.

Cuenca, María Josep & Josep Hilferty. 1999. *Introducción a la lingüística cognitiva*. Barcelona: Ariel.

Fodor, Jerry. 1975. *The language of thought*. Nueva York: Crowell.

Gentner, Dedre & Susan Goldin-Meadow (eds.). 2003. *Language in mind: Advances in the study of language and thought*. Cambridge, MA: MIT Press.

Gumperz, John J. & Stephen Levinson. 1996. "Introduction: linguistic relativity re-examined". *In*: Gumperz, John & Stephen Levinson (eds.), *Rethinking linguistic relativity*. Cambridge: Cambridge University Press. 1–18.

Jackendoff, Ray. 1990. *Semantic structure*. Cambridge, MA: MIT Press.

Lakoff, George & Mark Johnson. 1980. *Metaphors we live by*. Chicago: University of Chicago Press.

Majid, Asifa, Melissa Bowerman, Sotaro Kita, Daniel Haun & Stephen Levinson. 2004. "Can language restructure cognition? The case for space". *Trends in Cognitive Sciences*, 8.108–114.

Pinker, Steven. 1994. *The language instinct*. London: Penguin books.

Regier, Terry & Paul Kay. 2009. "Language, thought and color: Whorf was half right". *Trends in Cognitive Sciences*, 13. 439–446.

Whorf, Benjamin L. 1941/2000. *Language, thought and reality: selected writings of Benjamin Lee Whorf*. Cambridge: MIT Press.

7. *Sim. Ahã. É. Sei.* Aquisição das respostas curtas verbais afirmativas por bilíngues simultâneos sueco-brasileiros[1]

Mary-Anne Eliasson
Stockholms universitet

1. Introdução

Na Suécia as pessoas comunicam-se predominantemente em sueco. Em Estocolmo, o sueco é a língua de uso majoritário da cidade. Por ser a capital do país, a cidade sempre acolheu pessoas estrangeiras, algumas de passagem, outras para ficarem por tempo indefinido. Desde a década de 50 que a Suécia vem recebendo grande quantidade de imigrantes (Hyltenstam 1999:12), o que influenciou o mapa linguístico, principalmente, dos centros urbanos. Nos dias de hoje, crescer em uma *família com línguas mistas* (*mixed-lingual families*[2], Arnberg 1981) em Estocolmo é muito comum (Eliasson 2012:16).

No trabalho de Eliasson (2012) foi analisada a aquisição do português brasileiro (PB) por oito crianças bilíngues simultâneas (2L1) português-sueco, residentes em Estocolmo. Estas crianças crescem em famílias com línguas mistas[3] com pai sueco e mãe brasileira, em um ambiente onde o PB é adquirido principalmente através do *input* materno durante seus primeiros anos de vida. O PB é por isso considerado a sua *língua mais fraca* (LFr) (Schlyter 1993) e levanta-se a hipótese de uma possível transferência da gramática da língua sueca na aquisição do português.

Foi observado que as crianças evitam certas formas gramaticais do português, ou então acabam por manter uma forma padrão por tempo prolongado[4] ao comparar o seu processo aquisicional com o de crianças PBL1 (Eliasson 2012:184). A gramática do *português brasileiro*

---

como a língua mais fraca (PBLFr) é adquirida de forma mais *lenta*, mas não considerada *desviante*. Percebe-se que faltam às crianças 2L1 contextos propícios para desenvolverem a pragmática da língua, pois apresentam dificuldade em empregá-la em contextos interacionais específicos.

O emprego das respostas curtas verbais afirmativas e da partícula assertiva *sim* encontra-se em uma situação de interface onde a gramática e a pragmática do PB entram em conflito com a pragmática do sueco na produção do PBLFr apesar de as crianças terem adquirido a flexão verbal de pessoa (INFL) (Eliasson 2012:121–125). Partindo deste pressuposto, será feita uma apresentação dos resultados encontrados em Eliasson (2012), cujo enfoque teórico é de cunho gerativista, seguindo a tradição dos estudos sobre aquisição bilíngue (2L1) feitos por Meisel (1994; 2001) e Schlyter (1993 1994).

2. Os informantes

Nas primeiras gravações feitas para a coleta de dados foram entrevistadas oito crianças entre as idades de 3;11,0 a 7;10,16 (Eliasson 2012). As gravações seguiram por um período de 18 meses. Para o atual artigo a apresentação de dados foi restringida aos resultados da análise da linguagem das informantes Anna (7;10,16 a 8;2,20) e Maria (6;1,16 a 6;6,13), e a três das entrevistas feitas com cada uma delas (vide Tabela 1, a seguir).

Anna e Maria foram escolhidas por terem uma situação familiar que apresenta traços bastante semelhantes: mães do sudeste brasileiro com formação acadêmica, que trabalham com assuntos diretamente ligados ao Brasil e à língua portuguesa, não tendo sido registrado nenhum sinal de regressão em seu português (Lund 2003); pais suecos, de Estocolmo, com formação acadêmica e com uma atitude positiva em relação ao Brasil e ao uso do PB no ambiente familiar com as crianças, e em geral também; irmãos três anos e meio mais novos, que na época entendem, mas não falam português, sendo que as crianças falam sueco entre si. As duas meninas nunca tiveram dificuldade em separar as duas línguas, mas assim que entraram para o jardim de infância o sueco passou a ser nitidamente a sua *língua mais forte* (LFo). No jardim de infância são introduzidas a contextos interacionais diversos, aos quais não têm acesso em PB na sua cidade natal, pois a interação no cotidiano destas meninas é *unimonitorado* por suas mães (Eliasson 2012:31–33).

3. O *corpus* analisado

As três entrevistas selecionadas de cada uma das informantes foram realizadas com o mesmo espaço de tempo e têm o mesmo formato. As meninas são entrevistadas pela *Int*(interlocutora), iniciando as sessões com uma curta apresentação de si mesmas; conversam a seguir sobre assuntos cotidianos como, por exemplo, escola, família e brincadeiras; seguem descrevendo as ilustrações de um livro sobre brincadeiras ao ar livre (*Utelekar*, de Heuninck 1989), e por fim, é feita uma revisão de vocabulário como a denominação de móveis, brinquedos, cores, partes do corpo e utensílios domésticos. Procura-se aqui conhecimentos ligados ao dia-a-dia e ao lar da criança, pois é levado em consideração o fato de o *input* materno restringir-se à interação familiar, o que torna o ambiente doméstico muito importante para as crianças 2L1 em geral, pois é nele que vivenciam um contexto no qual o português (no caso de nossas informantes) pode predominar naturalmente, é nele que a mãe das crianças tem possibilidade de fornecer uma impressão linguística, situação esta destacada por Schlyter (1987).

O irmão mais novo de Anna, Oscar, participa das duas primeiras entrevistas feitas com a informante, sendo a terceira individual. No caso de Maria, as três entrevistas são individuais. A primeira entrevista registra o PB das informantes antes de passarem um mês com seus familiares no Brasil; a segunda registra o seu PB assim que voltam do Brasil; e a terceira registra o PB três meses depois da sua volta, onde é observado se os traços ativados durante a viagem se mantêm, não sendo verificado nenhum tipo de regressão na sua produção depois dos meses passados longe do contexto PBL1.

Na Tabela 1 encontram-se os resultados da contagem de MLU[5] das seis entrevistas que compõem este *corpus*. A contagem de MLU em estudos de aquisição bilíngue é usada como uma forma de comparar se as gramáticas das línguas adquiridas pela criança são adquiridas de forma equilibrada (Meisel 1994 2001; Schlyter 1993 1994; Bernardini 2003), ou se o desenvolvimento de uma das línguas regride quando a criança é exposta a algum tipo de mudança em seu ambiente como, por exemplo, mudança de país (Yukawa 1997). O MLU é uma ferramenta que possibilita o acompanhamento passo-a-passo da aquisição de traços gramaticais.

Nos casos de Anna e Maria, a contagem do MLU é feita, também, para estabelecer o estágio[6] do desenvolvimento linguístico no qual a aquisição do PBLFr das informantes se encontra. A contagem de MLU é interessante para o acompanhamento do desenvolvimento da complexidade gramatical da linguagem da criança até o nível 4.0, que equivale ao *V Estágio* de Brown (1973:55). A partir deste nível considera-se que a criança já tenha então adquirido a complexidade sintática da língua, resultando em orações completas.

Os componentes da Tabela 1 são (da esquerda para a direita): nome e idade das informantes; nome da entrevista correspondente; resultado da contagem do MLU para o português (PB), o sueco (S) e para as frases mistas (TC)[7] registradas; a quantidade de enunciados e a porcentagem de enunciados em cada registro (PB, S e TC); e por fim é apresentada a quantidade total de enunciados.

Tabela 1. As entrevistas de Anna e Maria

Inform-ante	Nome da entrevista	MLU			Enunciados			Enunciados total
		PB	S	TC	PB	S	TC	
Anna 7;10,16	A3-O2[8]	2,33	2,66	7	147 (97,3%)	3 (2%)	1 (0,7%)	151
Anna 7;11,21	A5-O3	2,72	1	3	253 (98,8%)	2 (0,8%)	1 (0,4%)	256
Anna 8;2,20	A6	3,26	–	4,70	153 (82%)	–	27 (18%)	180
Maria 6;1,16	M2	2,10	2,54	3	124 (61%)	72 (35%)	8 (4%)	204
Maria 6;3,3	M4	3,42	3	4,4	314 (97,7%)	6 (1,8%)	5 (1,5%)	325
Maria 6;6,13	M6	3,76	3	6	54 (94,6%)	2 (3,4%)	1 (2%)	57

Observando os dados da Tabela 1, no caso de Anna, o MLU do PB aumenta na entrevista feita logo após a sua volta a Estocolmo (A5-O3) e continua aumentando durante os meses passados em Estocolmo (A6), passando de 2,33 a 3,26, ou seja: não há uma regressão, mas não alcança o nível 4.0. No caso de Maria ocorre o mesmo, um aumento contínuo, passando de 2,10 a 3,76, mas também não chega ao nível 4.0. Apesar de o MLU aumentar e a porcentagem do sueco (S) diminuir no decorrer das entrevistas, percebe-se um ápice quantitativo em relação ao número de enunciados assim que voltam a Estocolmo (entrevistas A5-O3 e M4). Mesmo as entrevistas A6 e M6 sendo mais espontâneas em sua estrutura, a intimidade com o PB em seu registro ativo mostra-se mais forte nas entrevistas A5-O3 e M4.

4. Enfoque teórico

O contato diário com o português LFr em Estocolmo, em ambiente familiar, é suficiente para acionar a concordância gramatical [AGR], que passa a fazer parte do português ativo das informantes durante sua estadia de um mês no Brasil, em ambiente PBL1. Esta continuidade dada à comunicação em português em ambiente familiar é suficiente, também, para que as crianças, não apenas mantenham o traço flexional ativado durante este período, mas para que este fenômeno gramatical passe a fazer parte da sua produção ativa, fixando-se em sua comunicação em português (Eliasson 2012:121–125).

Encontra-se um modelo na aquisição da flexão verbal no desenvolvimento linguístico das informantes 2L1, que se diferencia do processo aquisicional da criança PBL1 por ser mais *lento*. Na terceira entrevista (A6 e M6) é registrado o alcance de um desempenho semelhante ao L1 (Eliasson 2012:121). Em relação à situação de interface gramática/pragmática supõe-se que o sistema sueco de emprego de respostas curtas (RC) influencie a forma de interação das crianças 2L1.

Ao observar o desenvolvimento da aquisição da flexão verbal, Eliasson (2012:91–125) registra que as crianças 2L1 apresentavam dificuldade quanto à implementação do modelo das respostas curtas assertivas positivas em português. O trabalho de Oliveira (2000) analisando a função das RCs verbais na aquisição do pronome nulo, foi usado como material contrastivo para a observação da aquisição do emprego das respostas curtas verbais pelas informantes 2L1, e como apoio para a definição dos diferentes tipos de respostas curtas, assim como a tipos de frases interrogativas estas respostas correspondem. O desempenho das informantes foi comparado, também, com um *corpus* contrastivo, composto de entrevistas feitas com quatro crianças PBL1, com sete anos de idade cursando o primeiro ano do ensino básico no Brasil.

As qualidades acústicas, como a entonação e o ritmo da língua, são levadas em consideração na observação das RCs. Essas qualidades acústicas terão de fazer parte do repertório LFr das informantes para que possam reconhecer os diferentes tipos de interrogativas, visto que, no português, as interrogativas polares são marcadas apenas pela entonação do falante, tratando-se aqui de uma questão de interface entre a sintaxe e a fonologia (Kato 2002). Tanto a entonação, como o ritmo, apresentam variações dependendo da intenção do falante, existindo um modelo aceitável para estas variantes nas relações dimensionais dentro de cada língua (Fry 1970:46).

No trabalho de Oliveira foi encontrada uma análise da aquisição das respostas curtas assertivas por crianças PBL1 e da função destas na aquisição de INFL, incorporando esta categoria a três outras categorias funcionais: *finiteness* (finitude), AGR (concordância) e T (*tense* – tempo). Segundo Meisel (1994:90) tanto AGR como T são dependentes da aquisição de finitude para serem adquiridos pela criança, apresentando assim uma hierarquia de aquisição onde a finitude aparece primeiramente marcada por AGR, sendo T adquirido mais tarde. Esta hierarquia aquisicional mostra-se ser uma característica considerada universal para a aquisição da linguagem (Choms-ky 1982; Meisel 1994; Oliveira 2000; Mioto, Silva & Lopes 2010; entre outros).

Segundo a teoria seletiva da aquisição da linguagem (Lightfoot 1989), a criança desenvolve sua L1 a partir de dados simples e robustos (*Degree-o learnability*) encontrados na língua-E do adulto (a língua-alvo da criança), para desenvolver a sua língua-I. A experiência acionadora estaria restrita a contextos sintáticos e a poucos elementos funcionais (previstos pela GU) o que torna a tarefa de adquirir uma língua menos complexa (mais *viável*) como foi ponderado por Carroll (1989:401). Foi observado no desenvolvimento aquisicional de ambas as informantes, que estas estavam atentas quanto ao estímulo encontrado no ambiente PBL1 e determinadas (cognitivamente maduras) a ativá-lo. Abre-se aqui um espaço para a fixação de [AGR], valor morfossintático incluído no parâmetro de finitude. [AGR], por sua vez, aciona também a marcação dos valores do parâmetro flexional, as condições para a marcação do sujeito nulo [+ sujeito nulo] e do [øSpec] de um IP, fenômeno este característico das RCs verbais (Kato 1994; Oliveira 2000). Esta constatação não é controversa, pois na hierarquia da GG, o funcional [+AGR + T] sempre é marcado antes do lexical, o que em um IP no PB pode manifestar-se com [øSpec].

Segundo Holmberg, Nayudu e Sheehan (2009:65–66) o fato de o PB ser uma língua de sujeito nulo parcial, implica em que sejam encontradas restrições para o emprego do sujeito nulo na 3ps, exigindo um antecedente explícito e sendo obrigatório o pronome pleno na introdução de um novo tópico. Já na primeira pessoa do singular (1ps)[9] não há restrições para o emprego do pronome nulo, apesar de haver contextos onde esta forma se apresenta mais propícia (Oliveira 2000). No contato com o PBL1, no Brasil, as informantes são expostas a uma situação comunicativa que ativa não apenas a capacidade pragmática de empregar as respostas curtas, mas são também expostas a um ambiente que torna a gramática da LFr *viável* (Carroll 1989), facilitada pelas condições de *time* e *input* (Pinker 1984), em condições às quais as crianças PBL1 também são expostas.

Com o apoio do trabalho de Oliveira (2000) será feita uma comparação da aquisição das RCs verbais por crianças PBL1 e pelas crianças PBLFr.

4.1. Emprego das respostas curtas e das confirmações alargadas em português

Neste trabalho define-se por resposta curta (RC) as respostas compostas de uma palavra ou interjeição, incluindo também as *confirmações alargadas*, que possam conter algum traço enfático. As RCs podem servir como resposta a diferentes tipos de interrogativas. As mesmas definições descritas por Oliveira (2000:69) para os diferentes tipos de frases interrogativas serão empregadas na atual análise.

As interrogativas de *foco estreito* são as interrogativas [-IP], formadas apenas por um NP, um VP, um CP, ou, por exemplo, um PP:

(1)
A – Com você?   [-IP]
B – É

As interrogativas de *foco largo* são formadas de IP (*finiteness*, AGR e T) e exigem uma frase verbal como RC:

(2)
A – Você canta?   [+IP]
B – Canto.

Observando as definições do Quadro 1, embaixo, fica claro que o PB apresenta preferência pelo uso do verbo finito[11], ao invés da partícula assertiva *sim* nas respostas assertivas positivas, distinguindo-se assim, nesta questão, de outras línguas românicas modernas, que se restringem ao uso da partícula assertiva: *sí* (espanhol), *sì* (italiano) ou *oui* (francês) (Oliveira 2000:83). Segundo Lemos (1975:291), se não há a necessidade de marcar a resposta com o uso de um *sim*, a forma de concordar com o interlocutor em português é repetir o verbo auxiliar ou a forma simples do verbo usado na pergunta. Sendo assim,

Quadro 1. Diferentes tipos de frases interrogativas

1. Polares:	A – Você sabe nadar?
	B – Sei.
2. De foco largo:	A – Saíram da cozinha também?[10]
[+IP]	B – Saíram.
3. De foco estreito:	A – Não sei o que está acontecendo com a minha filha?
[–IP]	B – Comigo?
	A – É.
4. Declarativa	A – Coisa estranha, nós dois, aqui.
(Confirmação ou asseveração de uma frase declarativa anterior)	B – É.

a ocorrência da partícula assertiva *sim* sem o acompanhamento de um verbo é muito rara, tanto no PB como no PE, segundo Carreira & Boudoy (1993:264).

Atualmente, o uso da partícula *sim* restringe-se às construções enfáticas e a construções denegativas (em (3d) e (3e), a seguir), sendo também usada na escrita ou em contexto estritamente formal no PB (Oliveira 2000:179).

Seguem, abaixo, exemplos de frases que contém as diferenças de emprego entre RCs verbais e a partícula assertiva *sim* (3):

(3)
a. O João não é feliz. (frase declarativa)[12]
b. **É. Ele não é.** (confirmação)
c. *__É. Ele é.__ (denegação)
d. **Ele é (feliz sim).** (denegação)
e. **É sim.** (denegação)[13]

A cópula *É* vem assim substituindo a partícula *sim* como resposta assertiva, sendo usada apenas para confirmar a frase anterior (3b), substituindo respostas do tipo verbal e empregada, frequentemente, como resposta a interrogativas polares, não podendo ter função denegativa quando usada por si só, como é visto em (3c) (Oliveira 2000:45–47). Para usar a cópula *É* em função denegativa, exige-se a participação enfática da partícula *sim*, como em (3d) e (3e).

A cópula *É* como marcadora de polaridade positiva vem substituindo a partícula assertiva *sim* como resposta às interrogativas com *foco estreito* [–IP] (Quadro 1), ou então para confirmar um NP (Oliveira 2000:173):

(4)
A: A Anna?
B: É.

Devido ao fato de o uso da partícula *sim*, da cópula *É* e das frases verbais estarem diretamente ligadas a fatores pragmáticos, não é estranho que sejam detectadas dúvidas no registro linguístico das informantes 2L1 em relação ao emprego destas formas. Leva-se, também, em consideração o fato de na LFo das crianças serem usadas duas partículas polarizadas (*ja* ou *jo* e *nej*) para estas respostas curtas mínimas, podendo ser adicionado um complemento verbal (resposta curta alargada) ou pronominal como elemento enfático:

Tabela 2. Esquema de emprego das partículas polares em sueco (Teleman, Hellberg, Andersson & Christensen 1999a:752)

	Confirmação	Oposição
Interrogativa	ja [jɑː]	nej [nɛj]
Interrogativa com negação	nej [nɛj]	jo [juː]

No modelo de respostas curtas em sueco[14] são usadas duas partículas assertivas equivalentes ao *sim*: *ja* ([jɑː]) ou *jo* ([juː]). Como partícula negativa emprega-se o *nej* ([nɛj] = *não*). Essas são usadas para concordar ou discordar com a interrogativa polar colocada pelo interlocutor, diferenciando-se assim do modelo usado no PB, que emprega frases verbais como resposta positiva. As interrogativas polares em sueco são denominadas *interrogativas de submissão* (Jörgensen & Svensson 2001:106), mas mais conhecidas por *interrogativas sim/não* (*ja-nej--frågor*, < trad: *perguntas sim-não* – Dahl 1982:69), ou seja, uma pergunta à qual o ouvinte vai informar ao seu interlocutor se concorda, ou não, com o que foi proposto na interrogativa, podendo confirmar ou se opor ao que foi dito (Teleman *et al.* 1999b:748). Estas frases são compostas de uma frase interrogativa, cuja estrutura é sintaticamente fixa, iniciando com um V_{fin} seguido pelo sujeito, a seguir um adverbial

(opcional) para depois completar com o resto da frase (Teleman *et al.*
1999b:731):

(5)
A: Ska   vi   äta   snart?
  Vfin   *nós*   *comer.inf*   *logo?*
  "Vamos comer logo?"
B: Ja
  Sim
  "Vamos"

Assim como no PB, são encontradas muitas variantes de emprego
destas três formas de respostas curtas, como por exemplo: a repetição do *nej* para enfatizar a resposta; ou *ja, jo* e *nej* acompanha-
dos por uma sentença declarativa (uma resposta alargada) que
repete a proposição da interrogativa, de forma pronominal ou elíp-
tica (Teleman *et al.* 1999b:684); ou mesmo uma variedade de formas prosódicas e de pronúncia destas três partículas que dependem
de contexto.

Independente da forma exigida pelo contexto, ou da variedade
regional do sueco falado por um indivíduo, uma das três interjeições sempre inicia a resposta. Uma confirmação de uma interrogativa polar sempre é iniciada por um *ja* (*sim*), não havendo na LFo
das informantes 2L1 uma forma equivalente às frases verbais como
resposta positiva. Se a resposta em sueco se restringir ao emprego de
uma só palavra, esta palavra será uma partícula assertiva afirmativa
ou denegativa.

Temos aqui uma situação de interface sintaxe-pragmática à qual as
informantes 2L1 não têm acesso no seu dia-a-dia bilíngue em Estocolmo,
apesar de encontrarem o estímulo para esta forma de interação no
input doméstico. As situações de interface mostram-se problemáticas
para os aprendizes de uma nova língua ou de uma língua fora de seu
contexto nativo, podendo também afetar o conceito de aceitação de um
falante L1, pois a partir da aceitação de outro modelo discursivo (L2,
LFo ou LFr) não é raro haver uma integração dos dois sistemas conhe-
cidos pelo falante bilingue (Sorace & Serratrice 2009). Se o emprego
das RCs verbais se mostrar problemático para as nossas informantes
2L1, poderíamos deduzir que, apesar de a morfossintaxe ter sido adquirida de forma L1, em situações de interface externa as crianças podem
apresentar traços desviantes da norma PBL1, por serem estes desvios
aceitos por suas mães que por sua vez conhecem e empregam o modelo

discursivo da língua sueca diariamente. Pois, como é colocado por Pires & Rothman (2011:77):

> Childhood bilinguals often acquire one of the languages in a context in which it is only spoken by caregivers and/or by a limited sub-group of speakers within a larger community who may have already been exposed to the L2 for an extended time, and may show effects of attrition in their own L1.

Nota-se claramente, no estudo feito com as mães de nossos informantes, que é no discurso que mostram sinais de adaptação ao modelo sueco (Lund 2003). Além disso, há a aceitação de formas divergentes em contexto familiar (Eliasson 2012), questão que acentua a necessidade de contato com o PBL1 para que a LFr continue a se desenvolver em outros contextos interativos.

4.2. As respostas curtas verbais

As RCs empregadas como resposta às interrogativas polares no PB constam apenas de uma *frase verbal*, sendo esta constituída pelo verbo finito encontrado na frase interrogativa, flexionado de acordo com a pessoa gramatical em foco (com o sujeito nulo), ou pelos verbos de interligação (cópulas) *ser* e *estar* na 3ps do presente do indicativo: *É, (es)tá*. As interrogativas polares são marcadas apenas pela prosódia no português (Kato 2002:324) sendo a sua estrutura sintática interpretada como marcada no complementizador por um morfema abstrato [+ Q].

Segundo uma sugestão de Holmberg (2001) para o finlandês[15], a construção destas respostas formadas apenas pelo verbo finito, em línguas de sujeito nulo parcial, pode apresentar na sua representação da *surface structure* (SS) o movimento do verbo para o domínio-C, sendo este movimento acionado pela polaridade do foco da frase interrogativa, excluindo nesta elevação o IP que contém tanto o objeto como o sujeito, tornando a estrutura da frase verbal impessoal[16]. Holmberg parte do princípio que as frases verbais no finlandês são derivadas de sentenças completas, nas quais o verbo finito é enunciado fora do IP, resultando em uma elipse do IP, ou seja: o IP fica vazio, sendo o seu conteúdo movido para o domínio-C como se houvesse uma equivalência do V_{fin} à partícula assertiva *sim*, pois o movimento para o domínio-C adicionaria o valor discursivo afirmativo de *sim* à frase verbal. Como constata Oliveira (2000:222): "o sujeito nulo é possível quando o verbo sobe para uma posição mais alta no constituinte frasal".

Em Eliasson (2012) o movimento para C não é visto como um movimento que faria das RCs verbais frases *impessoais*, pois se assim o fosse, teria de ser assumido que as RCs verbais seriam aprendidas pelas crianças em seu contexto discursivo, como uma frase fixa e não analisada, o que não é o caso, pois como será discutido a seguir, as frases verbais têm um sujeito referencial. No caso da RC verbal, o verbo sobe para o Spec do CP e o elemento que o modifica, como por exemplo, a partícula *sim*, se encontraria posicionada em C. O sujeito pleno ocorre assim quando o verbo não apresenta elementos que modifiquem seu conteúdo afirmativo, ou seja, quando o verbo mantém-se em IP. Vejamos as três representações abaixo:

(6)
a. $[_{CP}$ Faço$_{ij}$ $[_{IP}$ ø $[_I$ t$_i$ t$_j$ $[_{VP}$ t$_i$ $]$ $]$ $]$ $]$
b. $[_{CP}$ Faço$_{ij}$ $[_C$ sim $[_{IP}$ ø $[_I$ t$_i$ t$_j$ $[_{VP}$ t$_i$ $]$ $]$ $]$ $]$ $]$
c. $[_{CP}$ $[_{IP}$ Eu$_i$ $[_I$ faço$_j$ $[_{VP}$ t$_i$ t$_j$ $]$ $]$ $]$ $]$

A frase verbal ocupa seu lugar em CP (exemplo 6a), posição [–A, –θ], assumindo um valor discursivo, mas sem deixar de ter um sujeito referencial, pois assim como o *Yes* carrega consigo o conteúdo da interrogativa polar na resposta (*Yes, I do*) a frase verbal também se refere ao conteúdo da interrogativa, como é dito pelo próprio Holmberg (2001) sobre o finlandês (acima): as frases verbais são derivadas de sentenças completas. Agora, quando a frase verbal contém mais informação, o *sim* ou o pronome pleno podem ser adicionados para enfatizar ou para denegar, mudando o tipo de afirmação atribuída à questão (como explicado no Quadro 1).

Já no caso do emprego das cópulas *É* e *(es)tá*, não é atribuído o valor [+ pessoa] à frase verbal, tendo assim apenas a função de uma partícula assertiva, seguindo a proposta de Holmberg, sendo que o *É* aparece acompanhado de resposta alargada em vários contextos, correspondendo assim ao modelo do /ja/ sueco, apresentando um traço equivalente ao da partícula assertiva positiva *sim*.

A seguir outro contexto no qual a frase verbal pode ser usada como RC:

(7) Resposta de Anna (A6)
   Int: e como é que cê fez pro macarrão ficar preso lá?
   A: colei

Encontra-se aqui um caso de RC verbal a uma interrogativa não-polar, na qual o verbo empregado é escolhido pela própria Anna, para explicar como resolveu a questão apresentada pela *Int*. O que nos interessa aqui é mostrar que Anna tem conhecimento da forma, referindo-se a si mesma flexionando o verbo na 1ps, fator que deixa bem claro o sujeito da frase. Mesmo se o caso fosse de um verbo flexionado na 3ps, como no exemplo usado por Oliveira (2000:132) apresentado abaixo (8), a frase verbal usada na RC não seria de interpretação problemática para um falante de PB, não necessitando do emprego do pronome, para que o interlocutor soubesse que a pessoa em pauta é uma 2ps, e não uma 3ps ou uma 1pp:

(8)
A: eu te machuquei?
B: machucou

É interessante observar que, apesar de A (em (8)) usar a forma acusativa do pronome da 2ps (*tu*), a resposta de B se refere à 2ps indireta (*você*), flexionada na 3ps, sendo esta questão indiferente para o falante nativo de PB. Os sujeitos das duas RCs verbais acima, são referenciais nulos. Oliveira (2000:132) sugere então que "se a morfologia verbal no PB fosse de fato empobrecida, o sujeito da[s] frase[s] acima e das respostas curtas só seriam interpretáveis se lexicalmente preenchidos."

A sugestão de Oliveira (2000)[17] vai contra o que é proposto por Holmberg *et al.* (2009:66), defendendo que:

Esta construção [RC frase verbal] pode ser derivada pelo movimento do verbo finito para o domínio-C, sendo este movimento acionado pela polaridade das características do foco, o que elimina a VP que contém tanto o sujeito como o objeto. Uma forte indicação de que este não é um caso de sujeito nulo é o fato de este ser insensível à pessoa do sujeito.

Dizendo assim que a flexão não é c-comandada, mas sim um fenômeno discursivo, onde o pronome é defectivo (ou pronome-ø) e consta de características-ø válidas, de característica de Caso inválida e nada mais, faltando-lhe um índex referencial, ou seja, podendo o pronome, nesses casos, apenas ser lido como não temático (genérico ou arbitrário) e encontrados apenas em línguas de sujeito nulo parcial. Em resumo: a proposta de Holmberg *et al.* (2009) é plausível para o emprego das cópulas *É* e *tá*, mas não deve ser generalizada no PB. Os autores vêem como uma evidência para a sugestão acima o fato de o objeto (em alguns casos) ser pronunciado, mas não o sujeito, o que seria, segundo eles, uma forma agramatical no PB. Vêem como uma "complicação interessante" o fato de a estrutura *Vi ele sim* ser considerada aceitável em PB (Holmberg *et al.* 2009:67). Esta é uma estrutura corriqueira,

sendo usada como uma confirmação, ou como uma resposta denegativa enfática, como em (9) na sequência fictícia abaixo:

(9)
A: O senhor tem certeza que viu o rapaz entrar na loja?
B: Vi ele sim (senhor).

O *sim* neste contexto é uma opção situacional de B, enfatizando a sua
afirmação. Já a gramaticalidade das sentenças pode ser tratada pelo
conceito de aceitabilidade, de como "soam" no contexto em que são
empregadas (Oliveira 2000:122), por isso não cabe aqui avaliar se esta
expressão é gramatical, sabe-se apenas que é uma frase que consta do
repertório do PB, uma forma aceitável, comum e muito usada na fala
informal do brasileiro.

Ao contrário do inglês, as crianças falantes de português têm de
adquirir uma forma exclusiva para responder às interrogativas *sim/não*
ao invés de uma estrutura para as interrogativas:

> Despite very different input frequencies for the various clause types, there
> is no word order overgeneralization from one clause type to another. When
> acquiring word order for yes/no-questions, for example, children seem
> to focus exclusively on this clause type, and the word order of the clause
> types is irrelevant and constitutes neither evidence nor counterevidence.
> (Lightfoot & Westergaard 2007:410).

Não é na frequência dessas frases no *input* das crianças 2L1 que elas
vão encontrar o gatilho desencadeador dessa forma, mas no fato de
essa forma se encontrar em seu ambiente 2L1, pois a criança mostra-se
muito sensível ao *input*, mesmo quando a estrutura adquirida é pouco
frequente, necessitando apenas de pequenas pistas para acionar diferentes estruturas (Lightfoot & Westergaard 2007:407).

As frases verbais como RCs apresentam o fenômeno do sujeito nulo,
diferenciando-se das frases declarativas que em sua maioria apresentam
o preenchimento do sujeito. Agora, não se deve deixar de lado o fato
de o PB continuar apresentando muitas ocasiões para o emprego do
sujeito nulo em geral, por ser, primeiramente, uma língua de tópico proeminente, ou seja, uma língua que permite sujeito nulo encaixado (referencial)[18] e, também, pelas ocorrências do sujeito expletivo, o sujeito
nulo de "orações sem sujeito" (Duarte 2003:1), como em: *Chove!*[19]

Observa-se ainda que aqui se encontram fenômenos de interface
entre sintaxe e fonologia, como no caso das interrogativas polares (*sim/
não*) onde basta a mudança de entonação, uma curva ascendente, para

que a sentença seja interrogativa e não declarativa (Kato 2002:324), sendo estas as frases mais interessantes para uma análise, por terem uma estrutura que pode atrair o emprego do *sim*, ao invés de frases verbais nas RCs de nossos informantes 2L1, podendo assim ser usada para verificar se há uma interferência da LFo.

5. Análise das respostas curtas encontradas no *corpus* 2L1

5.1. Primeiras entrevistas

As primeiras sequências a serem apresentadas foram tiradas das entrevistas feitas com os informantes Anna e Oscar (A3-O2), e a outra com Maria (M2). Em A3-O2 a conversa se desenvolve a partir de uma pergunta colocada pela *Int* para os dois informantes, ao introduzir o tema das entrevistas e colocar o português em foco para as crianças: *Você gosta de falar português?*

Anna não responde a nenhuma das perguntas com o verbo finito que consta da frase interrogativa. Vê-se no desempenho de Anna, que ela parece ter conhecimento de o emprego da partícula *sim* como resposta afirmativa não ser usado no PB. Na linha 8 (a seguir) Anna repete, na sua resposta, parte da pergunta que lhe é dirigida. Esta estratégia assertiva é também usada no PB informal, apresentando indícios de ter conhecimento do sistema assertivo da LFr.

Veja o desempenho de Anna no exemplo a seguir:

Tabela 3. Exemplos das entrevistas A3-O2 e M2

Anna (7;10,16)		Maria (6;1,16)	
1. *Int*:	é/e a Anna?	1. *Int*:	que gostoso e cê vai bastante pra piscina?
2. A:	ahã	2. M:	m: m:↑
3. *Int*:	você gosta de falar português?	3. *Int*:	é: cê sabe nadá?
4. A:	m: <u>ahá</u>↓[20]	4. M:	<u>sim</u>↓
5. *Int*:	gosta?	5. *Int*:	e cê tem amigas lá? amigas? amigos?
6. A:	<u>ahã</u>↑	6. M:	<u>muitos</u>
7. *Int*:	você acha que vai ser bom ir pro Brasil agora?		
8. A:	<u>m: vai ser bom</u>		

No *corpus* composto de entrevistas com crianças PBL1 foi registrada uma sequência com Rosa e Zé semelhante à sequencia de Anna (grifada):

(10)
1. *Int*: e você é mais nova, é isso?
2. R: é
3. *Int*: a caçulinha?
4. R: caçulinha
5. *Int*: e você é o caçulinha também?
6. Z: é[21]

Ao mesmo tempo que Anna apresenta este traço discursivo PBL1 na Tabela 3, a sua produção apresenta certa insegurança referente à forma a ser usada em uma RC positiva. Esta insegurança pode estar relacionada à dificuldade apresentada na mesma entrevista (A3-O2) em relação à flexão da 1ps (Eliasson 2012:107–109).

Segundo observações feitas por Meisel (2001), crianças bilíngues simultâneas conhecem a gramática de suas duas (ou mais) L1s desde o início, e Meisel diz que a prova deste conhecimento é demonstrada no desempenho da criança ao usar certos fenômenos gramaticais, mesmo que estes apareçam apenas no desempenho de uma de suas línguas (2001:11–13). Levando em consideração esta afirmação, percebe-se neste exemplo de Anna, que ao se esforçar para falar apenas português limita suas RCs positivas às interjeições *m, ahã (ahá), mhum*[22], sendo estas consideradas marcadores conversacionais (MC) suprassegmentais, com a função interacional de marcar a colaboração ou a hesitação do interlocutor (Urbano 1995). Agora, o *ahã* usado como resposta, pode marcar a falta de interesse do ouvinte pelo assunto em pauta, ou distração (Gärtner 1998:669). Percebe-se, pela reação da *Int* na linha 5 (Tabela 3), que o emprego do *m:* (entonação descendente) acompanhado por *ahá* causa dúvida quanto ao que Anna realmente quer dizer, se o MC é uma resposta ou uma hesitação com entonação interrogativa. A *Int* repete a pergunta (*gosta?*) para confirmar se entendeu o que Anna estava querendo dizer. Na última resposta deste exemplo, Anna completa o *m:* (entonação ascendente) afirmativo seguido de uma resposta alargada, na qual retoma os argumentos contidos na pergunta, não deixando dúvidas quanto à sua intenção.

As respostas de Anna podem ser interpretadas como uma estratégia por parte da informante para evitar o confronto com sua dificuldade de se expressar, por entender que não é feito o uso da partícula *sim* em PB. O uso da partícula *sim* como resposta afirmativa, poderia ser uma transferência da partícula assertiva *ja* do sueco, mas Anna a evita, indicando ter conhecimento das diferenças encontradas entre os modelos discursivos LFr e LFo.

Maria, por sua vez, apresenta uma produção instável em relação ao uso da LFr na entrevista M2, na qual 35% dos enunciados são em sueco e 4% apresentam TC. Observando o registro da curta sequência na Tabela 3, vê-se uma ilustração de como Maria faz uso das RCs em PB.

Esta sequência ilustra o emprego de RCs às interrogativas polares, nas quais se pode encontrar a transferência do sistema sueco ou, então, a implementação do sistema PB. Maria (assim como Anna) usa o MC *m:* (linha 2, Tabela 3) no lugar de uma RC assertiva verbal, evitando o uso da partícula *sim*. Na linha 4, Maria afirma usando a partícula assertiva *sim*, com entonação marcada (descendente), não deixando dúvidas quanto à sua resposta positiva. Apesar de a partícula *sim* não ser usada como RC positiva, pode ser empregada como confirmação enfática, para confirmar uma denegação anterior, ou então para denegar uma frase declarativa, vindo sempre acompanhada de uma frase verbal, mas não em posição inicial ou sozinha em nenhuma forma do PB (Oliveira 2000:174–77; Gärtner 1998:666). No caso da resposta de Maria, o uso desta partícula pode ser interpretado como enfático, mas por estar em posição inicial e só, este emprego deve ser considerado desviante. Na linha 6, a resposta *muitos* indica o conhecimento de Maria em relação ao modelo empregado no PB pois, restringe-se ao emprego do advérbio por si só, não adicionando a partícula *sim*, o que teria sido sinal de transferência da LFo neste contexto, onde *ja, många* (*sim, muitos*) seria a resposta informal comum usada em sueco.

Apesar de ter sido registrado o emprego da partícula assertiva *sim*, na linha 2, percebe-se indícios de que Maria já tinha conhecimento da diferença entre os modelos de suas L1s, para o uso das RCs no sueco e no português, mas percebe-se também que encontra dificuldade ao tentar empregá-lo como parte de seu discurso.

5.2. Segundas entrevistas

Nas duas entrevistas que compõem a Tabela 4, as meninas tinham acabado de voltar de suas férias de um mês no Brasil na ocasião das gravações.

Na entrevista A5-O3 a conversa entre Anna, Oscar e a *Int* não apresenta muitas ocasiões interativas para o emprego das RCs verbais. As interrogativas polares são poucas, limitando a possibilidade de emprego das partículas afirmativas, ou mesmo das negativas.

Tabela 4. Exemplos das entrevistas A5-O3 e M4

Anna (7;11,21)		Maria (6;3,5)	
1. *Int*:	e lá no Brasil? como é que foi/ deu pra falá português?	1. *Int*:	e faz tempo? cê foi no cinema no Brasil?
2. A:	<u>deu</u>	2. M:	<u>sim</u>
3. *Int*:	falou bastante?	3. *Int*:	é?
4. A:	<u>ahã</u>	4. M:	<u>eu fui</u>
5. *Int*:	é/ com quem que você falou?		(...)
6. A:	ém: com todos	5. *Int*:	cinema dá pra ir aqui, né?
7. *Int*:	como todo mundo?	6. M:	<u>É</u>
8. A:	<u>ahã</u>, que eu conhece		

Na linha 2 do exemplo acima, encontra-se, pela primeira vez o emprego de uma RC verbal na fala de Anna. A pergunta que lhe é dirigida na linha 1 é uma frase interrogativa polar, que poderia ativar o emprego da partícula assertiva *sim*, mas Anna emprega uma frase verbal usando o verbo finito encontrado na pergunta: *deu*. O *deu* apresenta-se aqui, tanto na interrogativa como na resposta, em sua forma genérica, sendo assim impessoal. Este fato não implica na sua forma de emprego no modelo PB para RCs.

Nas linhas 4 (resposta a uma interrogativa de foco largo na linha 3) e 8 (resposta a uma interrogativa de foco estreito na linha 7) encontra-se, mais uma vez, o emprego de *ahá* como RC nas frases interrogativas polares, onde o emprego de uma RC verbal na linha 4 teria sido o mais adequado no modelo PB: – *Falou bastante? – Falei*. Enquanto que para a linha 8 a cópula *É* teria bastado, por ser a interrogativa na linha 7 uma interrogativa de foco estreito ([-IP], no Quadro 1): – *Todo mundo? – É.*

No exemplo 11, a seguir, são registradas duas ocorrências da partícula assertiva *sim*. Mesmo não tendo encontrado nenhuma ocorrência semelhante no *corpus* L1[23], na qual esta partícula se apresenta como RC, ou então, em posição inicial a uma resposta alargada, observa-se aqui a possibilidade de interpretar estas respostas como indícios de que a aquisição desta forma na linguagem ativa de Anna está seguindo, de forma desviante, para o modelo L1, pois o emprego destas partículas é feito nos mesmos contextos, mas não da mesma forma nos quais o *sim* ainda é usado no PB:

(11)
1. *Int*: m:, e lá no Brasil cê ganhou presente?
2. O: m: nã:o
3. A: si:m:
4. *Int*: da vovó? num ganhou presente da [vovó
5. A: [si:m: ganhou sim

Atualmente, a partícula *sim* só é empregada em construções denegativas ou em construções enfáticas. Na curta discussão apresentada em (11), Anna usa a partícula *sim* para denegar a resposta incorreta de seu irmão (linha 3) e para enfatizar este fato (linha 5) quando a *Int* retoma a questão. Para seguir o modelo PB de RC, na linha 3, a resposta poderia ter sido: *ganhou sim*. Enquanto que na linha 5: *ganhou, ganhou sim*, ou então, *ele ganhou sim*. A repetição do verbo e o emprego do pronome pleno são duas estratégias usadas no PB para enfatizar a exatidão da resposta, sendo a partícula *sim* empregada para marcar ainda mais esta ênfase.

Já em (12), Anna usa o modelo enfático do PB para denegar a afirmação de Oscar, empregando o verbo finito encontrado na pergunta e repetindo o mesmo em uma frase complementar alargada:

(12)
1. *Int*: tem muita criança?
2. O: [n:ã:o:
3. A: [tem/ tem um dois três quatro cinco

É interessante observar como a fala de Anna apresenta indícios de que a sua linguagem e o emprego do modelo interativo do PB se aproximam do modelo empregado por falantes L1 durante a sua estadia no Brasil. Nesta etapa do desenvolvimento da LFr, o emprego das RCs por Anna continua apresentando traços desviantes e mantém o emprego da partícula *sim* em posição inicial.

Observando agora o desempenho de Maria, no exemplo da Tabela 4, encontra-se apenas uma ocorrência da partícula assertiva *sim* (linha 2). Esta se encontra como resposta a uma interrogativa polar (linha 1) sem apresentar nenhuma função enfática, ou seja, neste caso estaria sendo usada da mesma forma que a partícula assertiva positiva do sueco, *ja*, podendo assim ser considerada uma transferência do sistema LFo.

Seguindo para a linha 4, na sua resposta à interrogativa da *Int*, Maria confirma enfaticamente usando o modelo PB (*suj+Vfin*). Na linha 6, o uso da cópula *É* confirma a afirmação da *Int* na linha 5, bastando a RC *É* como resposta.

Apesar de encontrados poucos exemplos na fala de Maria, vê-se indícios de que a informante possa estar empregando uma forma mista dos sistemas LFr e LFo em sua produção da LFr. Ela emprega as frases verbais, mas emprega também a partícula *sim* em posição inicial em contextos diversos ao modelo PBL1.

5.3. Terceiras entrevistas

Depois de Anna ter passado três meses e Maria quatro meses em casa (em Estocolmo), a sua LFr foi novamente registrada. Nas entrevistas A6 e M6 os exemplos encontrados de emprego das RCs, continuou a se desenvolver durante este período no qual o PB volta a ser usado, principalmente, na interação familiar.

Nos exemplos de Anna, na Tabela 5, observa-se a continuidade do desenvolvimento do modelo PB para RCs. Primeiramente, vale observar, nas linhas 2, 4 e 6 um indício de que o emprego das RCs, segundo o modelo PB, passa a fluir na fala da menina:

Tabela 5. Exemplos das entrevistas A6 e M6

Anna (8;2,20)		Maria (6;6,13)	
1. *Int*:	ahã: legal/ dava pra usá no mar?	1. *Int*:	tinha muita criança?
2. A:	<u>dava</u>	2. M:	não tanto a:: *bara femtitre*?
3. *Int*:	num tinha onda não?	3. *Int*:	quantas?
4. A:	<u>tinha</u>, mas era muito legal/ tinha ondas muito grandes	4. M:	*femtitre*
5. *Int*:	é mesmo/ e mesmo assim vocês conseguiram nadá?	5. *Int*:	cinquenta e três?
6. A:	<u>ahá/↓</u>	6. M:	é/
		7. *Int*:	num é muita criança?
		8. M:	<u>sim</u>

O uso do *ahá*, na linha 6, tem entonação descendente, expressando certeza, diferenciando-se assim dos *ahás* registrados anteriormente, que deixavam em dúvida a intenção de afirmação da informante, assemelhando-se aos MCs colaborativos ou podendo ser interpretado como distração.

Em (13), abaixo, encontra-se na linha 4 o emprego da repetição da partícula *sim*:

(13)
1. *Int*: am: cê fez uma árvore também num fez?
2. A: nã:o num fiz
3. *Int*: não? naquele que tinha o Mingau/
4. A: [sim, sim]
5. *Int*: [a namorada] do Mingau né/
6. A: ti:nha

Esta repetição pode ser interpretada como enfática, pois Anna denega uma afirmação feita por si mesma, na linha 2. Quando Anna percebe seu equívoco, arrepende-se concordando enfaticamente com a frase declarativa da *Int*, na linha 3. Há aqui uma transferência entre os modelos LFr e LFo, o uso da partícula *sim* ao invés do emprego da RC verbal. A repetição como ênfase é comum no PB, mas emprega-se, nestes casos, a repetição do verbo finito (Oliveira 2000:137; Gärtner 1998:665)[24]. A RC da linha 6 refere-se à declarativa da linha 3, retomando o verbo desta, para mais uma vez afirmar que as interlocutoras estão de acordo, seguindo aqui o modelo PB.

Quanto a Maria, depois de ter passado três meses em Estocolmo, volta a intercalar o sueco com o português em sua interação bilíngue cotidiana, usando 3,5% de enunciados em sueco e 1,8% de enunciados mistos (ver Tabela 1). No exemplo da Tabela 5, é visto no desempenho de Maria que tem conhecimento do modelo de RCs do PB, mas parece que, ao mesmo tempo, não ter adquirido este modelo por inteiro, pois da mesma forma que intercala o uso do sueco com o português em contexto predominado pela LFr, intercala também o modelo interativo das duas Lis.

Não podemos, porém, negar que tenha havido um desenvolvimento a caminho do modelo Li para RCs na produção de Maria, apesar de seguir um caminho que se diferencia do seguido pelas crianças PBL1.

5.4. Síntese

Resumindo a revisão feita nos exemplos aqui apresentados, pudemos observar que Anna e Maria apresentam certa dificuldade em pôr em prática a forma usada para as RCs afirmativas em PB. Indícios de terem conhecimento da diferença entre os modelos de respostas assertivas positivas nas suas duas Lis foram encontrados logo nas primeiras entrevistas. O fato de excluírem o *sim* de suas respostas, juntamente com o emprego exclusivo de MCs afirmativos como resposta positiva às perguntas colocadas pela *Int*, confirmam a observação de Meisel (1994), na qual se deduz que a criança 2L1 tem conhecimento das regras das suas duas L1s, ou seja, as meninas têm conhecimento das regras gramaticais do PB, mas não produzem este fenômeno na LFr, tendo esta de ser ativada em ambiente PBL1 para fazer parte de seu discurso.

Quanto à relação da aquisição da flexão 1ps com o desempenho das respostas curtas assertivas, observa-se que o desenvolvimento destes dois fenômenos podem estar interligados. Kato (1994) e Oliveira (2000) assumem as RCs verbais como frases *Degree-o* (Lightfoot 1989), vendo estas frases *simples e robustas* como o suficiente para que a criança tenha acesso à informação necessária para a aquisição de INFL + *pro--drop*. No *corpus* 2L1 observa-se que as crianças adquirem a flexão 1ps nos três passos aqui registrados (Eliasson 2012). O mesmo não pode ser dito em relação às RCs verbais. A questão aqui apresenta outro caráter, pois vai além da aquisição da morfossintaxe, apresentando um modelo de emprego dialógico, de interface sintaxe-pragmática. As crianças 2L1 têm conhecimento da composição das frases verbais, mas apresentam dificuldade na implementação destas formas. De acordo com Carroll (1989:409):

> We would especially expect a lag between the time an item first appears in a child's production and the time where it appears in its correct form in all obligatory contexts a certain percentage of the time.

Constata-se assim que a aquisição da flexão 1ps apoia o emprego das RCs verbais, mas não é suficiente, pois "é na instanciação dialógica que a criança instaura o exercício metalinguístico do qual [...] depende a aquisição do vocabulário funcional" (Oliveira 2000:236).

Quanto ao modelo de emprego das RCs em geral, foi registrado o emprego da partícula *sim* em posição inicial em resposta afirmativa, posição esta desviante da norma PBL1. Desde o início observa-se o emprego de MCs em contextos dialógicos que deixavam em dúvida a intenção das informantes, mas no decorrer do período das gravações estas formas deixaram de ser empregadas.

A aquisição das RCs pelas informantes 2L1 apresenta desvios. Encontra-se, de início, um excesso de emprego de MCs ao invés de frases verbais ou da cópula *É*, além do emprego da partícula *sim* em posição inicial ou por si só. A partícula *sim* não é encontrada nas entrevistas que compõem o *corpus* L1, mas sabe-se da ocorrência desta na fala de crianças PBL1 em idade bem precoce (1;09 a 2;02) através dos registros de Oliveira (2000). As crianças PBL1 passam a usar as formas verbais paralelamente ao uso do *sim*, sendo que esta partícula já de início aparece acompanhada de uma forma flexionada do verbo, como no exemplo de R (1;09,08): *As sim* (interpretada como *Acho sim* por Kato (1995) em Oliveira 2000:236). Nem mesmo neste exemplo emprega-se a partícula *sim* em posição inicial.

A única particularidade da LFo que poderia ter deixado rastros na produção LFr das crianças 2L1, teria sido o emprego da partícula *sim*, mas que não é considerada uma transferência direta do sueco, pois as informantes analisam o seu emprego de acordo com o modelo PB de RC nos exemplos registrados. Percebe-se que há uma preferência, por parte de Maria, em empregar a partícula *sim*, como influência do sueco, pois apesar de ter conhecimento da sintaxe, não tem prática no emprego do verbo conjugado como RC.

As RCs como fenômeno linguístico já tinham sido registradas antes de sua viagem ao Brasil, mas diferentemente dos fenômenos puramente morfossintáticos, é necessária muita comunicação em ambiente PBL1 para que sejam naturalmente produzidas pelas crianças 2L1.

6. Comentário final

O intuito deste trabalho foi mostrar que, apesar de nesses casos aqui apresentados, as informantes 2L1 crescerem em um ambiente linguisticamente limitado para a aquisição de sua LFr, observamos na sua produção logo nas primeiras entrevistas, o conhecimento da gramática de suas duas L1s. Isso apesar de adquirirem o PB em um ambiente unimonitorado por suas mães, com a colaboração de visitas esporádicas de falantes PBL1, ou de férias no Brasil.

O fato de evitarem certas formas em sua interação poderia ser interpretado como indícios de transferência da LFo, como o emprego das RCs verbais que são substituídas pela partícula assertiva *sim*, ou mesmo conscientemente evitadas pelas crianças. A interpretação dada a estas estratégias é que os fenômenos já tinham sido acionados e que as crianças são linguisticamente competentes na sua LFr, talvez não tendo capacidade de empregar a forma esperada pelo falante nativo de PB, mas reconhecendo o que não está de acordo com o contexto interacional no qual se encontram.

É possível observar que as frases *simples* e *robustas* encontradas no ambiente doméstico bilíngue dos informantes 2L1, se não proporcionam estímulo para todos os parâmetros da LFr, abrem ao menos o caminho para a aquisição desta língua, pois acionam a gramática básica da linguagem da criança, aproveitando a plasticidade biológica que a criança pequena possui para a aquisição da linguagem, definindo não apenas a morfossintaxe da LFr, mas também a percepção da criança para esta língua.

Abreviaturas

1ps	Primeira pessoa do singular
2L1	Duas primeiras línguas – bilinguismo simultâneo
1pp	Primeira pessoa do plural
AGR	*Agreement*
AO	*Age of onset*
Fin	Finito
GG	Gramática Gerativa
GU	Gramática Universal
HPC	Hipótese do Período Crítico
Idade	Ano;mês;dia
INFL/*Infl*	Flexão
Int	Interlocutora/entrevistadora
L1	Primeira língua
L2	Segunda língua
LFo	*Stronger language* – Primeira língua mais forte
LFr	*Weaker language* – Primeira língua mais fraca
LH	Língua de Herança
MC	Marcadores Conversacionais
MLU	*Mean Length of Utterance*
PB	Português Brasileiro
PBL1	Português Brasileiro como primeira língua
PC	Período Crítico
PE	Português Europeu
PLM	Português Língua Materna
RC	Rasposta(s) Curta(s)
S	Sueco
T	Tense / tempo verbal
TC	Troca de código
> trad:	Tradução
Vfin	Verbo finito
VP	*Verb phrase* – Sintagma verbal

Notas

1. Este artigo é uma versão resumida de um dos capítulos da minha tese de doutorado, "Aquisição bilíngue sueco-português – A produção do português brasileiro como a *língua mais fraca* em crianças bilíngues simultâneas em Estocolmo", defendida a 21 de maio de 2012, Departamento de Espanhol, Português e Estudos Latino-Americanos, Universidade de Estocolmo, Suécia.

2. Famílias onde os pais têm diferentes línguas maternas.

3. As crianças pertencem a cinco famílias diferentes, sendo três casais de irmãos e dois filhos únicos (Eliasson 2012:26–42).

4. Os fenômenos gramaticais analisados em Eliasson (2012) foram: a aquisição da concordância verbal de pessoa, a aquisição do emprego das respostas curtas verbais e a aquisição da concordância nominal de número e gênero.

5. *Mean Length of Utterance.*

6. Os estágios que seguem representam de forma simplificada as fases do desenvolvimento da construção de sentenças: Stage I – MLU 1.75; Stage II – MLU 2.25; Stage III – MLU 2.75; Stage IV – MLU 3.50; Stage V – MLU 4.0 (Brown 1973).

7. Troca de Código.

8. O nome A3-O2 significa terceira entrevista feita com Anna e segunda com Oscar (seu irmão mais novo). M2: segunda entrevista feita com Maria.

9. A 2ps é o *você*, cuja flexão correspondente é a mesma que na terceira pessoa do singular (3ps). A primeira pessoa do plural (1pp) (*nós*) também pode estar incluída na flexão 3ps, como *a gente*.

10. Frases tiradas dos exemplos de Oliveira (2000): frase 2 (p. 171), frase 3 (p. 170) e frase 4 (p. 169).

11. É interessante observar que esta estratégia afirmativa, o verbo flexionado com o pronome nulo, é empregada em outras línguas também, como o finlandês e o marathi (Holmberg *et al.* 2009:65–66).

12. Os comentários entre parênteses são feitos pela autora.

13. Exemplo adicionado pela autora.

14. Modelo definido de acordo com três gramáticas prescritivas do sueco: Dahl (1982), Jörgensen & Svensson (2001) e Teleman *et al.* (1999a e b).

15. O finlandês, assim como o PB, é uma língua de sujeito nulo parcial, mas que, segundo Holmberg (2001), diferencia-se do PB por não haver uma aceitação categórica do sujeito nulo na 3ps.

16. Apoiado por Barbosa (2009), Holmberg *et al.* (2009), Modesto (2004).

17. Que por sua vez apóia sua resolução em Kato (1994).

18. Há diferentes interpretações deste fenômeno. Modesto (2004) e Holmberg *et al.* (2009) fazem uma interpretação contrária, na qual defendem o fato de haver a topicalização no PB, este tópico pode ser um constituinte que não é o sujeito da sentença, mas que mesmo assim gera o apagamento do tópico em cadeia, apresentando um sujeito nulo que não tem um sujeito como precedente.

19. Duarte (2003) discute estar havendo uma mudança nas frases com sujeito expletivo, onde é introduzido um *tópico-sujeito* para preencher o expletivo, como, por exemplo, o uso do pronome demonstrativo neutro *isso*, que não atribui informação semântica à sentença, por exemplo: *Isso não tem nem dúvida* ao invés de *Não tem nem dúvida* (Duarte 2003:9).

20. Anna nem sempre pronuncia a nasalização do [ã] final, traço este que poderia ser considerado não nativo, mas a pronúncia das crianças 2L1 não será analisada neste artigo.

21. Temos aqui mais uma ocorrência do emprego da cópula *É* a uma interrogativa de foco largo por Zé, que confirma assim o conteúdo da frase interrogativa. Como já foi visto, Oliveira (2000:174) diz que "a copula *É* está em vias de se transformar em um marcador de polaridade positiva no PB." Se Zé tivesse usado uma frase verbal como RC, a resposta teria sido *sou*, focando assim o verbo finito *ser* da frase interrogativa na linha 5. Agora, segundo Santos (2008:221), a criança pode apresentar dificuldade relacionada à sua interpretação da frase interrogativa, focando o verbo da frase subordinada: "A – És tu que vais ganhar? B – Vou." Vemos isto como uma questão interativa, podendo ocorrer também na fala do adulto, não precisando, necessariamente ser uma má interpretação da frase interrogativa no PB. No exemplo (10) fica bem claro que Zé não faz essa troca, mostrando que a cópula *É* pode mesmo estar em vias de se transformar no marcador de polaridade positiva.

22. Vale observar que não emprega a partícula assertiva *sim* nenhuma vez.

23. A partícula assertiva *sim* não foi encontrada em contexto semelhante a (11), em nenhum dos outros estudos feitos com crianças PBL1 referidos ou consultados em nossa pesquisa.

24. Enquanto que, por exemplo, no PE (Carreira & Boudoy 1993:264; Gärtner 1998:667), e em outras línguas românicas como o italiano (Oliveira 2000:137), a forma usada seria a repetição da partícula *sim* (ou *sì*), o mesmo acontecendo no sueco (/ja/).

Referências

Arnberg, Lenore. 1981. *Early childhood bilingualism in the mixed-lingual family. Linköping*: Department of education.

Barbosa, Pilar. 2009. "Two kinds of subject *pro*". *Studia Linguistica*, 63:1. 2–58.

Bromn, Roger. 1973. *A first language: The early stages*. London: George Allen and Unvin.

Carreira, Maria Helena Araújo & Maryvonne Boudoy. 1993. *Le portugais de A à Z*. Paris: Hatier.

Carroll, Susanne. 1989. "Language Acquisition Studies and a Feasible Theory of Grammar". *Canadian Journal of Linguistics*, 34:4. 399–418.

Chomsky, Noam. 1982. *Lectures on government and binding: the Pisa lectures*. Dordrecht: Foris.

Dahl, Östen. 1982. *Grammatik*. Lund: Studentlitteratur.

Duarte, Maria Eugênia. 2003. "O sujeito expletivo e as construções existenciais". *In:* Roncarati, Cláudia & Jussara Abraçado (eds.). *Português brasileiro- contato linguístico, heterogeneidade e história*. Rio de Janeiro: 7 Letras. 1–13.

Eliasson, Mary-Anne. 2012. *Aquisição bilíngue sueco-português – A produção do português como a língua mais fraca em crianças bilíngues simultâneas em Estocolmo*. Tese de doutorado, Estocolmo: Departamento de Espanhol, Português e Estudos Latino-Americanos, Stockholms universitet. Disponível online: http://urn.kb.se/resolve?urn=urn:nbn:se:su:diva-75135 (20/06/2013).

Fry, Dennis Butler. 1970. "Speech Reception and Perception". *In:* Lyons, John (ed.). *New Horizons in Linguistics*. Harmondsworth: Pelican Books. 29–52.

Gärtner, Eberhard. 1998. *Grammatik de portugiesischen Sprache*. Tübingen: Niemeyer.

Heuninck, Ronald. 1989. *Utelekar*. Järna: Balder.

Holmberg, Anders. 2001. "The Syntax of Yes and No in Finnish". *Studia Linguistica*, 55:2. 140–174.

Holmberg, Anders, Aarti Nayudu & Michelle Sheehan. 2009. "Three Particial Null-subject Languages: a comparison of Brazilian Portuguese, Finnish and Marathi". *Studia Linguistica*, 63:1. 59–97.

Hyltenstam, Kenneth. 1999. "Inledning: Ideologi, politik och minoritetsspråk". *In:* Hyltenstam, Kenneth (ed.). *Sveriges sju inhemska språk — ett minoritetsspråksperspektiv*. Stockholm: Studentlitteratur. 11–40.

Jörgensen, Nils & Jan Svensson. 2001. *Nusvensk grammatik*. 2a ed, Malmö: Gleerup.

Kato, Mary. 1994. "A Theory of Null Objects and the Development of a Brazilian Child Grammar". *In:* Tracy, Rosemarie & Elsa Lattey (eds).

How Tolerant Is Universal Grammar? : *essays on language learnability and language variation.* Tübingen: Niemeyer (Linguistische Arbeiten; 309). 125–154.

Kato, Mary. 1995. Functional Categories and the Full Competence Hypothesis. Paper apresentada no Instituto de Estudos Avançados. Universidade de São Paulo São Sebastião.

Kato, Mary. 2002. A Evolução da Noção de Parâmetros. *D.E.L.T.A.*, 18:2. 309–337.

Lemos, Cláudia Guimarares de. 1975. *The use of* ser *and* estar *with particular reference to child language acquisition.* Doctoral Thesis. Edinburgh: University of Edinburgh.

Lightfoot, David. 1989. "The child's trigger experience: Degree-0 learnability". *Behavioral and Brain Sciences,* 12. 321–334.

Lightfoot, David. & Marit Westergaard. 2007. "Language Acquisition and Language Change: Inter-relationships". *Language and Linguistics Compass,* 1:5, 396–405.

Lund, Mary-Anne. 2003. *A língua é minha pátria. Análise dos sintomas de atrição linguística primária referente ao uso do português por brasileiros residentes em Estocolmo.* Master's Thesis. Stockholm: Stockholms universitet. Disponível online: http://urn.kb.se/resolve?urn=urn:nbn:se:su:diva-71044 (20/06/2013).

Meisel, Jürgen. 1994. "Getting FAT: Finiteness, Agreement and Tense in Early Grammars". *In:* Meisel, Jürgen (ed.). *Bilingual first language acquisition: French and German grammatical development.* Philadelphia/Amsterdam: Benjamins. 89–129.

Meisel, Jürgen. 2001. "The simultaneous acquisition of two first languages". *In:* Cenos, Jasone & Fred Genesee (eds.). *Trends in bilingual acquisition.* Amsterdam: Benjamins. 11–41.

Mioto, Carlos, Maria Cristina F. Silva & Ruth Lopes. 2010. *Novo Manual da Sintaxe.* 4ª edição. Florianópolis: Editora Insular.

Modesto, Marcello. 2004. "Sujeitos Nulos em Línguas de Tópico Proeminente". *Revista da ABRALIN,* 3:1. 119–145.

Oliveira, Marilza de. 2000. *Frases assertivas sua variação nas línguas românicas: seu papel na aquisição.* São Paulo: Humanitas.

Pinker, Steven. 1984. *Language Learnability and Language Development.* Cambridge: Harvard University Press.

Pires, Acrísio & Jason Rothman. 2011. "An integrated perspective on comparative bilingual differences – Beyond the Interface problem?" *Linguistic Approaches to Bilingualism*, 1:1. 74–78.

Schlyter, Suzanne. 1987. "Language mixing and linguistic level in three bilingual children". *Scandinavian Working Papers on Bilingualism*, 7. 29–48.

Schlyter, Suzanne. 1993. "The weaker language in bilingual Swedish-French children". *In:* Hyltenstam, Kenneth & Åke Viberg (eds.). *Progression and regression in language: Sociocultural, neuropsychological, & linguistic perspectives.* Cambridge: Cambridge University Press. 289–308.

Schlyter, Suzanne. 1994. "Early morphology in Swedish as the weaker language in French-Swedish bilingual children". *Scandinavian Working Papers on Bilingualism*, 9. 67–86.

Sorace, Antonella & Ludovica Serratrice. 2009. "Internal and external interfaces in bilingual language development: Beyond structural overlap". *International Journal of Bilingualism*, 13:2. 195–210.

Teleman, Ulf, Staffan Hellberg, Erik Andersson & Lisa Christensen. 1999. *Svenska akademiens grammatik – 4: Satser och meningar.* Stockholm: Svenska akademien.

Urbano, Hudinilson. 1995. "Marcadores Conversacionais". *In:* Preti, Dino (ed.). *Análise de textos orais,* 2ª edição, São Paulo: FFLCH/USP. 81–101.

Yukawa, Emiko. 1997. *L1 Japanese attrition and regaining: three case studies of two early bilingual children.* Doktorsavhandling [Tese de doutorado]. Stockholm: Centre for Research on Bilingualism Centrum för tvåspråkighetsforskning, Stockholm University.

8. Un cas de proverbalisation en diachronie

Olof Eriksson
Linné universitetet

1. Introduction

Cette étude porte sur les aspects diachroniques du phénomène linguistique que nous proposons d'appeler *proverbalisation* (Eriksson 2008 ; 2010), que nous avons, dans des études antérieures, appelé *suppléance verbale* (Eriksson 1985 ; 2006 ; *cf.* : Moignet 1960 : *suppléance du verbe*) et qu'on nomme généralement en linguistique anglo-saxonne *verbal substitution* (voir en particulier Halliday et Hasan 1976). On a aussi emprunté le terme anglais pour l'appliquer au français : *substitution verbale* (Apothéloz 1995).

C'est le linguiste danois Louis Hjelmslev qui, dans un article publié en 1937, a lancé le terme de *proverbe* (1937 : 57) (ou de *pronom verbal* [*ibid.*] ; *cf.* pour le suédois Teleman *et al.* 1999a : 214 et 1999b : *pronominell verbfras* et Thorell 1977 : 76 : *pronominellt verb*) et qui en a souligné le caractère indispensable, au même titre – et au même degré – que le pronom, dans toute langue possédant la catégorie du verbe. Or, avant lui, en 1904 déjà, le linguiste suédois Adolf Noreen avait parlé de *proverba* dans le tome V de sa monumentale grammaire de la langue suédoise (1904–1912 : 67).

Nous ne nous occuperons pas ici des aspects théoriques de la proverbalisation. Nous l'avons fait de façon approfondie dans notre monographie de 1985. Disons seulement qu'elle est syntaxiquement plutôt que stylistiquement motivée, comme le montre déjà l'exemple (1). Il ne s'agit pas, comme le disent les Le Bidois dans le deuxième tome

Comment citer ce chapitre :
Eriksson, Olof, Un cas de proverbalisation en diachronie. In: Engwall, Gunnel & Fant, Lars (eds.) *Festival Romanistica. Contribuciones lingüísticas – Contributions linguistiques – Contributi linguistici – Contribuições linguísticas.* Stockholm Studies in Romance Languages. Stockholm: Stockholm University Press. 2015, pp. 160–174. DOI: http://dx.doi.org/10.16993/bac.h. License: CC-BY

de leur syntaxe, et comme le disent d'ailleurs la plupart des linguistes qui se sont exprimés en la matière, d'un procédé « qui s'explique par le désir de varier l'expression » (Le Bidois & Le Bidois 1971 : 289), mais d'un instrument de représentation syntaxique dans le domaine verbal, comme c'est le cas de la pronominalisation dans le domaine nominal. On constate, dans (1a), que le verbe répété (*frapper*) n'aurait pas la « faculté représentative » qui permet au verbe *faire* de se charger, dans la comparative, de la complémentation du verbe principal par trois adverbiaux exprimant successivement l'itération de l'action (*deux ou trois fois*), sa localisation (*sur la table*) et l'instrument avec lequel elle s'exécute (*avec son dé*) ; c'est un élément de simple reprise, non de représentation, d'où l'agrammaticalité de (1b) et de (1c) :

(1a) Elle frappa deux ou trois fois sur la table avec son dé, comme *font* souvent les couturières (Georges Duhamel, *Confession de minuit*, Mercure de France, 1948 : 97)

(1b) *'Elle frappa deux ou trois fois sur la table avec son dé, comme *frappent* souvent deux ou trois fois sur la table avec leur dé les couturières.'

(1c) *'Elle frappa deux ou trois fois sur la table avec son dé, comme *frappent* souvent les couturières.'

Ce que nous nous proposons modestement de faire ici, c'est un survol de l'évolution en français d'un cas particulièrement intéressant de proverbalisation, à savoir la construction qu'on voit schématisée et exemplifiée dans (2) :

(2a) $X - V_1 - O_1 -$ Connecteur comparatif (CC) $- X/Y - V_1 - O_2$

(2b) *Ils* (X) *le* (O_1) *traitaient* (V_1) *comme* (CC) *on* (X/Y) *traite* (V_1) *un chien* (O_2)

Il s'agit donc du cas où, dans une comparative, le verbe est identique à celui de la principale tout en ayant un objet différent de celui de la principale, cas qui présente une concurrence, dans la comparative, entre les trois procédés d'implication ('Ils le traitaient comme un chien'), de répétition ('Ils le traitaient comme on traite un chien') et de proverbalisation ('Ils le traitaient comme on /le/ fait d'un chien'). Pour une analyse des mécanismes de cette concurrence, nous renvoyons à Eriksson 1985 : 76–126. Pour une analyse de la proverbalisation en français médiéval, et avec des exemples de la construction « objective » tirés de l'ensemble de cette période, on se reportera en premier lieu à Ponchon 1994 : 251–341, mais aussi à Damourette et Pichon 1936 : 128–133 et à Moignet 1960 : 13–24, 107–124.

Nous n'entrerons pas ici dans les détails de la discussion des aspects théoriques de la construction « objective », discussion qui concerne surtout la question des raisons de l'introduction d'une préposition (*de*, *pour*, *avec*, *à*) entre proverbe et objet, celle de la généralisation subséquente de l'usage de la construction « prépositionnelle » et celle de la tendance actuelle à l'emploi exclusif, dans ce rôle, de la préposition *avec*, résultat, à notre avis, d'un processus de grammaticalisation de cette préposition (*cf.* Eriksson 2008).

2. Analyse diachronique

La première attestation du verbe *faire* en français se trouve dans les *Serments de Strasbourg* déjà et c'est justement en tant que proverbe – encore que dans une conditionnelle et non pas dans une comparative – qu'il y apparaît (1a). La même phrase illustre la concurrence que se font depuis toujours, en comparative, les procédés de répétition (*salvar*) et de proverbalisation. La traduction en français moderne donnée en (1b) est presque identique à celle donnée par Ferdinand Brunot (1966 : 144) :

(1a) [...] si *salvarei* eo cist meon fradre Karlo, et in aiudha et in cadhuna cosa, si cum om per dreit son fradra *salvar* dift, in o quid mi altresi *fazet*,...

(1b) 'je *soutiendrai* mon frère Charles de mon aide et en toute chose, comme on doit justement *le faire pour* / *soutenir* son frère, à condition qu'il *me soutienne à son tour* / *m'en fasse autant*'

Dès les plus anciens textes et jusqu'à la fin du Moyen Âge, c'est la construction « directe », sans intermédiaire prépositionnel, qui règne de façon absolue :

(2) Plus aimet il traïsun et murdrie qu'il ne *fesist* trestut l'or de Galice (*La Chanson de Roland* ; éd. Moignet, Bordas, 1969, v. 1476)

Ainsi, par exemple, dans l'ensemble des cinq livres de Chrétien de Troyes, on compte au total 17 exemples de la construction « objective », tous avec objet construit directement (3–6). Les exemples (5–6) font voir à quel degré, du temps de Chrétien, le statut du verbe *faire* en tant que proverbe était encore incertain, en (5) par l'inclusion dans la représentation de *faire* à la fois d'un objet direct et d'un objet indirect ('*le* sert et *lui* témoigne beaucoup d'honneur'), en (6) par l'antéposition de l'objet (*la soë*) et l'accord au féminin du proverbe avec cet objet (*faite*), effet, dans les deux cas, d'une confusion entre *faire* verbe

« plein » et l'auxiliaire qu'est en fonction proverbale ce verbe ('pas plus qu'elle n'avait fait de la sienne') :

(3) Fenice en mene, si s'en vont.
     Ne finent tant qu'en Grece sont
     O a grant joie le recevent
     Si com lor seignor *faire* devent (Chrétien, *Cligès*, éd. Méla et Collet, Le Livre de Poche, 1994, v. 6665–6668)

(4) Jo te dirai : ce est ma lance.
     Dites vos, fait il, qu'an la lance
     Si con je *faz* mes javeloz ? (*Id.*, *Perceval*, éd. Méla, Le Livre de Poche, 1990, v. 191–193)

(5) Et neïs la fille au seignor
     Le sert et porte grant honor,
     Comme on doit *faire* son boin hoste (*Id.*, *Yvain*, éd. Hult, Le Livre de Poche, 1993, v. 5407–5409)

(6) Et il se couche tot a tret,
     Mes sa chemise pas ne tret
     Ne plus qu'ele ot la soë *faite* (*Id.*, *Lancelot*, éd. Méla, Le Livre de Poche, 1992, v. 1213–1215)

En ancien français, la constitution de l'objet, contrairement au français moderne, n'affecte pas le déclenchement de la proverbalisation. C'est ainsi qu'on trouve fréquemment l'objet direct en forme du cas oblique du pronom personnel (7–9), emploi impossible en français moderne (*cf.* l'anglais moderne : « You don't love me as much as I *do you* » ; *cf.* [9]) :

(7) Or m'est il solaz et deliz
     De tes mançonges escouter,
     Q'ansin orroie je conter
     Un fableior com je *fais toi* (Chrétien, *Perceval*, éd. Méla, Le Livre de Poche, 1990, v. 8588–8591)

(8) Mais ne regardoit mie mains
     La damoisele le vassal
     De bon huil et de cuer leal
     Qu'il *fesoit li* par contençon (*Id.*, *Erec et Enide*, éd. Fritz, Le Livre de Poche,1992, 1494–1497)

(9) – [...] mais je vos aim plus que vos ne *faciés mi*.
     – Avoi ! Fait Aucassins, bele douce amie, ce ne porroit estre que vos m'amissiés tant que je *faz vos* (*Aucassain et Nicolete*, éd. Roques, 1936 : XIV, v. 16–18)

Cette syntaxe est encore bien vivante aux XVᵉ et XVIᵉ siècles, en principale (10) aussi bien qu'en comparative (11) et elle s'étend également à l'objet indirect (12) :

(10) Il me salua ; si *feis* je *luy* (*Les Cent Nouvelles Nouvelles*, éd. Jourda, Gallimard [Pléiade], 1956 : 32)

(11) Je ne veulx poinct aussi nyer que, estant en ung lieu si privé et hors de tout soupson, je ne l'aye baisé de meilleur cueur que je ne *faictz vous* (Marguerite de Navarre, *L'Heptaméron*, Gallimard [Pléiade], 1956 : 818)

(12) En mi la cort au vavasor,
Cui Dex doint et joie et enor
Tant com il *fist moi* cele nuit,
Pendoit une table ;... (Chrétien, *Yvain*, éd. Roques, 1960, v. 209–212)

Au XVIIᵉ siècle, certainement sous l'impulsion du débat que soulevaient à l'époque classique les questions de norme en matière de syntaxe, il y eut une réaction contre cet usage. Ce débat fit naître le sentiment qu'il était plus logique de placer le pronom, en fonction d'objet direct (13–14) ou indirect (15–16), sous sa forme atone devant *faire*. Tout logique qu'il était, cet usage ne semble pas avoir survécu au XVIIIᵉ siècle ; on ne le trouve plus après 1800 :

(13) Et puisque par ce choix Albe montre en effet
Qu'elle m'estime autant que Rome *vous* a *fait* (Corneille ; cit. Moignet 1960 : 113)

(14) Il faut que j'éveille les autres et que je les tourmente comme on *m*'a *fait* (Molière ; cit. Livet 1896 : 320)

(15) Il ne vous auroit pas joué le tour qu'il *vous* a *fait* (*ibid.*)

(16) [...] mais ne vous avisez pas de lui serrer la main comme je *vous fais*, et de l'embrasser comme je vous embrasse (Louvet, *Les Amours du Chevalier de Faublas* [1787], Gallimard [Pléiade], 1966–1969 : t. II : 432)

Face à l'impossibilité de l'une et de l'autre de ces structures en français moderne, celui-ci se débrouille en faisant appel à l'intermédiaire d'une préposition entre proverbe et objet. Avec l'introduction de la préposition, il est redevenu possible, comme on l'avait fait jusqu'au XVIᵉ siècle, de faire suivre le proverbe de la forme tonique du pronom personnel, qui se voit assigner ainsi le rôle de régime de la préposition :

(17) Si je m'autorise à les tromper, quel que soit le prétexte, je les encourage à la pareille : à me traiter comme j'ai *fait* ***d'eux*** (Vercors, *Les yeux et la lumière*, Minuit, 1948 : 82)

(18) Quand elle aura eu son enfant tu t'occuperas de lui, tu l'élèveras comme tu as *fait* ***pour*** *moi* (Paul Vialar, *La Grande Meute*, Fayard, 1951 : 93)

En fonction d'objet indirect, la préposition est *pour* (19) ou *avec* (20), à l'exclusion de *à*, employée, elle, devant un objet substantival (21), en concurrence toutefois avec *pour* (22) et *avec* (23) :

(19) Je criais à mon tour, comme l'avait *fait* Sarah ***pour*** *moi* : « Attention, veux-tu... » (Max Gallo, *Crépuscule*, Le Livre de Poche, 1981 : 287)

(20) J'ai envie de *lui* dire comme Thérèse le *fait* ***avec*** *moi* : « Essuie-toi, va te laver les dents » (*Id., L'Oiseau des origines*, Robert Laffont, 1974 : 25)

(21) J'hésitais aussi à le [le sucre] *leur* présenter dans ma main ouverte, comme je l'avais lu que l'on *fait* ***aux*** chevaux (Jacques Borel, *L'Adoration*, Gallimard, 1965 : 108)

(22) Elle répétait à Ann les noms comme on le *fait* ***pour*** les enfants auxquels on veut donner des repères (Max Gallo, *France*, Grasset, 1980 : 132)

(23) Et, comme autrefois, quand vous parler m'intimidait trop, je *vous* écris. Comme je *faisais* aussi ***avec*** mon mari, dans les premiers temps (Henry de Montherlant, *Les Lépreuses*, Gallimard [Pléiade], 1959 : 1531)

Ce qui vaut pour ce cas spécial de la construction « objective » vaut aussi pour son développement général en français : de directe, la construction est devenue indirecte, prépositionnelle (pour les causes de ce développement, voir Moignet 1960 ; Pinchon 1972 ; Eriksson 1985). On a relevé de cette dernière des exemples isolés antérieurs à 1500 (*cf.* Moignet 1960 et Ponchon 1994). Or, si par genèse de la construction indirecte on entend une quelconque systématisation de son usage, il faut la dater de la première moitié du XVIᵉ siècle, où elle apparaît de façon récurrente dans l'œuvre de Rabelais. L'ensemble de ses cinq livres donne pour la construction « objective » 21 exemples, dont 7 avec objet construit indirectement (tous avec la préposition *de*) (24–26). L'exemple (26) est particulièrement intéressant parce qu'il montre l'attitude vacillante de Rabelais à l'égard de l'emploi de la préposition ; il y change de construction d'une phrase à l'autre :

(24) En icelle facon, saulva, après Dieu, ladicte Arche de periller, car il lui bailloit le bransle avecques les jambes, et du pied la tournait où il vouloit, comme on *faict du* gouvernail d'une navire (Rabelais, *Pantagruel* [1532], Garnier, 1965, I : 227)

(25) Par Golfarin, nepveu de Mahon, si tu bouges d'ici, je te mettray au fond de mes chausses, comme on *faict d'*un suppositoire (*Ibid.* : 363)

(26) [...] mais ilz ne sceurent si bien faire que le jarret ne luy en demourast comme il le tenoit, et le mangeoit trés bien, comme vous *feriez d'*une saulcisse ; et quand on luy voulut oster l'os, il l'avalla comme un cormoran *feroit* un petit poisson (*Ibid.* : 236)

En dehors de l'œuvre de Rabelais, on ne trouve, au XVIᵉ siècle, que des exemples isolés de la nouvelle syntaxe (27–28). Par exemple, des 10 exemples de la construction « objective » relevés dans *L'Heptaméron* de Marguerite de Navarre, 2 seulement présentent une préposition (*de*) devant l'objet (27) :

(27) Il me semble que c'est beaucoup mieulx faict d'aymer une femme comme femme, que d'en ydolatrer plusieurs comme on *fait d'*une ymaige (M. de Navarre, *L'Heptaméron* [1558], Gallimard [Pléiade], 1956 : 793)

(28) Aux bains, que les anciens prenoyent tous les jours avant le repas, et les prenoyent aussi ordinairement que nous *faisons de* l'eau à laver les mains, ils ne se lavoyent du commencement que les bras et les jambes (Montaigne, *Essais*, Gallimard [Pléiade], 1976 : 285–286)

En français classique, la construction directe domine toujours fortement. Les exemples du type illustré par (29–34) abondent chez les grands auteurs du XVIIᵉ siècle (*cf.* Fournier & Fuchs 1999, pour l'usage de la proverbalisation en français classique) :

(29) Vous devriez l'apprendre, Monsieur, comme vous *faites* la danse (Molière ; cit. Livet 1896, II : 320)

(30) Je veux bien que vous me traitiez comme on *fait* les dieux (La Fontaine ; cit. Regnier 1892, I : 367)

(31) Je te traiterois comme j'ai *fait* mon frère (Corneille ; cit. Marty-Laveaux 1868 : 419)

(32) Dieu tolère le socinianisme, comme il *fait* les autres sectes (Bossuet ; cit. Quillacq 1903 : 411)

(33) [...] on examina mon amusement comme on aurait *fait* une tragédie (Racine ; cit. *ibid.* : 412)

(34) [...] on regarde une femme savante, comme on *fait* une belle arme (La Bruyère ; cit. *ibid.* : 412)

C'est seulement le dépouillement de textes rédigés dans un style moins soutenu, moins « littéraire », qui permet de relever, pour la période du français classique, des exemples de la nouvelle syntaxe. Par exemple, dans une lettre écrite en 1697 par Mme de Maintenon et adressée à l'Archevêque de Paris, elle s'exprime en ces termes :

(35) Et, quand vous censurerés le livre [celui de Fénelon], ne le regardera-t-il [le duc de Beauvillier] pas comme il a *fait de* ceux de Mme de Guyon, dont il se desfit, dès que son Archevesque les eust deffendus (Maintenon, *Lettres*, IV : 150, éd. Marcel Langlois, Paris, Letouzey & Ané, 1935–1939)

Et dans la correspondance entre Mme de Maintenon et la Princesse Des Ursins, on trouve, sous la plume plus spontanée de cette dernière, plusieurs exemples dans le genre de ceux-ci :

(36) Ceci doit vous persuader, madame, qu'au lieu d'oublier ma nation, je ressens vivement qu'on la veut avilir ; je l'aime comme une bonne mère *fait de* sa fille, qui ne la flatte pas dans ses défauts, et qui se complaît dans ses bonnes qualités (Des Ursins, *Lettres*, IV : 370 [année 1709], Paris, Bossange Frères, 1826)

(37) Si le cardinal des Gindice parlait aussi bien français qu'il *fait de* sa langue naturelle, son esprit en brillerait encore davantage (*Ibid.* : 438 [année 1714])

Or, pour voir l'usage de la construction indirecte se généraliser tant soit peu, il faut attendre le milieu du XIXᵉ siècle, où des auteurs aussi différents que Nerval (38), Dumas père (39) et Sainte-Beuve (40) s'en servent régulièrement :

(38) Il emplit de paille un grand sac qu'il sangla sur son cheval, et prit dans ses bras l'abbesse comme il eût *fait d'*un enfant (Nerval, *Le Marquis de Fayolle*, Gallimard [Pléiade], 1960 : 718)

(39) Le brigadier se fit donc apporter un fagot et de la paille ; il bourra la cheminée comme il eût *fait d'*un mortier, et y mit le feu (Dumas, *Le Comte de Monte-Cristo*, Gallimard [Pléiade], 1981 : 1194)

(40) On conçoit que [...] ils en sachent un gré infini à leurs intrépides devan-
ciers, et environnent leurs noms d'une sorte de consécration scientifique, comme les religions naissantes ont *fait **pour*** leurs précurseurs
et leurs martyrs (Sainte-Beuve, *Premiers lundis*, Gallimard [Pléiade],
1966 : 277)

Et vers la fin du siècle, un auteur comme Guy de Maupassant ne semble
pas connaître d'autre construction :

(41) Une forte paysanne le saisit dans ses bras et l'emporta comme elle eût
*fait **d****'*un petit enfant (Maupassant, *Une vie*, Le Livre de Poche, 1966 :
209–210)

(42) [...] et à la sortie, lorsque le gars voulut recommencer, Simon lui jeta
ces mots à la tête, comme il aurait *fait **d****'*une pierre : « Il s'appelle
Philippe, mon papa. » (*Id., Contes et nouvelles*, I, Gallimard [Pléiade],
1974–1979 : 79)

Le processus de généralisation a continué jusqu'à l'heure actuelle, où
l'écrasante majorité des auteurs ne pratiquent plus que la construction
indirecte. Or, ce processus n'est jamais allé jusqu'à éliminer tout à fait
l'ancienne construction directe. Contrairement à ce qu'on dit parfois
(*cf.* Fournier & Fuchs 1999), il y a eu tout au long du XXe siècle des
auteurs qui, cultivant l'archaïsme, n'ont pas adopté la nouvelle syntaxe
et qui, pour des raisons contextuelles surtout, faisaient alterner les deux
constructions, par exemple Proust, Gide, Mauriac, Duhamel (*cf.* Eriksson
2006 : 922). Plus près de nous, Michel Tournier (43–44), François
Nourissier (45–46) et Jacques Borel (47–48) représentent cette attitude :

(43) [...] elle prétendait vaquer à ses occupations intérieures en le portant
agrippé à son flanc, comme *font* les guenons leur petit (Tournier, *Le
Coq de bruyère*, Gallimard, 1978 : 100)

(44) En somme, je fécondais cette terre comme j'aurais *fait* une épouse (*Id.,
Vendredi ou les Limbes du Pacifique*, Folio, 1975 : 229)

(45) La terreur habite la maison comme *fait* l'eau l'étang (Nourissier, *Le
Maître de maison*, Grasset, 1968 : 12)

(46) Elle le traitait de plus en plus souvent comme les bien-portants *font*
les déprimés, les mélancoliques (*Id., L'Empire des nuages*, Grasset,
1981 : 105)

(47) Ma grand-mère [...] a secoué longuement son parapluie, un peu
comme on *fait* la salade dans son panier (Borel, *Le Retour*, Gallimard,
1970 : 156)

(48) J'acceptai, bien que je me fusse toujours senti assez peu concerné par cette œuvre, étranger à ses problèmes, et qu'elle ne m'eût jamais marqué, comme elle *faisait* les gens de mon temps (*Id.*, *L'Adoration*, 1965 : 599)

Pour la question de la chronologie des quatre prépositions qui entrent en concurrence, il semble que *de* soit la plus ancienne. C'est d'elle, on l'a vu, que se sert Rabelais. L'unique exemple cité par Moignet (1960 : 118) pour montrer l'emploi de la préposition *à* en ancien français n'est pas très probant, parce que le verbe de la principale y est à la voix passive et que, par conséquent, il n'y a pas, à strictement parler, d'« objet direct » (49) (pour un autre exemple, plus probant, datant de la fin du XVᵉ siècle, voir Ponchon 1994 : 261). Pour notre part, nous en avons relevé quelques exemples dans l'*Histoire comique de Francion* de Charles Sorel, publié en 1623 (50). Elle se rencontre encore, bien que rarement, au XXᵉ siècle (51) :

(49) Et quant ele fu trespassee, ele fu enterree, si hautement comme l'an doit *fere à* si haute dame (*Mort Artu*, Appendice)

(50) J'ay esté plusieurs fois voir des Courtisannes de cette ville que j'ay escroquées par plaisir, ainsi que j'avois accoustumé de *faire à* celle de France (Sorel, *Histoire comique de Francion*, Gallimard [Pléiade], 1958 : 521)

(51) Leur maître, un jeune gentilhomme courteaud et rougeaud, ne cessait de les encourager de la voix et du geste, comme on *fait aux* chiens (Anatole France, *La Rôtisserie de la Reine Pédauque*, Calmann-Lévy, 1959 : 121)

Quant à la préposition *pour*, elle semble remonter au début du XVIIIᵉ siècle. Nous en avons relevé quelques exemples dans les *Mémoires* de Saint-Simon (52). C'est pourtant le XXᵉ siècle qui en consacre l'usage et qui la voit atteindre une fréquence relativement élevée (53–54) :

(52) La vérité est que les Electeurs évitèrent de le voir, comme ils *firent pour* M. de Chevreuse (Saint-Simon, *Mémoires*, Gallimard [Pléiade], II, 1948–1955 : 650)

(53) – Vous auriez tenté de l'empoisonner comme vous l'auriez *fait*, paraît-il, *pour* votre première femme (Jean Hougron, *La Chambre*, Hachette, 1982 : 267)

(54) C'est à peine si on le tenait à l'écart, comme on le *fait* d'ordinaire *pour* les bourreaux qui en prennent une importance quasi tragique (Françoise Mallet-Joris, *Trois âges de la nuit*, Grasset, 1968 : 319)

Avec, enfin, est la nouvelle venue des quatre prépositions. Nous en avons relevé un exemple isolé chez Rimbaud (55). Or, cet exemple mis à part, il faut attendre les années quarante pour la voir s'installer dans l'usage de façon permanente (56). Elle est en voie d'expansion (57–58), en conformité, peut-être, avec le développement général qu'on observe à l'heure actuelle dans l'usage prépositionnel du français, qui tend à réserver à *avec* le rôle d'une préposition à tout faire :

(55) Il me jeta un bonjour sec, fronça le nez en jetant un coup d'œil sur mes souliers à cordons noirs, et s'en alla devant moi, les mains dans ses deux poches, ramenant en devant sa robe de chambre, comme *fait* l'abbé *** *avec* sa soutane, et modulant ainsi à mes regards sa partie inférieure (Rimbaud, *Œuvres diverses, Un cœur sous une soutane*, Gallimard [Pléiade], 1962 : 200)

(56) Un homme volumineux s'approcha de Leïla, la prit par la taille et la souleva, très haut, comme on le *fait avec* les tout-petits (Elsa Triolet, *Le Monument*, Folio, 1976 : 40)

(57) Il a d'abord poignardé l'amant [...] cependant que la femme hurlait, tentait de fuir. Puis il l'a égorgée, elle, comme on le *fait avec* les moutons (Michel del Castillo, *La Gloire de Dina*, Seuil, 1988 : 97)

(58) Ils ne raffinent pas, ils exécutent sommairement d'une balle ou d'un coup de baïonnette, rapidement, mais selon un certain ordre, comme on *fait avec* les animaux à l'abattoir (Lucien Bodard, *La Vallée des roses*, Le Livre de Poche, 1982 : 321)

Cette expansion concerne en premier lieu la langue non-littéraire. Ainsi, sur Google, on trouve actuellement un nouveau développement très rapide : la fréquence de la préposition *avec* y dépasse de loin celle de *de*. C'est, nous semble-t-il, par un processus de grammaticalisation qu'elle y est arrivée (*cf.* Eriksson 2008). L'affaiblissement du lien transitif qu'elle opère entre proverbe et objet – plus important que celui des autres prépositions – a pour effet d'augmenter la capacité « représentative » du proverbe et de lui faire étendre, ainsi, la portée de sa représentation à des compléments adverbiaux du genre de ceux (en italique) que contient la comparative dans les exemples (59–61) ; de préposition à sens plein *avec* est devenue instrument syntaxique :

(59) Chez Ndiaye on avait même installé l'ordinateur *dehors sur une chaise*, comme on le *fait avec* la télé
    (62.210.218.174/~xof/spip/article.php3 ?id_article=40)

(60) Les nazis ont déshumanisé les juifs, en les identifiant *par un numéro tatoué sur le bras*, comme on le *fait **avec*** les animaux
(www.sixmillion.org/Cadres/textfrancais.html)

(61) On le suit par peur et par obligation, et non *par admiration et par amour* comme on le *fait **avec*** le leader
(pages.infinit.net/espoir3/le_dominateur_et_le_domine.htm)

De là, on en est venu à une situation où l'usage d'*avec* tend à se généraliser, comme en témoigne le recours à *avec* même en l'absence de compléments adverbiaux, avec une représentation se réduisant au seul verbe principal (en italique) :

(62) En agissant ainsi, il vous *respectera* comme on le *fait **avec*** un vrai partenaire
(www.jeanpierrelauzier.com/client.html)

(63) Tous commencent à l'*appeler* Nicole, comme on le *fait **avec*** une personne qui fait partie de la famille
(www.socialist-utopia.org/node/view/315)

Preuve particulièrement concluante de l'existence d'un tel processus de grammaticalisation, la préposition tend à rester *avec* même quand, dans le cas d'un objet prépositionnel, le verbe de la principale prend une préposition autre qu'*avec* (64–65) (d'autres exemples dans Eriksson 2008). Le même phénomène s'observe en ce qui concerne l'objet indirect (datif) (66–67). Chose remarquable, on constate qu'en anglais et en suédois, le même processus de grammaticalisation est en train de conférer aux prépositions *with* (68–69) et *med* (70–71) le rôle d'outils syntaxiques :

(64) [...] j'ai commencé à fumer plus d'un paquet par jour, en me délectant *de* chaque cigarette comme on le *fait **avec*** du chocolat en ouvrant la tablette
(www.hi3.fr/dotclear/index.php?2006/06/18/98-tenue-d-eve)

(65) Toujours laisser faire car c'est normal qu'elle veuille redevenir bébé, elle aimerait bien qu'on s'occupe *d'*elle comme on le *fait **avec*** sa petite sœur
(www.infobebes.com/htm/bebe/sos-grande-soeur-jalouse,m-181865.aspx)

(66) On ne dit pas « non » *à* un perroquet comme on le *fait **avec*** un chien
(www.csp-valleedesforts.com/fumepas.htm)

(67) J'aurais dû *lui* donner les questions d'avance comme on le *fait avec*
certains VIP
(www.gapali.be/gapali/20030913/25ans.html)

(68) Try looking *at* things from a new point of view just as you *do with*
your writing
(www.cameraontheroad.com/?p=244)

(69) You have to work with your feelings first and make yourself feel as
much *for* your disfavored child as you *do with* the favored one
(www.webmd.com/content/article/1/1700_50681)

(70) Man måste våga prata *om* det, precis som man *gör med*
nära-dödenupplevelser
(paranormal.se/topic/kundaliniskildring_elisabeth.html)

(71) Man ska förhålla sig *till* drickandet som man *gör med* andningen,
sömnen och blinkandet – låt kroppen sköta det
(strangnet.se/blog/index.php/sv?cat=79)

3. Remarque finale

L'évolution historique en français de la construction « objective » en
comparative se caractérise par l'introduction d'une préposition entre
proverbe et objet, puis par la généralisation de cet emploi, si bien que,
de nos jours, on ne trouve l'ancienne construction directe, en littérature française, que chez une poignée d'auteurs qui se piquent de ne pas
reculer devant les archaïsmes. Il s'agit d'une évolution lente, quoique
ininterrompue et irréversible.

Le motif de l'insertion de la préposition semble résider dans le relâchement que celle-ci opère dans la transivité du proverbe, relâchement causé
par le besoin qu'on a éprouvé de faire étendre la portée de la représentation de *faire* à l'ensemble du syntagme verbal de la principale. Par là, la
préposition est devenue un outil grammatical, plus ou moins vidé de son
contenu lexical, comme c'est le cas du proverbe lui-même. La comparative offre donc ici la scène d'une rencontre de deux éléments définis grammaticalement. En effet, c'est, selon nous, à partir de l'incompatibilité d'un
élément à base lexicale avec un élément à base grammaticale qu'il faut
expliquer le maintien de la préposition la plus récente, *avec* – plus ouverte
à la grammaticalisation que ses concurrents prépositionnels – même
quand le verbe de la principale se construit avec une autre préposition.
La constatation du même phénomène en anglais et en suédois contribue
encore, nous semble-t-il, à montrer le bien-fondé de cette conclusion.

Références

Apothéloz, Denis. 1995. *Rôle et fonctionnement de l'anaphore dans la dynamique textuelle.* Genève : Droz.

Brunot, Ferdinand. 1966 [1905]. *Histoire de la langue française des origines à nos jours. Vol. I : De l'époque latine à la Renaissance.* Paris : Armand Colin.

Damourette, Jacques & Edouard Pichon. 1936. *Des mots à la pensée. Essai de grammaire de la langue française.* Vol. V. Paris : D'Artrey.

Eriksson, Olof. 1985. *La suppléance verbale en français moderne.* Göteborg : Acta Universitatis Gothoburgensis (Romanica Gothoburgensia XXV).

Eriksson, Olof. 2006. « Un cas de suppléance verbale en français comme illustration d'une méthode d'analyse linguistique ». *Revue Belge de Philologie et d'Histoire,* 84. 913–928. Publié aussi *in* : Lenoble-Pinson, Michèle & Christian Delcourt (dir.), *Le point sur la langue française. Hommage à André Goosse.* Bruxelles : Le Livre Timperman, 2006. 379–394.

Eriksson, Olof. 2008. « A contrastive study of proverbalization ». *Languages in Contrast,* 8. 235–261.

Eriksson, Olof. 2010. « Den så kallade *med*-frasen i kontrastiv belysning ». *Språk och stil,* 20. 50–81.

Fournier, Nathalie & Catherine Fuchs. 1999. « L'évolution du statut de *faire* dans les comparatives en *comme* et la constitution du groupe verbal (XVIIᵉ-XXᵉ siècles) ». *Verbum,* 21 : 3. 289–322.

Halliday, Michael & Ruqaiya Hasan. 1976. *Cohesion in English.* London : Longman.

Hjelmslev, Louis. 1937. « La nature du pronom ». (Sans dir.), *Mélanges de linguistique et de philologie offerts à Jacq. van Ginneken.* Paris : Klincksieck. 51–58.

Le Bidois, Georges & Robert Le Bidois. 1971 [1938]. *Syntaxe du français moderne.* Vol. II. Paris : Picard.

Livet, C.-L. 1896. *Lexique de la langue de Molière.* Vol. II. Paris : H. Welter.

Marty-Laveaux, C. 1868. *Lexique de la langue de P. Corneille.* Paris : Hachette.

Moignet, Gérard. 1960. « La suppléance du verbe en français ». *Le français moderne,* 28 : 1. 13–24 et 28 : 2. 107–124.

Noreen, Adolf. 1904–1912. *Vårt språk. Nysvensk grammatik i utförlig framställning. Vol V.* Lund : Gleerup.

Pinchon, Jacqueline. 1972. *Les pronoms adverbiaux* en et y. *Problèmes généraux de la représentation pronominale.* Genève : Droz.

Ponchon, Thierry. 1994. *Le verbe* faire *en français médiéval*. Genève : Droz.

Quillacq, J.-A. 1903. *La langue et la syntaxe de Bossuet*. Tours : Alfred Cattier.

Regnier, Henri de, 1892. *Lexique de la langue de J. de La Fontaine*. Vol. I. Paris : Hachette.

Teleman, Ulf, Staffan Hellberg & Erik Andersson. 1999a. *Svenska Akademiens grammatik*. Vol. I : *Inledning. Register*. Stockholm : Norstedts Ordbok.

Teleman, Ulf, Staffan Hellberg & Erik Andersson. 1999b. *Svenska Akademiens grammatik*. Vol. II : *Ord*. Stockholm : Norstedts Ordbok.

Thorell, Olof. 1977 [1973]. *Svensk grammatik*. Stockholm : Esselte.

9. Atracción mutua: Estudio sobre los maximadores *enteramente, completamente, totalmente* y *absolutamente* en combinación con adjetivos y participios

Johan Falk

Stockholms universitet

1. Introducción

El principio de la sedimentación de las colocaciones (*entrenchment*) ha cobrado importancia en los estudios lingüísticos de las últimas décadas. Las palabras se atraen formando conjuntos que parecen ser prefabricados en mayor o menor grado. La gramática construccional (Östman & Fried 2005) y la teoría de las secuencias formulaicas (Wray 2002; Moreno Teva 2012) han enfatizado el carácter aglutinador del lenguaje. Los enunciados no son combinaciones libres y aleatorias de elementos, sino que consisten en bloques que se rescatan enteros de la memoria. La expresión empleada más arriba, *en mayor o menor grado*, es un ejemplo típico de una secuencia fija. Es perfectamente natural decir en *elevado grado* y *en gran medida*, pero no se pueden intercambiar los adjetivos. Del mismo modo, *en pleno día* no se puede variar con los adjetivos *claro, gran, lleno, total*. El lenguaje tiende a formar colocaciones que pasan a ser fijas o semifijas.

Una de las preguntas que se plantea en este estudio es si los modificadores de grado máximo *enteramente, completamente, totalmente* y *absolutamente* (en adelante *Max*) forman pareja con los adjetivos y participios con los que combinan. Partimos del supuesto de que los sesgos distributivos –si los hay– están motivados por factores semánticos, es decir, por el modo en que se conceptualiza, por un lado, la gradación del *Max* y, por otro, el contenido semántico de los adjetivos y participios. Los *Max* estudiados aquí se distinguen de otros modificadores de

---

Cómo citar este capítulo:

Falk, Johan, Atracción mutua: Estudio sobre los maximadores *enteramente, completamente, totalmente* y *absolutamente* en combinación con adjetivos y participios. In: Engwall, Gunnel & Fant, Lars (eds.) *Festival Romanistica. Contribuciones lingüísticas – Contributions linguistiques – Contributi linguistici – Contribuições linguísticas.* Stockholm Studies in Romance Languages. Stockholm: Stockholm University Press. 2015, pp. 175–197. DOI: http://dx.doi.org/10.16993/bac.i. License: CC-BY

grado como *poco*, *bastante*, *muy* y *extremadamente*[1] pero, además, se supone que la colocación de los *Max* con distintos grupos de adjetivos/participios no es aleatoria. Se dice sin más *absolutamente imposible*, pero no se dice normalmente *enteramente imposible* ni *extremadamente imposible*. Al parecer, existen caminos trillados donde se atraen mutuamente el modificador y el modificado.

Nos interesa primero explorar las restricciones a que están sometidos los *Max*, segundo aclarar si existe cierta atracción mutua[2] entre los cuatro *Max*, tomados individualmente, y grupos de adjetivos/participios. A nuestro juicio, se trata de explicar el acoplamiento de formas de conceptualizar más que constatar meramente la colocación de modificadores y adjetivos/participios específicos. Un concepto clave para explicar tendencias y sesgos es el de consonancia semántica. Con este término se entiende que dos constituyentes, unidos en una construcción endocéntrica, deben ser compatibles, es decir, no debe haber en la estructura semántica de los constituyentes elementos que generen una contradicción o una anomalía. Así, se dice *mucha leche* y no *muchas leche(s)* porque leche es un sustantivo de masa no contable, que no se combina con un adjetivo de pluralidad *(muchas)*. El concepto de consonancia semántica se usa aquí de forma gradual, lo que significa que puede haber mucha o poca consonancia entre los elementos.

2. Antecedentes, objetivo e hipótesis

La modificación de grado ha sido objeto de varios estudios en inglés, principalmente Bierwisch (1967), Leech (1974), Cruse (1986), Allerton (1987) y Paradis (1997), en los que se inspira este estudio. Una fuente importante ha sido el estudio de Erman (2008) que plantea el empleo de los maximadores desde un punto de vista de la sedimentación (*entrenchment*), es decir su carácter formulaico. La estructura semántica del inglés y del español son fundamentalmente similares en el aspecto de gradación. *Completely* y *completamente* expresan una alta conformidad en frases como *He is completely bald* y *Está completamente calvo*. El problema tratado en los estudios citados concierne nuestra facultad de conceptualizar la forma de graduar distintos tipos de cualidades y condiciones y, así, es sobre todo un problema general y no exclusivo del inglés o del español. Esto no impide que un estudio paralelo en español pueda revelar usos idiosincrásicos de este idioma.

Este estudio pretende responder a la siguiente serie de preguntas que plantea el uso y el significado de los *Max* de grado:

- ¿En qué consiste la especificidad de los *Max* con respecto a otros modificadores de grado? > *Está completamente /?muy calvo. // Es muy /??totalmente generoso.*
- ¿Qué rasgos debe poseer un adjetivo/participio para que se pueda ser modificado por un *Max*? > *Es muy / ?absolutamente útil. // Es absolutamente /?muy inútil.*
- ¿De qué modo la naturaleza de los *Max* condiciona la combinatoria con adjetivos y participios? > *Está completamente <u>lleno</u>. // *Es completamente <u>rico</u>.*[3]
- ¿Qué efectos semánticos y pragmáticos se producen si un *Max* transgrede los requisitos del adjetivo/participio? > *??Felipe es/está completamente soltero. // ??Felipe es muy soltero.*[4]

¿Existe "una atracción mutua" entre determinados *Max* y determinados tipos de adjetivos/participios? Si es así, se puede hablar de una tendencia a crear colocaciones preferidas.

En el fondo, estas preguntas pueden ser reducidas a una interrogante común, que gira en torno al concepto de consonancia semántica. El objetivo del estudio es aclarar qué factores conceptuales rigen la consonancia semántica, permitiendo ciertas combinaciones, obstruyendo o excluyendo otras. Como se verá, el fenómeno de la modificación de grado no es, sin embargo, una cuestión de blanco o negro. En muchos casos se trata de tendencias y de combinaciones preferidas sin que se excluyan otras. Si *completamente lleno* resulta ser más natural (y posiblemente más frecuente) que *muy lleno*, esto no significa que haya un bloqueo total. Así, aspiramos no solo a ver los pasos lícitos y no lícitos del sistema, sino también lo que es atracción y ha dado lugar a usos sedimentados (*entrenched uses*). También en este último caso debe haber motivos para que una colocación se sedimente antes que otra. Por ejemplo, si *absolutamente imposible* es una combinación más frecuente que *enteramente imposible* (que sin duda se podría decir[5]) debe haber una razón de ello. Así, la noción de distribución sesgada es fundamental si se estudia la atracción mutua entre modificadores y elementos modificados.

El objetivo incluye un aspecto que nos parece relevante para explicar las combinatorias. Si existen sesgos en las distribuciones, será interesante estudiar el significado originario de los *Max*. Mantenemos la hipótesis de que los significados de *entero, completo, total* y *absoluto* –si bien se recubren en alto grado–, influyen en las colocaciones. Las imágenes esquemáticas de la sección 7 son elaboradas para apoyar la hipótesis de que los *Max* tienen distinta base conceptual.

No hay que descartar el problema del efecto modalizador de los *Max*. Decir que algo es *absolutamente correcto* no solo es una indicación de grado máximo, sino que revela una actitud subjetiva y una intención de convencer al interlocutor de la veracidad del aserto. Las palabras que indican grado máximo llevan a menudo una impronta modal y subjetiva.

3. Método y materiales

Este estudio se basa en un acopio de instancias de los cuatro maximadores extraídas de CREA[6] . Una recolección realizada entre 1996–2000 (todos los medios) arroja 8.408 ocurrencias, que ha sido el material de partida del que se han excluido los casos no pertinentes. Se ha formado un corpus de 723 ejemplos de *Max* + adjetivo/participio, que es el punto de partida de distintos tipos de recuentos y de un análisis más bien cualitativo.

Se ha calculado primero el número de lexemas modificados que son compartidos por los cuatro *Max* y, en un segundo paso, los lexemas exclusivos de los modificadores. Otro cálculo, que apunta a revelar la afinidad entre los *Max*, ha consistido en ver el número de lexemas compartidos por constelaciones de dos *Max* (en total 6 combinaciones).

El estudio es tanto cuantitativo como cualitativo. Es cuantitativo en el sentido de que se aspira a determinar frecuencias relativas, grado de solapamiento de los *Max*, grado de unicidad de ciertas combinaciones. Asimismo, lo cuantitativo es la base de análisis cualitativos que aspiran a descubrir y explicar ciertas distribuciones sesgadas. En particular será de interés ver si existe algún rastro del significado originario de los *Max* que pueda explicar las preferencias de las colocaciones.

4. La modificación de grado y los *Max*

Los *Max* estudiados aquí forman parte del dominio más amplio de la modificación de grado. Paradis (1997) refiere varias aproximaciones al estudio de los modificadores de grado, entre otras la de Bierwisch (1967), Leech (1974), Quirk et al. (1985), Cruse (1986) y Allerton (1987).

La clasificación presentada por Quirk et al. (1985) se basa mayormente en la fuerza de la modificación que, por un lado, abarca AMPLIFIERS, que incluye 'boasters' y 'maximizers', y, por otro, DOWNTONERS, que a su vez incluyen tres categorías. Los 'boasters' son en principio palabras como *muy, bastante, terriblemente, extremadamente,* que sirven para ponderar una cualidad, una condición o una acción. Para delimitar el grupo de los 'maximizers', se debe pues precisar la diferencia entre los 'boasters' y los 'maximizers'.

La clasificación propuesta por Allerton (1987: 20) parte de la compatibilidad de los modificadores de grado con distintas clases de adjetivos, destacando su función semántica. Aplicadas al español, las clases son las siguientes:

- Modificadores escalares (*poco, bastante, muy, extremadamente*)
- Modificadores télicos que sirven para indicar grado con respecto a cierto propósito o norma (*casi, apenas, solamente, perfectamente*)
- Modificadores absolutos (*totalmente, absolutamente, enteramente, del todo, completamente*)
- Modificadores diferenciales que expresan la diferencia de grado entre un elemento cualitativo y un punto de referencia (*un poco, mucho, un montón, demasiado, ligeramente*).

Sin entrar en detalles de esta clasificación, no parece ser siempre fácil distinguir la clase b) de la clase d). En ambos casos los modificadores expresarían el desvío de una norma, función que se presenta también en los modificadores escalares (clase a). Decir que un objeto 'es barato', supone una norma para distinguir lo barato de lo no barato referente a cierta clase de objetos. El valor "plus" *(caro)* o "menos" *(barato)* con respecto a una escala de precios se refiere necesariamente a una norma conceptualizada.

Para nuestro propósito, lo más interesante es la distinción entre los modificadores escalares a) y los modificadores absolutos c). La categoría c) sería, según Allerton, 'superlative' y corresponde a los 'maximizers' de Quirk et al. (1985: 589 y sigs.) y Erman (2008). Mientras que los escalares indican cierto grado de una cualidad o condición que va de lo bajo a lo alto como en:

(1)   poco inteligente > bastante inteligente > muy inteligente
> extremadamente inteligente,

los *Max* marcan un grado absoluto, es decir un punto que no se puede sobrepasar. Así, *completamente* expresa un grado que se encuentra en un extremo y que no se puede relativizar. Antes de continuar el análisis de los *Max*, volveremos al concepto de lo escalar.

Los modificadores referidos a escalas ("más o menos") como en (1) indican una posición relativa en un espacio cualitativo sin indicar de por sí una gradación cuantificada ni unos valores extremos fijos. Simplemente, *extremadamente caro* es más que *muy caro*, que es más que *bastante caro*, que es más *un poco caro*. Evidentemente, las proposiciones *El agua está muy caliente* y *El agua está bastante fría* se pueden objetivar mediante la escala termométrica, p.ej. lo caliente empieza en 25 grados C, pero esto no tiene nada de absoluto ya que la calificación del grado de calor o frío depende enteramente del contexto y de las decisiones tomadas[7]. Llamamos a este tipo de modificadores, modificadores de grado escalar (*Moge*).

Volviendo al término de 'boaster', se debe advertir que los modificadores de escalas no sólo indican cierto grado sino que sirven para ponderar el enunciado y darle un carácter subjetivo. El enunciado:

(2) Eso es mucha verdad,

no es primordialmente una gradación de la verdad sino una manera de abundar en la propia opinión y, tal vez, de reforzar la relación con el interlocutor.

Como veremos, los *Max* ('absolutive modifiers' de Allerton 1987) seleccionan otra clase de adjetivos y participios que los modificadores escalares. El *Max* expresa un grado de una propiedad que no se puede sobrepasar. Al decir *La piscina está completamente llena/ vacía*, damos a entender que hay un límite máximo y mínimo que se ha alcanzado. Con este tipo de modificador de grado no hay "más o menos", simplemente se dice que se ha alcanzado un límite extremo. La diferencia entre lo escalar y lo maximado queda claro en los siguientes ejemplos:

(3) Julián es *muy* tonto.

(4) Allí estaba, *completamente* atontado.

Es evidente que uno puede ser más o menos tonto y siempre puede haber una persona que sea aún más tonta que la que es muy tonta. En cambio el participio *atontado* refiere a un proceso que ha culminado en un estado definitivo.

Como se ha dicho, este estudio se centra en la categoría de los *Max*, que se irá cotejando con los *Moge*. Veremos ahora más en detalle la otra cara de la moneda, que es el modo en que los adjetivos y participios conceptualizan la gradación escalar y máxima. Esta es la pista que seguiremos para explicar las combinatorias y la eventual atracción mutua.

5. Los adjetivos y los participios

5.1. Clasificación

La siguiente clasificación de los adjetivos y los participios pretende recoger características que son relevantes para la modificación de grado y, particularmente, para delimitar el grupo de los *Max*[8]:

Tabla 1a. Clases de adjetivos graduables

Adjetivos relativos (graduables)		
Graduables plenos	Graduables limitados	
Clase 1	Clase 2	Clase 3
Adjetivos escalares	Adjetivos de límite	Adjetivos extremos
caro – barato	*lleno – vacío*	*maravilloso, insoportable*
alto - bajo	*intacto - destruido*	

Tabla 1b. Clases de adjetivos no graduables

Adjetivos absolutos (no graduables)	
Clase 4	Clase 5
Adjetivos invariables	Adjetivos relacionales
mesa cuadrada,	*reforma eclesiástica,*
chico soltero	*campaña presidencial*

La distinción entre estos cinco tipos tiene que ver con el modo en que se pueden graduar. Descartamos desde el inicio *las clases 4 y 5* que en principio no permiten ser graduados, salvo que se empleen con una intención específica y se traspasen a otra categoría. *Un chico muy soltero* da sentido si se extraen ciertas notas cualitativas próximas a "que se comporta como un típico soltero u otra calificación propia de los solteros".

5.1.1. *Clase 1*

La clase I agrupa a los adjetivos que representan la cualidad en una escala que va de menos a más. La mayoría de estos adjetivos forman parejas antonímicas y se sitúan en polos opuestos y extremos. *Caro – barato, joven – viejo* y *alto – bajo* cubren una escala que permite graduación mediante *poco, bastante, muy*:

Los adjetivos de la clase I no tienen límite superior ni inferior, es decir no están acotados (*unbounded*) lo cual comporta que siempre puede haber un "más barato o no tan caro". Como se verá a continuación, este rasgo los distingue de la clase 2. Por ejemplo, se dice *Pascual está triste, muy triste, más triste que Federico* (no acotado), mientras esto sería difícil usar *solo* en el sentido de 'no acompañado' con estos modificadores: *Pascual está solo, ?muy solo, *más solo que Federico* (acotado).

Otra característica de los adjetivos escalares es que se organizan en pares antonímicos: *caro* es lo contrario de *barato* y *rápido* es lo contrario de *lento,* y cubren distintos segmentos de una escala que va entre dos polos. No se da en este caso una oposición exclusiva, sino que se sitúan por encima o por debajo de una norma o punto de referencia. El punto de referencia puede ser más o menos subjetivo y depende del contexto. Así, el enunciado:

(5) Ese chico es *muy* joven,

no se refiere a una edad objetiva, sino que puede interpretarse de distintas maneras según la intención comunicativa: "para casarse", "para viajar solo", "para haber escrito una novela premiada", etc. Para los adjetivos *guapo, feo* no hay manera de medir el grado objetivamente, así el predicado *extremadamente guapa* se vale únicamente de la norma general conceptualizada por el locutor. Del mismo modo, *una futbolista joven* no tiene misma edad que *un arzobispo joven*, ya que se imponen distintas normas.

Los pares de adjetivos polares no son totalmente equipolentes. El sesgo parece derivarse del hecho de que uno de los términos se valora de modo distinto. *La ciudad no es muy (tan) fea* no implica automáticamente una calificación positiva, ni es equiparable a *Es hermosa* o *linda*. Así pues, la relación polar no es la misma en todos los adjetivos escalares ya que depende del contenido semántico, de la perspectiva adoptada y ante todo de los objetos calificados y los contextos en que figuran.

Fundamentalmente, los adjetivos escalares son capaces de expresar "un más o menos", es decir no suponen un límite máximo o mínimo. Son graduables mediante *muy, un poco, extremadamente*, etc. porque no tienen cotas (*unbounded*). *Es inteligente* se puede graduar sin problema con *poco, muy, extremadamente*, pero no va bien *completamente inteligente*. Esta anomalía surge del hecho de que el *Max* exige un adjetivo que responda a otra conceptualización. Se debe a que ni *inteligente* ni otros adjetivos escalares que denotan cualidades están provistos de "un techo". Pasamos ahora a ver los adjetivos que corresponden a otro tipo de conceptualización.

5.1.2. *Clase 2*

La clase 2 abarca adjetivos que, como *calvo*, designan el punto final de un proceso culminado. Tienen la característica de ser polares, ya que los términos *calvo – no calvo, vacío – lleno* y *roto – no roto* son antonímicos y responden en principio a la idea de que alguien "es A o no es A". En rigor, no existe en esta conceptualización ningún terreno intermedio, porque son estados, cualidades o condiciones que expresan puntos culminados. A diferencia de la clase 1, los adjetivos de límite son acotados (*bounded*) y en principio no permiten una graduación de tipo escalar. El siguiente esquema conceptual recoge estos aspectos:

Los integrantes de esta clase son adjetivos y en eminente grado participios que focalizan un punto culminante, representado por el círculo de la Figura 2. Es verdad que estas palabras expresan grado, igual que los escalares, pero solo un grado máximo (o mínimo) que no se puede traspasar. La forma participial de un verbo perfectivo expresa de por sí la conclusión de un proceso o acción, hecho que los habilita para tomar modificadores de grado máximo. Se dice p.ej. *completamente roto, totalmente destruido, enteramente inundado* o *absolutamente prohibido*.

Sin embargo, las conceptualizaciones no siempre son tajantes. Adjetivos como *lleno, calvo, maduro, ciego, intacto* y participios como *roto, equivocado, deprimido, desteñido* parecen indicar estados o condiciones absolutos que responden al esquema "sí o no". Pero esto solo vale desde un punto de vista lingüístico, o más bien lógico. Muchos de estos estados "finales" suponen procesos graduales que anteceden. Por este resquicio, entre lo conceptualizado como acotado y los procesos que se dan en la realidad, se hace posible una gradación de "más o menos" *maduro, calvo, vacío, ciego, roto*. De hecho, no sorprende oír decir frases como *Pascual está muy calvo ya* o *Un poco calvo sí está* o *Pedro está más calvo que su padre*, pues la calvicie se adquiere poco a poco. En otros casos, como en *vivo – muerto*, no parece haber posibilidad de indicar grados y se excluyen los modificadores escalares[9]

En los casos citados se impone una lectura gradual sobre un concepto que en principio es reacio a la gradación. *Muy maduro, muy lleno* implican que la madurez y la plenitud se conciben como estados que pueden ser "más o menos". De esta colisión pueden surgir efectos semánticos y estilísticos diversos, como se ve en estas frases:

(6) Cuidado, la caldera está *muy llena*.

(7) Estas ciruelas están *muy maduras*, ya no sirven para comer.

Como se ve, el modificador *muy* sirve aquí para advertir de que el objeto calificado ha sobrepasado un límite, que en principio no se puede sobrepasar. De ahí el valor negativo o ponderativo que se desprende de este empleo. No faltan a veces notas subjetivas al querer el hablante expresar una nueva visión de cierto estado de cosas.

Desde el punto de vista contrario, resulta interesante constatar que los típicos adjetivos escalares como *alto, barato, inteligente* no admiten fácilmente los *Max*. Frases como **Marcos es completamente inteligente* o **Las naranjas están totalmente baratas* son anómalas y reacias a la interpretación. Si los conceptos de *inteligente* y *barato* carecen de límite o punto culminante o, si se quiere, acotamiento (*boundedness*), no parece ser posible imponerles una conceptualización que satisfaga este requisito. Por si acaso, un adjetivo como *perezoso* da sentido en el enunciado *Jorge es completamente perezoso*, si se quiere expresar jocosamente que Jorge ha llegado al límite máximo de la pereza.

5.1.3. *Clase 3*

La clase 3 incluye adjetivos como *excelente*, *maravilloso*, *falso*, *brillante*, *imposible*, *imprescindible*, *extraordinario*, *necesario*, *genial*, que todos expresan algo extremo. La frase:

(8) ?La vista desde la terraza es *muy* maravillosa,

resulta tautológica porque el elemento superlativo está incluido en *maravilloso*. De la misma manera no se diría *un poco imposible*, *extremadamente espantoso* o *muy gigantesco*, porque son combinaciones redundantes. Se concluye que estos adjetivos rehúyen una modificación de grado escalar porque ya en sí expresan un grado extremo[10]. La misma contradicción se produce si se combina *muy* y *–ísimo* como en *Esta blusa es muy carísima*. En cambio, los adjetivos/participios de esta clase se combinan fácilmente con los *Max* que simplemente subrayan que se ha alcanzado realmente el grado máximo:

(9) Esto es *totalmente* contradictorio, comentó el portavoz Julen Adrián. (CREA 2004: Prensa)

(10) No hay en esta creación, *absolutamente* genial, nada de elaborado: (CREA 2001: Gascón Soublette)

(11) Sin embargo, la reacción ha sido acusarme de ser un agente de la CIA, lo cual es *completamente* falso. (CREA 1984: Prensa)

Hay que agregar que, debido a la fluidez del sistema semántico, el uso de los *Max* no es totalmente unívoco con este tipo de adjetivos/participios. Al decir,

(12) Juanín, estás *terriblemente* insoportable hoy, ¿qué te pasa?

el hablante logra un efecto comunicativo al romper con el esquema consabido: lo extremo no es suficiente sino que hay que añadir "un más".

5.2. Resumen

De este examen se concluye que existen patrones relativamente fijos que regulan la modificación de grado de adjetivos/participios. El alcance de los *Max* queda delimitado con bastante claridad, según este esquema:

Tabla 2. Clases de adjetivos/participios y modificadores

Clase de adjetivos	Combinación	Clase de modificadores	Ejemplos
Adjetivos graduables plenos:			
Adjetivos graduables (escalares)	⟶	Modificadores de grado escalar	*muy alto, extremadamente caro*
Adjetivos graduables limitados:			
Adjetivos de límite	⟶	Modificadores de grado máximo	*completamente vacío, totalmente roto*
Adjetivos extremos	⟶	Modificadores de grado máximo	*totalmente imposible, absolutamente necesario*

Sin duda, la distribución recogida en la Tabla 2 es una idealización. Hasta cierto punto las categorías son permeables y permiten solapamientos. En primer lugar, los modificadores de la clase 1 pueden emplearse con muchos adjetivos/participios de las clases 2 y 3. Sin embargo, parece ser que las restricciones del sentido inverso son más imperiosas.

Además, existen adjetivos/participios que admiten tanto una conceptualización gradual escalar y otra de límite. Los adjetivos *sucio, limpio, borracho, falso* se combinan con modificadores escalares y modificadores de grado máximo:

(13a) Pepito, vete al baño, estás *totalmente* sucio.
(13b) Jorge, la cocina está *muy* sucia, me das una mano.

(14a) Felipe está *completamente* borracho
(14b) Tu compañero está *muy* borracho, llévatelo a casa.

En estos casos y otros de traspaso de una clase a otra, el modificador imprime su sentido categorial a la cualidad o la propiedad denotada.

En (13 a) *sucio* se comporta como un adjetivo de límite, significando que "Pepe a llegado al límite máximo de suciedad". En el caso (13 b) se concibe el hecho de *estar sucio* como una propiedad que se puede graduar. Se debe notar que es el modificador el que imprime sus características sobre el adjetivo/participio modificado y no al revés.

En lo que sigue nos centraremos en los *Max* a fin de ver las distribuciones cuantitativas y las eventuales "atracciones" entre pares de modificador y modificado.

6. Aproximación cuantitativa a los *Max*

En base al inventario de ejemplos extraídos de CREA, mostramos a continuación una serie de tablas para hacer constar distintos sesgos distributivos. El total de ocurrencias de los cuatro *Max* en el período 1996–2000 (todos los medios) es de 8.408 ocurrencias. Como se ha indicado arriba (sección 3), la distribución cuantitativa tiene por fin ver la afinidad y solapamiento de los *Max* respecto a los lexemas modificados, en pocas palabras su grado de exclusividad o independencia. Ahora bien, como no existe ninguna medida previa de la intercambiabilidad de los *Max* (¿qué es mucho, qué es poco, qué es normal?), debemos conformarnos con hacer comparaciones internas. Por ejemplo, si *absolutamente* se comporta distribucionalmente de un modo diferente a los otros *Max*, esto es indicio de que su consonancia semántica con los lexemas modificados difiere de la de los otros modificadores. Se dirá que su atracción mutua tiene una motivación algo distinta.

Tabla 3. Frecuencia total de los *Max* en CREA.1996–2000

Max	Enteram.	Completam.	Totalm.	Absolutam.	Total
Casos	277	1.834	3.877	2.420	8.408
% del total	3,3	21,8	46,1	28,8	= 100

Se ve que los *Max* se reparten de forma bastante desigual. La forma desfavorecida es *enteramente* que se usa casi 14 veces menos que *totalmente* que está a la cabeza con 3.877 ocurrencias. En esta desproporción puede haber restricciones de registro e incluso distinciones semánticas.

De este contingente de ocurrencias se han extraído los adjetivos/participios compartidos por dos o más *Max*, que arrojan un total de 120 lexemas:

Tabla 4. Lexemas modificados compartidos e índice de repeticiones de lexemas

Max	*Enteram.*	*Completam.*	*Totalm.*	*Absolutam.*	Total
Lexemas compartidos	120	120	120	120	120
Lexemas repetidos	84	50	50	59	243
Total ocurrencias	204	170	170	179	723
Índice de repetición de lexemas %	70,0	41,6	41,6	49,2	

La Tabla 4 muestra el número de lexemas compartidos por los cuatro *Max* y usados una o más veces con los respectivos *Max*. Por ejemplo, para *enteramente* esto significa que de los 120 lexemas compartidos hay 84 ocurrencias repetidas (70,0%), lo que da un saldo de 204 ocurrencias en total. Esto quiere decir que *enteramente,* al ser el *Max* que más a menudo repite un lexema, tiene una tendencia a no salirse de sus linderos. Se puede concluir que *enteramente* está más circunscrito que los otros *Max* que tienen combinatorias más latas. Esto hay que apreciarlo a la luz de que los otros *Max* son entre 6 y 14 veces más frecuentes que *enteramente*.

Otro aspecto afín es el grado de cobertura de dos maximadores, es decir la cantidad de veces que dos *Max* ocurren con el mismo lexema:

Tabla 5. Número y porcentaje de lexemas compartidos por dos Max

Max	*Enteram.*		*Completam.*		*Totalm.*		*Absolutam.*	
	Nº	%	Nº	%	Nº	%	Nº	%
Enteram.	–	–	18	15,0	17	14,2	15	12,5
Completam.	18	15,0	–	–	28	23,3	18	15,0
Totalm.	17	14,2	28	23,3	–	–	18	15,0
Absolutam.	15	12,5	15	15,0	18	15,0	–	–

En esta tabla se hace constar el número de lexemas compartidos por dos *Max*, es decir la cobertura entre los distintos modificadores. Así, en el renglón de *enteramente* se detalla en la columna de *completamente* la cantidad de lexemas distintos modificados por estos *Max*: las 18 ocurrencias representan un 15% de los 120 lexemas compartidos. El resultado muestra una leve polarización en el sentido de que *enteramente* y sobre todo *absolutamente* son más reacios al solapamiento que *completamente* y *totalmente*. Se debe concluir que *absolutamente* es algo más específico y no tan sustituible como lo son los otros *Max*. Esto vale también para *enteramente*, aunque en menor medida.

Otra forma de comprobar lo mismo es contabilizar el número de casos en que un *Max* es exclusivo, es decir no es compartido por otro[11]:

Tabla 6. Número de lexemas combinados exclusivamente con los respectivos Max y número de ocurrencias de estos lexemas

Max	Nº de ocurrencias/ lexemas	≥ 5	4	3	2	Total lexemas distintos
Enteram.		1	1	1	14	17
Completam.		0	1	0	4	5
Totalm.		0	0	0	6	6
Absolutam.		0	1	1	8	10

Nuevamente se constata que *enteramente* y *absolutamente* son los *Max* que muestran más individualidad. En el caso de *absolutamente* hay 10 lexemas distintos que son combinados exclusivamente con este *Max*. Este resultado da a entender que *absolutamente* despliega una semántica algo más particular que los otros.

7. Perfil semántico de los *Max*

Hay lugar para suponer que las distribuciones segadas de los *Max* están motivadas. Los casos de *absolutamente* y *enteramente* indican que su empleo es algo particular. Nuestra hipótesis es que los cuatro *Max* tratados, aunque en gran medida son reemplazables, conservan algo de su significado originario. Este significado nuclear explicaría que un *Max* particular atrae especialmente a cierta clase de adjetivos/participios.

Las siguientes imágenes esquemáticas pretenden perfilar estos significados, destacando lo característico de cada *Max*:

Figura A. *Entero*

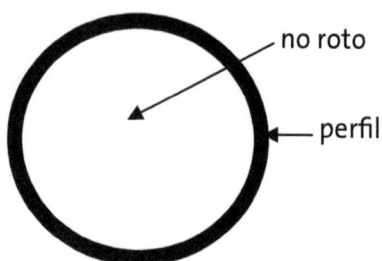

Entero pone de realce por un lado la integridad de un objeto o una masa delimitados, y por otro el hecho de que todas las piezas estén encajadas (contrario de *roto*).

Figura B. *Completo*

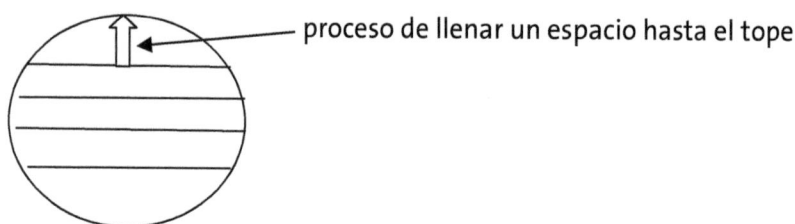

El perfil de *completo* parte del proceso de completar o completarse algo. Las piezas de la imagen tienden a rellenar todo el espacio hasta llegar a un límite. Cuando se dice que "la sala está completa", es que no hay espacio para más personas u objetos.

Figura C. *Total*

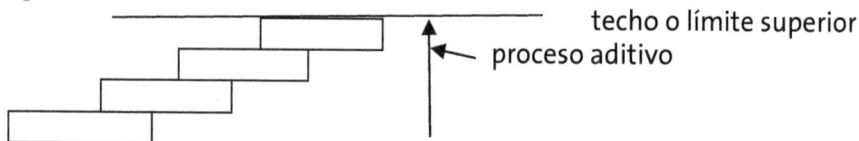

Total conlleva la idea de un proceso aditivo hasta llegar a un techo. El total de los gastos es la suma de los gastos particulares. Según esta perfilación, *completo* y *total* son muy afines, siendo el elemento aditivo más marcado en *total*.

Figura D. *Absoluto*

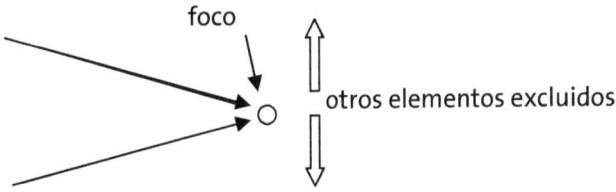

foco

otros elementos excluidos

La configuración semántica de *absoluto* es, según nuestra hipótesis, distinta de la de los otros *Max*. La idea detrás de *absoluto* es la focalización en un punto preciso y extremo, excluyendo todo lo demás. Expresa así un valor máximo al que se llega no por agregación sino por exclusión.

8. Aproximación cualitativa a los *Max*

Como queda dicho, no es plausible que las distribuciones cuantitativas no encierren aspectos cualitativos. La primera constatación que se debe hacer es que los cuatro *Max* solo se construyen con adjetivos/participios de límite o de significado extremo o superlativo. En los materiales en que se basa este estudio no figuran con adjetivos/participios de carácter escalar.

La segunda constatación es que *enteramente* y *absolutamente* se desvían algo de la tónica de los otros dos. Como se ha visto, son los que se combinan con el mayor número de adjetivos/participios de forma exclusiva. Esto nos remite a la cuestión de saber si existe un motivo semántico de estas preferencias o si es debido al reducido tamaño del corpus o a otros factores. Si el sesgo distributivo que se ha comprobado se ve respaldado por los esquemas perfilados de los *Max*, hay lugar para creer que no es arbitrario sino debido a una atracción mutua.

Para dar una idea general de las combinatorias citamos a continuación 15 combinaciones atestadas de los cuatro *Max*[12]:

Enteramente:
acristalado, activo, ajeno, automático, barroco, blanco, bueno, centralizado, cierto, controlado, conformado, correcto, condenable, dispuesto, descubierto, diverso

Completamente:
definido, descartado, destruido, diferente, distinto, dividido, dominado, enlodado, erótico, exento, falso, feliz, fiable, gratis, ignorado, ilegal

Totalmente:
desairado, desprotegido, desamparado, detallado, distinto, dominado, ejecutado, equivocado, erróneo, exento, franco, formal, falso, globalizado, gratis

Absolutamente:
genuino, incapaz, inaceptable, inédito, ilegal, imprescindible, indispensable, injusto, irreal, inhábil, justo, justificable, legal, lineal, libre

Los casos citados dan una idea de la envergadura semántica de los adjetivos/participios de cada *Max*, pero no nos acerca a las "atracciones". Se debe recordar en primer lugar la laxitud del sistema, lo que queda demostrado por los adjetivos que ocurren con los cuatro *Max*: *ajeno, distinto, falso, idéntico, legal*[13]. Ilustramos aquí estas posibilidades con el primer lexema citado[14]:

(15) [...] en el dominio de España por un pueblo *enteramente ajeno* y no cristiano de una religión hostil. (CREA 1985: 3. J. Marías)

(16) [...] como si se tratara de algo que a él y a mí nos resulte *completamente ajeno*. (CREA, 1996–2000:10. J.L. Méndez)

(17) Picasso, *totalmente ajeno* a esto, se centró en el aprendizaje de lo que le enseñaban, [...] (CREA 2002:10. Prensa)

(18) [...] probatorio de esto, que desde mi punto de vista es *absolutamente ajeno* a la cuestión que aquí se trata. (CREA 1996–2000: 2. Oral)

No hay motivos para creer que hay una clara diferenciación semántica en estos casos. Sin embargo, si se pasa a los casos de uso exclusivo de un *Max* particular se entrevén algunos patrones. Miremos primero algunos ejemplos que juzgamos típicos de los respectivos *Max*:

(19) [...] los otros personajes no son ni *enteramente* **buenos** ni irrestrictamente malos. (CREA 2004:8)

(20) [...] en especial el último [coche] cuya parte frontal quedó *completamente* **destruida**. (CREA 2004:7)

(21) –Claro, por eso se me acercan tipos equivocados, *totalmente* **banales**, que están para el físico y nada más. (CREA 2004: 14)

(22) [...] otra forma del espectro de la Leismaniasis es *absolutamente* **necesaria** para el estudio del efecto inmunoterapéutico (...) (CREA 2004:29)

(23) Cuando tenía 18 años recuerdo haber dicho algo *absolutamente* **impensable** en un chico con esa edad, (...) (CREA 2004:60)

No cabe duda de que en estos contextos hubiera sido posible emplear los *Max* de modo diferente: en (20) sería natural decir *enteramente* o *totalmente destruida* y en (21) convendrían *completamente* o *absolutamente*. Aun siendo así, puede haber en estos ejemplos alguna atracción semánticamente motivada. En el caso de *enteramente* (19) apunta la idea de una propiedad que engloba varios aspectos o partes. Como se ha visto, *entero* subraya esta integridad de una superficie o un objeto, mientras que *completamente* y *totalmente* perfilan el tope de algo sumado.

Los casos más particulares son aquellos en que figura *absolutamente*. En (22) y (23) se predican situaciones modales extremas: algo necesario y algo impensable. Como se ha hipotetizado, *absoluto* enfoca un punto excluyendo otras posibilidades; así, es natural que este *Max* sea adecuado en contextos negativos y extremos. A diferencia de *completamente* y *totalmente* que construyen una totalidad, *absolutamente* señala y refuerza lo que en sí es extremo. Se ha verificado en los materiales que *absolutamente* se combina ante todo con adjetivos extremos y negativos. En los casos modificados por *absolutamente* son abundantes los adjetivos que empiezan por *in-* o *im-*: *incapaz, inaceptable, inédito, ilegal, imprescindible, indispensable, incoherente, inconstitucional*, etcétera, hasta 30 lexemas distintos.

A continuación se presenta otra forma de comprobar diferencias entre los *Max*. Partiendo de *todas* las ocurrencias en CREA de adjetivos que hipotéticamente deben combinarse con determinados *Max*, se podrán detectar las líneas de fuerza del sistema. Las siguientes catas contienen adjetivos extremos de diversa semántica (negativos y superlativos) con el supuesto de que deben ser atraídos sobre todo por *absolutamente*. Los casos atestados deben contrastarse con la ocurrencia relativa de los cuatro *Max*: *enteramente* 3,3 %, *completamente* 21,8 %, *totalmente* 46,1 % y *absolutamente* 28,8 % (basado en 8.408 ocurrencias).

Las cifras de esta prueba son variables pero hablan por sí mismas. *Absolutamente* es el *Max* claramente favorecido y la diferencia llega a ser realmente contundente con *indispensable* (típicamente negativo) y *maravilloso* (típicamente superlativo) donde es el único *Max* atestado. No cabe duda de que *absolutamente* se liga con esta clase de adjetivos en consonancia con la hipótesis acerca de su semántica.

Tabla 7. Colocaciones de los Max con adjetivos negativos y superlativos (CREA íntegro)

Max	Nº de casos				
	indispens-able	extraor-dinario	imposible	mara-villoso	fantástico
enteramente	0	0	3	0	0
completamente	3	0	20	0	1
totalmente	0	1	37	0	0
absolutamente	48	5	88	8	2

En resumen, no parece haber una atracción mutua exclusiva entre los respectivos *Max* y grupos de adjetivos/participios. En un material de mayor volumen habría seguramente un solapamiento aún mayor, pero igualmente se destacarían tendencias, tal como se ha comprobado con *absolutamente*. Recogiendo integralmente en CREA todas las ocurrencias de algunos de los adjetivos registrados con los cuatro *Max*, a saber *ajeno, distinto, falso, ilegal*, se comprueban tendencias y preferencias, pero no lo bastante claras como para hablar de colocaciones fijas y exclusivas de este *Max*. Queda por hacer más pesquisas para descubrir y analizar estas pautas. En todo caso, la distribución de los *Max* tal como se aprecia en la Tabla 8, no se corresponde con las frecuencias relativas de la totalidad de ocurrencias[15]:

Tabla 8. Colocaciones de los Max con cuatro adjetivos (CREA íntegro)

Max	Nº de casos			
	ajeno	distinto	falso	ilegal
enteramente	3	11	3	1
completamente	39	146	20	8
totalmente	62	121	61	13
absolutamente	8	19	94	13

En general, las proporciones siguen las tendencias generales de los *Max* con dos claras excepciones de sobreuso: *absolutamente falso* y *absolutamente ilegal*.

9. Conclusiones

Hay que reconocer que este estudio no proporciona respuestas unívocas a las hipótesis. Si bien hay una atracción mutua entre los *Max* y grupos particulares de adjetivos/participios, no parece haber mucha atracción exclusiva entre los respectivos *Max* y los elementos modificados. Lo más llamativo es que los *Max* estudiados aquí se solapan en gran medida. Se ha verificado que los *Max* solo seleccionan los adjetivos/participios de límite y extremos o superlativos. No figura ningún adjetivo típicamente escalar como *alto-bajo* o *caro-barato* en los materiales.

Se ha visto que el índice de cobertura entre dos *Max* y los lexemas atestados (es decir, el número de lexemas compartidos) varía entre un 12,5% y un 23,5%. Es difícil sacar conclusiones claras de estas cifras, dado el volumen relativamente limitado del corpus. El porcentaje de 23,5 es, sin embargo, apreciable, pues casi cada cuatro lexema del corpus ocurre tanto con *completamente* como con *totalmente*. Resulta, pues, que estos dos modificadores tienen aire de familia y se comportan de forma casi igual. Si se ampliara el corpus, con toda probabilidad la cobertura sería aún mayor.

Enteramente, y sobre todo *absolutamente*, parecen desviarse un poco de los otros dos. Al parecer, *entero* rastrea su significado original al poner de relieve la idea de "que concierne a todos los aspectos que conforman algo en su integridad". Si se dice *El cuadro estaba enteramente destrozado* o *El niño estaba enteramente sucio*, lo que se representa es algo que engloba a todas las partes. En cambio, *El niño estaba totalmente sucio* más bien evoca el grado máximo de suciedad.

Absolutamente, a su vez, se ve atraído por adjetivos/participios que denotan algo extremo y negativo, que vemos como un efecto de su función como focalizador. Parece posible ver en esto una consonancia con el perfil semántico originario de *absoluto* que no se basa en la imagen de algo sumado o colmado como *completamente* y *totalmente*, sino en lo máximamente exclusivo. Adjetivos como *indispensable*, *inédito* y muchos otros con el prefijo *in-* (*im-*) son ejemplos típicos de las colocaciones de *absolutamente*.

Así pues, los materiales dejan entrever ciertas combinatorias que parecen ser motivadas pero, a la luz de que *ajeno*, *falso*, *distinto*, *idéntico* figuran con los cuatro *Max*, es mejor no hablar de restricciones semánticas. Se trata de avenencias y tendencias. Las restricciones se dan ante todo con respecto otros modificadores de grado, no en el interior del grupo de los *Max*.

Notas

1. Ver *infra*, ap. 4, p. 176.

2. "Atracción mutua" es una expresión preteórica que simplemente alude al hecho de que un *Max* particular se combina con cierto tipo de adjetivos/participios (+atracción), antes que con otros tipos de adjetivos/participios (-atracción).

3. Las notaciones ?, ??, * indican grados de anomalía semántica, no una restricción sintáctica. Esto quiere decir enunciados marcados como más o menos anómalos pueden encontrarse en la lengua, pero se trata en este caso de explotar el sistema para obtener efectos estilísticos, jocosos o hiperbólicos.

4. Este aspecto se tratará somera e indirectamente.

5. En CREA (íntegro) *enteramente imposible* arroja 3 ejemplos, mientras que *absolutamente imposible* figura 88 veces.

6. CREA es el acrónimo por El Corpus de Referencia del Español Actual, elaborado por la Real Academia Española, consta de 154.279.050 formas y cubre el período entre 1975 y 2004.

7. *Frío* puede reanalizarse como un adjetivo acotado si refiere al proceso de *enfriarse*, como en la frase *El cadáver está completamente frío*.

8. Esta clasificación sigue de cerca la que presenta Paradis (1997:49).

9. Evidentemente, en sentido figurado estos adjetivos/participios son perfectamente graduables: *Marta es muy viva* y *Pedro es más muerto que el tronco de un árbol*.

10. Remitimos a la presentación de Paradis (1997: 54 y sigs.).

11. Este recuento se basa en otro inventario extraído de CREA 1996–2000 que consta de 200 ejemplos de cada *Max*.

12. Se citan los lexemas en masculino singular.

13. La cobertura sería decididamente mayor si el estudio se basara en materiales más extensos.

14. En el caso de *enteramente* el ejemplo proviene del año 1985.

15. *Cf. supra*, tabla 3, p. 174.

Referencias

Allerton, David J. 1987. "English intensifiers and their idiosyncrasies". *In:* Steele, Ross & Terry Threadgold. *Language topics. Essays in honour of Michael Halliday*, 2. 15–31. Amsterdam: John Benjamins.

Bierwisch, Manfred. 1967. "Some semantic universals of German adjectives". *Foundations of Language* 3. 1–36.

Bolinger, Dwight. 1972. *Degree words*. The Hague: Mouton.

Cruse, D. Alan. 1986. *Lexical Semantics*. Cambridge: Cambridge University Press.

Cruse, D. Alan & Pagona Togia. 1996. "Towards a cognitive model of antonymy". *Journal of lexicology* 1. 113–141.

Cuenca, Maria Josep & Joseph Hilferty. 1999. *Introducción a la lingüística cognitiva*. Barcelona: Ariel Lingüística.

Erman, Britt. 2009. *Is there such a thing as a random combination? A usage-based study of specific construals as apparent in adverb-adjective combinations*. Stockholm: Dept. of English, Stockholm University. (manuscrito)

Goldberg, Adele E. 1995. *Constructions: A Construction Grammar approach to argument structure*. Chicago: University of Chicago Press.

Leech, Geoffry. 1974. *Semantics*. Hammondsworth: Penguin Books.

Leonetti, Manuel. 2007. *Los cuantificadores*. Madrid: Arco Libros.

Moreno Teva, Inmaculada. 2012. *Las secuencias formulaicas en la adquisición de español L2*. Tesis doctoral. Stockholm, Universidad de Estocolmo.

Paradis, Carita. 1997. *Degree modifiers of adjectives in spoken British English*. Tesis doctoral. Lund: Lund University Press.

Real Academia Española. 2010. *Nueva Gramática de la Lengua Española. Manual*. Madrid: Espasa Libros.

Wray, Alison. 2002. *Formulaic Language and the Lexicon*. Oxford: Oxford University Press.

Östman, Jan-Ola & Mirjam Fried. 2005. "The cognitive grounding of Construction grammar". *In*: Östman, Jan-Ola & Mirjam Fried. *Construction grammars. Cognitive grounding and theoretical extensions*. Amsterdam & Philadelphia: John Benjamins. 1–13.

10. El uso de *entonces* e *igual* en hablantes nativos y no nativos de español chileno

Lars Fant
Stockholms universitet

1. Objetivos del estudio

Dentro del estudio de la adquisición de segundas lenguas, el aprendizaje y uso de los marcadores del discurso (MD) representa un área hasta la fecha relativamente poco explorada, en comparación con p.ej. la flexión verbal, los mecanismos de concordancia o el léxico. Los estudios que existen casi siempre tratan del inglés como segunda lengua (p.ej. Romero Trillo 2002). Quizá no sea de sorprender esta carencia. Lo que constituye el centro de interés de los estudios de ASL tiende a coincidir con lo que es el centro de atención en la enseñanza de lenguas, lo cual, a su vez, por motivos obvios refleja lo que está bien descrito en los estudios de lingüística general.

Ahora, el aprendizaje del sistema de MD en una segunda lengua se realiza lo más a menudo de manera implícita y espontánea y muy raramente los MD se presentan como tema de instrucción formal, ni en los manuales o gramáticas de lenguas extranjeras ni en la práctica del aula. Aprender a dominar el uso de los MD constituye por lo tanto un gran desafío para el aprendiente de una segunda lengua, quien, en la ausencia de herramientas formales, depen derá enteramente de la capacidad de formar hipótesis en base a un input natural. Es más, ya que estas formas se caracterizan por su potencial semántico normalmente muy sofisticado y su polisemia compleja (ver, entre otros trabajos, Hansen 1998, Jucker & Ziv 1998, Aijmer 2002, Fischer 2006), su descripción constituye también un gran desafío para la lingüística. Por tratarse de una rama bastante reciente en la tradición lingüística es natural que no se haya llegado todavía a una descripción detallada y consistente de

Cómo citar este capítulo:

Fant, Lars, El uso de *entonces* e *igual* en hablantes nativos y no nativos de español chileno. In: Engwall, Gunnel & Fant, Lars (eds.) *Festival Romanistica. Contribuciones lingüísticas – Contributions linguistiques – Contributi linguistici – Contribuições linguísticas.* Stockholm Studies in Romance Languages. Stockholm: Stockholm University Press. 2015, pp. 198–218. DOI: http://dx.doi.org/10.16993/bac.j. License: CC-BY

su uso comparable a lo que se da para otros aspectos de la estructura lingüística.

Recientes estudios empíricos de carácter translingüístico y contrastivo tales como Aijmer & Simon-Vandenbergen (2006) o Lauwers, Vanderbauwhede & Verleyen (2010) muestran que las equivalencias funcionales de las partículas discursivas[1] entre dos lenguas son raras o poco transparentes. Vale decir que los marcadores existentes en la L1 rara vez tienen equivalentes funcionales estables en la L2, factor que indudablemente le dificulta la tarea al aprendiente. Los desajustes entre uso nativo y no nativo pasan en gran medida desapercibidos por los hablantes no nativos, lo cual da lugar a lo que Romero Trillo (2002) califica de "distancia pragmática" entre hablantes nativos y no nativos de una lengua.

Todos estos factores contribuyen a que los MD se presenten como una zona frágil en la adquisición de una L2. El problema que nos planteamos es si la inseguridad o inadecuación en el uso de los MD se mantiene aún en fases muy avanzadas del aprendizaje. Por eso hemos querido estudiar la conducta verbal de hablantes no nativos que viven inmersos desde hace un tiempo considerable en la sociedad meta y que usan predominantemente la segunda lengua tanto en su vida profesional como en su vida privada. Nuestros informantes son personas cuya L1 es el sueco y que viven y trabajan desde hace más de cinco años en Chile, comunicándose en la variedad chilena del español.

2. Las partículas *entonces* e *igual* en la variedad chilena

Los MD cuyo uso hemos elegido estudiar son las dos partículas *entonces* e *igual*[2]. En el habla nativa de la variedad chilena, al menos en los materiales que hemos recopilado ('Multi-Task/ Chile') y sobre los cuales basamos el presente estudio así como el de Fant & Hancock (2013), estas dos son los MD no compuestos (o sea, constituidos por una sola palabra gráfica) que más frecuentemente ocurren, exceptuándose formas como *pero* o *porque* que pueden ser considerados MD desde criterios puramente pragmáticos pero que en la sintaxis tienen la función formal de conjunciones, a diferencia de las dos partículas elegidas para el estudio.

Respecto de *igual*, solo se toman en cuenta ocurrencias de uso concesivo[3] (sinónimo a 'a pesar de eso') haciéndose abstracción de su uso adjetival ('es igual a una mujer indígena') y adverbial de marca de comparación ('han sido igual de tontos que yo').

Las dos partículas tienen propiedades esenciales en común. Ambas se usan como marcas de correferencia anafórica, uso que no solo domina cuantitativamente sino también se presenta como menos marcado que otros usos no anafóricos. Es más, tanto *entonces* como *igual*-concesivo, a pesar de no ser conjunciones sino adverbios, se usan en la gran mayoría de los casos como elementos conectivos interoracionales, o como "seudo-conjunciones". El uso adverbial intraoracional corresponde para ambas partículas a una clara minoría de ocurrencias.

También cabe señalar importantes diferencias entre las dos formas. Para empezar, la evolución histórica de una y otra partícula es muy distinta: *entonces* se originó como deíctico temporal (<lat. TUNC, 'en aquel momento'), mientras *igual*-concesivo evolucionó a partir de su uso adjetival de indicio de comparación (<lat. AEQUALIS), pasando por un uso adverbial correspondiente ('de idéntica manera'); de ahí que *entonces* tenga una base semántica deíctica mientras que *igual* no la tiene. Sin embargo, el valor de deíctico temporal de *entonces* dista mucho de ser el más representado en nuestros materiales; en cambio son el uso de marca consecutiva (= 'por lo tanto') y derivados los que prevalecen. En estos usos, *entonces* tiene función inferencial evidencial, o sea, remite a una fuente u origen de la información (cf., entre otros trabajos, Dendale & Tasmowski 2001, o Wachtmeister Bermúdez 2006).

De las dos partículas, *entonces* es con mucho la más frecuente. Aparece en nuestros materiales 5,1 veces por cada 1 000 palabras, frente a 1,0 vez por 1000 palabras para *igual*-concesivo.

El ejemplo siguiente ilustra usos típicos de ambas formas:

(1)   *Lulú* (HNN): mm sí yo estudié dos años en el liceo // español / **entonces** yo sabía lo básico PEro // después de eso yo viví casi un año en Nicaragua [E: ah ya] y ahí fue don:de aprendí a hablar [E: ya] que **igual** era muy distinto / que el español de acá

(Tarea Entrevista, Lulú)

Aquí, la ocurrencia de *entonces* tiene valor consecutivo (sinónimo de 'por lo tanto' aunque menos enfático) y funciona como seudo-conjunción (sinónimo de 'así que'[4]). El *igual*, por su parte, aparece sintácticamente en función claramente adverbial, con un valor concesivo aunque no anafórico ('contrariamente a lo que podría esperarse'; o sea, la expectativa implicada es extratextual, con referencia exofórica).

Por el contrario, en el ejemplo (2) aparece *entonces* dos veces y en usos más especiales:

(2)   *Moni* (HN): y nos vinimos a Santiago↑/ porque a mí me salió: un trabajo que pa mí era más difícil encontrar trabajo [E: ya] **entonces** por
mi- porque yo soy diseñadora textil y mi marido es diseñador gráfico
entonces

(Tarea Entrevista, Moni)

La primera ocurrencia de *entonces* guarda un vínculo correferencial con el texto antecedente aunque sin valor consecutivo; más bien refleja una intención comunicativa de explicar o especificar la proposición anterior. La segunda ocurrencia es un caso de *entonces* pendiente o de "apéndice conversacional" (Gille & Häggkvist 2006), el cual parece anunciar la formulación de una posible consecuencia de la proposición antecedente sin que esta se presente nunca, convirtiendo la partícula en una especie de muletilla[5], de manera análoga a cómo puede ocurrir con el MD *o sea* en muchas variedades del español incluida la peninsular (Martín Zorraquino & Portolés 1999: 4064). En ambos casos del ejemplo (2) nos enfrentamos a usos menos prototípicos (o, si se prefiere, más elaborados) de la partícula *entonces* que en (1).

3. Informantes y materiales

Los materiales de estudio provienen del corpus 'Multi-Task' recopilado por miembros de investigadores del programa 'High-level Proficiency in Second Language Use' (Universidad de Estocolmo) en tres grandes ciudades: Londres para la recolecta de datos del inglés, París para el francés y Santiago de Chile para el español. En cada lugar se realizaron grabaciones con dos categorías de informantes: hablantes no nativos de origen sueco que vivían inmersos en el país respectivo, como grupo de estudio, y un número idéntico de hablantes nativos como grupo de control. La selección de informantes fue coordinada a fin de que el grupo de estudio (hablantes no nativos) y el de control (hablantes nativos) se parecieran en la medida de lo posible en su composición con respecto a edad, sexo, estrato social y nivel educacional. Así, el grupo chileno no nativo consta de 6 mujeres y 4 hombres, cuya edad oscila entre 27 y 59 años, la media siendo de 39,8 años; los nativos, por su parte, constan de 4 mujeres y 6 hombres, la edad oscilando entre 22 y 71 años con un valor medio de 38,8 años. Tanto los nativos como los no nativos tienen educación secundaria y una educación superior al menos iniciada (aunque no siempre terminada); todos trabajan, o bien –si estudian en el momento de la grabación– han tenido experiencia laboral. Todos los informantes –tanto nativos como no nativos– son de clase media.

Respecto del nivel de español de los hablantes no nativos, todos poseen un muy buen dominio del idioma; ocho de los diez suecos, en una prueba de percepción a ciegas realizada con árbitros chilenos nativos (Forsberg Lundell 2013), pasaron por hispanohablantes nativos aunque no chilenos, una pasó incluso por chilena y uno solo fue calificado de extranjero. Todos salvo uno han estudiado español previamente a la llegada a Chile y ocho de los diez han seguido por lo menos alguna enseñanza del idioma a nivel universitario. En el momento de la grabación llevaban entre 5 y 16 años como residentes del país (duración media de la residencia 9,9 años). Su competencia lingüística, por lo tanto, aunque se fundamenta en una situación de instrucción formal, el grueso del *input* lingüístico recibido proviene de sus interacciones diarias en español en situación de inmersión en la sociedad chilena.

Los materiales de estudio provienen de tres de las tareas que realizaron los informantes. La primera es una simple entrevista de autopresentación, que da lugar a un discurso lleno de descripciones y narraciones personales. La segunda tarea, *Charlie*, consiste en la re-narración simultánea de un extracto, 15 minutos de largo, de la película 'Tiempos Modernos' de Charlie Chaplin; el informante, mientras corre el videoclip, ha de nombrar, en plan de comentarista, lo que ve en la pantalla. La tercera tarea, *Jefe*, consta de un juego de roles en el que el informante, tras cinco minutos de preparación a partir de de licencia (el rol del jefe, invisible para el informante, un *script*, debe realizar una llamada telefónica a su presunto jefe para pedirle dos días es desempeñado por una persona contratada especialmente). Las tres tareas representan diferentes grados de complicación, la de mayor dificultad es *Charlie* en la cual falta el apoyo interaccional de un interlocutor nativo y se activa, además, un vocabulario mucho más específico que en las otras dos tareas.

El tamaño de los materiales, medido en número de palabras producidas por los informantes y el número de ocurrencias de cada una de las partículas discursivas, se desprende de la Tabla 1.

Si bien es verdad que la Tabla 1 muestra un desequilibrio entre las tareas con respecto a la producción de habla, debe considerarse una ventaja la existencia de una mezcla de tipos de actividad, capaz de dar una representación diversificada del uso de las partículas en el lenguaje oral en general.

Tabla 1. Tamaño de los materiales de estudio y ocurrencias de entonces e igual

Número de palabras:		
	grupo no nativo	*grupo nativo*
Entrevista	27 292	22 270
Tarea *Charlie*	14 191	15 248
Tarea *Jefe*	4 579	4 086
Total palabras	46 062	41 604
Ocurrencias de *entonces/igual*:		
	grupo no nativo	*grupo nativo*
Total entonces	233	217
Total igual	56	31

4. Planteamiento e hipótesis

Se ha demostrado –p. ej. a través de trabajos de la lingüista danesa Maj-Britt Mosegaard Hansen (Hansen 1998; Hansen & Rossari 2005)– que las redes polisémicas de las partículas pragmáticas/discursivas reflejan la evolución histórica de estas a lo largo de una trayectoria calificada de "pragmaticalización". En este proceso, palabras y locuciones que en su origen tienen carácter denotativo, pierden poco a poco su significado semántico para convertirse en marcadores pragmáticos-discursivos (Dostie 2004, Erman & Kotsinas 1993). La analogía con la gramaticalización es evidente, la diferencia siendo que el producto final del proceso no está constituido por elementos que tengan una función puramente gramatical dentro del marco de la oración sino que desempeñan un papel pragmático a nivel del discurso. De manera esquematizada, las palabras o locuciones que pasan por ese proceso atraviesan las etapas siguientes:

significado vericondicional → uso pragmático → uso metadiscursivo

'Pragmático', en este esquema, remite al sentido 'de interpretación mayormente ilocutiva' mientras que 'metadiscursivo' se interpretaría como 'regulador del flujo de discurso'. En base a nuestras observaciones del uso que hacen los hablantes nativos de las dos partículas, sugerimos la siguiente modificación en el etiquetaje y definición conceptual de los pasos de la pragmaticalización, a la vez de suponer que estos pasos reflejan *grosso modo* un desarrollo histórico:

uso adverbial deíctico → uso conector → uso modalizador[6]

A partir de este modelo, nuestra pregunta de investigación fundamental es en qué medida el desarrollo del aprendiente de la segunda lengua, en el uso que hace de las partículas *entonces* e *igual*, refleja la misma trayectoria. Si es así, sería posible detectar este desarrollo en la producción de los hablantes no nativos de nuestros materiales (altamente proficientes, recordemos, en su ESL), en el sentido de que usos más adelantados en la postulada escala de pragmaticalización podrían verse infrarrepresentados en su habla mientras usos menos adelantados (más "básicos") estarían sobrerrepresentados, visto en relación con la producción nativa.

Nuestra hipótesis al respecto sería, por lo tanto, que el usuario de la L2, aunque haya llegado a una etapa muy avanzada en su proceso adquisicional, se resiste a apropiarse de los usos más avanzados de las partículas discursivas *entonces* e *igual* con respecto a la mencionada escala de pragmaticalización, con lo cual estos usos se ven representados en la producción oral de los hablantes no nativos en menor grado que en la de los nativos.

Considerando lo que se sabe sobre la incidencia de los mecanismos de transferencia de la L1 en la adquisición de una L2, cabe agregar una hipótesis de apoyo, a saber: los usos de la lengua meta que corresponden a usos idénticos o semejantes en la lengua nativa (en este caso, el sueco) tienen una presencia más estable en la producción oral del hablante de la L2 que aquellos que no poseen ese tipo de soporte.

5. Parámetros de análisis

A fin de concretar y operacionalizar la noción de 'uso básico' frente a la de 'uso pragmaticalizado', hemos delimitado dos áreas en las cuales, según nuestra apreciación, sería posible rastrear un proceso de pragmaticalización. Para cada área hemos formulado el itinerario evolutivo que hemos juzgado más plausible.

La primera área corresponde al factor 'correferencialidad'. Este término refiere en primer lugar a la estrechez del vínculo anafórico que la partícula guarda con el antecedente y, en segundo lugar, si el vínculo es estrecho, a la relación semántica establecida entre la partícula anafórica y su antecedente.

En lo que se refiere a la estrechez del vínculo, hemos definido las posiciones siguientes:

relación correferencial precisa (vínculo fuerte; etapa básica)
→ relación correferencial vaga (vínculo debilitado; etapa intermedia)
→ relación correferencial exofórica o inexistente (ningún vínculo co-textual = la etapa más elaborada).

Debe agregarse a este esquema que la correferencia o vínculo co-textual en el caso de *entonces* solo se da de tipo anafórico mientras que para *igual* también a veces se establece una correferencia de tipo catafórico.

La segunda área que constituye un *locus* de evolución corresponde al factor 'categoría gramatical'. Para esta área hemos postulado el itinerario evolutivo siguiente:

adverbio pospuesto o antepuesto al verbo (etapa básica)
→ adverbio expletivo
→ conector o "seudo-conjunción"
→ partícula modalizadora (etapa más elaborada).

En los dos sub-apartados siguientes examinaremos y ejemplificaremos las categorías analíticas que acabamos de enumerar.

5.1. Entonces
5.1.1. *Factor 'correferencialidad'*

En el extracto siguiente, la participante no nativa 'Tina' usa la partícula *entonces* de una manera que podría ser calificada de prototípica:

(3) *Tina* (HNN): antes la diferencia que antes estas cosas no se decía era como feo decir que tenía mucha plata eso **entonces** era- era como más discreto hoy día es como que / si tienes un auto bonito pues andas por todas partes con él

(Tarea Entrevista, Tina)

La partícula tiene una correferencia anafórica precisa (v.gr. con el adverbio *antes* de la cláusula precedente). La relación semántica es temporal, o sea, la más básica desde la perspectiva histórica, tomando en cuenta la etimología (lat. TUNC) de la partícula.

En el próximo ejemplo vemos un caso de relación correferencial ya no precisa sino vaga:

(4) *Stig* (HNN): porque mi señora no habla nada de sueco nuestros amigos no hablan nada de sueco **entonces** yo tengo oportunidad de hablar sueco con las niñitas cuando estamos más bien solitos

(Tarea Entrevista, Stig)

Claramente, *entonces* aquí indica algún tipo de consecuencia de lo anteriormente dicho, aunque falta un eslabón explícito ('las oportunidades que tengo de hablar mi lengua nativa con mis hijas quedan limitadas'), además de que la partícula parece referirse a todo un tramo de discurso precedente para anunciar una especie de conclusión.

En el ejemplo (5), finalmente, no parece darse ningún vínculo correferencial entre *entonces* y el discurso precedente, sino que la función de la partícula parece ser la de anunciar e introducir un nuevo eslabón en el relato:

> (5)   *Lito* (HN): pero en Direcom que es el departamento encargado de negociaciones comerciales/ de acuerdos de libre comercio [E: ya ya] **entonces** me tocó participar ya antes del acuerdo de libre comercio con: con la Unión Europea
>
> (Tarea Entrevista, Lito)

5.1.2. *Factor 'categoría gramatical'*

En el ejemplo (6), *entonces* aparece pospuesto al verbo y trae un inequívoco sentido de adverbio deíctico temporal:

> (6)   *Kiki* (HNN): yo ahí: estaba muy mal no sabía como como solucionarlo pero no sabía **entonces** aquí lo que diga el jefe vale definitivamente
>
> (Tarea Entrevista, Kiki)

El uso representado en (6) es bastante escaso en nuestros materiales. En cambio, el ejemplo (7) en que *entonces* aparece antepuesto al verbo y se interpreta ya no como deíctico temporal sino como adverbial consecutivo, aparece con mayor frecuencia:

> (7)   *Jefe*: yo sé que salen dos vuelos uno a las seis treinta de la mañana otro a las diez de la mañana] *Mike* (HNN): **entonces** ↑ tendría que ser a las seis veinte↑↓ (2,0) en la mañana para alcanzar [NB *entonces* pronunciado con acento tónico]
>
> (Tarea *Jefe*, Mike)

La relación semántica de deixis temporal se mantiene en la forma compuesta *y entonces* que aparece con cierta frecuencia en nuestros materiales, aunque sobre todo en los hablantes no nativos. He aquí un ejemplo ilustrativo:

> (8)   *Hans* (HNN): sí // lo: lo que sí obviamente tú tienes más / alternativas en en Santiago **y entonces** tratamos de hacer una compensación y por eso compramos la la parcela: en El Paine
>
> (Tarea Entrevista, Hans)

La categoría 'adverbio expletivo', por su parte, requiere de alguna explicación. Nos referimos al caso en que la partícula en realidad es superflua por no hacer más que repetir un adverbio, o cláusula adverbial, circunstancial:

(9)   *Moni* (HN): por ejemplo si uno es experto en: cardiología/ en: el corazón [E: ya->] **entonces** va y va donde el doctor y le le muestra los los: las cosas nuevas

(Tarea Entrevista, Moni)

Dicho uso es relativamente frecuente en los datos, tanto en el habla nativa como en la no nativa. Es importante destacar la existencia de este tipo ya que constituye una especie de eslabón entre los usos puramente adverbiales de la partícula y el uso de conector o de seudo-conjunción. De este último tipo vemos un ejemplo bastante típico en (10):

(10)   *Nany* (HNN): sí/ sí lo sé/ **entonces** lo que yo estaba pensando que a lo mejor podíamos ee preparar esa reunión ANTES

(Tarea Jefe, Nany)

Lo que nos hace categorizar este *entonces* como conector más bien que como adverbio propiamente deíctico es ante todo el hecho prosódico de su no tonicidad, a diferencia del *entonces* del ejemplo (7) que se produjo con un claro acento tónico. También podemos valernos de una prueba de sustitución: mientras el *entonces* de (7) es parafraseable con el sintagma adverbial *en ese/aquel caso* mientras la misma partícula en (10) se deja más bien sustituir con la conjunción *así que*.

Citemos, finalmente, dos casos del uso de *entonces* como partícula modalizadora en posición de apéndice (para este término, ver Gille & Häggkvist 2006). El primero de estos casos aparece con bastante frecuencia en la tarea *Jefe*, tanto entre los nativos como entre los no nativos:

(11)   *Stig* (HNN): perfecto estamos de acuerdo así **entonces**

(Tarea *Jefe*, Stig)

Aquí, la partícula pospuesta al resto de la oración tiene función comprobativa (para este término, ver Ortega Olivares 1985), o sea, de solicitud de confirmación, en una situación en la que se anuncia la llegada a un acuerdo. Aunque se trata de un uso bastante "elaborado" por haberse alejado bastante del significado deíctico temporal original de la partícula, este uso tiene arraigo en el sueco[7], la lengua nativa de nuestros informantes no nativos, así como en muchas otras lenguas europeas a través de las formas deícticas literalmente correspondientes a *entonces*.

El segundo caso del uso de *entonces* como partícula modalizadora en posición de apéndice lo hemos encontrado sólo en el grupo de nativos. Se trata del *entonces* dejado pendiente al final del enunciado:

> (12) *Moni* (HN): porque yo soy diseñadora textil y mi marido es diseñador gráfico **entonces**
>
> (Tarea Entrevista, Moni)

La función de esta partícula parece ser la de anunciar que podría decirse más cosas al respecto pero que no se dicen. Con ello, funciona como marca de atenuación del acierto formulativo (Fant 2007). Algo similar, de hecho, parece ocurrir con el marcador *o sea* en muchas variedades del español (ver p. ej. Féliz-Brasdefer 2006: 201).

5.2. Igual

5.2.1. *Factor 'correferencialidad'*

Hemos constatado ya que *igual*, a diferencia de *entonces*, no tiene valor deíctico en el sentido restringido del término. Sin embargo, el uso básico de *igual*-concesivo es correferencial anafórico, parafraseable como '*a pesar de eso/esto*'. Veamos un ejemplo:

> (13) *Nica* (HN): y ahora fue tanto lo que la máquina lo apuró que se enredó en la cinta *y:* <u>un compañero lo tiene sujetado de un pie</u> pero este **igual** se logra ir
>
> (Tarea *Charlie*, Nica)

O sea: aquí, *igual* se deletrea 'a pesar de tenerlo sujetado de un pie un compañero'. Aunque este tipo de interpretación anafórica representa el caso más frecuente de correferencialidad, también se dan ejemplos en nuestros materiales de *igual*-concesivo con referencia catafórica, o sea, donde la partícula anticipa al sintagma con el que es correferencial. Un ejemplo ilustrativo lo encontramos en (14):

> (14) *Nany* (HNN): [E: y en Suecia no no te da la impresión de que pasa un poco lo mismo] **igual** el el consumismo existe [E: mm] <u>pero</u> yo creo que <u>es un poquito distinto</u>
>
> (Tarea Entrevista, Nany)

En muchas instancias, sin embargo, la partícula no establece ninguna relación de correferencia con el co-texto. La concesión que expresa parece dirigir a un enunciado implícito que representaría una objeción al razonamiento, con lo cual nos enfrentamos a una relación ya no ana-o catafórica sino exo-fórica. El ejemplo (15) ilustra este tipo:

(15) *Rita* (HN): él estudia música está terminando ya↑ va a dar su examen de título ahora en enero él es trompetista↑ [E: trompetista↑] sí-> y yo lo conocí cuando yo estudiaba teatro [E: ah↑↓] em: **igual** nos conocíamos de antes / también él de Maipú

(Tarea Entrevista, Rita)

El pasaje indica –dicho sea entre paréntesis– un proceso de diálogo interno en la hablante y constituye un buen ejemplo de la relación de polifonía que los MD son capaces de activar en el discurso (cf. Nølke 1994).

5.2.2. *Factor 'categoría gramatical'*

Con muchísima frecuencia el *igual*-concesivo aparece, en los materiales, en su función de complemento adverbial. Algunas veces se presenta en posición final focalizada:

(16) *Moni* (HN): y después como tiene: unos movimientos compulsivos e: a causa de su trabajo/ toma el plato con sopa y lo bota / después el compañero se sienta sobre su propio plato que está vacío pero lo quema **igual**

(Tarea Entrevista, Moni)

Sin embargo, la partícula aparece a menudo en posición temática, antepuesta al verbo y muchas veces desacentuada:

(17) *Nica* (HN): se le acerca la persona de:// del maletín negro y le trata de explicar más o menos cómo funciona la máquina él **igual** está un poco confundido y asustado

(Tarea *Charlie*, Nica)

Un caso especial lo constituye la locución *pero igual* en la que la forma *igual* funciona como refuerzo del significado adversativo que aporta la conjunción *pero*:

(18) *Hans* (HNN): entre ellos / yo elegí entre químico y eléctrico [E: ah ya] y lamentablemente por un mal profesor / descarté el parte química [E: la química ya] sí / **pero igual** yo: tuve mi: / punto de quiebre decimos así en la aplicación en universidades

(Tarea Entrevista, Hans)

De forma análoga a *entonces*, el marcador *igual*-concesivo a menudo funciona, ya no como complemento adverbial, sino como conector antepuesto al resto de la oración (o sea, como seudo-conjunción). En esta función *igual* normalmente no se acentúa. Este uso es claramente más frecuente en el habla nativa que en la no nativa. He aquí un ejemplo ilustrativo:

(19) *Pili* (HN): ee tendría que hacer todo el esfuerzo por volver el viernes/ pero la verdad es que no sabría si podría hacerlo/ **igual** le pido mil disculpas/ porque: bueno son cosas fortuitas que no/ se escapan de mis manos

(Tarea *Jefe*, Pili)

Si la función de conector representa un paso adelante en el supuesto itinerario de la pragmaticalización, una función más elaborada todavía sería la de partícula modalizadora en posición de apéndice oracional. No hemos tomado nota de ningún ejemplo inequívoco de este tipo. El pasaje siguiente proporciona un caso posible:

(20) *Kiki* (HNN): la saltamos [E: la saltamos / porque yo creo que sí se alcanzó a grabar lo que hiciste en el primero] ah ya a lo mejor te sirve **igual** [*igual* pronunciado sin acento]

(Tarea Entrevista, Kiki)

El rasgo que distingue esta ocurrencia de *igual*-concesivo de la del ejemplo (16) es el hecho de que en (20) la partícula en posición final se pronuncia átona. Por lo tanto no puede constituir el rema de la oración como en (16) sino que se presenta como un comentario modalizador agregado *post hoc*, posiblemente en función de atenuador del acierto formulativo.

6. Análisis

6.1. Variación entre tareas

La producción de las partículas *igual*-concesivo y *entonces* a través de las tres tareas de la investigación se desprende de la Tabla 2.

Tabla 2. Frecuencias por grupo y tarea: ocurrencias por 1 000 palabras

Tarea→ Categoría↓	"Entrevista"	"Charlie"	"Jefe"	Tot
entonces HNN	5,8	3,0	7,0	5,1
entonces HN	7,9	1,6	4,4	5,2
igual HNN	1,4	0,8	1,7	1,2
igual HN	0,9	0,6	0,2	0,7

No debe sorprender el hecho de que la frecuencia con la que se producen las partículas discursivas en cuestión varía bastante entre las tareas. Aquí no vamos a intentar explicar la variación, la cual sin duda se debe a una combinación de muchos factores, sino que simplemente nos contentaremos con señalar algunas tendencias. La tarea que más parece favorecer la producción de las partículas es la entrevista, que es también la más "relajada" entre las tres. Donde menos partículas se producen es en la tarea *Charlie*, que es también la que mayor esfuerzo exige del participante, debido ante todo a la presión de tiempo y la exigencia de no solo observar detalles sino también verbalizarlos.

Más conspicuo es el hecho de que los hablantes no nativos no se ajustan muy bien a la pauta distributiva de los nativos:

- Los HNs y HNNs ciertamente usan *entonces* en medida similar como promedio, pero esta semejanza se desvanece al mirar la distribución por tarea. Puede sorprender el uso muy extenso que hacen los no nativos de esta partícula en la tarea *Jefe*. El "sobreuso" se presenta en una sola función: la comprobativa (o sea, de solicitud de confirmación, para anunciar un acuerdo), fenómeno que puede radicar en el uso arraigado de la partícula sueca correspondientes *då* (o *dårå*) en esta misma función y que puede verse como una traducción literal de *entonces*. Este "sobreuso" también podría reflejar una tendencia en hablantes suecos a señalar explícitamente el consenso (fenómeno observado en situaciones de negociación, ver Fant 1992, Fant & Grindsted 1995), dado que este uso comprobativo tiene la función ilocutiva de apelar al establecimiento de consenso.
- Más llamativo todavía es el hecho de que los hablantes no nativos sobreusan *igual* en todas las tres tareas y más que nada en *Jefe*, la tarea del carácter más argumentativo. Una posible explicación de índole sociocultural se encontraría en el estilo argumentativo de tendeencia concesiva observado en hablantes suecos, tanto al hablar sueco L1 como español L2, en comparación con hablantes de español L1 (Holmlander 2011).

6.2. Entonces

6.2.1. *Hipótesis relativas al factor 'correferencialidad'*

Suponiendo que el uso básico o prototípico de *entonces* es el de adverbio deíctico, se puede hipotetizar una trayectoria de desarrollo semántico/

pragmático, supuestamente basada en una evolución diacrónica, según el esquema siguiente:

deíctico intra-oracional con vínculo anafórico fuerte
→ conector con vínculo anafórico fuerte
→ conector con vínculo anafórico débil
→ conector sin vínculo anafórico
→ partícula modalizadora (con vínculo anafórico débil o sin vínculo anafórico).

Conjugando este supuesto con la hipótesis propuesta en el apartado 4, acerca de las tendencias al conservadurismo típicas del aprendiente L2, se podría pronosticar que los hablantes no nativos tienden a evitar el uso avanzado y a sobreproducir el uso básico.

La producción de *entonces* en los dos grupos de informantes, distribuida por clase de vínculo anafórico, se desprende de la Tabla 3.

Tabla 3. Uso de *entonces* en hablantes nativos y no nativos por tipo de vínculo correferencial

Vínculo correferencial	HNNs, %	HNs, %
Fuerte	22,1	12,0
Débil	62,2	49,2
Ninguno	15,7	38,9
Total	100 %	100 %
N=	217	233

Las cifras dan un fuerte apoyo a nuestra hipótesis fundamental relativa al supuesto conservadurismo del usuario no nativo. De hecho, los nativos de nuestros materiales producen solo la mitad de ocurrencias de vínculo correferencial fuerte presentes en los no nativos pero más del doble de casos sin vínculo correferencial.

Un resultado que va en contra de esta tendencia es la fuerte presencia en los materiales no nativos de *entonces* como partícula modalizadora con función comprobativa (solicitud de confirmación). Debe notarse que este tipo solo se presenta en la tarea *Jefe*:

(21) *Stig* (HNN): perfecto estamos de acuerdo así **entonces**
    (= ejemplo 11 repetido; tarea *Jefe*, Stig)

En cifras absolutas, los no nativos producen dos veces más ocurrencias de este tipo que los nativos (14 frente a 7). Tratándose de un uso que tiene soporte en la lengua nativa de los informantes no nativos (sueco *då* y *dårå*), se corrobora nuestra hipótesis auxiliar del apartado 4.

6.2.2. *Hipótesis relativas al factor 'categoría gramatical'*

Suponiendo que la función básica (o prototípica) de *entonces* es la de adverbio deíctico intra-oracional, la función de conector representaría una etapa avanzada del dominio de una lengua y la de partícula modalizadora otra etapa más avanzada aún. En analogía con la anterior hipótesis sobre el vínculo correferencial, podemos hipotetizar que los hablantes no nativos son menos propensos que los nativos a recurrir a usos avanzados y más propensos a recurrir a usos básicos.

La producción de *entonces* en los dos grupos de informantes tal como se distribuye por categorías gramaticales se desprende de la Tabla 4.

Tabla 4. Uso de *entonces* en hablantes nativos y no nativos, por categoría gramatical

Categoría gramatical	HNNs, %	HNs, %
Adverbio	15,3	6,3
Conector	80,4	88,4
Partícula modalizadora[8]	4,3	5,3
Total	100 %	100 %
N	203	226

Nuevamente se ve corroborada la hipótesis fundamental, ya que los no nativos producen casi tres veces más ocurrencias del tipo básico, el de adverbio deíctico, mientras la proporción correspondiente al uso de conector en este grupo es inferior a la del grupo nativo. No obstante, el uso supuestamente más elaborado, el de partícula modalizadora, alcanza niveles parecidos en los dos grupos.

Aparte de estas observaciones, es interesante notar que en ambos grupos la función que domina cuantitativamente con mucho, no es la prototípica sino otra más elaborada: la de conector.

6.3. Igual

En cuanto a la partícula *igual*-concesivo, nuestra hipótesis fundamental coincide con la propuesta para *entonces*: los hablantes no nativos, por ser supuestamente menos "atrevidos" en su actuación lingüística, van a recurrir a usos no correferenciales en menor medida que los nativos. En lo que se refiere a la categoría gramatical, hay que tomar en cuenta que *igual*-concesivo no se usa como conector/seudo-conjunción en la misma medida que *entonces* (o sea, en posición inicial de cláusula, y átono). Sin embargo sería de suponer que los nativos serían más propensos que los no nativos a recurrir a este uso por representar una fase más avanzada en el itinerario de la pragmaticalización.

Del análisis de los datos resulta que también para *igual*-concesivo se mantiene la hipótesis inicial. Con respecto al vínculo correferencial se puede ver que el grupo nativo produce una mayor proporción de casos sin tal vínculo (58,0 %) que el grupo no nativo (37,5 %), o sea: los nativos recurren más que los no nativos a usos elaborados de la partícula. En lo que se refiere a la categoría gramatical, la tendencia es la misma: el uso más elaborado, el de conector o seudo-conjunción, se ve considerablemente más representado en el grupo nativo (29,1 %) que en el grupo no nativo (14,3 %).

7. Conclusiones

Los resultados del análisis apuntan todos en la misma dirección. Aunque los usuarios no nativos del estudio, por poseer un dominio lingüístico muy avanzado, se comportan de manera muy parecida al grupo nativo tanto con respecto a la frecuencia total con la que producen las partículas *entonces* e *igual*-concesivo como en lo que se refiere a la diversidad de usos, un análisis más detallado arroja resultados que revelan que la condición de hablante no nativo sí incide en la actuación.

Interpretamos los resultados en el sentido de que los hablantes no nativos muestran mayor tendencia a atenerse a patrones canónicos en su uso de las dos partículas, al evitar usos percibidos como más "elaborados", "periféricos" o "atrevidos". En particular, esta tendencia al conservadurismo se manifestaría en una mayor dependencia de mantener el vínculo correferencial, pero también se nota en el uso gramatical según la escala complemento adverbial (uso más básico) > conector > partícula modalizadora (uso más avanzado).

La cuestión de cómo interpretar esta tendencia conservadora en los usuarios no nativos es interesante y justificaría estudios más amplios sobre el tema. Una hipótesis entre otras que debería ser puesta a prueba es en qué medida los usuarios no nativos, aunque se encuentren en fases de adquisición muy avanzadas, tienen la tendencia general a establecer un grado mayor de cohesión textual que los usuarios nativos.

Símbolos usados en los ejemplos transcritos

HN	Hablante nativo.
HNN	Hablante no nativo.
/	Pausa breve.
//	Pausa algo prolongada.
(2.0)	Pausa prolongada medida en segundos.
ninGUna	Las letras mayúsculas indican pronunciación marcada o enfática.
(( ))	Fragmento indescifrable.
xxxx	Fragmento pronunciado con risa.
:	Alargamiento de segmento fónico.
[xxxx]	Comentario del transcriptor.
(xxxx)	Indicación del origen del extracto.
negrita	Se usa solo para poner de relieve las partículas *entonces* e *igual*.
Subrayado	Sintagma con el que la partícula establece correferencia.
[*E*: xxxx]	En entrevistas: enunciados del entrevistador intercalados.

Notas

1. En este trabajo el término 'partícula discursiva' se usará en el sentido de 'marcador de discurso simple', o sea, que consta de una sola palabra gráfica.

2. Para una descripción general del uso de estas partículas se remite a Martín Zorraquino & Montolío 1998 y Martín Zorraquino & Portolés 1999.

3. Una descripción del uso de *igual*-concesivo en el Cono Sur se encuentra en Grasso 2007.

4. Debe notarse que en nuestros materiales la forma *entonces*, en su acepción de sinónimo de *así que*, aparece 15 veces más a menudo que esta locución conjuncional, lo cual no tiene su equivalente en otras variedades del español como p. ej. la peninsular. (Por otra parte, el *entonces* chileno parece comportarse de manera muy similar al adverbio/conjunción inglés *so*).

5. El término 'muletilla' como herramienta analítica debe ser usado, a nuestro modo de ver, con cierta precaución. Se puede sostener que no hay muletillas "inocentes" por dos razones: siempre es posible rastrear alguna intención subyacente al uso, sea esta la de ganar tiempo al formularse (función autorregulativa) o bien la de proyectar una autoimagen de persona inocente y simpática (función sociopragmática). Ver discusión en Fant 2007.

6. Con 'modalizador' entendemos las funciones atenuadora e intensificadora (Fant 2007).

7. Concretamente, nos referimos a la partícula *då*, tal como se usa en contextos como *Vi ses ikväll, då* ('Nos vemos esta noche entonces'). En inglés funciona *then* de manera parecida, en francés *alors*, en alemán *denn*, etc.

8. Del recuento se han excluido todas las ocurrencias del tipo 'comprobativo/solicitud de confirmación'; como ya hemos señalado en el apartado 6.2.1, hubo en el grupo no nativo 14 ocurrencias y en el grupo nativo solo 7 ocurrencias de este tipo.

Referencias

Aijmer, Karin. 2002. *English Discourse Particles. Evidence from a Corpus.* Amsterdam: Benjamins.

Aijmer, Karin & Anne Marie Simon-Vandenbergen (eds.). 2006. *Pragmatic markers in Contrast.* Oxford/Amsterdam: Elsevier.

Dendale, Patrick & Liliane Tasmowski. 2001. "Introduction: Evidentiality and related notions". *Journal of Pragmatics 33. Special issue on 'Evidentiality' edited by Patrick Dendale and Liliane Tasmowski.* 339–348.

Dostie, Gaëtane. 2004. *Pragmaticalisation et marqueurs discursifs. Analyse sémantique et traitement lexicographique.* Bruxelles: De Boeck, Duculot.

Erman, Britt & Ulla-Britt Kotsinas. 1993. "Pragmaticalisation: the case of ba' and you know". *Studier i modern språkvetenskap,* 10. 76–93.

Fant, Lars & Annette Grindsted. 1995. "Conflict and consensus in Spanish vs. Scandinavian negotiation interaction". *Hermes Journal of Linguistics 15.* Århus: Aarhus School of Economics. 111–141.

Fant, Lars. 1992. "Scandinavians and Spaniards in negotiation". *In*: Sjögren, Annick & Lena Janson (eds.). *Culture and management in the field of ethnology and business administration.* Stockholm: Stockholm School of Economics, Institute of International Business.125–153.

Fant, Lars. 2007. "La modalización del acierto formulativo en español". *Revista Internacional de Lingüística Iberoamericana (RILI),* Volumen V, no. 1 (9). 39–58.

Fant, Lars, Fanny Forsberg & Carlos Olave. 2011. "Cómo pedirle dos días de permiso al jefe: el alineamiento pragmático de usuarios avanzados de EL2 en diálogos asimétricos". *In*: Fant, Lars & Ana María Harvey (eds.). *El diálogo oral en el mundo hispanohablante.* Madrid/Frankfurt: Iberoamericana Vervuert. 219–249.

Fant, Lars & Victorine Hancock. 2013 (en prensa). « Marqueurs discursifs connectifs chez des locuteurs de L2 très avancés : le cas de *alors* et *donc* en français et de *entonces* en espagnol ». *Marqueurs du discours dans les langues romanes: une approche contrastive.* Limoges: Lucas Lambert.

Félix-Brasdefer, J. César. 2006. "Pragmatic and Textual Functions of *o sea*: Evidence from Mexican Spanish". *In:* Face, Timothy L. & Carol A. Klee (eds.). *Selected Proceedings of the 8th Hispanic Linguistics Symposium.* Somerville, MA: Cascadilla Proceedings Project. 191–203.

Fischer, Kerstin (ed.). 2006. *Approaches to Discourse Particles.* Amsterdam: Elsevier.

Forsberg Lundell, Fanny. 2013. "¿Qué significa 'pasar por nativo'? Un estudio exploratorio sobre la actuación oral de usuarios muy avanzados de español y francés como segundas lenguas". *Studia Neophilologica* 85:1.

Forsberg Lundell, Fanny & Britt Erman. 2012. "High-level requests. A study of long-residency L2 users of English and French, and native speakers". *Journal of Pragmatics,* 44: 6–7. 756–775.

Forsberg, Fanny & Lars Fant. 2010. "Idiomatically speaking: The effects of task variation and target language on the use of formulaic sequences in high-level use of French and Spanish". *In:* Wood, David (ed.). *Perspectives on Formulaic Language.* London/New York: Continuum.

Gille, Johan & Cilla Häggkvist. 2006. "Los niveles del diálogo y los apéndices conversacionales". *In:* Falk, Johan, Johan Gille & Fernando Wachtmeister Bermúdez (eds.) 2006. *Discurso, interacción e identidad. Homenaje a Lars Fant.* Universidad de Estocolmo, Departamento de Español, Portugués y Estudios Latinoamericanos. 65–80.

Grasso, Marina. 2007. "Opiniones encontradas entre interlocutores: el caso de 'igual'". *In: Actas del VII Congreso Latinoamericano de Estudios del Discurso ALED 2007.* 91–101.

Hansen, Maj-Britt Mosegaard. 1998. *The function of discourse particles: A study with special reference to spoken standard French.* Amsterdam: Benjamins.

Hansen, Maj-Britt Mosegaard & Corinne Rossari. 2005. "The evolution of pragmatic markers". *Journal of Historical Pragmatics,* 6 (2). 177–187.

Holmlander, Disa. 2011. *Estrategias de atenuación en español L1 y L2. Estudio contrastivo en hablantes españoles y suecos.* Tesis doctoral. Universidad de Lund.

Jucker, Andreas & Ya'el Ziv (eds.). 1998. *Discourse Markers. Descriptions and Theory.* Amsterdam/Philadelphia: Benjamins.

Lauwers, Peter, Gudrun Vanderbauwhede & Stijn Verleyen (eds.). 2010. *Pragmatic markers and pragmaticalization: Lessons from false friends. Special Issue of Languages in Contrast,* Vol 10 (2).

Martín Zorraquino, María Antonia & José Portolés. 1999. "Los marcadores del discurso". *In*: Bosque, Ignacio & Victoria Demonte (coords.). *Gramática descriptiva de la lengua española, Volumen 3.* Madrid: Espasa Calpe. 4051–4207.

Martín Zorraquino, María Antonia & Estrella MONTOLÍO (eds.). 1998. *Los marcadores del discurso. Teoría y análisis,* Madrid: Arco Libros.

Nølke, Henning. 1994. « La dilution linguistique des responsabilités. Essai de description polyphonique des marqueurs évidentiels *il semble que* et *il parait que* ». *Langue française,* 102. 84–94.

Ortega Olivares, Jenaro.1985. "Apéndices modalizadores: los comprobativos". *In*: Montoya Martínez, Jesús & Julio Paredes Nuñez (eds.). *Estudios Románicos dedicados al Prof. Andrés Soria Ortega.* Universidad de Granada. 239–255.

Pons Bordería, Salvador. 1998. "Reformulación y reformuladores. A propósito de 'Les opérations de reformulation'". *Oralia Análisis del discurso oral,* Vol 1. 183–198.

Romero Trillo, Jesús. 2002. "The pragmatic fossilization of discourse markers in non-native speakers of English". *Journal of Pragmatics,* 34. 769–784.

Wachtmeister Bermúdez, Fernando. 2006. *Evidencialidad. La codificación lingüística del punto de vista.* Tesis doctoral. Universidad de Estocolmo, Departamento de Español, Portugués y Estudios Latinoamericanos.

11. Verbe de manière de déplacement + direction dans une perspective de traduction suédois-français

Maria Fohlin
Linné universitetet

1. Introduction

Dans le présent article nous nous proposons d'examiner la structure *verbe de manière de déplacement + direction* dans une perspective de traduction suédois-français. Cette structure s'emploie sans restrictions en suédois et dans les autres langues germaniques, alors qu'elle est plus difficilement applicable en français et dans les autres langues romanes. Pour ce qui est de la traduction de cette structure vers le français, on accorde une grande importance – dans les études comparées de langues – aux deux solutions suivantes (voir par ex. Bergh 1948 ; Chuquet & Paillard 1989 ; Delisle 1993 ; Hers-lund 2003 ; Jacobsen 1994 ; Korzen 2003 ; Tegelberg 2000 ; 2002 ; Vinay & Darbelnet 1977) :

> – L'information sur la manière dont s'effectue un déplacement est souvent omise en traduction française, alors que l'information sur la direction est rendue par un verbe « incolore »[1] (*entrer, sortir, monter, descendre*, etc.) : « A bird *flew into* the room : Un oiseau est *entré* dans la pièce » (Vinay & Darbelnet 1977 : 106 ; les italiques sont les nôtres).
> – Si la manière dont s'effectue le déplacement est exprimée en traduction française, elle l'est – selon la solution prototypique – par un complément adverbial : « She *tiptoed down* the stairs : Elle *descendit* l'escalier *sur la pointe des pieds*. ; He *crawled to* the other side of the road : Il *gagna en rampant* l'autre côté de la route. » (Vinay & Darbelnet 1977 : 106 ; les soulignements et les italiques sont les nôtres). Nous avons affaire, dans ce cas-ci, au phénomène dit « chassé-croisé », selon la terminologie de Vinay & Darbelnet (1977).

Comment citer ce chapitre :
Fohlin, Maria, Verbe de manière de déplacement + direction dans une perspective de traduction suédois-français. In: Engwall, Gunnel & Fant, Lars (eds.) *Festival Romanistica. Contribuciones lingüísticas – Contributions linguistiques – Contributi linguistici – Contribuições linguísticas*. Stockholm Studies in Romance Languages. Stockholm: Stockholm University Press. 2015, pp. 219–238. DOI: http://dx.doi.org/10.16993/bac.k

Ce contraste entre les langues germaniques et les langues romanes a été abordé non seulement dans les études sur la traduction, mais surtout sous un angle typologique, notamment dans les travaux de Talmy (1985 ; 2000). Selon sa typologie bien influente, les langues germaniques et les langues romanes appartiennent à deux types de langues différentes : *satellite-framed* et *verb-framed*, respectivement. Ceux-là expriment la *direction* (« path », selon la terminologie de Talmy) d'un déplacement par les particules verbales (« satellites », selon la terminologie de Talmy), alors que ceux-ci l'expriment par le verbe. Il s'ensuit que l'information sur la manière doit être rendue, dans les langues romanes, par un élément autre (un gérondif, un syntagme prépositionnel) que le verbe principal.

Cependant, un certain nombre d'études ont proposé des modifications de cette typologie, et des restrictions qu'on accorde généralement au français (voir p. ex. Aske 1989 ; Beavers *et al.* 2009, Croft *et al.* 2010 ; Geuder 2009 ; Kopecka 2006; Kopecka 2009 ; Pourcel & Kopecka 2005 ; Pourcel & Kopecka 2006).

La situation s'avère donc plus complexe qu'il n'y semble à première vue. Nous nous proposons de l'examiner de plus près dans une perspective de traduction. Les objectifs principaux de l'article sont :

- de mettre en lumière des contraintes et des possibilités liées à la traduction vers le français de la structure *verbe de manière de déplacement + direction,*
- d'analyser les facteurs, langagiers et contextuels, qui président aux solutions adoptées par les traducteurs.

1.1. Données

L'analyse de cet article est basée sur 81 exemples qui font partie d'un plus grand ensemble d'exemples – 275 au total – tirés de onze textes de fiction suédois (pour la majorité des romans policiers), et de leurs traductions françaises. Pour établir ce corpus, nous avons retiré, de chaque texte suédois, les 25 premières occurrences qui correspondent aux délimitations de l'objet d'étude (*verbe de manière de déplacement + direction*), après quoi nous avons relevé leurs traductions correspondantes dans les textes français. Les 275 occurrences suédoises ont été classifiées en sous-groupes, selon le trait sémantique exprimé par le verbe. L'un de ces sous-groupes (voir *infra*) rassemble 81 occurrences dont nous traiterons un certain nombre plus loin.

2. Notions préalables

2.1. Déplacement, direction et manière

Dans cette section, nous aborderons trois notions primordiales de l'étude : *déplacement*, *direction* et *manière*.

Concernant la notion de *déplacement*, nous nous basons sur la défi-nition suivante :

> Il y a déplacement de l'objet entier s'il occupe successivement plusieurs positions de l'espace. Je ne parlerai pas ici des verbes de mouvement comme *toucher*, *poser*, etc., dont l'usage ne nécessite pas le déplacement de l'entité entière mais seulement celui d'une de ses parties. (Vandeloise 1987 : 85)

Ainsi, tous les verbes de déplacement tirés des textes suédois peuvent aussi être étiquetés *verbes de mouvement*, un terme plus général qui englobe non seulement les verbes de déplacement, mais aussi des verbes qui désignent d'autres types de mouvement, comme par exemple « un changement de posture ou de position » (Borillo 1998 : 38) : *se pencher*, *s'agenouiller*, *s'appuyer*, etc. Ce type de verbes de mouvement ne seront donc pas pris en considération ici.

Nous entendons par *direction* le déplacement exprimé par rapport à un point de départ (*hoppa ur bilen*/'sauter de la voiture') ou par rapport à un point d'arrivée (*springa fram till fönstret*/'courir à la fenêtre'). Dans les données de la présente étude sont également inclus les cas où une par-ticule verbale indique le résultat du déplacement[2] (*springa förbi*/'passer en courant'), ainsi que les cas où l'élément directionnel de la structure de départ (*verbe de manière de déplacement + direction*) exprime plutôt le passage[3] du déplacement (*springa längs väggen*/'courir le long du mur').

Pour ce qui est de la notion de *manière*, Stosic (2009 : 103) parle d'un « [...] manque de clarté frappant concernant le statut catégoriel et la définition de la 'manière' en linguistique ». Il essaie d'y remédier en relevant un certain nombre de paramètres sémantiques (« vitesse », « force », « moyen », « degré d'effort », etc.) qui permettent de cerner la notion de manière et de caractériser un verbe de manière de déplace-ment. Nous pensons que, par la contribution de l'auteur, il devient clair que la *manière* est un terme général englobant divers traits sémantiques, une idée applicable aussi aux verbes de manière de déplacement suédois.

L'un des paramètres identifiés par Stosic (*ibid.*) est « allure », qui réfère à « la tenue ou les mouvements spécifiques du corps lors du déplacement » (*ibid.* : 111). C'est dans cette sous-catégorie que les verbes suédois de notre étude sont rangés[4].

Il faut souligner, comme le fait Stosic (*ibid.* : 113), que deux paramètres différents sont parfois combinés dans un même verbe. Bien entendu, cela amène des problèmes de classification, qui mériteraient une discussion plus approfondie. Une telle discussion excède cependant les limites de cet article[5].

Un autre problème épineux est celui qui consiste à déterminer si les verbes attestés dans les traductions françaises désignent la manière. Pour le déterminer, nous avons recouru – en nous inspirant de la méthode de Stosic (*ibid.* : 110 *sq.*) – aux définitions données dans les grands dictionnaires, notamment le *TLFi* et le *Nouveau Petit Robert*. Qu'un composant de manière soit présent dans le verbe est en général explicité par des expressions adverbiales : « *errer* : 'aller d'un côté et de l'autre sans but ni direction précise' » (*ibid.* : 111).

3. Études antérieures

Les études antérieures relèvent une multitude de facteurs interagissants qui sous-tendent les solutions canoniques du français, évoquées à l'introduction de cet article.

On accorde au français une tendance générale d'exprimer « que ce qui est strictement nécessaire » (Bergh 1948 : 99, 163), et d'omettre la manière dont s'effectue un déplacement quand cette information ressort par le contexte (voir p. ex. Delisle 1993 : 300 ; Quillard 1990 : 771 ; Tegelberg 2002 : 203 ; Vinay & Darbelnet 1977 : 106). Slobin (2004) parle des langues germaniques comme étant « high-manner-salient », alors que les langues romanes sont « low-manner-salient » : « [...] in low-manner-salient languages, manner information is provided only when manner is foregrounded for some reason. » (*ibid* : 251). Cette divergence s'explique, à son tour, entre autres par la diversité lexicale des verbes de manière de déplacement, plus riche dans les langues germaniques que dans les langues romanes (Slobin 2005)[6].

Un autre facteur qui joue un rôle important est le manque en français d'un système de particules verbales comparable à celui dont jouissent les langues germaniques (voir p. ex. Bergh 1948 : 105 ; Tegelberg 2000). De plus, le français serait inapte à exprimer une lecture directionnelle à l'aide d'un verbe de manière de déplacement, suivi d'une préposition locative/positionnelle[7] (voir p. ex. Jones 1996 : 395 *sq*). Il incombe donc au verbe d'exprimer la direction ; par là, l'information sur la manière doit être rendue par un complément adverbial – comme le montre la typologie de Talmy. Ainsi, une phrase comme *?/*Jean nage/rame à la plage* est considérée comme peu acceptable, mais peut être reformulée en : *Jean va à la plage/à la nage/à la rame* (Zubizarreta & Oh 2007 : 161 ; voir aussi Lamiroy 1983).

Toutefois, on accorde, dans des études récentes (voir p. ex. Geuder 2009 ; Kopecka 2009), une attention grandissante aux possibilités d'employer en français la construction *verbe de manière de déplacement + préposition positionnelle* dans l'expression d'une lecture directionnelle. Kopecka (*ibid.*), qui examine un nombre limité de verbes et de prépositions, arrive à la conclusion que *sauter* et *grimper* sont les verbes qui apparaissent le plus souvent dans ce type d'expression. En ce qui concerne le verbe *sauter*, Geuder (2009 : 125) constate : « [...] ici, tous les compléments directionnels sont permis en français de la même façon qu'en allemand, pour la descente comme pour la montée. »

De plus, un certain nombre d'études (voir surtout Kopecka 2006 ; Pourcel & Kopecka 2005 ; Pourcel & Kopecka 2006) abordent des exceptions à la structure prototypique du français, dont les suivantes : i) une structure représentant un verbe « hybride », qui exprime la manière du déplacement aussi bien que la direction de celle-ci (*Le tonneau a dégringolé de la montagne, Il dévale les escaliers*), ii) une structure dite « satellite-like », où un adverbe ou un préfixe exprime la direction (*L'enfant courut dehors, Les abeilles se sont en-volées de la ruche*), iii) une structure dite « reverse verb-framed », où le verbe indique la manière du déplacement, alors que la direction est exprimée par un complément sous forme d'un syntagme prépositionnel (*Il marche le long de la route ; Il court dans le jardin*[8]).

Pour résumer, les observations de ces études font entrevoir qu'il y a peut-être un besoin de nuancer un peu les solutions traditionnellement relevées pour traduire vers le français *verbe de manière de déplacement + direction*. Nous pensons qu'il y a un intérêt à mettre en lumière non seulement les grandes tendances mais aussi des exceptions à celles-ci, et à montrer que les solutions habituellement abordées ne sont pas des « recettes toutes prêtes », applicables dans tous les contextes[9]. De plus, nous pensons qu'il manque, dans les études sur la traduction vers le français, une vue d'ensemble où il devient clair qu'une stratégie de traduction donnée est souvent le résultat de toute une gamme de facteurs qui se trouvent sur plusieurs plans, langagiers et contextuels.

4. Analyse des exemples

Dans la suite, nous examinerons un certain nombre d'exemples provenant du corpus. L'examen va montrer qu'à côté des deux solutions prototypiques – l'omission de l'information sur la manière, et le chassé-croisé – il y a aussi d'autres solutions à la disposition des traducteurs pour rendre la structure *verbe de manière de déplacement + direction*. L'analyse des exemples va également mettre en lumière qu'aussi bien des facteurs langagiers que contextuels président aux solutions adoptées, et que la préférence individuelle du traducteur joue un rôle non négligeable.

4.1. Omission de l'information sur la manière

Prenons d'abord quelques exemples où les traducteurs français ont opté pour un verbe incolore, avec omission de l'information sur la manière.

(1) [...] men idag går han inte som han brukar direkt tillbaka till sitt fordon, utan *promenerar* istället *ut genom* stora entrén, den som vetter utåt torget. (Nesser : 204)
    Mais ce jour-là, il ne regagne pas immédiatement son véhicule. Il *sort par* l'entrée principale qui donne sur la place. (Ségol & Brick-Aïd : 212)

(2) Han tänkte helt enkelt ta opp ett hål ut mot bersån för duvorna att *flyga ut* och *in i* och sedan smälla opp en vägg ett par meter från gaveln. (Ekman, Pukehornet : 59)
    Il décida de se contenter d'une ouverture par laquelle les pigeons pourraient *entrer* et *sortir* et d'une cloison qui délimiterait un espace d'un ou deux mètres en profondeur. (Balzamo : 75)

(3) Så fort motorljudet dött bort *sprang* Johan *ner*. (Ekman, Händelser : 22)
    Dès que le bruit des moteurs se fut estompé, Johan *descendit*. (de Gouvenain & Grumbach : 26)

(4) Lars Tobiasson-Svartman gick till en av jullarna, lade ut fallrepet och *klättrade ner*. (Mankell, Djup : 58)
    Tobiasson-Svartman gagna une des chaloupes, déroula l'échelle de corde et *descendit*. (Cassaigne : 64)

(5) De *sprang förbi* ladan och försvann bakom den. (Ekman, Händelser : 22)
    Ils *dépassèrent* la grange et disparurent derrière. (de Gouvenain & Grumbach : 25)

(6) Han vände sig om för att *krypa tillbaka innanför* avspärrningarna. (Marklund : 26)
    Il fit demi-tour pour *repasser sous* le ruban. (Renaud & Buscall : 29)

(7) Om man *klättrar upp bredvid* den olympiska elden, högst upp på berget, så borde man kunna se en del. (Marklund : 24)
    Si on *montait jusqu'au* support de la flamme olympique? On aurait une bonne vue de là-haut. (Renaud & Buscall : 26)

(8) Tankarna flyger genom Malins huvud, samtidigt som hon *springer nerför* trapporna och ut i den tidiga, vidriga fredagskvällen. (Kallentoft : 68)

Tandis qu'elle *descend* l'escalier et sort dans ce vendredi soir maussade, les pensées se bousculent dans sa tête. (Stadler & Clauss : 66)

(9) "Hon kan inte ha *hoppat in i* någon bil", sa Halders. "Det hade jag sett." (Edwardson : 50)

– Elle n'a pas pu *monter dans* une voiture, je l'aurais vue. (Archambeaud : 56)

(10) Han klappade katten som *hoppade upp på* bordet och smeksamt strök sig mot honom. (Jungstedt : 55)

Il caressa le chat, qui était *monté sur* la table et se frottait à lui d'un air espiègle. (Stadler : 49)

Les traductions de (1–10) illustrent la tendance du français, soulignée dans de nombreuses études, à n'exprimer que l'idée principale d'un déplacement, à savoir la direction ou le résultat de celui-ci.

Les traductions de (1–6) sont aussi dues au fait que dans les phrases suédoises, la direction est exprimée par des particules verbales (*ut, in, ner, förbi, tillbaka*) – dans certains cas suivis de prépositions – pour lesquelles il est difficile de trouver, dans les contextes donnés, des correspondants français. Or, de telles contraintes langagières ne s'imposent pas, nous semble-t-il, dans (7–10). Prenons d'abord le cas de (7). Une comparaison entre cette traduction et celles, plus loin, de (19–20) peut illustrer que les traducteurs auraient pu recourir, dans (7), au verbe *grimper*. Dans (8), où le verbe de manière de déplacement *springa* est combiné avec la préposition *nerför*, les traducteurs auraient pu employer le verbe *dévaler* (verbe « hybride ») pour rendre et la manière et la direction (voir *infra* : exemple (30))[10]. De même, nous pensons que les tournures *sauter dans une voiture* et *sauter sur la table* seraient applicables pour rendre les structures de départ de (9) et de (10), respectivement. Une recherche sur *Google Recherche de livres* confirme cette supposition[11] (*cf.* aussi Geuder 2009 : 125).

Signalons au passage que le sens lexical de base du verbe suédois *hoppa* (« sauter ») est couplé dans (9), nous semble-t-il, avec celui d'un déplacement agile. En d'autres termes, (9) illustre ce qui a été dit en haut, à savoir que deux paramètres de **manière** peuvent se combiner dans une même racine verbale. À notre sens, la tournure *hoppa in i bilen* constitue une expression quasi figée, où le sens lexical de base du verbe suédois est moins prononcé que ce qui est le cas dans (10), où le même verbe figure dans un autre contexte.

Passons à l'examen de quelques exemples illustrant la deuxième solution prototypique, à savoir le chassé-croisé.

4.2. Chassé-croisé

Le chassé-croisé sert, nous l'avons vu, à rendre la manière du déplacement à l'aide d'un complément adverbial :

(11) Med pennan som en stafettpinne började hon *småspringa mot* entrén längst bort. (Marklund : 18)
    Brandissant son crayon, elle *se dirigea à petites foulées vers* l'entrée la plus éloignée. (Renaud & Buscall : 18)

(12) Getrösten bräkte till och sen *sprang* de båda *in i* hägnet, Vidart före. (Ekman, *Händelser* : 22)
    La voix de chèvre poussa un bêlement et, juste après, les deux hommes *pénétrèrent* dans l'enclos *en courant*. (de Gouvenain & Grumbach : 25)

(13) Hon rundade dess slut och började *springa uppför* trappan till entrén samtidigt som en polis började rulla ut sin blåvita tejp. (Marklund : 17)
    Elle courut jusqu'au bout du mur puis *gravit quatre à quatre* l'escalier qui menait à l'entrée, tandis qu'un policier commençait à dérouler son ruban rouge et blanc interdisant le passage. (Renaud & Buscall : 17)

(14) De ömsom *sprang*, ömsom *kanade nerför* berget, uppskakade, lätt illamående. (Marklund : 26)
    Ils *redescendirent* la pente tantôt *en courant*, tantôt *en glissant*, secoués et mal à l'aise. (Renaud & Buscall : 28)

(15) Winter började *springa över* fältet, snabbare än vad han borde med tanke på knän och vader. (Edwardson : 71)
    Winter *traversa* le champ *au pas de course*, plus vite qu'il n'aurait dû étant donné son genou et ses mollets. (Archambeaud : 78)

Il est délicat de se prononcer sur les raisons pour lesquelles les traducteurs ont choisi de rendre la manière dans les exemples (11–15) et non pas dans (1–10). En effet, les deux solutions prototypiques – l'omission de l'information sur la manière, et le chassé-croisé – représentent un dilemme pour le traducteur : d'un côté, omettre la manière donne lieu – suivant le contexte, il faut le souligner – à une perte sémantique par rapport au verbe suédois ; d'un autre côté, traduire la manière par un complément adverbial risque de rendre la phrase française lourde et non idiomatique (voir Slobin 2005 : 123 ; Tegelberg 2002 : 203). De plus, la structure informationnelle joue un rôle : un élément sémantique désigné par un complément adverbial est « foregrounded », alors que l'information désignée par le verbe est « backgrounded » (Talmy 1985 : 122 *sq* ; Talmy 2000 : 128 *sq*). Tout cela porte donc à supposer que le chassé-croisé n'est employé que lorsque les traducteurs veulent insister sur la manière dont s'effectue le déplacement (*cf.* Slobin 2004 : 251 ; Tegelberg 2002 : 188).

Examinons s'il serait possible, grammaticalement, d'exprimer la manière par le verbe dans les exemples ci-dessus. Dans (11), nous pouvons constater que cela est exclu pour des raisons lexicales. Il n'y a pas, en français, de verbe simple qui corresponde à *småspringa*, ce qui oblige le traducteur à recourir au chassé-croisé pour rendre tous les traits sémantiques de ce verbe. Par contre, une traduction comme *courir vers l'entrée* serait acceptable grammaticalement. Dans (11), les traducteurs ont donc trouvé important, semble-t-il, de préciser qu'il s'agit d'une course à petite vitesse.

Dans (12), le verbe suédois *springa* est combiné avec la particule *in* et la préposition *i* ; une structure similaire en français ('courir dans l'enclos') serait certes acceptable. Or, dans le contexte donné, elle aurait donné lieu à une lecture locative et non pas directionnelle, nous semble-t-il[12]. Dans (13), la cooccurrence du verbe *springa* et la préposition *uppför* rend la traduction littérale impossible ; de même dans (14), où les verbes de manière de déplacement suédois (*sprang, kanade*) sont combinés tous les deux avec un même complément de direction (*nerför*). C'est surtout le deuxième verbe *kana* qui pose problème ici. Par contre, il serait possible grammaticalement de rendre *sprang nerför berget* par 'dévala la pente' (*cf.* note 10). De même, la traduction littérale semble possible dans (15)[13].

En résumé, comme c'était le cas dans (1–10), le recours à un verbe in-colore, premier élément du chassé-croisé, est souvent déclenché par le manque en français d'un élément correspondant à une préposition ou à une particule verbale suédoise dans un contexte particulier. Pour ce qui est du deuxième élément du chassé-croisé – l'expression de la manière par un complément adverbial – cette solution est employée surtout si on veut insister sur la manière, semble-t-il (*cf.* Slobin 2004 ; Tegelberg 2002). Cela nous laisse supposer que la préférence individuelle du traducteur joue un rôle particulièrement important dans le cas du chassé-croisé.

4.3. Autres solutions

Passons à quelques cas où le verbe principal désigne la manière, aussi bien en suédois qu'en français. Nous allons voir que la direction du déplacement est rendue en français soit par une préposition (directionnelle ou positionnelle), par une locution adverbiale, par la racine verbale elle-même, ou bien par une construction infinitivale.

(16) Han hade *sprungit efter* honom när han cyklat. (Edwardson : 78)
       Il avait *couru après* lui quand il faisait du vélo. (Archambeaud : 86)

(17) Hon började *springa längs* väggen, försökte sortera de ljud hon hörde, en siren långt borta, avlägsna röster, ett väsande från en vattenkanon eller möjligen en stor fläkt. (Marklund : 17)
       Elle se mit à *courir le long du* mur, tenta de faire le tri entre les bruits qu'elle entendait, une sirène, des voix au loin, le sifflement d'un canon à eau ou peut-être un gros ventilateur. (Renaud & Buscall : 17)

(18) Han ville *springa fram till* henne och hålla om henne, trösta henne, skydda henne. (Alvtegen, *Svek* : 112)
       Il voulut *courir vers* elle et la prendre dans ses bras, la consoler, la protéger. (Etienne : 97)

(19) Han *klättrade upp på* toppen av skäret. (Mankell, *Djup* : 46)
       Il *grimpa jusqu'au* sommet de l'îlot. (Cassaigne : 51)

(20) Kliv upp på mina axlar så häver jag upp dig. Sedan kan du *klättra upp på* själva brasan. (Marklund : 25)
       Monte sur mes épaules et je vais te soulever. Ensuite tu *grimperas jusque sur* le support même de la flamme. (Renaud & Buscall : 27)

(21) Han *sprang fram till* fönstret och tittade ner. (Ekman, *Händelser* : 21)
       Il *courut à* la fenêtre et regarda en bas. (de Gouvenain & Grumbach : 25)

(22) Och sen ska man försöka sticka emellan med att skriva. Men då är det dags att *springa till* apoteket. (Ekman, *Pukehornet* : 56)
       Avec ça, allez trouver un moment pour écrire ! A peine s'y met-on qu'il faut *courir à* la pharmacie. (Balzamo : 70)

(23) Men om han *sprungit hemåt* borde han ha kommit ut på den delen av hägnet som inte skymdes av ladan. (Ekman, *Händelser* : 22)
       Mais si Vidart avait *couru chez lui*, il aurait dû réapparaître dans la partie de l'enclos que la grange ne cachait pas. (de Gouvenain & Grumbach : 25)

(24) Där hävde hon sig upp på räcket och *hoppade ner*, ett fall på drygt en meter. (Marklund : 16)

    Là elle se hissa sur le parapet et *sauta en contrebas*. (Renaud & Buscall : 17)

Dans (16), *courir* est coordonné à la préposition *après*, une structure qui est bien établie, selon Grevisse & Goosse (2008, p. 337) : « *Courir après qqn* ou, surtout au figuré, *après qq.ch.* appartient à la langue commune, depuis longtemps ». De plus, l'exemple illustre, à l'instar de (17), que la cooccurrence d'un verbe de manière de déplacement et d'un complément directionnel de type atélique ne se heurte généralement pas à des restrictions[14].

Dans (18–20), les verbes de manière de déplacement sont combinés avec des prépositions/locutions prépositionnelles ayant un sens inhérent de direction. Cette structure est abordée, dans bien des études, comme une exception aux deux solutions prototypiques du français (voir p. ex. Jones 1996 : 396 *sq* ; Korzen 2003).

Les exemples (21–23) font voir que même les prépositions positionnelles – dans ce cas *à* et *chez* – servent à exprimer l'arrivée à la destination dans certains contextes.

Dans (24), la fonction de la locution adverbiale *en contrebas* est similaire à celle d'une particule verbale en suédois. En d'autres termes, cette traduction illustre la structure dite « satellite-like », relevée plus haut.

Passons à quelques exemples qui présentent des verbes « hybrides » en français, c'est-à-dire que leur sens lexical dénote aussi bien la manière que la direction[15] :

(25) När han *krupit ner i* sin koj och blåst ut fotogenlampan undrade han varför han fortfarande inte hade fått något brev från sin hustru. (Mankell, *Djup* : 65)

    Après *s'être glissé dans* sa couchette et avoir soufflé la lampe, il se demanda pourquoi il n'avait pas encore reçu de lettre de sa femme. (Cassaigne : 72)

(26) Fundersamt gick han runt bilen ännu en gång. Sedan *kröp* han *in i* den och försökte upptäcka var Gustaf Torstensson hade slagit i nacken. (Mankell, *Mannen...* : 56)

    Pensif, il fit encore une fois le tour du véhicule. Puis il *se faufila à l'intérieur* et essaya de découvrir le point d'impact correspondant à la contusion signalée à la base du crâne du vieil homme. (Gibson : 65)

Tegelberg (2002) parle des verbes *se glisser* et *se faufiler* comme des verbes « passe-partout » (*ibid.* : 192), qui assument le rôle de « bonne à tout faire » (*ibid.* : 203), vu qu'ils sont employés comme équivalents à plusieurs verbes différents en suédois. Nous pensons que cette constatation est juste. Soulignons cependant que l'objectif primordial de cet article n'est pas d'analyser d'éventuelles différences sémantiques entre les verbes de déplacement dans les deux langues. C'est dire que les exemples (25–26) font surtout voir la possibilité de rendre par le verbe français aussi bien la manière que la direction du déplacement.

Dans (27), il y a déplacement par rapport à un point de départ. Le traducteur a opté pour un verbe « hybride », *s'extirper*, dont la définition selon le *TLFi* est « sortir (de quelque chose) avec peine » :

(27) Han *kröp ur* bilen igen med nyckelknippan i handen. (Mankell, *Mannen...* : 56)
Il *s'extirpa de* l'Opel, les clés à la main. (Gibson : 66)

Un autre verbe qui dénote aussi bien la manière que la direction est *grimper*. Dans (28), il est combiné avec une préposition positionnelle, ce qui est possible vu qu'il s'agit d'un déplacement vers le haut[16].

(28) Axel släppte Kerstins hand och sprang fram till Linda, en av de andra dagisfröknarna, och *kröp upp i* hennes knä. (Alvtegen, *Svek* : 31)
Axel lâcha la main de Kerstin, courut vers Linda, sa maîtresse, et *grimpa sur* ses genoux. (Etienne : 29)

Dans (29), le verbe suédois est suivi de la particule verbale *ombord*, pour laquelle il y a un équivalent français. De plus, on peut considérer la locution verbale *grimper à bord* comme presque figée, ce qui a certainement une influence sur la solution adoptée. En même temps, il convient de signaler qu'une recherche sur *Google Recherche de livres* des syntagmes *grimper à bord* et *monter à bord* montre que le dernier est largement plus usité. Ce simple exemple illustre donc que le français semble préférer le verbe incolore au verbe de manière, même dans les cas où les deux sont acceptables grammaticalement.

(29) Löjtnant Jakobsson stod vid relingen och rökte när han *klättrade ombord*. (Mankell, *Djup* : 61)
Quand il *grimpa à bord*, Jakobsson fumait, appuyé au bastingage. (Cassaigne : 68)

Nous venons de voir que la structure **verbe de manière de déplacement + direction** se laisse traduire en français non seulement par un verbe de manière de déplacement, suivi de *vers* ou de *jusqu'à/jusque sur*. Il y a aussi la possibilité de combiner un tel verbe soit avec une locution adverbiale, soit avec un syntagme prépositionnel, introduit par une préposition positionnelle. Dans certains cas, ces solutions sont possibles grâce à l'existence de verbes « hybrides » qui dénotent aussi bien la manière que la direction. Cela est aussi le cas dans (30–32)[17]. Or, ces exemples diffèrent de ceux cités en haut dans le sens où il s'agit ici de constructions transitives :

(30) Så fort motorljudet dött bort sprang Johan ner. Han tänkte inte. Han bara *sprang nerför* trapporna och ut. (Ekman, *Händelser* : 22)
Dès que le bruit des moteurs se fut estompé, Johan descendit. Sans réfléchir une seule seconde, il *dévala* l'escalier et sortit. (de Gouvenain & Grumbach : 26)

(31) Hon saktade inte farten när hon *hoppade över* vägverksbockarna och började genast springa på andra sidan. (Marklund : 16)
Elle les *enjamba* avec souplesse avant de se mettre franchement à courir de l'autre côté. (Renaud & Buscall : 16)

(32) Vet du om att ingen kan komma ut eller in här för nu har stan plogat opp gatan och det ligger en snövall framför öppningen här som du knappt skulle kunna *klättra över*. (Ekman, *Pukehornet* : 25)
Tu ne vois pas qu'on ne peut ni entrer ni sortir, parce que, en déblayant, les gars de la municipalité ont mis toute la neige de notre côté ? On est obligés d'*escalader* un vrai rempart... (Balzamo : 32)

Il est intéressant de contraster (30) avec l'exemple (8). Dans les deux cas, nous avons affaire au même verbe de manière de déplacement suédois (*springa*), combiné avec le complément directionnel *nerför*. Nous pouvons constater que seuls les traducteurs de (30) ont rendu le composant de manière du verbe suédois.

Avant de terminer, prenons deux derniers exemples représentant une construction infinitivale qui rend aussi bien la manière que la direction du déplacement:

(33) Den *sprang* hon *iväg och hämtade* och släppte den sedan framför hans fötter. (Jungstedt : 55)
Le chat *courut chercher* la balle et la déposa devant ses pieds. (Stadler : 49)

(34) Blöta kläder var ett elände att få torra och hon *småsprang* de sista stegen *in under* taket. (Alvtegen, *Saknad* : 38)
Les vêtements mouillés étaient très difficiles à faire sécher et elle *courut se mettre à* l'abri sous l'auvent. (Bouquet : 42)

Dans (33), la construction infinitivale en français est déclenchée par les deux verbes suédois (*sprang och hämtade*), qui, coordonnés, expriment une relation de finalité (*cf.* Eriksson 1997 : 128). La traduction montre que même dans un cas où il y a lacune lexicale en français – dans ce cas d'un mot équivalent à la particule *iväg* – il y a, dans certains contextes, d'autres solutions applicables pour exprimer aussi bien la manière que la direction du déplacement.

La phrase suédoise de (34) ne présente pas explicitement de coordination ou de relation de finalité comme celle de (33). Or, une telle lecture (*sprang och sökte skydd under*) peut être inférée par le contexte, ce qui permet au traducteur de recourir à la construction infinitivale *courut se mettre*.

Que le verbe *courir* exprime et la direction et la manière en antéposition à l'infinitif peut être illustrée par la paraphrase suivante, citée par Lamiroy (1983 : 97) : « Jean court acheter le journal = Jean va acheter le journal en courant. ». Notons au passage que cette propriété du verbe *courir* s'étend aussi à d'autres verbes de manière de déplacement : « Un verbe comme **nager**, qui n'est pas foncièrement directionnel ni télique, peut le devenir à l'intérieur d'un contexte, à l'intérieur d'une phrase. C'est la construction qui décide en quelque sorte du sens du verbe, ou qui du moins le spécifie. » (Lamiroy *ibid.* : 100).

5. Conclusion

Les objectifs de cet article étaient de décrire des contraintes et des possibilités liées à la traduction vers le français de la structure ***verbe de manière de déplacement + direction***, et d'analyser les facteurs – langagiers et contextuels – qui sous-tendent les solutions adoptées par les traducteurs.

Sur un plan général, nous avons essayé de montrer que la traduction non littérale en français de cette structure peut être due aux différences lexicales ou grammaticales entre les deux langues, mais aussi aux facteurs contextuels ou bien à la préférence individuelle du traducteur.

Nous pouvons aussi constater, à l'instar d'études antérieures, qu'il y a une tendance générale en français d'omettre l'information sur la manière d'un déplacement.

Pour ce qui est des cas où les traducteurs ont rendu la manière du déplacement, le chassé-croisé est une solution minoritaire. À cet égard, il convient de rappeler que la grande majorité des verbes suédois examinés ici ne sont pas très complexes sémantiquement ; en d'autres termes, il y a lieu de penser que, pour ce type de verbes, les traducteurs ne jugent pas important de préciser la manière à l'aide d'un complément adverbial. C'est dire qu'on peut supposer que le chassé-croisé est employé surtout dans le cas de verbes sémantiquement plus complexes (*cf.* Tegelberg 2002 : 191).

D'un autre côté, la manière est *de facto* rendue par le verbe principal dans un grand nombre de cas. Une explication se trouve certainement sur le plan de la structure informationnelle : l'information sur la manière devient moins prononcée si elle est exprimée par le verbe (voir Pourcel & Kopecka 2006 : 52 *sq.* ; Talmy 2000 : 128 *sqq*). Nous pouvons donc conclure que, même si la structure *verbe de manière de déplacement + direction* se heurte – sur un plan général – à plus de restrictions en français qu'en suédois, elle se laisse traduire littéralement en français dans certains cas. Nous avons vu que son emploi est conditionné par beaucoup de facteurs, notamment la nature du verbe et celle du complément directionnel. Ainsi, il est possible de traduire par une structure similaire en français *klättra upp* et *springa nerför*, mais non pas *klättra ner* ou *springa uppför*.

En résumé, même si les exemples examinés ici ne sont pas très nombreux, et même si les verbes ne présentent pas de grande variation lexicale, les résultats font entrevoir qu'il y a, semble-t-il, une plus grande variété de solutions pour traduire vers le français la structure *verbe de manière de déplacement + direction* que ne le laissent entrevoir les études comparées de langues.

Notes

1. Par ce terme, que nous empruntons à Bergh (1948), nous entendons un verbe qui ne désigne que la direction et non pas la manière dont s'effectue un déplacement.

2. *Cf.* Tegelberg 2000 : 27.

3. *Cf.* Teleman *et al.*, vol. 2 : 704–706.

4. Signalons que notre classification du verbe *klättra* diffère de celle faite par Stosic pour l'équivalent français ('grimper'). L'auteur range *grimper* parmi les verbes dénotant le paramètre « moyen », défini comme « tout objet (partie du corps, instrument, moyen de transport, etc.) permettant de faire avancer une entité dans l'espace » (*ibid.* : 111).

5. Pour ce qui est du verbe *courir*, Stosic considère que le paramètre principal présent dans le sémantisme de ce verbe est « vitesse », alors que le second paramètre est « allure ». Pour notre part, nous avons décidé d'inclure *springa* ('courir') parmi les verbes dénotant « allure ».

6. Pour ce qui est du couple langagier suédois-français, voir Tegelberg (2000 ; 2002).

7. Les prépositions *à, sur, dans, sous* en constituent des exemples. Jones (1996) les dénomme « locative prepositions ». Borillo (1998) emploie le terme « prépositions positionnelles ».

8. Cette phrase peut adopter une lecture soit directionnelle, soit locative (Pourcel & Kopecka 2006 : 35 *sq.*).

9. Les écrits sur la traduction font souvent l'objet d'une telle critique (voir p .ex. Delport & Chevalier 2006 : 120 ; Pergnier 2004 : 23).

10. Voir aussi le *TLFi* : « *Cour.* [Dans des formules quelque peu figées] *Dévaler les marches d'un escalier, dévaler une pente.* Descendre très rapidement ».

11. « Voulez-vous *sauter dans* une voiture et passer un instant à mon cabinet ? » (Simenon, G., 1991, *Œuvre romanesque*, vol. 17) ; « Le petit *chat avait sauté sur la table* et portait le plus grand intérêt à ses agissements. » (Golon, A. & Golon, S., 1972, *Angélique et la démone*).

12. Soulignons qu'une lecture directionnelle de *courir dans* n'est pas exclue dans d'autres contextes. Voir Rossi (1999) sur les facteurs qui favorisent une telle lecture. Voir aussi Kopecka (2009 : 58–59).

13. En témoigne l'exemple suivant, tiré de *Frantext* : « Gerfaut éperdu tourna le dos à l'incendie et se mit à *courir à travers* le champ en se tordant les chevilles dans la terre meuble. » (Manchette, J.-P., 1976, *Trois hommes à abattre: le petit bleu de la côte ouest*).

14. Voir p. ex. Aske (1989).

15. *Se glisser* : « S'introduire, entrer, pénétrer (quelque part, dans quelque chose) avec adresse, avec discrétion ou furtivement. » (*TLFi*), *Se faufiler* : « S'introduire habilement » (*Nouveau Petit Robert*).

16. Sur l'impossibilité de combiner ce verbe avec un complément qui dénote la direction vers le bas, voir Geuder (2009).

17. *Dévaler* : « Descendre très rapidement. », *Enjamber* : « Passer par dessus un obstacle en étendant la jambe. », *Escalader* : « Grimper, monter sur, le long de (quelque chose). » (*TLFi*).

Références

I Textes du corpus

Alvtegen, Karin. 2000. *Saknad*. Stockholm : Natur och kultur.
– *Recherchée*. 2003 (trad. Philippe Bouquet). Paris : Plon.

Alvtegen, Karin. 2003. *Svek*. Stockholm : Natur och kultur.
– *Trahie*. 2005 (trad. Maurice Etienne). Paris : Plon.

Edwardson, Åke. 2006. *Vänaste land*. Stockholm : Norstedts.
– *Ce doux pays*. 2007 (trad. Marie-Hélène Archambeaud). Paris : Lattès.

Ekman, Kerstin. 1967. *Pukehornet*. Stockholm : Bonnier.
– *Hiver des mensonges*. 2002 (trad. Elena Balzamo). Paris : Écriture.

Ekman, Kerstin. 1993. *Händelser vid vatten*. Stockholm : Bonnier.
– *Crimes au bord de l'eau*. 1995 (trad. Marc de Gouvenain & Lena Grumbach). Arles : Actes Sud.

Jungstedt, Mari. 2003. *Den du inte ser*. Stockholm : Bonnier.
– *Celui qu'on ne voit pas*. 2007 (trad. Maximilien Stadler). Paris : Plon.

Kallentoft, Mons. 2007. *Midvinterblod*. Stockholm : Natur och kultur.
– *Hiver*. 2009 (trad. Maximilen Stadler & Lucile Clauss). Paris : Le serpent à plumes.

Mankell, Henning. 1994. *Mannen som log*. Stockholm: Ordfront.
– *L'homme qui souriait*. 2005 (trad. Anna Gibson). Paris : Seuil (Série: Points).

Mankell, Henning. 2004. *Djup*. Stockholm : Leopard.
– *Profondeurs*. 2008 (trad. Rémi Cassaigne). Paris : Seuil (Série: Points).

Marklund, Liza. 1998. *Sprängaren*. Stockholm : Ordupplaget.
– *Deadline*. 2002 (trad. Jean Renaud & Catherine Buscall). Paris : Ramsay (Série: Le Livre de Poche).

Nesser, Håkan. 1995. *Återkomsten*. Stockholm : Bonnier (2e éd., Bonnier pocket).
– *Retour à la grande ombre*. 2005 (trad. Agneta Ségol et Pascale Brick-Aïda). Paris : Seuil (Série: Points).

II Ouvrages cités

Aske, Jon. 1989. « Path predicates in English and Spanish: A closer look ». *In: Proceedings of The Fifteenth Annual Meeting of the Berkeley Linguistics Society*. 1–14.

Beavers, John, Beth Levin & Shiao Wei Tham. 2010. « The typology of motion expressions revisited ». *J. Linguistics*, 46. 331–377.

Bergh, Lars. 1948. *Moyens d'exprimer en français l'idée de direction. Étude fondée sur une comparaison avec les langues germaniques, en particulier le suédois*. Doktorsavhandling. Göteborg : Göteborgs universitet.

Borillo, Andrée. 1998. *L'espace et son expression en français*. Gap : Ophrys.

Chuquet, Hélène & Michel Paillard. 1989 [1987]. *Approche linguistique des problèmes de traduction, anglais – français*. Gap : Ophrys.

Croft, William, Jóhanna Barđdal, Willem Hollmann, Violeta Sotirova & Chiaki Taoka. 2010. « Revising Talmy's typological classification of complex events ». *In* : Boas, Hans C. (dir.). *Contrastive Studies in Construction Grammar*. 201–236. Amsterdam : John Benjamins.

Delisle, Jean. 1993. *La traduction raisonnée. Manuel d'initiation à la traduction professionnelle anglais → français.* Ottawa : Presses de l'Université d'Ottawa.

Delport, Marie-France & Jean-Claude Chevalier. 2006. « Traduction, traductologie et linguistique ». *In* : Ballard, Michel (dir.). *Qu'est-ce que la traductologie ?* Arras : Artois Presses Université. 119–132.

Eriksson, Olof. 1997. *Språk i kontrast. En jämförande studie av svensk och fransk meningsstruktur.* Göteborg : Akademiförlaget.

Geuder, Wilhelm. 2009. « 'Descendre en grimpant': une étude contrastive de l'interaction entre déplacement et manière de mouvement ». *Langages*, 175. 123–139.

Grevisse, Maurice & André Goosse. 2007. *Le bon usage. Grammaire française* (14ᵉ). Bruxelles : De Boeck ; Duculot.

Herslund, Michael. 2003. « Pour une typologie lexicale ». *In* : Herslund, Michael (dir.). *Aspects linguistiques de la traduction.* Pessac : Presses Universitaires de Bordeaux. 13–27.

Jacobsen, Tove. 1994. « Verbs of manner and Motion as a Problem In Norwegian-French Lexicography ». *In:* Hyldgard-Jensen, Karl & Viggo Hjørnager Pedersen (dir.). *Symposium on Lexicography VI: Proceedings of the Sixth International Symposium on Lexicography May 7–9, 1992.* Tübingen : Max Niemeyer Verlag. 235–239.

Jones, Michael Allan. 1996. *Foundations of French syntax.* Cambridge : Cambridge University Press.

Kopecka, Anetta. 2006. « The semantic structure of motion verbs in French: Typological perspectives ». *In:* Hickmann, Maya & Stephane Robert (dir.). *Typological Studies in Language*, vol. 66: *Space in Languages.* Amsterdam : John Benjamins. 83–101.

Kopecka, Anetta. 2009. « L'expression du déplacement en français : l'interaction des facteurs sémantiques, aspectuels et pragmatiques dans la construction du sens spatial ». *Langages*, 173. 54–73.

Korzen, Hanne. 2003. « Attribut de l'objet et valence dérivée. Étude contrastive dano-française ». *In* : Herslund, Michael (dir.). *Aspects linguistiques de la traduction.* Pessac : Presses Universitaires de Bordeaux. 85–102.

Lamiroy, Beatrice. 1983. *Les verbes de mouvement en français et en espagnol. Étude comparée de leurs infinitives.* Amsterdam : John Benjamins.

Le Nouveau Petit Robert. 1993. Paris : Dictionnaires Le Robert.

Pergnier, Maurice. 2004. « Traduction et linguistique : sur quelques malentendus ». *La Linguistique*, vol. 40 : 1. 15–24.

Pourcel, Stéphanie & Anetta Kopecka. 2005. « Motion expression in French: typological diversity ». *Durham working papers in linguistics*, 11. 139–153.

Pourcel, Stéphanie & Anetta Kopecka. 2006. « Motion events in French. Typological intricacies ». Ms. University of Sussex, Brighton & Max-Planck-Institut für Psycholinguistics, Nijmegen. http://arslangulthese.free.fr/page_perso_telech/pourcel2c_kopecka_motion_events_in_french_typological_intricacies.pdf (2010-06-01).

Quillard, Geneviève. 1990. « Quelques problèmes d'interférence ». *Meta*, vol. 35: 4. 769–774.

Rossi, Nathalie. 1999. « Déplacement et mode d'action en français ». *French Language Studies*, 9. 259–281.

Slobin, Dan I. 2004. « The many ways to search for a frog: Linguistic typology and the expression of motion events ». *In:* Strömqvist, Sven & Ludo Verhoven (dir.). *Relating Events in Narrative,* vol. 2: *Typological and Contextual Perspectives.* Mahwah, New Jersey: Lawrence Erlbaum Associates. 219–257.

Slobin, Dan I. 2005. « Relating Narrative Events in Translation ». *In :* Ravid, Dorit Diskin & Hava Bat-Zeev Shyldkrot (dir.). *Perspectives on Language and Language Development. Essays in honor of Ruth A. Berman,* Dordrecht : Kluwer. 115–129.

Stosic, Dejan. 2009. « La notion de 'manière' dans la sémantique de l'espace ». *Langages*, 175. 103–121.

Talmy, Leonard. 1985. « Lexicalization patterns: Semantic structure in lexical forms ». *In:* Shopen, Timothy (dir.). *Language typology and syntactic description,* vol. 3: *Grammatical categories and the lexicon.* Cambridge: Cambridge University Press. 57–149.

Talmy, Leonard. 2000. *Toward a Cognitive Semantics,* vol. 2: *Typology and process in concept structuring.* Cambridge, Mass. : MIT Press.

Tegelberg, Elisabeth. 2000. *Från svenska till franska. Kontrastiv lexikologi i praktiken.* Lund : Studentlitteratur.

Tegelberg, Elisabeth. 2002. « Traducteurs et lexicographes face à la problématique des verbes de mouvement du suédois et du français ». *Studia Neophilologica*, 74. 180–206.

Teleman, Ulf, Staffan Hellberg & Erik Andersson. 1999. *Svenska Akademiens grammatik*, 2 : Ord. Stockholm : Norstedts.

Vandeloise, Claude. 1987. « La préposition *à* et le principe d'anticipation ». *Langue Française*, 76. 77–111.

Vinay, Jean-Paul & Jean Darbelnet. 1977 [1958]. *Stylistique comparée du français et de l'anglais*. Paris : Didier.

Zubizarreta, Maria Luisa & Eunjeong Oh. 2007. *On the Syntactic Composition of Manner and Motion*. Cambridge, Massachusetts : MIT Press.

III Sources informatisées

Base textuelle FRANTEXT (http://www.frantext.fr/)

Google Recherche de livres (http://books.google.fr/advanced_book_search?hl=sv)

Le Trésor de la Langue Française informatisé (*TLFi*) (http://atilf.atilf.fr/tlf.htm)

12. Los apéndices conversacionales en la argumentación: el caso de *¿cachái?*

Johan Gille
Uppsala universitet

1. Introducción

El análisis de los marcadores discursivos a veces nos lleva a describir funciones que poco parecen tener que ver la una con la otra. Incluso se da el caso en el que se identifican, para el mismo marcador pero en distintos contextos, valores aparentemente opositivos, como p.ej. 'atenuante' e 'intensificador'.

Este estudio se inserta en un proyecto de investigación sobre pautas argumentativas en la conversación, en concreto en el discurso académico chileno, tal como se desarrolla en trabajos en grupo realizados por estudiantes universitarios chilenos. En el estudio se analiza un apéndice que se nos presenta como multifuncional y polivalente –el chileno *cachái*, originalmente una forma del voseo del verbo *cachar*– utilizando un método que toma en cuenta tanto el trasfondo histórico del marcador en cuestión como sus características estructurales y usos contextuales. El análisis desembocará en la identificación de una base pragmática del marcador, sobre la cual, argumentamos, se sustentan los usos a los que se presta el marcador en los materiales analizados. Para ello, en el presente trabajo se utilizan métodos de la pragmática histórica (Jucker & Taavitsainen 2010) para trazar el desarrollo diacrónico del marcador hasta llegar al estado que podemos observar sincrónicamente, momento en que lo podemos analizar desde una perspectiva interaccional. La hipótesis es que la base pragmática actual de *cachái* viene determinada por su desarrollo diacrónico y que, además, se puede establecer un vínculo entre los usos históricos y actuales de la forma (*cf.*, p.ej., Schwenter 1996)[1].

Cómo citar este capítulo:
Gille, Johan, Los apéndices conversacionales en la argumentación: el caso de *¿cachái?*. In: Engwall, Gunnel & Fant, Lars (eds.) *Festival Romanistica. Contribuciones lingüísticas – Contributions linguistiques – Contributi linguistici – Contribuições linguísticas*. Stockholm Studies in Romance Languages. Stockholm: Stockholm University Press. 2015, pp. 239–258. DOI: http://dx.doi.org/10.16993/bac.l. License: CC-BY

Para la descripción sincrónica de las funciones interactivas de *cachái* analizamos en este trabajo un material que proviene del mundo universitario; más concretamente, consta de trabajos en grupo realizados por estudiantes de una universidad de Santiago de Chile. Las reuniones, que son once en total y engloban un total de 25 horas (o 150 000 palabras transcritas), fueron grabadas en vídeo y posteriormente transcritas. El corpus, denominado Grupes, fue recolectado por un equipo de la Pontificia Universidad Católica de Chile bajo la dirección de Ana María Harvey (Fant & Harvey 2008; Harvey 2006; Gille 2012).

A este material principal se añaden otras fuentes para la descripción de las vías de desarrollo del marcador enfocado. En primer lugar, se han utilizado el *Corpus del Español* (en adelante CDE; Davies 2008-) y el *Corpus Diacrónico del Español* (Real Academia Española 2005-), a los que se suman otras fuentes valiosas para la descripción diacrónica, como diccionarios generales y especializados, estudios dialectológicos, manuales de español publicados en Chile y estudios anteriores sobre el marcador.

2. Los apéndices conversacionales

Cachái pertenece a un subgrupo específico de marcadores discursivos, los apéndices conversacionales (Gille & Häggkvist 2006; Gille & Häggkvist 2010; Gille 2006), caracterizados por ser marcadores parentéticos que dependen estructuralmente de una unidad constituyente de turno (UCT) a la cual se añaden como una adición no integrada, mostrándose esta última característica tanto a nivel sintáctico como prosódico, ya que los apéndices se producen en un grupo entonativo propio. Si bien los apéndices tienen sus características particulares, comparten con otros marcadores discursivos los criterios de ser elementos que se utilizan en la conversación con funciones procedurales, interactivas y metatextuales (Martín Zorraquino & Portolés Lázaro 1999; Schiffrin 1987). Estructuralmente dependen de una UCT anterior, pero como elementos estratégicos se dirigen de forma indirecta hacia adelante, al próximo o a los próximos turnos (Lindström 2008), ya que son recursos de los que se valen los hablantes para guiar, de una forma u otra, la interpretación que deben sacar los interlocutores de la UCT a la cual se añade el apéndice y, también, para orientar la participación de los interlocutores en el o los próximos turnos.

En los fragmentos (1)-(4) se reproducen cuatro extractos de nuestros materiales que ejemplifican la relación entre los apéndices, en este caso *cachái*, y distintos tipos de la UCT anfitrión a la cual se añaden. Los ejemplos, además, dan constancia del carácter dinámico de aquellas unidades.

(1) busca como- como se han metido en la política en
    cuba↓ *cachái*↑↓ pero habla como del / noventa y tres
    al dos mil cinco↓ [VIa: 188]

(2) ya↓ lo que pasa es que yo tenía un grupo de ne-
    de- de negros↓ *cachái*↓ ya o afro americanos↓ [VIa:
    182]

(3) sí↑↓ es que encuentro que- *cachái*↑ no s- no la
    encuentro tan subpoblación↑↓ [VIa: 202]

(4) no sé si estos↑↓ pero a lo mejor me tincaba que
    estos sí↑ porque todos estos- *cachái*↑ se refiere a
    cosas distintas↓§ [VIa: 39]

En (1) tenemos una UCT completa, a la cual le siguen primero un apéndice y después otra UCT, mientras que en (2) al apéndice le sigue una reformulación de la UCT inicial. En (3), al contrario, la UCT queda incompleta y el apéndice sirve, entre otras cosas, para indicar el término de aquella UCT, después de lo que sigue una reformulación o reparación de la UCT inicial. En (4), finalmente, estamos ante un caso donde el apéndice parece insertarse en medio de una UCT. Sin embargo, al analizar el fragmento más detenidamente observamos que la UCT inicial se produce con un tonema entrecortado, que el apéndice constituye una unidad entonativa propia, y que el verbo en la UCT subsiguiente no concuerda con el sujeto en la UCT inicial[2]. Todos estos datos apuntan a la caracterización del apéndice como justamente apéndice, mientras que la UCT final se construye como un incremento (Lerner 2004)[3] a la UCT inicial abortada.

Formal, distribucional y semánticamente, los apéndices, al igual que un gran número de marcadores discursivos, han pasado, o están pasando, por un proceso de gramaticalización (o pragmaticalización, *cf.* Brinton 2010: 303–305; Traugott 2010), mediante el cual se producen, entre otras cosas, debilitamientos semánticos y sintácticos y un enriquecimiento pragmático.[4] Los usos de los apéndices, sin embargo, siempre reflejan, en mayor o menor grado, los usos y significados anteriores de la forma, por lo que se pueden clasificar en cinco grupos a partir de las funciones básicas que ejercen, las cuales son en cada caso vinculadas a una base semántico-pragmática desarrollada de un uso original (Gille & Häggkvist 2006; Gille & Häggkvist 2010):

- Categorización generalizada: *o algo así, y tal, y todo esto*, etc.
- Posicionamiento: *digo yo, yo qué sé, creo /yo/*, etc.
- Intersubjetividad:
  - comprobativos: *¿no?, ¿sabes?, ¿eh?, ¿cachái?* (*cf.* Ortega Olivares, 1985);
  - interpersonales: *tío, hombre*, etc.
- Autorregulación: *por decirlo así (de algún modo), o sea*, etc.
- Relaciones o funciones discursivas: *pues, po, entonces, nomáh*, etc.

Estas funciones de base, a su vez, pueden utilizarse para distintos fines, como veremos en el caso de *cachái*.

3. *Cachái*: origen debatido

Para tener una base sobre la cual analizar los usos actuales a los que se presta el apéndice en cuestión, resulta, por tanto, fundamental trazar su desarrollo diacrónico. De ese modo, podremos apreciar los cambios graduales que ha sufrido hasta llegar a la situación actual, y tener una visión más completa de su potencial semántico (Linell 1998) y, conversamente, de sus restricciones de uso. Sin embargo, en lo que respeta a *cachái*, que ha salido de la forma voseante del verbo *cachar*, no constituye una tarea fácil trazar ese desarrollo. En los próximos apartados evaluaremos tres orígenes posibles: uno en un préstamo del inglés *catch*, otro en una evolución del marcador antiguo *cata ahí (y)*, y finalmente en una evolución del verbo *catar*.

3.1. Origen posible 1: *catch*

En el *Diccionario de la lengua española* (Real Academia Española, 2001, *s.v.* cachar), el origen del uso chileno de *cachar* (definido como 'entender, comprender') es uno de doce para los que la Academia propone un origen en un préstamo del verbo inglés *catch*; la misma etimología se repite posteriormente en los pocos estudios sobre *cachar* y *cachái* que se han publicado hasta la fecha (Drange 2009; Unzúa-Carmona 2006; San Martín Núñez 2011). Esta explicación es relativamente reciente, ya que aparece por primera vez, para el uso chileno, en la vigesimosegunda edición (Real Academia Española 2001, *s.v.* cachar).

No obstante, aquella etimología presenta ciertos problemas. En primer lugar, el sentido figurativo que domina en Chile existe pero es improductivo en inglés; allí, más bien, los usos se inclinan claramente hacia sentidos más concretos (*cf.* Oxford English Dictionary, *s.v.* catch). Al contrario, en el español chileno, los usos de *cachar* se relacionan todos a las actividades intelectuales o sensoriales de 'entender', 'comprender', 'pensar', 'ver' y 'mirar', mientras que los sentidos concretos, tan frecuentes en inglés, no se presentan en ningún momento en el español de Chile (Rodriguez 1875; Cavada 1914; Morales Pettorino 1984; Academia Chilena de la Lengua 2010). Todo ello apunta a otra etimología para *cachar* y, naturalmente, también para *cachái*.

3.2. Origen posible 2: *cata ahí (y)*

En el español medieval, el verbo *catar* se combinaba con los adverbios locativos *aquí, y* y *ahí*, formando expresiones con el significado literal de 'mira aquí/ahí'. Gradualmente, a partir de estas combinaciones originalmente libres iba surgiendo un marcador discursivo, del cual tenemos ejemplos a partir del siglo XVII, como el siguiente de Guatemala del siglo XIX, donde *cata ahí* sirve como una llamada de atención al lector:

(5) Hubo música, toros y cañas; y el hijo del Virrey siempre fué desatendido, mientras el otro paladín, más venturoso, se llevaba tras sí el corazón de la bella. Pero *cata ahí* que un día el Nerón del hidalgo, cansado de aquellos obsequios, y según se cree, de acuerdo con el Virrey, va y coge a la pretendida y la encierra en un convento, contando con que la soledad y el recogimiento la harían volver al recto sendero. (Milla y Vidaurre, *El visitador,* 1867 [CDE]).

Este uso discursivo sobrevive regionalmente como *catay* o *catai*, en Ecuador y Perú (Alonso 1958: 992), pero también en Chile (Cavada 1914: 311; Morales Pettorino 1984: 925), donde es descrito como una interjección usada en el ámbito familiar para expresar sorpresa.

Es decir, *catar* en combinación con *ahí* ha producido algún tipo de marcador, pero hay varias razones por las cuales esta combinación constituye un origen improbable de *cachái*. En primer lugar, el verbo en *cata ahí* está en imperativo, mientras que *cachái* se utiliza exclusivamente en un formato interrogativo. En segundo lugar, es difícil explicar una posible evolución fonética [-ta-] > [-tʃa-], ya que la palatalización de [t], cuando se produce, se da ante la semivocal [j] y, en ciertos contextos, ante la vocal anterior [i] (Corominas 1944: 21; 32). Finalmente, dado que *cachái* ha salido del paradigma verbal de *cachar*, se requeriría de un proceso largo y complejo para que una interjección como *catay* fuera reanalizada como una forma del voseo para el verbo *catar*, el cual posteriormente habría evolucionado fonéticamente a *cachar* antes de producir el resultado final.

3.3. Origen posible 3: *catar*[5]

Hace ya más de cien años propuso Rodolfo Lenz (1905: 844) que *cachar* "en el sentido fam[iliar] de 'aguaitar', será una variación burlesca del cast. *catar* o *catear*". Veamos las posibilidades de tal origen.

En el español medieval, el verbo predominante para expresar percepción sensorial (primordialmente de tipo visual) fue, efectivamente, *catar*. Su étimo latino, *captare*, ya había sido usado con el sentido de "'tratar de percibir por los sentidos', especialmente el oído y la vista" (Corominas, 1954, *s.v.* catar). Es común en todo el Medioevo, con sentidos basados mayoritariamente en una percepción visual, como 'mirar, ver', 'buscar', 'observar, prestar atención', pero también se usa con sentidos ya generalizados, como 'pensar, considerar' (Corominas 1954; Alonso 1986). En la mayoría de los usos, se vio gradualmente remplazado por *mirar*, hasta que en el siglo XIX ya no encontramos más que casos muy aislados. El verbo sobrevivió, sin embargo, en varios puntos de América Latina (Sala 1982: 273–275), entre ellos Chile, donde preservó los sentidos de 'mirar' y 'buscar', al mismo tiempo que desarrolló semántica y fonéticamente. Por lo menos desde el siglo XIX, el verbo aparece como *catear*[6], a partir de lo cual evolucionó ya en ese mismo siglo hasta el bisilábico *catiar*[7], donde posteriormente se produjo una palatalización de [t] + [j] > [tʃ], un cambio que, a juzgar por la observación arriba citada de Lenz, ya estaba en marcha a principios del siglo XX. Durante la primera mitad de ese siglo, coexistían en la escritura las tres formas *catear*, *catiar* y *cachar* (aunque seguramente en distintos ámbitos o con funciones diversificadas), como se puede apreciar en los siguientes extractos[8]:

(6) Entre, entre a sentarse, compadre. De cerca *cateará* mejor a los cuyanitos. (Urzúa, *Cuentos chilenos*, 1923)

(7) *Catió* al tiro que llegaba tarde. (Castro, *Froilán Urrutia*, 1942)

(8) *Cachó* don Zaca que era un ardid. (Muñoz, *Don Zacarías Encina*, 1932)

Al mismo tiempo que iba evolucionado fonéticamente, se iba produciendo un desarrollo semántico, más concretamente una extensión metafórica gradual, mediante el cual el verbo iba incorporando nuevos sentidos como 'entender', 'darse cuenta' y 'saber'. Los sentidos originales ('mirar', 'ver', etc.), sin embargo, no dejaron de existir sino que sus huellas se dejan ver incluso en nuestros materiales conversacionales, por lo que en el caso de *cachar* tenemos un ejemplo ilustrativo de retención semántica y de *layering* (Hopper & Traugott 1993: 124–126). En la Tabla 1 se resume de forma esquemática y aproximada[9] la evolución de *catar > cachar > cachái*.

Tabla 1. *El desarrollo* captare > cachái

Forma	Significado(s)	Tiempo
1. Lat. *captare*	'tratar de coger'	
2. Esp. ant. *catar*	'tratar de percibir por medio de los sentidos'	1100–c. 1400
3. Esp. ant. *catar*	'mirar, buscar, ver, observar, examinar'	1100–c. 1500
4. *catear* [Chile][10]	'mirar, buscar, ver, observar, pensar, adivinar, entender'	–c. 1930
5. *catiar*	'mirar, buscar, ver, darse cuenta'	–c. 1950
6. *cachar*	'mirar, ver, entender, darse cuenta, pensar, saber'	c. 1900–
7. *cachái*	marcador discursivo	c. 1960–

4. *Cachái* en el español chileno coloquial

Formalmente, *cachái* es una forma del voseo chileno del verbo *cachar*. Las formas del voseo en Chile, que generalmente son menos extendidas que las del tuteo, se asocian al habla informal y a situaciones marcadas por un alto grado de solidaridad entre los hablantes (Rivadeneira Valenzuela, 2009: 186–187)[11]. Si bien el voseo se usa en todo el país, es especialmente común entre hablantes jóvenes del Chile central (ibid.). En consecuencia, las formas del voseo no se usan generalmente en la variedad escrita, ni en situaciones marcadas por un alto grado de formalidad y/o por un bajo grado de solidaridad.

En cuanto al verbo *cachar*, tiene, según el *Diccionario de uso del español de Chile* (Academia Chilena de la Lengua 2010, s.v. cachar) cuatro acepciones distintas: (1) percibir con la visión o los oídos; (2) conocer, tener conocimiento; (3) entender, comprender; (4) suponer, creer. El marcador *cachái*, mientras tanto, ha sido descrito como una herramienta "para comprobar que se tiene la atención del interlocutor durante una narración o conversación" (ibid.), para asegurarse de que el interlocutor ha entendido y para organizar una narración (Drange 2009: 171), y como un operador pragmático con valores fundamentalmente argumentativos (Montecino 2004: 18). Es decir, el marcador parece ser multifuncional y polivalente.

Cachái como marcador discursivo es una adición bastante reciente al español chileno que rápidamente ha llegado a ser uno de los más usados, por lo menos entre hablantes jóvenes. San Martín Núñez (2011) estudió el uso de distintos tipos de marcadores discursivos en diversos grupos de hablantes del español chileno, y encontró que mientras que los hablantes entre los 20 y 34 años usaban *cachái* con frecuencias muy elevadas[12], entre hablantes más viejos (mayores de 55 años), el marcador no se presentaba. Otro dato destacado del mismo estudio es que el marcador en cuestión era más frecuente en el habla de hombres que en la de mujeres, con un 72% de las ocurrencias en el estudio producidas por hombres. Estos datos en conjunto apuntan, según el autor, a un cambio lingüístico en marcha, en el cual *cachái* va remplazando otros marcadores discursivos anteriormente utilizados para los mismos objetivos (San Martín Núñez 2011: 162–163).

Efectivamente, el primer ejemplo de *cachái* que hemos encontrado es reciente; data del 1971 y proviene de la novela popular *Palomita blanca* (Lafourcade 1971), en la cual el apéndice se usa con mucha frecuencia en el diálogo entre jóvenes, sobre todo por parte del protagonista masculino. Cabe sospechar que por aquellas fechas, *cachái* llevaba cierto tiempo formando parte del español chileno coloquial juvenil, no solo como una forma del paradigma verbal de *cachar* sino también como marcador discursivo.

Es decir, ya por aquel entonces parece haber empezado el proceso de gramaticalización de *cachái*, el cual ha proseguido hasta ahora, momento en el cual podremos comprobar que el grado de gramaticalización del marcador es avanzado, aunque no completo. Formal y estructuralmente, *cachái* ha sido fijado; no admite variación de persona, tiempo o modo, no acepta negación ni prácticamente otro tipo de complementación, y queda reducido a usarse como apéndice y no como elemento integrado. Además, está pasando por un proceso de reducción fonética (cachái > cᵉchái), y ha experimentado un aumento considerable en frecuencia de uso, de modo que el marcador supera con mucho en frecuencia a otras formas no gramaticalizadas del verbo[13]. Aun así, los criterios de gramaticalización no se cumplen por completo, por lo que *cachái* ha de considerarse un marcador en una etapa avanzada de gramaticalización.

4.1. Función de base: llamada de atención

Cachái constituye, tanto formal como convencionalmente, una pregunta absoluta que sirve para pedir una comprobación mínima, es decir, una retrocanalización[14]. Para describir las funciones de *cachái*, por tanto, debemos tomar en cuenta el tipo de información que invita. Según Allwood, Nivre & Ahlsén (1992), la retrocanalización sirve para expresar cuatro funciones básicas: contacto (sí/no te estoy prestando atención), percepción (sí/no te estoy oyendo), comprensión (sí/no te comprendo), y reacciones actitudinales (sí/no estoy de acuerdo). Visto desde la perspectiva del marcador que invita la expresión en uno o varios de estos niveles, se puede calificar a *cachái* como una llamada de atención al interlocutor y a una unidad informativa (*cf.* Fuentes Rodríguez 1990: 188; Redeker 2006). Independientemente del nivel en que se pida la comprobación mediante *cachái*, la petición constituye una llamada de atención[15] al interlocutor para que coopere de una forma u otra. Esta función, que concuerda con los sentidos perceptivos de *cachar* que vimos anteriormente, es la función de base de *cachái*, de la cual se han derivado las demás funciones que veremos a continuación.

4.2. *Cachái* y la gestión intersubjetiva

Para el nivel de reacciones actitudinales, que más nos interesa a la hora de estudiar la argumentación, *cachái* constituye una llamada de atención, pero no necesariamente una llamada a la participación, sino una invitación a compartir una información, y la valoración de ella. Esta función también se da en narraciones. Por lo tanto, una traducción adecuada de *cachái* no sería '¿entiendes?' sino más bien '¿lo ves?' o '¿te das cuenta?'. Mediante estos apéndices, el hablante presenta el contenido (y su valoración del mismo) como algo que no está bajo discusión, sino que solo le corresponde al interlocutor compartir o no aquel contenido y su valoración. Por tanto, constituye un recurso útil en la gestión intersubjetiva, lo cual, en nuestra opinión, es una –aunque no la única– de las razones de la popularidad de *cachái* en el habla chilena. En el siguiente extracto tenemos un caso ilustrativo de esta función.

Extracto 9.

```
1   C: tú decís que es la- es una teoría que está
2      aceptada↑↓ pero que se pone a prueba de nuevo
3      [para:-]
4   A: [no no] no↓ yo no digo que se ponga a prueba↑ (.)
5      como que se investigue y se confirme↑ cachai↑
```

```
6    B: y cuál es la diferencia entre repetir la teo-
7       ría y investigar la hipótesis↓§
8    C: §eso es lo mismo que digo yo↑ no hay↑ po↓
9       entonces así está de más↓
10   A: ya↓ saquémoslo↑↓
11   C: saquémoslo↑↓
```

[VIa: 354-359]

El extracto empieza con un resumen por parte de C de una argumentación anterior desarrollada por A; inmediatamente después, A se opone
a la conclusión del resumen y presenta otra versión, al final de la cual
añade *cachái*, que en el contexto sirve como una herramienta para invitar a los interlocutores, y específicamente a C, a compartir esta conclusión como la adecuada. El desenlace del extracto lleva, sin embargo, a
otro resultado, donde A acepta quitar este contenido del informe que
están elaborando.[16]

4.3. *Cachái* y la organización discursiva

El marcador estudiado también ejerce funciones relacionadas con
la organización discursiva; más concretamente, mediante *cachái* el
hablante puede marcar la transición de un plano discursivo a otro, por
ejemplo a la hora de iniciar o finalizar una cita (directa o indirecta).
Abajo incluimos un ejemplo de ello, donde también se puede apreciar la
función anterior, de invitación al interlocutor a que comparta la información anterior, y la valoración de ella, aunque en este caso en una
narración más bien que en una argumentación.

Extracto 10.

```
1    C: sabis qué→ yo tenía un artículo que se lla-
2       maba- una persona que se llamaba→ emanuel↑
3       emanuel↑ emanuele↑
4    B: pero emanuele es mujer↑
5    C: ((pero ya)) no- inCULto↑↓ (RISA) yo dije: /
6       ah esto es como francés↑ y es:- quiere decir
7       emmanuel↑ en francés↓ / cachái↑ y yo primero
8       le puse hombre↑ y después viendo la página
9       web de la: lista de [la facultad de:]=
10   B:                    [(RISA)]
11   A:                               [ah: ((ya sé))]
12   C: =ciencia política↑
```

```
13  B:*era mu[jer* (RISA)]
14  C:        [es profesora de la facultad de
15     ciencia política de la católica↓ y decía es
16     doctor en ciencia política↓ / *cachái↑*
17  B:((sonríe)) [wa:]
18  C:        [y] yo dije- oy↑ y altiro lo cambié
19     y le puse: [femeni]no↓
20  B:        [(RISA)]
```

[VIa: 526–536]

Los dos usos de *cachái* en este extracto (líneas 7 y 16) aparecen en momentos de transición discursiva; el hablante pasa de citas directas a otros planos discursivos, en el primer caso a la narración misma y en el segundo caso a la resolución de la secuencia narrativa. Tanto en el primero como en el segundo caso, la función de invitar a compartir una valoración (o evaluación) de la información queda patente, aunque, en contraste con el ejemplo anterior, en este caso narrativo, la evaluación remite al carácter supuestamente gracioso del incidente mientras que en la secuencia argumentativa la evaluación se halla en un nivel argumentativo, donde una evaluación compartida es lo mismo que un acuerdo.

4.4. *Cachái* y la autorregulación

La tercera función identificada en los materiales se asocia al nivel discursivo de la autorregulación. En estos casos el hablante utiliza el apéndice para marcar como concluida la unidad anterior antes de iniciar otra, lo cual, por ejemplo, puede servir como un recurso para iniciar una autorreparación, sin correr el riesgo de perder el turno.

Extracto 11.

```
1  B: por eso↓ pero [es que en ((cuanto))-]
2  C:               [es una subpoblación↑ porque no-]
3  A:                                [pero es que]
4     también es una [población general (( ))]
5  C:               [porque no- porque no es la]§
6  B: §sí↑↓ es que encuentro que- cachái↑ no [s-] no=
7  C:                                        [um]
8  B: =la encuentro tan subpoblación↑↓
```

[VIa: 197–203]

En el momento de donde se ha sacado este fragmento, la discusión gira en torno a la posible categorización de un cierto grupo de personas como una "subpoblación". C argumenta en la línea 2 a favor de esta categorización, a lo cual contesta A (líneas 3–4), argumentando en contra de la misma. En la línea 6, el tercer participante, B, expresa su acuerdo con la opinión de A, y después continúa elaborando una justificación para esta postura. Sin embargo, entrecorta su primera UCT, marca mediante *cachái* que concluyó la unidad anterior y se autorrepara, expresando esta vez la justificación (*no la encuentro tan subpoblación*). Como se ve, en este caso el marcador sirve para marcar la transición de una unidad abortada a otra. No cabe duda de que la función de base del marcador (llamada de atención) sirve de sustento también a este uso, ya que sirve como toque de atención al interlocutor para que se dé cuenta de la transición de la unidad abortada a una nueva unidad.

4.5. *Cachái* y la negociación del turno

En nuestros materiales también hemos dado con algunos casos que parecen indicar que el marcador analizado ejerce una función adicional, hasta ahora no descrita, mediante la cual el hablante al mismo tiempo que se sirve de la función de base del marcador también la utiliza para controlar o retomar el turno, mayoritariamente en contextos argumentativos. Este uso, en el que *cachái* se produce como primer elemento de una nueva intervención, puede, por una parte, considerarse una extensión del uso autorregulativo, el cual también se puede ver como una estrategia para no perder el turno a la hora de iniciar una autorreparación, y, por otra, como un uso específico de la función intersubjetiva, donde el hablante invita al interlocutor a compartir una valoración, sobre todo en secuencias argumentativas. En el siguiente extracto queda ejemplificado este uso.

Extracto 12.

```
 1   P: §qué es lo otro↑§
 2   C: §°espera°↓ (3.5)
 3   O: ((ahí)) a ver↑ / objetivos sale↓ /
 4   P: ya↑
 5   O: ah: identificar ya↑ y después sale::→ // a:::↑
 6       es que yo creo que pusieron como:: //
 7   P: indi[cadores↑]
 8   O:      [como indi]cadores↓ //
 9   C: de dónde los sacaron [((los    ))]
10   T?:                     [no po ((           ))]
11   O:                             [no↑ veámoslo]
12       nosotras como una ((sociedad normal↓))§
```

```
13   T:  §son los indicadores↓
14   P:  ya↓ /
15   O:  cachai↑ / flora y fauna↑↓ características de
16       plantas y animales de chile↓ es simple↑ yo pon
17       dría como [un] punteo↓ / ya↓ pon: e::=
18   P:              [ya↓]
19   O:  =segundo básico↑
20   P:  ya↓ pero primero también lo tendrían que poner↑ o
21       no↑ sí po↓ si sale primer ciclo hagámoslo todo↓
```
[XI: 1338–1353]

Como se aprecia, en la línea 15, O retoma mediante *cachái* el hilo de la argumentación que empezó a desarrollar en su turno anterior (líneas 11-12). Este uso podría posiblemente indicar un nuevo desarrollo del marcador, donde sirve no solo como herramienta dentro del propio turno, sino también en la organización interactiva de la distribución del turno. Desde el punto de vista de la descripción de los apéndices conversacionales, y para el análisis de la construcción progresiva e interactiva del turno, este uso nos podrá aportar información valiosa, si bien quedará para trabajos futuros profundizar sobre ello.

4.6. *Cachái* y la distribución de roles

En adición a los usos discursivos, las características estructurales y la función de base del apéndice implica que *cachái*, del mismo modo que *sabes, entiendes, ves, viste*, etc., también constituye una herramienta para la negociación y distribución de roles conversacionales. Específicamente, mediante *cachái*, el hablante le pide al interlocutor que preste atención a lo que está haciendo, lo cual implica necesariamente un intento por parte del hablante de controlar el tipo de participación que puede tener el interlocutor en ese momento (*cf.* Schiffrin 1987). La participación proyectada es restringida, al menos al nivel del turno; la distribución de roles proyectada mediante *cachái* posiciona al hablante como ocupante de turno y al interlocutor como un participante a quien le corresponde prestar atención al hablante. Por lo tanto, no debe sorprender que en nuestros materiales, *cachái* se encuentre mayoritariamente a mitad de turno y no como término del mismo.

5. Conclusión

En este trabajo se ha esbozado una descripción del marcador discursivo, o apéndice conversacional, *cachái*, tal como se utiliza en trabajos en grupo realizados por estudiantes chilenos. Para poder dar cuenta de forma adecuada y coherente de las funciones de este apéndice –que a primera vista parecen ser muy variadas y poco relacionadas entre sí–, estudiamos su desarrollo diacrónico así como sus características estructurales y usos contextuales contemporáneos, a partir de lo cual establecimos una base semántico-pragmática. En el caso de *cachái*, la función de base fue identificada como una llamada de atención al interlocutor para que, por una parte, preste atención al hablante y a una unidad discursiva, y, por otra, coopere con él de una forma u otra. Esta función de base, a su vez, se utiliza en los materiales analizados en distintos contextos y para distintos fines, entre los que identificamos usos en la gestión intersubjetiva, la organización discursiva, la autorregulación, la negociación del turno, y la distribución de roles conversacionales.

Como hemos podido ver, la evolución diacrónica del marcador *cachái*, y más concretamente el origen en un verbo de percepción física, contiene las claves para entender, en combinación con sus características estructurales, la base pragmática del marcador así como los usos a los que se presta en un material contemporáneo. Este resultado sirve como una indicación de la importancia de estudiar no solo los usos contextuales de un marcador determinado, sino también el desarrollo diacrónico de la pieza léxica involucrada. Este desarrollo nos aporta información sobre la base pragmática del marcador, la cual, a su vez, determina los usos a los que se puede prestar un marcador discursivo, así como las restricciones de su uso.

Apéndice: convenciones de transcripción

A:	Intervención de un hablante identificado como A.
?:	Interlocutor no reconocido.
§	Sucesión inmediata, sin pausa apreciable, entre dos emisiones de distintos hablantes.
=	Mantenimiento del turno de un participante en un solapamiento.
[	Lugar donde se inicia un solapamiento o superposición.
]	Final del habla simultánea.
(.)	Micropausa.
/	Pausa corta, inferior al medio segundo.
//	Pausa entre medio segundo y un segundo.
///	Pausa de un segundo o más.

(5.0)	Silencio (lapso o intervalo) de 5 segundos.
↑	Entonación ascendente.
↓	Entonación descendente.
→	Entonación mantenida o suspendida.
-	Reinicios y autointerrupciones sin pausa.
peSAdo	Pronunciación marcada o enfática (dos o más letras mayúsculas).
°espera°	Fragmento pronunciado con una intensidad baja o próxima al susurro.
(RISA)	Intervenciones extralingüísticas.
era mujer	Dicho entre risas.
(( ))	Fragmento indescifrable.
((siempre))	Transcripción dudosa.
a:	Alargamientos vocálicos.
n:	Alargamientos consonánticos.

Notas

1. Dentro del panorama de la pragmática histórica, el presente estudio sigue el modelo denominado "form-to-function mapping" (Brinton 2006), según el cual se describe, paso a paso, la evolución semántico-pragmática de una forma lingüística.

2. Obviamente, este dato en solitario no constituye una prueba concluyente, pero en combinación con los demás puede considerarse otra indicación entre varias.

3. O, en términos de Couper-Kuhlen (2012), una continuación de turno, definida por su característica de depender sintácticamente de la unidad anterior.

4. Los apéndices conversacionales no han llegado siempre a ser completamente gramaticalizados, sino que admiten, por ejemplo, cierta variación y extensión (*y cosas lasí; d'esas; como esas/*). Además, pueden combinarse entre sí (*y tal, hombre; po cachái; nomáh, po*) (cf. Martín Zorraquino & Portolés Lázaro 1999: 4187)

5. La descripción del desarrollo de *catar* se basa en Gille (en prensa).

6. Para la evolución –bastante extendida, por cierto– de verbos en -ar > -ear, ver Enguita Utrilla (2010: 314). La evolución también se deja ver en estudios dialectológicos del español de Chile (Medina 1928; Rodriguez 1875), así como en libros de estilo (Gormaz, 1860).

7. Se trata de una evolución muy extendida por prácticamente todas las zonas de habla hispana desde los tiempos más remotos (Alonso 1930: 339–342; Menéndez Pida 1940: 275–276; Lapesa 1988: 598, 600).

8. Sacados todos ellos de Morales Pettorino (1984).

9. La tabla pretende reproducir el desarrollo de forma cronológica, lo cual no significa, sin embargo, que cada paso sea discreto. Más bien, el desarrollo ha sido gradual; formas y significados anteriores gradualmente han dado paso a más recientes. Por ello, y por la relativa escasez de materiales relevantes para ciertos períodos, las extensiones temporales indicadas son aproximadas. Esperamos que futuros estudios puedan arrojar más luz sobre este desarrollo.

10. La forma *catear* sigue vigente en Chile, pero solamente con el significado de 'explorar el terreno en busca de una veta minera' (Morales Pettorino 1984, *s.v.* catear).

11. *Cf.* también Lipski (1996: 224–226).

12. En aquel grupo etario, *cachái* representaba un 87% de las ocurrencias de los llamados "marcadores de control de contacto" (Briz Gómez 1998), los cuales corresponden a los apéndices de intersubjetividad comprobativos (ver *supra*). De las 874 ocurrencias de *cachái* en el estudio de San Martín Núñez (2011:159–160), 817, o el 93,7%, provenían de hablantes entre los 20 y los 34 años. En nuestros materiales, las frecuencias también son altas; las 825 ocurrencias del marcador representa el 5,6‰ del corpus, mientras que en la categoría de los apéndices comprobativos representa el 83% de los casos.

13. Frente a las 825 ocurrencias del apéndice gramaticalizado *cachái* encontramos tan solo 84 ocurrencias de formas no gramaticalizadas del verbo. Es decir, en nuestros materiales *cachái* es casi diez veces más frecuente que las formas no gramaticalizadas.

14. En nuestros materiales, *cachái* se produce en la mayoría de los casos (73%) con una entonación ascendente, convencionalmente asociada a unidades informativas que todavía no han llegado a su término (*cf.* Schiffrin 1987: 291–295), por ejemplo lo que normalmente llamamos "preguntas".

15. *Cf.* el ejemplo 5 arriba, donde *cata ahí* sirve como una llamada de atención al lector.

16. Este uso del desacuerdo para eliminar alternativas desacertadas en trabajos en grupo se analiza en Gille (2012).

Referencias

Academia Chilena de la lengua. 2010. *Diccionario de uso del español de Chile*, Santiago (Chile): Asociación de Academias de la Lengua Española.

Allwood, Jens, Joakim Nivre & Elisabeth Ahlsén. 1992. "On the Semantics and Pragmatics of Linguistic Feedback". *Journal of Semantics*, 9. 1–26.

Alonso, Amado. 1930. Problemas de dialectología hispanoamericana. *Biblioteca de dialectología hispanoamericana*. Buenos Aires: Universidad de Buenos Aires. Facultad de Filosofía y Letras.

Alonso, Martín. 1958. *Enciclopedia del idioma : diccionario histórico y moderno de la lengua española (siglos XII al XX) etimológico, tecnológico, regional e hispanoamericano*. Madrid: Aguilar.

Alonso, Martín. 1986. *Diccionario medieval español: desde las Glosas Emilianenses y Silenses (s.X) hasta el siglo XV*. Salamanca, Universidad Pontificia.

Brinton, Laurel J. 2006. "Pathways in the development of pragmatic markers". *In*: Kemenade, Ans Van & Bettelou Los (eds.). *The handbook of the history of English*. Oxford: Blackwell.

Brinton, Laurel J. 2010. "Discourse markers". *In:* Jucker, Andreas H. & Irma Taavitsainen (eds.). *Historical pragmatics*. Berlin/New York: Walter de Gruyter.

Briz Gómez, Antonio. 1998. *El español coloquial en la conversación: esbozo de pragmagramática*. Barcelona: Ariel.

Cavada, Francisco J. 1914. *Chiloé y los chilotes. Estudios de folklore y lingüística de la provincia de Chiloé (República de Chile) acompañados de un vocabulario de chilotismos y precedidos de una breve Reseña Histórica del Archipiélago*. Santiago de Chile: Imprenta Universitaria.

Corominas, Joan. 1944. "Indianorománica. Estudios de lexicología hispanoamericana". *Revista de filología hispánica*, VI. 1–35.

Corominas, Joan. 1954. *Diccionario crítico etimológico de la lengua castellana*, Madrid: Gredos.

Couper-Kuhlen, Elizabeth. 2012. "Turn Continuation and Clause Combinations". *Discourse Processes*, 49. 273–299.

Cuenca, Maria Josep & Maria Josep Marín, 2000. "Verbos de percepción gramaticalizados como conectores: análisis constrastivo español-catalán". *Revista Española de Lingüística Aplicada*, 1. 215–237.

Davies, Mark. 2008-. *Corpus del Español: 100 million words, 1200s-1900s*.

Drange, Elie M. 2009. "Anglicisms in the informal speech of Norwegian and Chilean adolescents". *In:* Stenström, Anna-Brita & Anette Myre Jørgensen (eds.). *Youngspeak in a Multilingual Perspective*. Amsterdam/Philadelphia: John Benjamins. 161–175.

Enguita Utrilla, José María. 2010. "Léxico y formación de palabras". *In:* Aleza Izquierdo, Milagros & José María Enguita Utrilla (eds.). *La lengua española en América: normas y usos actuales*. Valencia: Universitat de València.

Fant, Lars & Ana María Harvey, 2008. "Intersubjetividad y consenso en el diálogo: análisis de un episodio de trabajo en grupo estudiantil". *Oralia,* 11. 307–332.

Fuentes Rodríguez, Catalina. 1990. "Apéndices de valor apelativo". *Sociolingüística andaluza,* 5. 171–196.

Gille, Johan. 2006. "'Iraq, y cosas así': los apéndices conversacionales en español coloquial". *Moderna Språk,* 100. 157–166.

Gille, Johan. 2012. "'Va a ser de dos palabras nomás'. El desacuerdo como un recurso en los trabajos en grupo". *Onomázein,* 25. 261–285.

Gille, Johan. (en prensa). On the development of the Chilean Spanish discourse marker *cachái.*

Gille, Johan & Cilla Häggkvist. 2006. "Los niveles del diálogo y los apéndices conversacionales". *In:* Falk, Johan, Johan Gille & Fernando W. Bermúdez (eds.). *Discurso, interacción e identidad.* Estocolmo, Universidad de Estocolmo.

Gille, Johan & Cilla Häggkvist. 2010. "Los apéndices generalizadores introducidos por *o*". *Oralia,* 13. 127–144.

Gormaz, Valentín. 1860. *Correciones lexigráficas sobre la lengua castellana en Chile.* Valparaíso: Imprenta del Comercio.

Harvey, Ana María. 2006. "Encuentros orales con fines de estudio: aproximaciones al tema". *In:* Falk, Johan, Johan Gille & Fernando W. Bermúdez (eds.). *Discurso, interacción e identidad. Homenaje a Lars Fant.* Estocolmo: Universidad de Estocolmo.

Hopper, Paul J. & Elizabeth C. Traugott 1993. *Grammaticalization.* Cambridge: Cambridge University Press.

Jucker, Andreas H. & Irma Taavitsainen (eds.). 2010. *Historical pragmatics,* Berlin, New York: De Gruyter Mouton.

Lafourcade, Enrique. 1971. *Palomita blanca,* Santiago de Chile: Zig Zag.

Lapesa, Rafael. 1988. *Historia de la lengua española,* Madrid: Gredos.

Lenz, Rodolfo. 1905. *Diccionario etimológico de las voces chilenas derivadas de lenguas americanas.* Santiago de Chile: Seminario de filología hispánica, Universidad de Chile.

Lerner, Gene H. 2004. "On the Place of Linguistic Resources in the Organization of Talk-in-Interaction: Grammar as Action in Prompting a Speaker to Elaborate". *Research on Language & Social Interaction,* 37. 151–184.

Lindström, Jan. 2008. *Tur och ordning: introduktion till svensk samtalsgrammatik.* Stockholm: Norstedts akademiska förlag.

Linell, Per. 1998. *Approaching dialogue: talk, interaction and contexts in dialogical perspectives*, Philadelphia: John Benjamins Publishing.

Lipski, John M. 1996. *El español de América*, Madrid: Cátedra.

Martín Zorraquino, María Antonia & José Portolés Lázaro 1999. "Los marcadores del discurso". *In:* Bosque, Ignacio & Violeta Delmonte (eds.). *Gramática descriptiva de la lengua española*, vol. 3: *Entre oración y el discurso*. Madrid: Espasa-Calpe.

Medina, José T. 1928. *Chilenismos. Apuntes lexicográficos*. Santiago: Soc. Imp. y Lit. Universo.

Menéndez Pidal, Ramón. 1940. *Manual de gramática histórica española*. Madrid: Espasa-Calpe.

Montecino, Lésmer A. 2004. "Estrategias de intensificación y atenuación en la conversación coloquial de jóvenes chilenos". *Onomázein*, 10. 9–32.

Morales Pettorino, Félix. 1984. *Diccionario ejemplificado de chilenismos y de otros usos diferenciales del español de Chile*. Valparaíso: Universidad de Playa Ancha de Ciencias de la Educación.

Ortega Olivares, Jenaro. 1985. "Apéndices modalizadores en español: los comprobativos". *In:* Montoya Martínez, Jesús & Juan Paredes Núñez (eds.). *Estudios románicos dirigidos al prof. Andrés Soria Ortega en el XXV aniversario de la Cátedra de literaturas románicas.* Granada: Universidad de Granada.

Oxford English Dictionary "catch, v.". OED Online. 12 Octubre de 2012. Oxford University Press. <http://www.oed.com/view/Entry/28817?rskey=g6nMJB& result=5&isAdvanced=false>.

Real Academia Española. 2001. *Diccionario de la lengua española*, Madrid: Espasa Calpe.

Real Academia Española. 2005–. *Corpus diacrónico del español (CORDE).*

Redeker, Gisela. 2006. "Discourse markers as attentional cues at discourse transitions". *In:* Fischer, Kerstin (ed.). *Approaches to discourse particles.* Amsterdam: Elsevier.

Rivadeneira Alenzuela, Marcela. 2009. *El voseo en medios de comunicación de Chile. Descripción y análisis de la variación dialectal y funcional.* Tesis doctoral. Universitat Pompeu Fabra.

Rodriguez, Zorobabel. 1875. *Diccionario de chilenismos.* Santiago: Imp. de El Independiente.

Sala, M. 1982. *El español de América,* Bogotá: Instituto Caro y Cuervo.

San Martín Núñez, Abelardo. 2011. "Los marcadores interrogativos de control de contacto en el corpus PRESEEA de Santiago de Chile". *Boletín de Filología*, XLVI. 135–166.

Schiffrin, Deborah. 1987. *Discourse markers*, Cambridge: Cambridge Univ. Press.

Schwenther, Scott A. 1996. "Some reflections on *o sea*: A discourse marker in Spanish". *Journal of Pragmatics*, 25. 855–874.

Traugott, Elizabeth C. 2010. "Grammaticalization". *In:* Jucker, Andreas H. & Irma Taavitsainen (eds.). *Historical pragmatics*. Berlin, New York: De Gruyter.

Urzúa-Carmona, Paula. 2006. "El verbo "cachar" en el español coloquial de Chile". *Onomázein*, 13. 97–107.

13. Controle efetivo e campo de controle: uma convergência trans-teórica entre a linguística cognitiva e a pragmática funcional no exemplo de verbos modais volitivos em português

Thomas Johnen
Stockholms universitet

1. Introdução

Analisando o uso do modo subjuntivo[1] em proposições factivas em português no âmbito da linguística cognitiva, Vesterinen (2010) amplia análises anteriores que tinham postulado a relevância da categoria de *controle epistêmico* do conceitualizador para a questão da escolha do modo verbal no espanhol (*cf.* p.ex. Maldonado 1995). Vesterinen (2010) propõe a categoria de *controle efetivo sobre eventos* para explicar o uso do subjuntivo em construções factivas como:

(1) Lamento *que nessas manifestações não existam argumentos, mas apenas acusações e insultos* [http://wehavekaosinthegarden.blogspot.se/2009/03/prepotencias-e-mentiras.html] (Vesterinen 2010: 169)

O subjuntivo conceitualiza em (1), segundo esta análise, que o conceitualizador não exerce controle efetivo sobre o evento descrito na proposição sub-ordinada.

Vemos nesta análise uma convergência trans-teórica interessante com a pragmática funcional (*cf.* Ehlich 2007: 9–47; Redder 2008) que desenvolveu já nos anos 70 do século XX a categoria de *campo de controle* no âmbito da teoria de ação linguística desenvolvida por Rehbein (1977)[2].

O objetivo deste artigo é exemplificar a relevância da categoria de *campo de controle* para os verbos modais[3] volitivos[4] do português tanto na construção com infinitivo quanto na construção sintática com

Como citar este capítulo:
Johnen, Thomas, Controle efetivo e campo de controle: uma convergência trans-teórica entre a linguística cognitiva e a pragmática funcional no exemplo de verbos modais volitivos em português. In: Engwall, Gunnel & Fant, Lars (eds.) *Festival Romanistica. Contribuciones lingüísticas – Contributions linguistiques – Contributi linguistici – Contribuições linguísticas*. Stockholm Studies in Romance Languages. Stockholm: Stockholm University Press. 2015, pp. 259–272. DOI: http://dx.doi.org/10.16993/bac.m. License: CC-BY

uma proposição sub-ordinada introduzida pelo subjuntor[5] *que* com co-referencialidade dos sujeitos do verbo modal e do verbo subordinado[6].

2. Linguística cognitiva e pragmática funcional

De maneira simplificada é possível indicar como ponto de partida da linguística cognitiva a questão de como a língua conceitualiza em diferentes níveis de abstração a experiência humana (*cf.* p.ex. Langacker 1999: 1–43).

A pragmática funcional que é uma corrente linguística desenvolvida particularmente por Konrad Ehlich e Jochen Rehbein (*cf.* Ehlich 2007: 9) enfoca principalmente a finalidade da atividade verbal (*sprachliches Handeln*) e parte do pressuposto que a atividade verbal é em primeiro lugar, a interação entre falante e ouvinte (*cf.* Ehlich 2007: 13) – categorias das quais a linguística cognitiva costuma fazer abstração[7]. A interação verbal é considerada na pragmática funcional uma das formas de interação entre agentes[8]. Daí surge a necessidade de desenvolver uma teoria de ação que englobe tanto ações verbais como não-verbais.

A teoria de ação desenvolvida por Rehbein (1977), no entanto, não objetiva fundamentar uma teoria da realidade, mas descrever em análises detalhadas fragmentos da realidade e sua complexidade, chegando a uma análise exemplar de padrões acionais relevantes para as funções que a atividade verbal pode ter (*cf.* Rehbein 1977: 5–8). O ponto de partida da pragmática funcional, portanto, não é a conceitualização da experiência humana, mas a realidade concreta que fornece as condições fundamentais para que se possa agir.

Tendo em vista estes dois pontos de partida diferentes, revela-se ainda mais interessante a convergência trans-teórica mencionada acima. Vesterinen (2010) chega a postular:

> o conjunctivo assinala que o evento está fora do domínio do conceptualizador por este ter uma restringida possibilidade de influenciar o mesmo evento (Vesterinen 2010: 169).

Desta maneira, o autor atinge a interface entre conceitualização da realidade pela linguagem e a realidade acional, demonstrando de fato na sua abordagem uma certa convergência com a teoria acional da pragmática funcional, aproximando-se, contudo, do ponto de partida oposto: a partir da conceitualização e não da realidade acional. Vesterinen (2010), além disso, não responde e tampouco se interessa pela questão do que significa ter a possibilidade de influenciar um evento e não apresenta nenhum elemento para o des-envolvimento de uma própria teoria de ação.

A teoria de ação rehbeiniana (Rehbein 1977) analisa a complexidade da realidade acional como um fundamento para uma teoria linguística. Como a pragmática funcional é menos conhecida no mundo lusófono, convém apresentar a seguir os elementos fundamentais da teoria de ação desenvolvida no âmbito desta corrente linguística.

3. As categorias do espaço acional na teoria de ação de Rehbein (1977)

Rehbein (1977) parte do pressuposto que cada ação acontece em um espaço acional determinado (por exemplo, uma sala de aula). Cada espaço acional é determinado por certas categorias. Rehbein (1977) distingue entre categorias da dimensão subjetiva (como os mecanismos de percepção, de avaliação, do "crer" e de motivação dos agentes, bem como os seus conhecimentos e faculdades) e categorias de dimensão objetiva (como o campo acional, o espaço interacional, o campo de controle e o sistema das necessidades).

No contexto deste artigo, interessam antes de tudo duas categorias da dimensão objetiva do espaço acional: o *campo acional* e o *campo de controle*.

Por *campo acional* Rehbein (1977) entende o conjunto de atos dos quais um agente dispõe potencialmente em um dado momento e a ação escolhida. Por *campo de controle* o autor entende todos os elementos ao alcance imediato ou mediato do agente.

Partindo da análise de fragmentos da realidade relevantes para a escolha e a execução de uma determinada ação, Rehbein (1977) chega, portanto, a uma categoria que determina as condições objetivas de restrição de alternativas acionais num contexto acional determinado.

A vantagem desta abordagem é que fornece tanto um instrumentário de categorias relevantes para a análise de interações concretas quanto para a conceitualização da realidade pela linguagem.

Isso é evidenciado, por exemplo, pelos estudos de Brünner & Redder (1983) sobre os verbos modais do alemão que analisam tanto a conceitualização das categorias acionais pelos verbos modais quanto as funções dos mesmos em ações verbais (como a OFERTA DE AJUDA) integradas em ações não-verbais concretas (como por exemplo COLO-CAR UMA CORTINA). Nesta análise, Brünner & Redder (1983) dividem os verbos modais em dois grupos: um de verbos como al. *wollen* 'querer' que designam objetivos acionais e um outro como al. *können* 'poder' e al. *müssen* 'ter de' que designam e ponderam alternativas acionais.

4. A categoria de *campo de controle* na semântica de verbos modais designativos de objetivos acionais

Na recepção e aplicação das abordagens da pragmática funcional (*cf.* Rehbein 1977, Brünner & Redder 1983, Wunderlich 1981) aos verbos modais do português apresentada em Johnen (2003), mostramos que a categoria de *campo de controle* possui uma função semântica distintiva em relação aos verbos modais que designam um objetivo acional (verbos como *gostar de, desejar, almejar, pretender, querer* etc.) (*cf.* Johnen 2003: 250–350) e identifica assim, na periferia deste grupo de verbos modais, três verbos na construção com infinitivo (*contar*[9], *esperar* e *sonhar*[10]) que marcam que a ação / o evento modalizado está fora do campo de controle do agente (*cf.* Johnen 2003: 344–347).

Esperar e *sonhar* + *infinitivo* são relacionados à fase de motivação no processo acional, bem como verbos como *desejar* e *almejar* + *infinitivo*. Isso significa que a semântica destes verbos tematiza que a ação designada no infinitivo é desejável por ter certas propriedades, sem considerar efeitos ou implicações negativas desta ação. Ainda não há nenhuma decisão de execução da ação. A realizabilidade da ação também não é tematizada. *Desejar* e *almejar* se distinguem apenas na intensidade da desiderabilidade da ação (*cf.* Johnen 2003: 284).

Como foi dito anteriormente, *esperar* e *sonhar* + *infinitivo*, porém, marcam que a ação está fora do campo de controle do agente. A diferença entre os dois verbos é que *sonhar* + *infinitivo* marca que a ação está claramente fora do campo de controle, enquanto no caso de *esperar* + *infinitivo*, se trata de uma avaliação que, na última análise, o agente não controla a ação, mesmo se haja alguns elementos favoráveis como mostram (2)-(3):

(2) **sonho em fazer** o mestrado mais nao [sic] tenho condições finaceira [sic]. Atuo na Educação Infantil a mais de 20 anos. Como fazer para conseguir uma bolsa de estudo?[11]

(3) Fazer um [sic!] faculdade é legal, pois além de você ganhar experiência, também conhece pessoas legais, porém não é garantia de sucesso, mas é bem proveitoso. Estou cursando a minha segunda faculdade e **espero fazer, Mestrado** [sic!] **e doutorado** se Deus quiser[12]

Em (2) o autor não possui condições financeiras para realizar a ação, em (3) já está a caminho da realização, pois já tomou as primeiras medidas, mas o objetivo final é fora do seu campo de controle o que é enfatizado também pelo marcador *se Deus quiser*. *Almejar* e *desejar* não tematizam na sua semântica a questão do campo de controle.

Contar + infinitivo é relacionado à fase de execução e localizado no processo acional posterior à decisão de execução (bem como *ir + infinitivo*). Enquanto *ir + infinitivo* tematiza antes de tudo que a decisão da execução foi feita e que se trata de um objetivo normalmente no campo de controle do agente (*cf.* Johnen 2003: 306–319), *contar + infinitivo* tematiza em primeiro lugar que a ação que está para ser executada em última análise está fora do campo de controle do agente.

(4) De [*sic! sc. se*] tudo correr bem, **conto em fazer** uma breve visita. Até já![13]

Estes exemplos mostram que a categoria de campo de controle é relevante para a semântica do sistema dos verbos modais do português.

Vesterinen (2010: 164–165) aventa a hipótese de que as construções de *querer*, *desejar* e *esperar + infinitivo* mostrem "um maior grau de responsabilidade e controlo sobre o evento descrito pelo V2, ou seja, sobre o evento descrito pela forma infinitiva do verbo" (165), identificando a co-referência do sujeito como responsável por isso. O autor não analisa, porém, as diferenças semânticas entre os três verbos discutidos. Compara apenas as construções com infinitivo com as construções sintáticas com uma proposição sub-ordinada introduzida pelo subjuntor *que* sem co-referência de sujeitos do verbo da proposição subordinada e do verbo matriz (*cf.* Vesterinen 2010: 163–164). A categoria de *campo de controle* possui, contudo, uma importância especial em casos de co--referencialidade entre o verbo matriz e o verbo da proposição subordinada, conforme mostraremos no ponto a seguir em nossa análise de um fenômeno até hoje negligenciado na literatura.

5. A categoria de *campo de controle* no caso de co-referencialidade do sujeito de verbo matriz (sendo um verbo modal que designa um objetivo acional) e do verbo subordinado[14]

Nas línguas, como o português, que possuem tanto verbos modais na construção com infinitivo quanto em certos casos com proposições subordinadas introduzidas por um subjuntor (aqui: *que*), o caso da co-referencialidade do sujeito dos dois verbos é um caso especialmente interessante, porque são formas concorrentes.

Em regra geral usa-se no caso de co-referencialidade o infinitivo. Mas em certos casos também a construção com a proposição subordinada introduzida pelo subjuntor *que* é possível. Vale, porém, ressaltar que esta forma é extremamente marcada. No entanto, não se trata de uma variação que seja regida por uma regra variável, mas, antes de tudo, de uma variação que marca um traço semântico divergente: [± no campo de controle do agente].

Isso significa que se a ação no verbo que depende do verbo modal estiver no campo de controle do agente há preferência pelo infinitivo. Para marcar que não é o caso, é possível usar a construção com a proposição subordinada introduzida por *que*. Vemos o exemplo seguinte:

(5) Quero comer um abacaxi.

(6) ???Quero que eu coma um abacaxi.

Uma ação como COMER normalmente não está fora do campo de controle de um agente humano ou animal. É possível que exista uma situação onde não haja alimentos ou outros impedimentos, mas a ação de COMER em si é uma ação habitualmente controlada por um agente humano ou animal. Assim, a opção pelo infinitivo parece obrigatória.

Os exemplos (7)–(11) mostram, porém, que em certos contextos os usuários da língua optam também em caso de co-referencialidade pela proposição subordinada introduzida pelo subjuntor *que*:

(7) /gabriel says: January 1, 2012 at 17:29/
desejo paz a todos . **quero que eu ganhe** um celular . e tambem quero bastente [sic!] brinquedos[15]

(8) gugu eu quero que você realize esse sonho pra mim, eu **quero conhe-ser** [sic!] **os rebeldes** da record 2011,eu **quero que eu seja feliz** , se voce puder me ajuda beijos gugu. rua sarutaia 767 bairro ze pereira / campo grande[16]

(9) É isso... Beijo para vocês meninas e para os futuros leitores que **eu pretendo que eu tenha!**[17]

(10) **eu gostaria que eu pudesse bloquear** as pessoas que eu não gosto de ficarem visitando meu orkut[18]

(11) Sou humana. Sou quase normal. Não ligo se gostarem de mim em partes. Mas **desejo que eu me aceite por inteiro**[19]

O que (7) a (11) têm em comum é que se trata no caso do verbo da proposição subordinada sempre de ações ou eventos fora do controle do agente.
No caso de *ganhar* e *ser feliz* é inerente à semântica, nos casos de *ter, poder
bloquear* e *aceitar-se* é um efeito do contexto. Este fato é reforçado pela
escolha da construção subordinada e pelo subjuntivo. Isso mostra uma
prova de comutação exemplar de alguns dos exemplos abaixo:

(7) [...] desejo paz a todos . **quero que eu ganhe** um celular . e tambem
quero bastente [sic!] brinquedos

(7') desejo paz a todos . **quero ganhar** um celular . e tambem quero bastente [sic!] brinquedos

(8) gugu eu quero que você realize esse sonho pra mim, eu **quero conheser**
[sic!] **os rebeldes** da record 2011,eu **quero que eu seja feliz** , se voce
puder me ajuda [...]

(8') gugu eu quero que você realize esse sonho pra mim, eu **quero conheser**
[sic!] **os rebeldes** da record 2011,eu **quero ser feliz** , se voce puder me
ajuda

Tanto em (7) e (8) quanto em (7') e (8') trata se de verbos ou coloca-
ções verbais (*ganhar* e *ser feliz*) que não atribuem ao sujeito um papel
semântico de agente. No caso de *querer + infinitivo,* o verbo no infinitivo,
porém, não determina o papel semântico do sujeito, mas se trata, antes de
mais nada, de uma co-valência aditiva onde ambos os verbos mantêm sua
valência semântica (*cf.* Johnen 2005: 86–87). Desta maneira, já a valência
semântica do verbo *ganhar* na acepção de 'receber como presente' bem
como a da colocação *ser feliz,* marcam que não se trata de algo sob o controle do agente. A escolha da construção subordinada com o subjuntivo
reforça este fator. Pela discrepância entre o objetivo e a falta de controle,
intensifica-se desta maneira o grau da desiderabilidade do objetivo.

Bloquear em (10) atribui ao sujeito o papel semântico de agente.
Mas neste exemplo *bloquear* é ainda modalizado por *poder. Bloquear*
torna se então um objetivo desejável, mas ainda não elegível.

(10) **eu gostaria que eu pudesse bloquear** as pessoas que eu não gosto de
ficarem visitando meu orkut

(10') **eu gostaria de poder bloquear** as pessoas que eu não gosto de ficarem
visitando meu orkut

A comparação entre (10) e (10') mostra que a construção subordinada
acentua ainda mais a inelegibilidade da ação BLOQUEAR. Para isso deve
contribuir também o subjuntor *que*[20].

É interessante observar que se modalizarmos *comer* com *conseguir* em (6) a aceitabilidade aumenta:

(11) Quero que eu consiga comer um abacaxi.

Também aqui a modalização torna a ação no verbo subordinado como algo inelegível no contexto. Isso contribui para a aceitabilidade da construção.

Em geral, é possível constatar que estes exemplos convergem com a análise apresentada por Augusto Soares da Silva (neste volume, Quadro 1) de que a distância conceitual, a independência do evento subordinado, a objetividade do evento e a subjetividade do eixo subjetivo são de um grau maior na construção com a proposição subordinada do que na construção com infinitivo, e também que a atualização (o *grounding*) é total e, por último, que há uma instância de processo tipo escaneamento sequencial (em vez de sumário como no caso da construção com o infinitivo). Além disso, ressalta o autor (como implicação da maior distância conceitual) um grau de controle menor do sujeito relativamente ao evento subordinado.

Como o subjuntivo é obrigatório nestas construções é difícil (senão impossível) distinguir entre a contribuição semântica do subjuntivo e da construção sintática. O que aparenta é que se reforçam mutuamente.

Como foi mencionado anteriormente, as formas com a proposição subordinada são altamente marcadas. Consciente da limitação do método, analisamos, como uma primeira orientação a frequência das construções em (6)-(12) com as construções com infinitivo na base de dados de Google (www.google.se)[21]. Indicamos a frequência no dia da consulta (10 de maio de 2013) e a porcentagem de cada construção (relativo à soma dos números de ocorrências da construção com infinitivo e com proposição subordinada). O resultado é mostrado no Quadro 1.

As diferenças consideráveis quanto às preferências da construção com infinitivo em comparação com a proposição subordinada, são um indício para a importância da inter-relação entre a semântica do verbo subordinado e a escolha da construção. *Comer* e *ter* são verbos que não marcam, pela própria semântica, uma falta de controle do agente. Nestes verbos quase 100% das ocorrências são com o infinitivo. No caso de *ganhar* e *ser feliz*, a semântica do verbo subordinado marca o evento (*ganhar*) ou um estado (*ser feliz*) que não estão plenamente sob o controle do agente. Este somente pode escolher ações com o objetivo de alcançar o estado ou respectivamente contribuir para que o evento aconteça. Mesmo sendo pequena a porcentagem com a proposição subordinada, a frequência relativa é mais de mil vezes superior ao caso da construção com *comer* como verbo subordinado.

Quadro 1. Frequência das construções com infinitivo e com proposição sub-ordinada dos exemplos (6)-(12) na base de dados Google

Verbo modal + infinitivo	Número de ocorrências / porcentagem	Verbo modal + que + subjuntivo	Número de ocorrências / porcentagem
quero comer	407.000 99,99%	quero que eu coma	5 <0,01%
pretendo ter	148.000 99,99%	pretendo que eu tenha	3 <0,01%
quero ser feliz	1.222.000 98,83%	quero que eu seja feliz	14.400 1,17%
eu gostaria de poder	1.480.000 85,85%	eu gostaria que eu pudesse	244.000 14,15%
quero conseguir	60.000 68,26%	quero que eu consiga	27.900 31,74%
quero ganhar	931.000 99,74%	quero que eu ganhe	2460 0,26%

No caso dos verbos *poder* e *conseguir* como verbos subordinados, a porcentagem significativamente mais alta de construções com proposição sub-ordinada em comparação com os outros casos analisados, pode ser explicada pelo fato de estes dois verbos tematizarem a existência de uma alternativa acional: *poder* a existência em geral (*cf.* Johnen 2003: 359–368), *conseguir* é um verbo operativo-fatitivo no sentido de Lyons (1988: 491) e tematiza o resultado de um processo (*cf.* Johnen 2003: 373–377). A existência de uma possibilidade acional bem como o resultado de uma ação, no entanto, são muitas vezes fora do espaço controlado pelo agente. A explicitação da possibilidade inerente, por exemplo, acontece, como mostra Kratzer (1981), apenas em contextos nos quais não é esperada.

6. Considerações finais

Mostramos a convergência entre as categorias da pragmática funcional e da linguística cognitiva relativo às categorias de *campo de controle* e *controle efetivo* que existe apesar de todas as diferenças entre as duas abordagens linguísticas. A nosso ver, isso é um sinal da adequação das descrições. Há, no entanto também diferenças: enquanto a linguística cognitiva se auto-restringe à questão da conceitualização, a pragmática funcional apresenta ferramentas analíticas tanto para analisar a conceitualização de formas linguísticas quanto a própria realidade acional. A pragmática funcional fornece o instrumentário analítico para analisar interações concretas (inclusive a inter-relação entre a conceitualização e fatores situacionais), algo que não está no foco da linguística cognitiva.

Notas

1. Seguimos neste artigo com a denominação *subjuntivo* a nomenclatura gramatical brasileira. Em Portugal costuma-se usar a denominação de *conjunctivo*. Ambos os termos são sinônimos.

2. Cumpre mencionar que também Pottier (2001: 179–180) introduz uma categoria 'controle sobre o evento' e ressalta a relação com a volição.

3. Convém alertar que não consideramos *verbo modal* como uma categoria sintática, mas semântica. Nisso divergimos da definição de verbo modal em Silva (neste volume) que os considera (como muitos outros autores – *cf.* Johnen 2003: 64) como verbos de elevação. Diverge também da definição em Meisnitzer (2012: 337) que restringe os verbos modais ao grupo que permite tanto uma leitura epistêmica quanto uma leitura deôntica. Como mostramos em Johnen (2006), a origem desta categoria gramatical é semântica (*cf.* também Steffler 2012b) e argumentamos que a primazia da semântica possui a vantagem de poder considerar um paradigma semântico na sua integralidade que, em última análise, representa formas com graus de gramaticalização diferentes (*cf.* Johnen 2000) (em vez de classificar verbos semanticamente próximos em categorias distintas; *cf.* também Steffler 2012a). No âmbito de uma análise acional dos verbos modais, chegamos em Johnen (2003) numa divisão classificatória em verbos modais acionais, epistêmicos e avaliativos. Os verbos modais volitivos pertencem ao grupo dos verbos modais acionais e formam o sub-grupo dos verbos modais que designam um objetivo acional. Mesmo tendo analisado em Johnen (2003) apenas verbos modais na construção com o infinitivo, propusemos uma tipologia sintática diferenciando as variantes sintáticas existentes, distinguindo entre verbos modais principais (com complemento nominal ou tendo como complemento uma proposição subordinada) e verbos modais secundários com infinitivo (*cf.* Johnen 2003: 74–75). Argumentamos que cada uma destas construções precisa ser analisada separadamente por causa da inter-relação entre sintaxe e semântica.

4. Os verbos modais volitivos são verbos que designam um objetivo acional como *almejar, desejar, pretender, querer, ir*. Para alguns destes verbos existe a variante sintática como verbo modal principal com uma proposição subordinada como complemento.

5. Em vez do termo da gramática tradicional pouco feliz de *conjunção subordinativa*, preferimos o termo *subjuntor* por designar de maneira mais adequada a relação de subordinação (veja também Engel *et al.* 1993: 880–881).

6. Para uma análise de exemplos sem co-referencialidade veja-se Vesterinen (2010: 163–165).

7. É interessante observar a ausência de *falante, ouvinte* e *interação*, por exemplo, no índice de Langacker (1999: 419–427). Na sua introdução à linguística cognitiva, Evans & Green (2006: 9–11) porém, consideram a função interacional da linguagem. O espaço, no entanto, que as autoras concedem a esta função da linguagem é bastante restrito: três páginas de 782.

8. A divergência quanto ao ponto de partida mostra-se também na terminologia usada. Enquanto a linguística cognitiva usa o termo *conceitualizador*, a pragmática funcional usa *agente*. Mesmo havendo uma intersecção referencial entre os dois termos, não podem ser considerados sinônimos. Como estão no foco do presente trabalho as categorias de *controle efetivo* e de *campo de controle*, não podemos aprofundar aqui a questão terminológica referente a *conceitualizador* e *agente*, pois exigiria uma análise temática mais ampla. A seguir usamos ambos os termos, *conceitualizador* e *agente*, conforme à abordagem teórica a qual fazemos referência.

9. Existem as seguintes variantes sintáticas: *contar + infinitivo, contar em + infinitivo, contar com + infinitivo* (*cf.* Johnen 2003: 344–345).

10. Existem as seguintes variantes sintáticas: *sonhar + infinitivo, sonhar em + infinitivo* e *sonhar com + infinitivo* (*cf.* Johnen 2003: 346–347).

11. http://www.educacaoadistancia.blog.br/professores-terao-bolsas-para-cursos-de-mestrado-profissional-a-distancia/ (ultimo acesso em 23 de maio de 2012).

12. http://br.answers.yahoo.com/question/index?qid=20120518170907AA2HrQZ (último acesso em 31 de janeiro de 2013).

13. http://interculturacidade.wordpress.com/2012/02/06/noite-tematica-indiana-12-fevereiro-1830/ (ultimo acesso em 23 de maio de 2012).

14. A análise a seguir baseia-se em um capítulo não publicado que foi originalmente elaborado em 1996 como parte da tese de doutorado (Johnen 2003), mas que durante o processo de escrita foi excluído pela necessidade de uma focalização temática nos verbos modais na construção com o infinitivo. Ampliamos,

porém, para este estudo a base empírica utilizando ferramentas (como a pesquisa na base de dados de Google) que ainda não existiam na época.

15. http://www.recreio.com.br/blogs/blog/o-que-eu-quero-em-2012/#comment-152511 (último acesso em 23 de maio de 2012).

16. http://guiadicas.net/quero-participar-do-quadro-sonhar-mais-um-sonho/ (último acesso em 23 de maio de 2012).

17. https://www.fanfiction.com.br/historia/190864/Perfection_Tricks/capitulo/4 (último acesso em 23 de maio de 2012).

18. http://productforums.google.com/forum/#!category-topic/orkut-pt/suggest%C3%B5es-para-o-orkut/RnLtjamC36c (último acesso em 23 de maio de 2012).

19. http://pensador.uol.com.br/frase/MzY4MjAw/ (último acesso em 23 de maio de 2012).

20. Para a uma análise mais detalhada das funções de conectores do tipo do subjuntor *que* veja Rehbein (2003).

21. Um problema é que o mesmo texto pode ser contado várias vezes. Por essa razão excluímos, por exemplo, da nossa pesquisa de frequência a construção *"desejo que eu me aceite"*. Pois houve no dia de consulta 148.000 ocorrências que citam a mesma frase do mesmo texto.

Referências

Brünner, Gisela & Angelika Redder. 1983. *Studien zur Verwendung der Modalverben mit einem Beitrag von Dieter Wunderlich*. Tübingen: Narr (Studien zur deutschen Grammatik; 19).

Ehlich, Konrad. 2007. *Sprache und sprachliches Handeln*, vol. 1.: *Pragmatik und Sprachtheorie*. Berlin: de Gruyter.

Engel, Ulrich *et al.* 1993. *Kontrastive Grammatik deutsch-rumänisch*. Heidelberg: Groos.

Evans, Vyvyan & Melanie Green. 2006. *Cognitive linguistics. An introduction*. Edingburgh: Edingburgh University Press.

Johnen, Thomas. 2000. *"Quem pode, pode, quem não pode se sacode*: alcances e inconvenientes da pesquisa lingüística sobre os verbos modais portugueses". *In:* Gärtner, Eberhard, Christine Hundt & Axel Schönberger (eds.). *Estudos de gramática portuguesa (III)*. Frankfurt am Main: TFM. 105–144.

Johnen, Thomas. 2003. *Die Modalverben des Portugiesischen (PB und*

PE). Semantik und Pragmatik in der Verortung einer kommunikativen Grammatik. Hamburg: Kovač (Philologia; 60).

Johnen, Thomas. 2005. "Observações sobre a valência semântica no *Dicionário gramatical de verbos do português contemporâneo do Brasil". Lusorama,* 61–62. 76–95.

Johnen, Thomas. 2006. "Zur Herausbildung der Kategorie Modalverb in der Grammatikographie des Deutschen (und des Portugiesischen)". *Pandaemonium Germanicum,* 10. 283–337, disponível online sob: http://www.fflch.usp.br/dlm/alemao/pandaemoniumgermanicum/site/images/pdf/ed2006/Zur_Herausbildung.pdf (09/05/2013).

Kratzer, Angelika. 1981. "The notional category of modality". *In:* Eikmeyer, Hans-Jürgen & Hannes Rieser (eds.). *Words, Worlds, and Contexts: New Approaches in Word Semantics.* Berlin / New York: de Guyter. 38–74.

Langacker, Ronald W. 1999. *Grammar and conceptualization.* Berlin / New York: Mouton de Gruyter (Cognitive Linguistic Research; 14).

Lyons, John. 1988. *Semantics,* vol. 2. 6a. ed. Cambridge: Cambride University Press.

Maldonado, Ricardo. 1995. "Middle-subjunctive links". *In:* Hamispour, Peggy, Ricardo Maldonando & Margaret van Naerssen (eds.). *Studies in language learning and Spanish linguistics in honor of Tracy D. Terrell.* New York: McGraw-Hill. 399–418.

Meisnitzer, Benjamin. 2012. "Modality in Romance languages: Modal verbs and modal particles". *In:* Abraham, Werner & Elisabeth Leiss (eds.). *Modality and Theory of Mind across Languages.* Berlin / New York: de Gruyter. 335–360.

Pottier, Bernard. 2001. *Représentations mentales et catégorisations linguistiques.* Louvain/ Paris: Peeters (Bibliothèque de l'information grammaticale; 47).

Redder, Angelika. 2008. "Functional Pragmatics" . *In:* Antos, Gerd & Eija Ventola (eds.): *Handbook of interpersonal communication.* Berlin / New York: de Gruyter. 133–138.

Rehbein, Jochen. 1977. *Komplexes Handeln. Elemente zu einer Handlungstheorie der Sprache.* Stuttgart: Metzler.

Rehbein, Jochen. 2003. "Matrix-Konstruktionen in Diskurs und Text". *Zeitschrift für Interkulturellen Fremdsprachenunterricht,* 8:2/3. 252–276.

Silva, Augusto Soares da. Neste volume. Subjetivação, objetificação e (des)gra--maticalização nas construções completivas infinitivas em português, em comparação com outras línguas românicas.

Steffler Adriano. 2012a. "Considerações acerca das relações entre modalidade e frases acionais". In: Martha, Alice Áurea Penteado et al. (eds.). *2° CIELLI – Colóquio Internacional de Estudos Linguísticos e Literários. 5° CELLI – Colóquio de Estudos Linguísticos e Literários* [recurso eletrônico]. Maringá: UEM-PLE, disponível sob: http://anais2012.cielli.com.br/pdf_trabalhos/957_arq_1.pdf (09/05/2013).

Steffler, Adriano. 2012b. "Uma analise diacrônica da categoria verbo modal em língua portuguesa". *In:* Martha, Alice Áurea Penteado et al. (eds.). *2° CIELLI – Colóquio Internacional de Estudos Linguísticos e Literários. 5° CELLI – Colóquio de Estudos Linguísticos e Literários* [recurso eletrônico]. Maringá: UEM-PLE, disponível sob: http://anais2012.cielli.com.br/pdf_trabalhos/957_arq_2.pdf (09/05/2013).

Vesterinen, Rainer. 2010. "Uma aproximação cognitiva ao modo conjuntivo". *Revista Portuguesa de Humanidades. Estudos Lingüísticos,* 14:1. 151–174.

Wunderlich, Dieter. 1981. "Modalverben in Diskurs und System". *In:* Rosengren, Inger (ed.). *Sprache und Pragmatik. Lunder Symposium 1980.* Lund: Gleerup (Lunder germanistische Forschungen; 50). 11–53.

14. Sur le rôle du nom commun dans le choix entre les appositions des trois types « le président Obama », « Obama, le président » et « le président, Obama » en français et en suédois

Karin Lindqvist
Stockholms universitet

1. Introduction

L'extrait suivant du *Monde* illustre l'importance de présenter et d'identifier les personnages, et d'autres concepts, figurant dans un texte :

(1)   Une belle promenade dans la diversité musicale d'Istanbul
       Fatih Akin est allemand, né à Hambourg il y a trente-deux ans. Dans ses films, le cinéaste fait souvent l'aller-retour entre son pays natal et *la Turquie*. Crossing the Bridge [...] n'est pas le récit d'un voyage (contrairement à *Im Juli* ou *Head On*), mais celui du séjour d'*Alexander Hacke* à Istanbul. [...]
       Au fil des déplacements à travers Istanbul, les facettes s'agrègent les unes aux autres : la jeunesse éclatante d'*Aynur* répond à la séduction légèrement frelatée d'*Orhan Gencebay*, par ailleurs authentique virtuose du *saz*. [...] *Muyezzen Senar* renvoie aux temps ottomans, fait deviner un continuum raffiné qui irait d'Istanbul au Caire. [...] (*Le Monde*, 13/07/2005, nos italiques)

Certes, l'extrait ne pose pas de problèmes en ce qui concerne la lisibilité, mais on a l'impression qu'il manque quelque chose. On ne sait pas quelle est la relation entre Fatih Akin et la Turquie. On ne peut que supposer qu'Im Juli et Head On sont des films. Le lecteur « moyen » français ne peut pas être censé connaître Alexander Hacke, ni Aynur, ni Orhan Gencebay, ni Muyezzen Senar. On comprend que le saz doit être un instrument, mais on ne sait peut-être pas de quel genre.

De l'extrait original du *Monde*, nous avons enlevé les noms communs (Nc) positionnés à côté des noms propres (Npr). Dans l'original, le pays, les films, les personnes et l'instrument sont présentés ainsi : « celui de ses parents, la Turquie », « ses fictions, Im Juli ou Head On », « Alexander Hacke [à Istanbul], bassiste au sein du groupe Einstürzende Neubauten, un des fondateurs du rock industriel », « la chanteuse kurde Aynur », « Orhan Gencebay, étoile des années 1970 », « saz (luth à long manche) », « la diva octogénaire Muyezzen Senar ». Ces combinaisons de Nc et de Npr sont des exemples d'*appositions*, le sujet de cette étude, et l'exemple montre l'importance des appositions dans la prose journalistique, où il est, comme le dit Meyer (1992 : 6) « *communicatively necessary to name individuals and to provide information about them* »[1]. Il existe trois types d'appositions, illustrés ici :

(2)   *apposition liée* : la procureure de la République de Lille Marie-Madeleine Alliot (NcNpr)

(3)   *apposition détachée* : le guitariste du groupe de rock The Kills, Jamie Hince (Nc[*détachement*]Npr)

(4)   *apposition détachée* : Benjamin Netanyahu, le Premier ministre israélien (Npr[*détachement*]Nc)

Le but du présent article est d'examiner et de comparer l'emploi de ces constructions en français et en suédois écrits. Plus précisément, nous examinerons le rôle que joue l'expansion du Nc : son interprétation sémantique / pragmatique et sa forme, dans le choix entre les trois types d'appositions.

Comme point de départ, citons d'abord ce que dit I. Korzen (2006 : 108) à propos du type d'apposition montré dans (2). Cette apposition constitue, d'après lui, « *a particularly cohesive and indivisible unit* ». Même avec une expansion dans le Nc, cette forte cohésion resterait inchangée, comme dans son exemple (il s'agit, comme on peut le voir, de la langue italienne) : « *il presidente della Repubblica Sandro Pertini* » (2006 : 110). Citons ensuite cet exemple (anglais) d'Acuña-Fariña (2009 : 472) : « *the stubborn Jaguar boss Tom Walkenshaw* ». A propos du Nc *the stubborn Jaguar boss*, Acuña-Fariña écrit que cette unité :

[has] enough elaboration to activate a referent by itself. That is, it starts sounding like a referential NP. In that case, the prosodic dissociation of the newly-created NP from the proper noun becomes more necessary given the syntactic weight U1 has.

On peut, à partir de ces citations (pourvu qu'on accepte que les mêmes descriptions peuvent s'appliquer au français et au suédois) tirer la conclusion que le lien entre le Nc et le Npr dans la construction (2) est forte, mais qu'il peut être rompu dans le cas où le Nc est suffisamment élaboré. Dans ce cas, le Nc et le Npr sont « dissociés ». Dans la langue écrite, cette dissociation prosodique peut vraisemblablement se traduire par un détachement graphique, qui résulte en le type d'apposition montrée dans (3). Le type dans (4) contient aussi un Nc et un Npr, et constitue donc un autre choix possible. Nous examinerons dans quelle mesure l'interprétation sémantico-pragmatique du Nc régit le choix entre les constructions. Notre hypothèse est que l'interprétation du Nc comme référentiel ou non dépend aussi de la proximité entre la tête du Nc et du Npr : si ces deux noms (N) sont contigus, on tend à les interpréter comme un seul groupe nominal (GN) référentiel, et dans ce cas, il est moins probable que les deux N soient dissociés graphiquement.

L'étude traitera donc de la langue écrite journalistique, française et suédoise, et on appliquera une perspective contrastive au problème, à cause de la comparaison entre le français et le suédois en soi, mais aussi parce qu'en comparant ces deux langues, il ressort clairement combien la forme de l'expansion affecte le choix de construction.

2. Présentation théorique et hypothèse

2.1. Terminologie et description syntaxique

Acuña-Fariña (2009 : 458) soutient que l'apposition liée et l'apposition détachée « *are in fact two radically different things* ». C'est une conception qu'il partage avec Forsgren (1991), H. Korzen (2006) et I. Korzen (2006). Acuña-Fariña décrit l'apposition détachée comme une insertion pragmatique qui ne participe pas à la formation syntaxique de la phrase[2], alors que les appositions liées sont décrites comme « *instances of* more or less *ordinary NP structure* » (Acuña-Fariña, 2009 : 458). Malgré les divergences, on emploie souvent le terme « apposition » pour les deux variantes, celle sans détachement et celles avec détachement. Les deux types illustrés dans (3) et (4) sont appelés « apposition » par ex. par Forsgren (2000) pour le français, et par Teleman *et al.* (1999) pour le suédois (et d'ailleurs aussi pour l'anglais par Acuña-Fariña (2009)[3]). Le type dans (2) est appelé « apposition » par ex. par Rioul (1983)[4] et par Teleman *et al.* (1999) (et pour l'anglais par Keizer, 2005).

Pour ce qui est de l'analyse syntaxique des deux types de construction, c'est là un problème beaucoup discuté, dont les avis des chercheurs diffèrent souvent. Forsgren (2000) considère par exemple l'apposition à détachement comme une fonction syntaxique, à côté de l'épithète et de l'attribut, alors qu'Eriksson (1993) la décrit comme une relation syntaxique, à côté de la coordination et de la subordination. Pour ce qui est du lien entre les deux GN dans la construction, c'est là une autre question débattue. Selon I. Korzen (2006), le segment détaché ne peut pas être considéré comme appartenant au GN dans la phrase enchâssante. Il montre que l'apposition détachée peut être analysée comme un constituant syntaxique n'appartenant ni aux constituants primaires (le verbe, le sujet, les objets, etc.) ni aux constituants secondaires (les modificateurs et les déterminants). L'apposition détachée constitue un groupe à part, selon cette analyse. Hannay et Keizer (2005) font une analyse similaire, mais appliquent une perspective plutôt discursive au problème. Les appositions détachées sont décrites comme des unités discursives indépendantes ne faisant pas partie de la phrase enchâssante : « *holophrases, being non-sentential in form, but making a full and complete contribution to the discourse* » (Hannay & Keizer, 2005 : 165). Quant à la construction sans détachement, elle a aussi été beaucoup discutée, surtout concernant la question de savoir si on peut considérer un des deux GN comme une tête par rapport à l'autre, et, dans ce cas, lequel des deux. Il est en effet possible de trouver des chercheurs qui analysent soit le premier des deux GN comme une tête (par ex. Forsgren 2001), soit le deuxième (par ex. Halmøy 2001), soit les deux à la fois (cf. Jonasson 1994, qui soutient que « [l]e Npr et le Nc fonctionne [*sic*] tous les deux comme têtes d'un GN complexe, aucun d'eux n'étant à voir comme le modifieur ou le complément de l'autre »).

Après ce petit exposé, il faut constater qu'une description complète de ces problèmes très complexes dépasserait de loin le cadre de l'étude, mais aussi que le but du travail est d'examiner les deux types de construction dans leur emploi concret. Par conséquent, nous ne développerons pas davantage la présentation théorique.

2.2. Le choix entre les constructions : hypothèse

Comme il vient d'être dit, on fait relativement souvent dans les grammaires le rapprochement entre l'apposition liée et l'apposition détachée, en leur assignant le même nom et en les traitant sous la même rubrique. Dans la grande grammaire suédoise écrite par Teleman *et al.* (1999), par exemple, l'apposition détachée est décrite comme non restrictive et l'apposition liée comme normalement restrictive (1999, tome 3 : 110).

Or, la question de savoir quand on utilise l'une ou l'autre construction n'est pas beaucoup discutée, ni par Teleman *et al.* (1999), ni ailleurs. Parmi les comparaisons explicites que nous avons trouvées, on peut mentionner Halmøy (2001 : 249), qui, à propos le type de construction où le Npr est détaché, soutient que « ce qui importe, c'est la fonction sociale du personnage ». La variante où le Nc est détaché représente selon elle « la configuration canonique du français ». Celle-ci serait « de loin la plus fréquente lorsqu'il s'agit de la première mention des personnages ». Dans Noailly (1990 : 143*ss*), il est proposé que la différence entre les deux consiste en ce que l'apposition à Nc détaché présente une information nouvelle, alors que dans l'apposition liée, la relation entre les deux N n'est que rappelée.

Ces propos impliquent en quelque sorte que le journaliste ferait toujours un choix conscient lié à son intention communicationnelle, prenant en compte ses connaissances préalables, ainsi que peut-être les connaissances du lecteur. Cette conception peut vraisemblablement expliquer le choix d'apposition dans certains cas, mais nous pensons que, le plus souvent, le choix entre les trois types se fait sans réflexions communicationnelles. Si on se donne comme point de départ les points de vue d'I. Korzen (2006) et d'Acuña-Fariña (2009), présentés dans l'introduction, selon lesquels le Nc et le Npr dans l'apposition liée forment une unité indivisible mais où le lien entre les deux peut rompre si le locuteur ressent que le Nc est référentiellement saturé[5], on obtient une hypothèse qui explique comment le choix entre les trois constructions se fait. L'exemple suivant illustre cette hypothèse :

(5) Le prix Nobel de médecine 2011 a été décerné à *l'Américain Bruce Beutler, au Français d'origine luxembourgeoise, Jules Hoffmann* et *au Canadien Ralph Steinman*, a annoncé lundi le comité Nobel. (*L'Express*, 03/10/2011)

Le journaliste présente dans ce texte les lauréats du prix Nobel de médecine de 2011 en donnant leurs noms en combinaison avec des substantifs de nationalité. Il/elle a choisi deux appositions liées (*l'Américain BB* et *le Canadien RS*), et une apposition que nous avons qualifiée comme détachée (malgré la ponctuation non-complète : il manque une virgule après le Npr Jules Hoffman). Dans les cas où le Nc ne contient pas d'expansion, le journaliste a donc choisi l'apposition liée, alors que dans le cas où le Nc contient une expansion, postposée à la tête du Nc, il/elle a choisi une apposition détachée. Il n'y a pas de raisons de penser que le journaliste aurait une intention communicationnelle particulière en choisissant des constructions divergentes, ce qui montre que les descriptions de Halmøy et de Noailly ne sont pas valables (dans ce cas). Il n'est pas non plus possible d'analyser le Nc comme lié à un référent unique, ou de regarder l'apposition comme ayant une interprétation non restrictive. Encore que l'exemple fasse voir ce qu'on pourrait qualifier comme une ponctuation non conforme à la norme, il est intéressant parce que reflétant vraisemblablement l'intuition du scripteur : là où la tête du Nc et le Npr sont séparés par l'expansion, on ressent un « besoin » de segmenter la construction. La cohésion entre la tête du Nc et le Npr est, à cause de l'expansion, ressentie comme moins forte. La ponctuation non complète donne aussi une indication sur son interprétation : la virgule sépare le Nc du Npr. Ce n'est pas le Npr qui est séparé du reste de la phrase.

Notre hypothèse est dès lors que c'est la proximité physique entre la tête du Nc et le Npr qui rend l'apposition liée plus ou moins acceptable. Si le Nc contient une expansion postposée à sa tête, le scripteur interprète plus facilement le Nc comme susceptible de référer sans le Npr, et il/elle choisit une apposition détachée au lieu de l'apposition liée. L'importance de la forme de l'expansion sera reflétée dans une différence de fréquence entre les deux constructions en français et en suédois, due au fait que normalement, l'expansion du GN français se place après la tête, alors qu'en suédois, elle peut être positionnée avant ou après la tête selon sa forme. Nous examinerons, dans la section analytique, les deux facteurs discutés dans cette section : l'interprétation du Nc comme ayant un référent unique et la position/la longueur de l'expansion, et la connexion entre ces deux facteurs avec le choix d'apposition.

Ajoutons finalement qu'il existe aussi des cas où le choix de construction est effectivement un résultat de la volonté du journaliste de présenter une personne d'une certaine manière. Le référent peut par exemple être présenté comme déjà connu par le lecteur, ce qui sera discuté en connexion avec les exemples (14) et (21). Or, la majorité des appositions dans la langue journalistique est mieux décrite comme neutre de ce point de vue : il s'agit simplement d'une combinaison d'un Npr et d'un Nc dont l'ordre des segments et l'absence ou la présence du détachement ne reflètent aucune intention communicationnelle particulière, ou plutôt une structuration informationnelle neutre. La discussion des appositions qu'il convient d'étudier dans une perspective communicationnelle sera pour une autre étude.

3. Méthode, délimitations et corpus

3.1. Délimitations

3.1.1. La détermination du Nc

La concurrence entre les trois types d'appositions constitue le sujet de l'article. Cette concurrence est en principe possible lorsque le Nc prend une forme définie. Seront dès lors incluses dans l'étude les constructions à Nc à déterminant défini et possessif, et exclues les constructions à Nc à déterminant indéfini. En suédois, la détermination définie apparaît en deux formes (Dahl, 2004 : 147) : l'une agglutinée au N tête (par ex. « *tv-stjärna*n »), et l'autre prenant la même forme que le démonstratif *den*, employée en combinaison avec une épithète (« den *amerikanska tv-stjärna*n ». De plus, il existe en suédois une forme définie où le Nc est déterminé à son tour par un GN au génitif, illustrée ici :

(6)   Svenskt Näringslivs chefsekonom Stefan Fölster
      Svenskt Näringslivs chefsekonom, Stefan Fölster
      Stefan Fölster, Svenskt Näringslivs chefsekonom

Le Nc à déterminant démonstratif constitue certes une forme définie mais ne semble presque pas apparaître dans l'apposition liée, et ne sera pas étudié. Les cas à Nc à déterminant zéro ont une fréquence très élevée dans la prose journalistique, et peuvent en effet être regardés comme des concurrentes importantes des appositions liées à déterminant défini. Ils sont inclus dans l'étude malgré le fait qu'ils ne démontrent pas la possibilité théorique de concurrence :

(7)   *Français* : Madame Berger / ? chef Berger
      * chef des études économiques d'Euler Hermes, Karine Berger
      Karine Berger, chef des études économiques d'Euler Hermes
      Suédois : ordförande Lina Ullerstam (*ou bien* ordföranden Lina
      Ullerstam) / ? chef Lina Ullerstam
      *ordförande för föreningen Barnlängtan, Lina Ullerstam
      Lina Ullerstam, ordförande för föreningen Barnlängtan

L'exemple montre que l'apposition liée à déterminant zéro est possible dans certains cas : en français, en principe en connexion avec *monsieur*, *madame*, *mademoiselle*, et en suédois en connexion avec certains Nc qualifiés comme des titres. Certains items existent en deux variantes (par ex. *ordförande/ordföranden*), d'autres dans la version définie (*kronprinsessan*), et encore d'autres dans la version zéro (*kung*). (Voir Teleman *et al.* 1999, tome 3 : 119.) Mais ces propos n'ont pas d'importance dans notre cas. Concernant le déterminant zéro, c'est l'apposition où le Nc est détaché qui constitue le groupe important numériquement et qui nous intéresse dans ce travail.

3.1.2. L'expansion du Nc

Dans nos matériaux, l'apposition de loin la plus fréquente dans les deux langues est l'apposition liée à déterminant défini dont le Nc manque d'expansion. Or, comme nous nous intéressons en premier lieu à l'importance de la forme de l'expansion pour le choix de construction, ces occurrences ne seront pas étudiées : les cas où le Nc ne contient pas d'expansion ne sont pas inclus dans l'étude. A propos de ces occurrences, on peut dire qu'une construction à détachement n'est que rarement le choix[6, 7]. L'apposition liée est le choix normal. La possibilité d'employer une forme détachée est liée à l'interprétation du Nc comme susceptible de constituer un élément référentiel. Dans le cas où le Nc manque d'expansion, cette possibilité est le plus souvent limitée. La différence est montrée par (8) et (9) :

(8)   *Le producteur Val Lewton*, spécialiste des films d'horreur, lui propose de terminer La Malédiction des hommes-chats... (*Le Monde*, 15/09/2005)

(9)   ... ce 23e James Bond [...] a bien failli ne jamais voir le jour. [...] Après refinancement, *les producteurs, Barbara Broccoli et Michael Wilson*, ont pu reprendre leurs travaux (*Le Figaro*, 03/11/2011)

C'est donc le type d'apposition montré dans (8) qui est largement majoritaire. Dans ce cas, le Nc *le producteur* doit être lié au Npr pour former une expression référentielle. Le type dans (9) est peu fréquent. Dans ce contexte, *les producteurs* s'interprète comme *les producteurs du 23ᵉ James Bond* (cp. les référents « inférables » (« *inferrable* ») de Prince, 1981), ce qui constitue une expression susceptible d'être interprétée comme référentielle. Le Nc peut dès lors être détaché du Npr. Dans le cas où le Nc est pourvue d'expansion, il est plus probable qu'il s'interprète comme une expression référentielle, et ce sont ces cas qui seront étudiés ici[8].

3.2. Corpus

En ce qui concerne le corpus, nous avons extrait des appositions d'un certain nombre d'articles (300 articles français et 316 articles suédois) tirés des versions en ligne de six journaux français et six journaux suédois (*L'Express, Le Figaro, Libération, Le Monde, Nice-Matin, Paris Match* et *Aftonbladet, Dagens Nyheter, Fokus, OmVärlden, Svenska*

Dagbladet, Sydsvenskan). Les articles ont été choisis plus ou moins au hasard, mais dans le but d'avoir des sujets différents et des journalistes différents représentés dans le corpus. De ces articles, 900 appositions françaises et 900 appositions suédoises ont été extraites, des appositions avec expansion.

Les appositions ont été divisées en les trois groupes illustrés dans (2) – (4).

4. Analyse

Le Tableau 1 montre comment se répartissent les 900 appositions sur les trois groupes :

Tableau 1. La répartition des appositions à expansion sur les trois groupes

	NcNpr	Npr[dét]Nc	Nc[dét]Npr	Σ
Français	240	449	211	900
Suédois	522	277	101	900

On constate une nette préférence pour les formes à détachement en français par rapport au suédois, où l'apposition liée domine. On observe également qu'environ la moitié des appositions françaises sont du type où le Nc est détaché. En suédois, l'apposition à Npr détaché est peu fréquente.

Nous discuterons ci-dessous l'interprétation référentielle du Nc, et ensuite la longueur et la position de l'expansion.

4.1. L'interprétation sémantico-pragmatique du Nc

Soulignons, avec Kleiber (1981 : 131), qu'une « expression linguistique, étant constituée d'items lexicaux, ne peut, quelle qu'elle soit, identifier un particulier sans l'aide de connaissances extra-linguistiques ». Le Nc ne peut donc pas à lui seul viser un référent unique. Or, certains types de Nc sont plus aptes que d'autres à être interprétés comme référant à une entité unique, tandis que d'autres sont typiquement interprétés comme susceptibles d'avoir plusieurs référents. Les premiers contiennent des têtes comme par exemple *président, chef, premier ministre*, etc. Les deuxièmes ont, selon notre expérience, souvent, en français, la forme *dét. + N + adj.* (en suédois *dét. + adj. + N*) (par ex. *le poète syrien / den syriske poeten*) où ni le N ni l'adjectif ne sont typiquement associés à un référent unique. Dans un grand nombre de cas, on ne peut pas savoir si un Nc a plusieurs référents ou non. Une expression comme *le correspondant royal du journal* [News of the World][9] ne donne pas d'indications quant à son éventuelle référence unique. Vraisemblablement, ni le journaliste ni le lecteur moyen de Nice-Matin disposent de connaissances approfondies à propos du nombre de correspondants royal de News of the World en 2007. On peut à partir de ces propos déduire qu'il n'est pas possible de faire un lien univoque entre l'emploi d'un certain type d'apposition et l'unicité du référent du Nc, tout simplement parce que ce dernier s'interprète en contexte. On verra aussi que le choix de construction même influence l'interprétation référentielle. Ceci dit, on examinera maintenant des exemples des trois types d'appositions.

Dans les deux langues, l'apposition liée semble être employée indépendamment de l'interprétation du Nc comme ayant potentiellement un référent unique ou non :

> (10) *Français* : son dernier album Goodbye Lullaby (*Figaro*, 26/07/2011)
> le porte-parole du gouvernement Ilias Mossialos (*Libération*, 03/10/2011)
> le couple d'acteurs américains Tom Cruise et Katie Holmes (*Libération*, 29/06/2012)
> *Suédois* : hennes nye man Daniel Heckscher (*Aftonbladet*, 02/03/2012)
> Om Världens bildredaktör Julia Björne (*Om Världen*, 15/03/2011)
> det irländska stjärnskottet Saoirse Ronan (*Dagens Nyheter*, 08/07/2011)

On voit que l'apposition liée est utilisée dans les cas où le Nc s'associe à un référent unique, comme dans *son dernier album* et *hennes nye man*, dans les cas où la situation interprétative est liée aux éventuelles connaissances du journaliste / du lecteur (*le porte-parole du gouvernement* et *Om Världens bildredaktör*), aussi bien que dans les cas où le Nc peut viser plusieurs référents (*le couple d'acteurs américains* et *det irländska stjärnskottet*). Cette souplesse d'emploi est digne d'attention puisqu'elle explique, en partie, pourquoi l'apposition liée est tellement fréquente : elle s'emploie indépendamment de l'interprétation référentielle du Nc.

On tourne maintenant l'attention vers l'apposition à Npr détaché :

> (11) Özil hade ett väldigt gott centralt understöd av *klubbkamraten från Santiago Bernabeu, Sami Khedira.* (*Svenska Dagbladet*, 26/06/2012)
> (12) Mellan åkerlapparna står *de vackra sädmagasinen, hórreos,* som förstenade tidsresenärer, byggda på pålar för att hålla mössen borta. (*Sydsvenskan*, 17/06/2006)
> (13) le président iranien, Mahmoud Ahmadinejad (*L'Express*, 19/06/2012)

En comparaison avec le groupe d'appositions liées, il est clair que ce groupe contient davantage d'exemples où le Nc peut s'associer à un seul référent. En même temps, on peut dire qu'en utilisant la construction à Npr détaché, le journaliste guide le lecteur vers une interprétation du Nc comme ayant le référent unique visé par le Npr. Dans (11), il existe potentiellement plus d'un coéquipier venant du club en question, mais on tend à regarder le Nc comme se référant justement à ce coéquipier à qui réfère le Npr, donc comme ayant un référent unique. Dans (12), le lecteur doit interpréter le Nc en fonction de son contexte. Il y a dans le monde d'autres magasins à blé pouvant répondre à la description du Nc, mais dans ce cas, le Nc s'interprète comme se référant au type de magasin qui existe dans la région discutée dans le texte. Pourtant, en suédois, la construction n'apparaît pas fréquemment en connexion avec des Nc à référence unique « inhérente » comme ceux dont la tête est par ex. *president, chef, generalsekreterare*, etc. C'est là un point de divergence par rapport au français, où cet emploi de la construction est répandu (13).

Quant à la question de savoir si on préfère écrire, en français, *le président iranien, Mahmoud Ahmadinejad*, avec virgule, ou *le président iranien Mahmoud Ahmadinejad*, sans virgule, il est difficile d'y répondre. Au vue des raisonnements menés ci-dessus, on comprend que la difficulté d'établir l'unicité du référent rend plus ou moins impossible de faire des statistiques là-dessus. Nous nous contentons de conclure que les deux types sont fréquents en français, et le journaliste peut vraisemblablement choisir l'un des deux selon son goût personnel. En suédois, la première variante est largement préférée.

La troisième apposition est celle où le Nc est détaché. Pour cette variante, il convient de rappeler que le Nc peut soit prendre une forme définie soit le déterminant zéro[10]. Dans le deuxième cas, l'absence de déterminant amène l'impossibilité du Nc de référer. Des exemples où le Nc est susceptible de référer sont donnés dans (14) :

> (14) *Français* : L'explosif découvert à Leeds, le TATP, est fréquemment employé par les islamistes. Il est du même type que celui dont *Richard Reid, « l'homme aux chaussures piégées »* était en possession.[11] (*Le Monde*, 16/07/2005)
> *Suédois* : Det finns många åsikter om *Assange, den fyrtioårige australiske programmeraren och internetaktivisten som blev världsberömd över en natt i egenskap av grundare och talesman för Wikileaks.* (*Dagens Nyheter*, 29/02/2012)

Il semble peu problématique d'interpréter ces Nc comme ayant un seul référent. De l'autre côté, cette interprétation est vraisemblablement inhérente à la construction même : on interprète nécessairement le Nc comme ayant le même référent unique que le Npr. Cela est montré par la réécriture de (15a) :

(15a) *Le couple d'acteurs américains Tom Cruise et Katie Holmes* a entamé une procédure de divorce, après un peu plus de cinq ans de mariage, a-t-on appris auprès de leurs représentants. (*Libération*, 29/06/2012)

(15b) *Tom Cruise et Katie Holmes, le couple d'acteurs américains*, a entamé…

La version dans (15b) est acceptable, malgré le fait que le Nc *le couple d'acteurs américains* pourrait référer à d'autres couples. Le référent unique (ou dans ce cas les deux référents) est déjà présenté dans le contexte de gauche, par le(s) Npr(s), et ainsi l'unicité du référent du Nc est assurée. Ce qui différencie les deux versions, c'est que dans (15b), le scripteur présente les référents des Npr comme connus de la part du lecteur, ce qui n'est pas le cas dans (15a).

Tirons la conclusion que c'est, le plus souvent, dans les deux langues, l'apposition liée qui fait voir un Nc référentiel qui s'interprète comme non unique, par rapport aux autres types d'appositions, dont le Nc s'interprète plus souvent comme ayant un seul référent. Or, les constructions mêmes aident ces interprétations.

4.2. L'importance de la forme de l'expansion du Nc

Dans cette section, nous discuterons l'importance de la forme de l'expansion pour le choix de construction. Pour l'anglais, Acuña-Fariña (2009 : 472) soutient que lorsque le Nc « *starts sounding like a referential NP* », il devient nécessaire de dissocier le Nc du Npr. Notre variante de cette proposition est que lorsque la tête du Nc et le Npr se trouvent séparés par une expansion, le Nc est souvent interprété comme un GN référentiel, et il est dès lors plus probable que le scripteur choisit une structure à détachement. En suédois, l'expansion du GN peut se placer avant ou après la tête, selon la forme de l'expansion (les syntagmes prépositionnels, SP, et les subordonnées se placent après la tête). On peut donc comparer les cas à expansion antéposée à ceux à expansion postposée, pour examiner le lien de ce facteur avec le choix d'apposition. En français, l'expansion du GN est presque toujours[12] positionnée après la tête, ce qui implique que c'est plutôt la longueur de l'expansion qui a de l'importance dans cette langue.

Dans la partie suédoise du corpus, il y a 522 occurrences d'appositions liées, dont 7 occurrences qui font voir une expansion postposée (voir l'ex. (16), et 277 occurrences d'appositions à Nc détaché, dont 229 qui font voir une expansion postposée (l'ex. (17)). Quand l'expansion est postposée à la tête du Nc, on évite donc l'apposition liée. C'est dans ce cas l'apposition à Nc détaché qui constitue le choix préféré[13].

(16) världens största tillverkare av luftkonditioneringsapparater Dong Mingzhu (*Om Världen*, 29/01/2012)

(17) Jon Åström, chef för den konsulära enheten på utrikesdepartementet (*Aftonbladet*, 30/06/2012)

Pour le français, le facteur « position » de l'expansion n'est donc pas, dans la grande majorité des cas, susceptible d'influencer le choix d'apposition. Si on regarde par contre la longueur du Nc, on peut constater que l'expansion de l'apposition liée est assez souvent composée d'un seul mot, par exemple un adjectif de nationalité (18), ou d'une suite de mots qui peut correspondre à un mot composé en suédois (19). Or, il existe aussi en français un grand nombre de cas où il y a une expansion relativement longue antéposée au mot tête du Nc (20).

(18) la journaliste américaine Diane Sawyer (*Paris Match*, 28/09/2011)

(19) le groupe de Philadelphie The Roots (*Le Monde*, 06/07/2011)

(20) le site internet spécialiste des bonnes affaires Groupon (*Le Monde*, 05/11/2011)

Il est cependant facile de constater que le choix préféré dans le cas où l'apposition contient une expansion d'une certaine longueur est le type dont le Nc est détaché :

(21) Benoît Magimel, moniteur d'auto-école fracassé par la disparition de sa femme (*Figaro*, 24/09/2011)

Ces observations mènent à la conclusion qu'en suédois, on tend à éviter l'apposition liée dans le cas où celle-ci ferait voir une expansion intercalée entre la tête du Nc et du Npr (mais cette construction n'est pas totalement absente dans les matériaux), alors qu'en français, le scripteur a plus de liberté dans le choix de construction : on peut avoir dans l'apposition liée une expansion relativement longue, mais, globalement, dans le cas où l'expansion contient un grand nombre de mots, c'est l'apposition à Nc détaché qui constitue le choix le plus fréquent.

5. Conclusion

Pour conclure, disons quelques mots sur la question de savoir s'il y a des situations où les trois constructions se substituent l'une à l'autre, sans changement de sens. On peut répondre par l'affirmative. Il y a certaines situations où l'auteur peut choisir l'une des constructions selon son goût personnel, sans que ce choix emmène nécessairement des changements dans le message. Le dernier exemple illustre l'emploi typique des appositions dans les deux langues :

(22) *Suédois* : Slowfoodrörelsens grundare Carlo Petrini / Carlo Petrini, grundare av Slowfoodrörelsen
→ *Français* : le fondateur du mouvement Slow Food Carlo Petrini
→ le fondateur du mouvement Slow Food, Carlo Petrini
→ Carlo Petrini, (le) fondateur du mouvement Slow Food

Ceci dit, on doit souligner que la majorité des constructions appositives peut se décrire selon le principe que le choix de construction se fait selon la forme de l'expansion. Ce principe résulte dans des différences entre des cas contenant une expansion longue et ceux contenant une expansion courte ou aucune expansion du tout, mais aussi dans des différences entre le français et le suédois, où cette dernière langue utilise davantage d'appositions liées, ce qui peut s'expliquer par la position normale de l'expansion avant sa tête. L'unicité du référent du Nc a aussi un rôle à jouer : on tend à éviter l'apposition détachée dans le cas où le Nc s'interprète typiquement comme ayant plusieurs référents.

Nous avons mentionné les discussions concernant la question de savoir quel mot est la tête de l'apposition liée. D'un point de vue grammatical, la présente étude n'a rien à apporter à ces discussions. Or, d'un point de vue pragmatique/communicationnelle, il semble clair que c'est, dans un grand nombre des exemples étudiés, le Npr qui assure le lien avec le référent. Ceci vaut pour l'apposition liée, mais également pour l'apposition à Nc détachée et, à notre avis, aussi pour certaines appositions à Npr détaché. Dans ce sens, le Npr constitue le centre des constructions, et on peut effectivement décrire le Nc comme « *adjective-like* », comme le fait Aarts (2007 : 129ss). Dans le cas *le président Obama*, on identifie donc Obama comme le président, plutôt que d'identifier le président dont le nom est Obama.

Notes

1. Il existe bien évidemment d'autres tours présentatifs que les appositions, par ex. « Nelly Martin, de la Marche Mondiale des femmes, ... » (*Le Figaro*, 29/09/2011), « Frédéric Stella est un désobéissant civil du Loiret. Ce consultant en gestion de l'information de 53 ans... » (*Libération*, 07/07/2011), « Laurence, qui représente la troisième génération des Addeo, connaît tous les commerçants italiens du quartier... » (*Le Figaro*, 09/09/2011).

2. Acuña-Fariña (2009 : 458) écrit: « *canonical loose appositions ought to be seen as pragmatic 'insertions' which do not belong to the syntactic structure of a sentence* ».

3. Rioul (1983) parle d'apposition « intégrée » ; dans Teleman *et al.* (1999), on utilise les termes « *fast* » et « *lös apposition* », et pour l'anglais, Acuña-Fariña parle de « *close* » et « *loose apposition*».

4. Dans Riegel *et al.* (1994 : 186) la construction est brièvement discutée. Aucun terme spécifique n'y est donné, mais on parle de « noms épithètes », et c'est le Npr qui est qualifié d'« épithète ». Un autre terme relativement commun est celui de « juxtaposition », utilisé entre autres dans Togeby (1982).

5. Acuña-Fariña (2009 : 471) parle d'un « *constructional 'freezing point' that depends on the referential saturation of the first unit* » (le terme « saturation » est emprunté à Grimshaw, 1990: 17ss.). Quelques exemples que donne Acuña-Fariña (2009 : 471–472) : « *the unique poet Burns* », « *the Jaguar boss Tom Walkenshaw* », « *the stubborn Jaguar boss Tom Walkenshaw* », « *the increasingly desperate Jaguar boss Tom Walkenshaw* ». Les deux premiers seraient acceptables, mais pas les deuxièmes. D'après nous, on peut émettre des réserves quant à l'intuition d'Acuña-Fariña concernant la non-acceptabilité des deux derniers exemples.

6. Pour avoir une vue de leur fréquence : les appositions liées sans expansion comprennent dans notre corpus environ entre 900 et 1000 occurrences dans chaque langue. Les appositions détachées sans expansion comprennent 126 occurrences et 26 occurrences en français et en suédois respectivement, ce qui est une différence notable.

Or, il convient de signaler quelques observations à propos de ces appositions. Premièrement, ce groupe contient un grand nombre d'occurrences comme *les années 1970, le rang 3, la chambre 606*, etc. Se pose alors la question de savoir si celles-ci sont à regarder comme le même type d'apposition que par ex. *le président Obama*. Deuxièmement, dans certaines expressions géographiques, comme *l'avenue Victor-Hugo*, on se demande s'il est question d'une avenue appelée « Victor-Hugo » ou d'une avenue appelée « avenue Victor-Hugo ». Parfois, l'emploi de majuscules peut probablement être regardé comme un indice pour interpréter « le Nc » comme faisant partie du nom propre : *la Galerie Yvon Lambert* serait dès lors une galerie portant le nom « Galerie Yvon Lambert ».

Il y a donc, pour ce groupe d'appositions, des questions à discuter, et c'est là aussi une des raisons pour laquelle ces cas seront ici laissés de côté.

7. En connexion avec le déterminant possessif, les variantes à détachement sont relativement plus fréquentes, parce qu'elles sont susceptibles de s'interpréter comme des expressions référentielles sans le Npr.

8. Dans (9), c'est la construction qui indique qu'on doit chercher dans le contexte pour comprendre la référence de *les producteurs*. Certains autres items lexicaux indiquent sémantiquement que la référence peut se comprendre à travers le contexte, comme dans le cas de *le propriétaire / ägaren*. On est nécessairement le propriétaire de quelque chose déjà mentionné dans le contexte. Cela vaut aussi pour des relations familiales.

9. Le Nc *le correspondant royal du journal* en contexte : « [...] les peines de prison prononcées en 2007 contre le correspondant royal du journal Clive Goodman, et le détective privé Glenn Mulcaire, impliqués dans un premier scandale, 'n'avaient pas mis fin aux problèmes'. » (*Nice-Matin*, 07/07/2011)

10. En français, 143 des 449 occurrences prennent une forme définie, en suédois, 87 des 277 occurrences.

11. C'est là encore un exemple de ponctuation « incomplète ».

12. Des adjectifs antéposés à la tête du Nc dans nos matériaux sont *ancien*, *dernier*, *célèbre*, *nouveau*, *mythique*, etc.

13. Dans cette discussion, nous avons exclu les appositions à Npr détaché, par manque d'espace, mais aussi, premièrement, parce qu'en suédois, ceux-ci constituent un groupe peu important numériquement, et, deuxièmement, font souvent voir des Nc « doubles », par exemple : « *sin huvudmotståndare, talmannen John Boehner* » (*Fokus*, 17/06/2011). Dans ce cas, il semble plausible que le détachement sépare les deux Nc, plutôt que le premier Nc et le Npr.

Références

I Corpus

Aftonbladet (www.aftonbladet.se)

Dagens Nyheter (www.dn.se)

Fokus (www.fokus.se)

Le Figaro (www.lefigaro.fr)

L'Express (www.lexpress.fr)

Le Monde (www.lemonde.fr)

Libération (www.liberation.fr)

Nice Matin (www.nicematin.com)

Om Världen (www.sida.se/omvarlden)

Paris Match (www.parismatch.com)

Svenska Dagbladet (www.svd.se)

Sydsvenskan (www.sydsvenskan.se)

II Ouvrages cités

Aarts, Bas. 2007. *Syntactic gradience : The nature of grammatical indeterminacy*. Oxford : Oxford University Press.

Acuña-Fariña, Juan Carlos. 2009. « Aspects of the grammar of close apposition and the structure of the noun phrase ». *English Language and Linguistics,* 13 : 3. Cambridge : Cambridge University Press. 453–481.

Dahl, Östen. 2004. « Definite articles in Scandinavian: Competing grammaticalization processes in standard and non-standard varieties ». *In:* Bernd Kortmann (dir.). *Dialectology meets Typology : Dialect grammar from a cross-linguistic perspective.* Trends in Linguistics. Studies and monographs. Berlin : Mouton de Gruyter. 147–180.

Eriksson, Olof. 1993. *La phrase française. Essai d'un inventaire de ses constituants syntaxiques.* Göteborg : Acta Universitatis Gothoburgensis, Romanica Gothoburgensia XLII.

Forsgren, Mats. 1991. « Éléments pour une typologie de l'apposition en linguistique française ». *Actes du XVIIIᵉ Congrès International de Linguistique et de Philologie Romanes, Université de Trèves 1986, II, Linguistique théorique et linguistique synchronique.* Tübingen : Max Niemeyer Verlag. 597–612.

— 2000. « Apposition, attribut, épithète : même combat prédicatif ? ». *Langue française* 125. 30–45.

— 2001. « Le référent existe – je veux bien, mais comment ? ». *Langage et référence. Mélanges offerts à Kerstin Jonasson à l'occasion de ses soixante ans. In :* Kronning, Hans *et al.* (dir.). Uppsala : Acta Universitatis Upsaliensis, Studia Romanica Upsaliensia. 173–185.

Grimshaw, Jane. 1990. *Argument structure.* Cambridge, MA : MIT Press.

Halmøy, Odile. 2001. « Les satellites des 'Noms propres de l'actualité' dans la presse française et norvégienne ». *Langage et référence. Mélanges offerts à Kerstin Jonasson à l'occasion de ses soixante ans. In :* Kronning, Hans *et al.* (dir.). Uppsala : Acta Universitatis Upsaliensis, Studia Romanica Upsaliensia. 245–253.

Hannay, Mike. & Evelien Keizer. 2005. « A Discourse Treatment of English Non-Resrictive Nominal Appositions in Functional Discourse Grammar ». *In:* Lachlan Mackenzie, J. & María de los Angeles Gómez-González (dir.). *Studies in Functional Discourse Grammar.* Bern : Peter Lang.159–194.

Hockett, Charles F. 1955. « Attribution and apposition in English ». *American Speech,* 30. 99–102.

Jonasson, Kerstin. 1994. *Le nom propre. Constructions et interprétations*. Louvain-la-Neuve : Duculot.

Keizer, Evelien. 2005. « The discourse function of close appositions ». *Neophilologus,* 89. 447–467.

Kleiber, Georges. 1981. *Problèmes de référence : descriptions définies et noms propres*. Paris : Klincksieck.

Korzen, Hanne. 2006. « Appositions and related constructions in French and Danish ». *In :* Peter Colliander (dir.). *Appositions in Selected European Languages*. Copenhagen Studies in Language, 33, Samfundslitteratur Press. 53–92.

Korzen, Iørn. 2006. « Appositions (and similar constructions) in Italian ». *In :* Peter Colliander (dir.). *Appositions in Selected European Languages*. Copenhagen Studies in Language, 33. Samfundslitteratur Press. 93–140.

Meyer, Charles F. 1992. *Apposition in contemporary English*. Cambridge : Cambridge University Press.

Noailly, Michèle. 1990. *Le substantif épithète*. Paris : Presses Universitaires de France.

Prince, Ellen, F. 1981. « Toward a Taxonomy of Given-New Information ». In : Peter Cole (éd.). *Radical Pragmatics*. New York/London : Academic Press. 223–255.

Riegel, Martin, Jean-Christophe Pellat & René Rioul. 1994. *Grammaire méthodique du français*. Paris : Presses Universitaires de France.

Rioul, René. 1983. « Les appositions dans la grammaire française ». *L'information grammaticale,* 18. 21–29.

Teleman, Ulf, Staffan Hellberg & Erik Andersson. 1999. *Svenska Akademiens grammatik*. Stockholm : Norstedts Ordbok.

Togeby, Knud. 1982. *Grammarie française Volume I: Le Nom*. Etudes Romanes de l'Université de Copenhague. Copenhague : Akademisk Forlag.

15. L'ethos de crédibilité chez les candidats à la présidence : l'exemple du pronom *je* présidentiel dans le débat Hollande-Sarkozy 2012

Malin Roitman
Stockholms universitet

1. Introduction

1.1. But et fondements de l'étude

Le débat de l'entre-deux-tours reste un événement décisif pour les élections présidentielles. Cette étude vise à étudier comment les candidats aux présidentielles de 2012 renforcent leur crédibilité, leur ethos, dans l'interaction. Nous étudierons plus particulièrement l'emploi du pronom *je* tel qu'il est employé dans le débat par les candidats, un élément qui renvoie le plus explicitement à un sujet JE en chair et en os derrière le discours. La deuxième étape sera d'analyser la relation entre l'ethos et l'utilisation rhétorique de la négation de phrase *ne...pas*, le plus important et le plus fréquent outil de contre-argumentation dans les débats électoraux (Roitman & Sullet-Nylander 2010)[1]. Nos études ont montré que la contre-argumentation par négation est un paramètre qui est pertinent pour la détermination du type de texte (polémique) et du genre (débat politique). L'étude vise donc à mettre l'accent sur la relation entre, d'une part, la construction de la crédibilité telle qu'elle est présentée à travers les *je* des candidats et, d'autre part, la réfutation des arguments de l'un et de l'autre candidat.

Les questions que nous nous sommes posées pour formuler l'objectif de l'étude sont :

- Quelles sont les formes utilisées pour exprimer l'ethos dans le débat ?

Comment citer ce chapitre :
Roitman, Malin, L'ethos de crédibilité chez les candidats à la présidence : l'exemple du pronom *je* présidentiel dans le débat Hollande-Sarkozy 2012. In: Engwall, Gunnel & Fant, Lars (eds.) *Festival Romanistica. Contribuciones lingüísticas – Contributions linguistiques – Contributi linguistici – Contribuições linguísticas.* Stockholm Studies in Romance Languages. Stockholm: Stockholm University Press. 2015, pp. 291–316. DOI: http://dx.doi.org/10.16993/bac.o. License: CC-BY

- Quelle est l'importance du genre « débat politique » pour l'établissement de l'ethos?
- Quel est le rôle que jouent les représentations préétablies des candidats pour leur ethos?
- Quelle est la relation entre la négation et l'ethos des candidats à la présidentielle?

L'objectif global est d'élargir les connaissances et d'approfondir la compréhension de la construction de l'ethos et de la contre-argumentation dans le discours politique français, et de relever les mécanismes linguistiques et rhétoriques qui y sont en jeu.

1.2. L'ethos et *je* dans un débat politique, pour quoi faire ?

Un candidat présidentiel a besoin de paraître crédible. Pour convaincre les citoyens qu'il y a, derrière les beaux discours, une personnalité et un projet politique sérieux et pour lesquels on votera, c'est *dans le discours* qu'il faut se donner une image crédible. La construction d'un ***ethos rhétorique*** de crédibilité implique, à en croire les propos aristoteliens, les valeurs associées aux qualités personnelles et professionnelles comme la franchise, la droiture, la vertu, la confiance, le bon sens, l'humilité, la responsabilité, la force, etc. (Charaudeau & Maingueneau 2002 : 238 ; Maingueneau 1999 et 2002).

Ce n'est pas en effet très recherché d'étudier le pronom *je* quand on veut connaître les mécanismes de la présentation de soi des candidats présidentiels. Dans les élections présidentielles, il est évidemment question de choisir une seule personne et en arrivant au deuxième tour des élections, on a l'impression que les médias ne focalisent plus tellement sur les partis politiques mais sur les deux candidats qui restent ; il s'agit d'élire le chef de l'État, la fonction avec le plus de pouvoir officiel et le plus grand prestige dans la République française.

Nous avons trouvé particulièrement intéressant de continuer sur cette piste après avoir appris dans une étude effectuée par Véronis (2012) que l'usage des *je* de Sarkozy a augmenté considérablement pendant les trois périodes de candidature dans sa carrière (la première pour l'UMP 2004, la deuxième et troisième pour la présidence, 2007 et 2012[2]). L'étude lexicométrique de Véronis est basée sur 728 discours politiques de Sarkozy entre les années 2004 à 2012 (et de Hollande de janvier à mai de 2012). Ses chiffres montrent que l'usage de *je* va croître de façon intense jusqu'au soir du second tour des élections présidentielles et aussi que les *je* déclinent ensuite de façon progressive (Véronis

2012). Le nombre des *je* de Sarkozy atteint le même niveau à la fin de la campagne de 2012 que pendant la même période dans la campagne de 2007.

Cela va de soi que le pronom personnel *je* fasse partie des formes en rapport avec la construction de l'ethos dans le duel présidentiel. Les *je* explicites du discours devraient ainsi introduire l'image que les candidats veulent se donner. L'emploi de *je* dans les discours présidentiels a également été le sujet d'études antérieures, en lexicométrie et en analyse de discours. Adam (1999 : 139–155) a étudié l'ethos dans les discours du président de Gaulle, dans ceux de Giscard d'Estaing et de Mitterrand, à la base d'un modèle qui prend en compte leurs usages de connecteurs argumentatifs, d'actes performatifs et de pronoms personnels. Fiala & Leblanc (2004) et Leblanc (2005) ont fait des études en lexicométrie sur les verbes et les adjectifs qui émergent avec les *je, nous et vous* des discours présidentiels. Ils y ont trouvé une certaine ritualisation dans l'usage de certains *je* plutôt faibles de sens : « ce que je voudrais… ». Marchand et Dupuy (2009, 2011, 2012) et Véronis (2007, 2012) ont également, dans une démarche lexicométrique, étudié l'usage des pronoms, entre autres unités, dans les débats de l'entre-deux-tours. Nous ne trouvons cependant pas d'études approfondies, telle que la nôtre, sur le fonctionnement des pronoms, en analyse du discours.

2. Cadre théorique

2.1. L'ethos – les possibilités et les frontières d'une notion

Le terme *ethos* tel qu'il est employé en analyse du discours, renvoie à un concept qualitatif utilisé pour décrire toutes les formes d'expressions explicites avec lesquelles le sujet parlant établit la crédibilité de son message (Charaudeau & Maingueneau 2002)[3]. Dans cette étude, la notion de « ethos » sera limitée aux expressions linguistiques, vues dans leur contexte générique.

L'ethos est défini chez Aristote (1991)[4] comme les éléments qui facilitent la confiance en celui qui parle, notamment : le bon sens, la vertu et la bienveillance. Il y a déjà chez Aristote l'idée d'une division entre un *ethos pré-discursif* et un *ethos discursif*. Le premier est constitué des images et des idées collectives, des lieux communs, des qualités associées à une position spécifique dans la société mais aussi à une personne. Le concept d'ethos pré-discursif, qui a été retravaillé en analyse du discours, est ainsi nourri des « connaissances » communes à une communauté linguistique, sociale et culturelle, plus ou moins identifiables (Maingueneau 2002 : 238 ; Amossy 2010)[5]. La crédibilité des candidats est fondée sur l'ethos pré-discursif ainsi que sur ce que nous appelons *l'ethos discursif*, à savoir la représentation effective de soi chez l'auditoire, influencée par les contextes génériques et sociaux de l'événement communicatif même. Cette dimension de l'ethos surgit ainsi dans le débat même, comme le résultat de l'usage d'un discours qui soit consolide, soit rectifie l'ethos pré-discursif ; il s'agit en d'autres termes de la matérialité linguistique, le discours effectif. Même si l'ethos dans un sens global touche aux questions de l'identité, il s'agit, dans l'analyse du discours, d'étudier l'ethos tel qu'il apparaît dans le discours, à savoir la présentation discursive que les candidats font d'eux-mêmes et de leur qualités – et non pas l'analyse de la psychologie et de l'éthique de la personne réelle derrière le texte. Il s'agira ici d'analyser le jeu de l'interaction entre l'ethos discursif et l'ethos pré-discursif.

Amossy (2010 : 42) dit que l'ethos est « une dimension intégrante du discours », que toute prise de parole implique une « présentation de soi »[6]. Elle parle aussi de l'ethos rhétorique (instrumental), à savoir l'efficacité d'un discours avec un but précis, comment ce que l'on dit et la manière dont on le dit seront efficaces pour l'objectif, dans une situation de discours où l'on veut convaincre, tel que dans le discours politique et publicitaire. Les enjeux de l'ethos discursif sont ainsi les suivants : le discours, dans le sens production orale ou écrite, sera toujours une présentation indirecte et souvent inconsciente de l'identité du locuteur. De l'autre côté, l'ethos peut être intentionnel, c'est-à-dire le résultat d'un travail où l'image du locuteur est élaborée pour que le texte soit convaincant. L'ethos représente ainsi un aspect du style rhétorique que doit prendre l'orateur pour capter l'attention et gagner la confiance de l'auditoire, pour se rendre crédible et sympathique. Il s'adresse à l'imagination de l'auditoire pour appeler à son *pathos* (Amossy 2010 : 72 ; 2000 : 86). Amossy (2010) fait noter, à l'instar de Maingueneau (1999, 2002), que l'ethos (pré-discursif et discursif) en analyse du discours concerne l'image *discursive* transmise d'une personne et non pas celle de la personne réelle.

Amossy (2010 : 10) insiste aussi sur l'investigation des discours en « je », étant donné qu'elle « permet de voir comment l'identité se construit dans l'échange verbal, comment elle [l'identité] se négocie par rapport à l'autre, en quoi elle est liée à des questions d'efficacité discursive ».

2.2. Ethos rhétorique et le genre débat politique

Nous soulignons, comme Adam (1999), Charaudeau (2001) et Maingueneau (1998) entre autres, l'importance d'inclure les paramètres des genres textuels pour toute description des phénomènes discursifs, y compris l'ethos. Amossy (2010 : 9) est du même avis lorsqu'elle dit que « la présentation de soi » est « une construction discursive » : le locuteur se positionne et construit une identité dans le discours et avec le discours et il se positionne également dans un espace social et générique. Nous partirons de l'idée que le débat présidentiel serait conditionné par certaines contraintes discursives, culturelles et institutionnelles de ce genre particulier (Charaudeau 2001).

Maingueneau (1998 : 60–64) a élaboré un modèle où il met les phénomènes discursifs, comme l'ethos, en relation avec la *scène d'énonciation* d'un discours. Celle-ci implique 1) « la scène englobante » qui représente le type de discours dont il s'agit, à savoir sa fonction – visée – véhiculée par certains traits formels : discours narratif, pédagogique, argumentatif ; 2) « la scène générique » qui représente les normes sociales et culturelles concernant la forme textuelle, la distribution de rôles préétablis et à l'aide desquelles on libelle les textes : roman, manuel, essai, etc. ; finalement (3) la « scénographie » qui représente les formes de présentation des messages. Maingueneau propose que l'interprétation de l'ethos – ainsi que d'autres phénomènes rhétorico-discursifs – soit analysée à la lumière des trois paramètres.

En appliquant ces concepts à nos matériaux, il faut comprendre qu'un texte argumentatif comme le débat politique (la scène englobante) vise à persuader et que les *je*, qui renvoient au sujets empiriques, sont liés au positionnement (idéologique, argumentatif) du discours. Il faut aussi considérer que le débat électoral est un genre (la scène générique) interactif avec des tournures linguistiques souvent formalisées, voir ritualisées. L'interaction peut, en dernier lieu, être mise en scène de différentes façons (la scénographie), et les interlocuteurs peuvent prendre différents rôles selon le type de texte : père-fils, professeur-élève, savant-ignorant, etc. C'est à la lumière de ces trois scènes d'énonciation que nous essaierons d'étudier les dispositifs de l'ethos rhétorique de crédibilité chez les candidats. Maingueneau (1998) fait aussi noter qu'il faut voir les deux dimensions de l'ethos – discursif et pré-discursif – à la lumière du concept de genre.

2.3. Ethos et éléments de langue

La présentation de soi peut être faite de façon directe ou indirecte. Benveniste (1966 : 252) montre que le locuteur-sujet parlant laisse des traces dans son discours ; c'est à l'aide de certaines unités linguistiques, surtout les déictiques, que le sujet surgit dans le discours ; la subjectivité par excellence s'inscrit à travers le pronom personnel *je*. Il est cependant et probablement plus rare que l'on dise explicitement « je suis une personne honnête » que de le montrer dans les arguments, le ton, ou à travers des choix de mots, etc. Ce qui a fait couler beaucoup d'encre dans le domaine de l'énonciation est la double nature du pronom *je* (Barthes 1970 : 212 ; Ducrot 1984 : 199) ; il s'agit du fait que d'un côté, le locuteur se prend comme thème de son propre discours, le *je* est alors un être du discours, celui dont il est question. De l'autre côté, le locuteur se présente dans tout ce qu'il dit, dans l'intonation, l'attitude, les choix de mots, à savoir toute modalité qui renvoie au sujet empirique derrière le discours. Ducrot a fait observer que les expressions qui témoignent de l'ethos (attitudes, jugements de valeur, etc.) sont attribuées au locuteur, celui qui est responsable de l'énonciation et celui qui – explicite ou pas – renvoie au sujet parlant, le *JE* empirique derrière le texte. Kerbrat-Orecchioni (1980 : 32) s'intéresse aux « subjectivèmes », notamment les unités de langue qui dénotent le sujet parlant derrière le discours sans que celui-ci apparaisse explicitement ; ce sont les mots affectifs, axiologiques et évaluatifs. Constatons ainsi que l'ethos du locuteur-sujet parlant (dans le cas de débat c'est le même) s'exprime même s'il n'y a pas de *je* explicite.

Cette division, entre, d'un côté, *locuteur d'énoncé* et *l'ethos dit* et, de l'autre, *locuteur d'énonciation* et *l'ethos montré*, a été explorée dans les modèles de polyphonie sous différentes dénominations (Ducrot 1984 : 201 ; Nølke *et al.* 2004 ; Maingueneau 2002). De cela suit la distinction faite entre ce que nous appellerons dorénavant *je-dits* et *je-montrés*. Le *je-dit* renvoie aux êtres du discours, les protagonistes de l'interaction et constitue celui qui présente les thèmes de l'événement communicatif. Le *je-montré* renvoie au sujet empirique et a une fonction métalinguistique ; il se positionne dans le discours, vis-à-vis des arguments présentés et du déroulement de l'interaction ; c'est le metteur en scène des énoncés qui s'impose explicitement, en commentant son propre discours et argumentation, ainsi que celui de l'autre. C'est une fonction assez importante dans les débats, où les candidats doivent se positionner, maîtriser, prendre et garder la parole. Voilà trois exemples de ces deux types à titre d'illustration :

Hollande : *je dois dire* [je-montré] ce soir quel président *je serai* [je-dit] si les Français m'accordent leur confiance.

Hollande : *J'en arrive* [je-montré] au droit de vote après cette digression. Sur le droit de vote, c'est une position que *je défends* [je-dit] depuis des années.

Sarkozy : *Je ne suis pas votre élève* [je-dit]. *J'y répondrai* [je-montré] après vous avoir dit ce que *j'ai à vous dire* [je-montré].

Dans l'analyse nous tenterons de voir ces types de « je » explicites à travers les niveaux génériques proposés par Maingueneau (1998).

2.4. Hypothèses

La première hypothèse générale est comme suit : plus le décalage entre l'ethos pré-discursif et l'ethos effectif est grand, plus coûteuse sera la présentation de soi dans le discours. Plus les deux ethos se correspondent l'un à l'autre, moins coûteuse sera la présentation de soi. Sarkozy a un ethos pré-discursif assez chargé et négatif, et Hollande a, dans son rôle de débutant dans cette course, un ethos pré-discursif moins important et moins négatif. Ce dernier a conséquemment moins à défendre.

Étant donné que le débat est un genre interactif et argumentatif avec deux adversaires, il est assez naturel que le président sortant se retrouve dans une position de défense. Nous pensons ainsi que l'ethos des candidats n'est pas toujours un ethos rhétorique voulu mais qu'il résulte aussi d'une certaine « défense de soi » dans cette confrontation. Ainsi, la négation semble jouer un rôle important quant à l'ethos rhétorique des candidats.

3. Analyse des deux faces du *je* et l'ethos rhétorique

Dans l'objectif de se présenter comme un futur président qui accomplira ses devoirs – qui transformera ses promesses en action, qui écoutera et essaiera de répondre aux exigences des citoyens, et qui aura la force de réaliser ses projets – les stratégies sont nombreuses. Nous avons donc choisi d'analyser un élément de langue primordial pour l'ethos, notamment le pronom de la première personne au singulier, le *je*. Nous opérons avec les deux catégories de *je* explicites : les *je-dits* représentent les deux protagonistes et forment, au niveau de l'énoncé, avec leurs verbes les thèmes du discours. Ainsi, on peut les contredire, être d'accord, etc. Les *je-montrés* relèvent de l'énonciation – dans le sens de Ducrot – et explicitent le sujet parlant physique derrière le discours. Ces deux types de *je* témoignant de l'ethos sont toujours analysés en prenant en considération les verbes accompagnant. D'après la sémantique et la valeur argumentative des verbes accompagnants, nous avons catégorisé et quantifié les *je* des deux candidats. Le Tableau 1 montre ainsi la répartition des *je-ethos* du corpus examiné.

Tableau 1. La répartition des ethos rhétoriques des *je*

Les je-dits :	Hollande	Sarkozy	Total
Je et l'ethos du rassemblement	18	3	21
Je et l'ethos du leadeur respectueux et humble	31	18	49
Je et l'ethos de la sincérité-fidélité	9	4	13
Je et l'ethos de la politesse	9	5	14
Je et l'ethos de l'autorité	8	15	23
Je et l'ethos de l'engagement émotionnel	3	3	6
Je et l'ethos de la volonté politique	22	14	36
Je et l'ethos de l'idéologue	46	37	83
Je et l'ethos de l'action et de la force	56	45	101
Je et l'ethos de la responsabilité	5	2	7
Je et l'ethos de l'indignation	3	1	4
Total je-dits	211	146	357
Les je-montrés :			
Je et l'ethos de la maitrise du discours	28	18	46
Je et l'ethos du positionnement du pouvoir	39	45	84
Total je-montrés	67	63	130
Total je-montrés et je-dits			487

Dans le Tableau 1, nous avons catégorisé les différents *je-dits à* partir des prédicats qui les qualifient et avec lesquels ils expriment un ethos de crédibilité. En voici deux exemples de la catégorisation : le propos « Je préfère tenir bon sur une position que je défends depuis des années » (Hollande) exprime l'ethos de la sincérité-fidélité ; le propos « Hier, je me suis adressé à tous les Français » (Sarkozy) exprime l'ethos du rassemblement. Ces « je » présentent les candidats, donnent l'image discursive de leur personnalité, de leurs opinions, de leurs projets politiques et de leurs capacités à les réaliser. Les *je-montrés* sont en revanche une catégorie plus fonctionnelle ; ils positionnent les sujets parlants dans l'événement de communication : « Je vais vous dire une chose, monsieur Hollande : c'est une fierté… » (Sarkozy), « Est-ce que je dois vous rappeler que vous êtes au pouvoir depuis dix ans » (Hollande).

En reprenant le schéma sur la scène d'énonciation tripartite de Maingueneau, nous sommes partie de l'hypothèse que les phénomènes discursifs sont conditionnés par le contexte socio-culturel, par le genre (les formes linguistico discursives conventionnelles au débat politique) et les formes de présentation choisies. Pour l'analyse des ethos nous prenons ainsi en considération le cadre institutionnel de la fonction présidentielle et celui des élections (type de discours – scène globale), les thèmes évoqués, le vocabulaire, procédés énonciatifs (scène générique) et les types d'interactions (les scénarios choisis).

Analysons d'abord la répartition. Constatons qu'il y a quatre catégories qui dominent et d'autres catégories qui sont assez réduites mais qui apparaissent chez les deux candidats. Il ressort clairement que Hollande produit plus de *je* que Sarkozy dans la catégorie *je-dits*. Hollande domine ou joue match nul dans tous les domaines sauf dans celui de « l'ethos de l'autorité ». Il semble avoir davantage besoin de se présenter devant les spectateurs, et il s'efforce plus pour faire passer ses visions politiques. Il nous semble aussi logique que c'est surtout le président sortant, Sarkozy, qui se présente comme l'autorité. Même si nous n'avons pas quantifié les *je* + négation séparément, nos comparaisons montrent que c'est surtout Sarkozy qui se sert de cette collocation, souvent pour se défendre. Ainsi, de façon préliminaire, notre première hypothèse se voit confirmée. Dans la catégorie *je-montrés*, nous constatons que la répartition est presque égale même si c'est Sarkozy qui emploie le plus les *je-montrés* du positionnement du pouvoir. Son rôle institutionnel de président de la Ve République l'oblige de démontrer devant son peuple sa position et son pouvoir. Il nous semble ainsi naturel que Sarkozy présente un ethos d'un leader puissant, ayant été au pouvoir depuis cinq ans.

3.1. Les *je-dits*

Les domaines dominants des *je-dits* sont les *je-action et force* (1–2), les *je-idéologue* (3–4) et les *je-leadeur humble*[7] (5–6). Les ethos rhétoriques des candidats concernent ainsi avant tout l'image d'être l'homme d'action, d'avoir la force de réaliser les projets envisagés, de persister dans cette position, d'avoir des visions politiques pour le futur et en même temps d'avoir un caractère humble, à savoir la capacité d'écouter et d'avoir un dialogue avec son peuple et de les respecter, mais aussi de pouvoir admettre ses propres limites en face de problèmes sérieux :

(1) Hollande : j'instaurerai un forfait de base qui fera que les consommateurs, jusqu'à un certain niveau, un volume de leurs consommations, paieront le même tarif.

(2) Sarkozy : j'ai pris un certain nombre d'engagements, les effectifs de la fonction publique seront stabilisés globalement tout au long du prochain quinquennat et la dépense publique n'augmentera pas de plus de 1 % par an.

(3) Hollande : Je considère que 300 euros, sur un couple de smicards, c'est inacceptable.

(4) Sarkozy : ... j'estime qu'on ne réduit pas nos dépenses, nos déficits et nos dettes en envoyant en Europe des dettes qui seront garanties par qui, si ce n'est par les deux pays les plus forts de l'Europe, l'Allemagne et la France ? C'est irresponsable.

(5) Hollande : J'ai une grande confiance pour l'industrie nucléaire, mais qui doit être portée sur les réacteurs de nouvelle génération.

(6) Sarkozy : Je veux leur parler en leur disant : vous avez exprimé un choix, ce n'est pas le mien, je vous respecte, je vous considère. J'ai entendu votre demande de nation, de frontières, d'authenticité, d'autorité, de fermeté.

L'ethos dont les candidats font le plus preuve est associé à l'action et à la force (1–2). En supposant que les candidats sont conscients de l'image qu'ils veulent faire passer dans le débat, ces qualités seraient ainsi celles qui donneraient le plus de crédibilité.

À la deuxième place viennent les *je-idéologue* ; cet ethos est souvent négocié, à savoir que le fait de se présenter comme ayant des visions politiques est questionné par l'autre. L'ethos *je-humble* – quand les candidats se présentent comme proches du peuple, respectueux, et admettent la difficulté de la tâche de gouverner un pays – est aussi souvent négocié ; aussi bien Sarkozy que Hollande veulent s'approprier cet ethos mais chacun est contesté par l'autre. L'analyse discursive problématisent ainsi les quantifications du Tableau 1 ci-dessus : l'ethos effectif dépend notamment aussi des dispositifs de l'interaction, non seulement ceux de l'énoncé isolé. Voici un exemple d'une négociation de cet ethos :

(7) Sarkozy : Je pense enfin que ce débat doit être ce moment de démocratie où les Français en refermant leur télévision se disent : « *On aime l'un, on préfère l'autre, on peut être en désaccord avec ce qu'ils*

disent mais ils ne nous ont pas menti, ils n'ont pas joué l'esquive, ils ont été vrais ». C'est ça notre défi, monsieur Hollande, être vrais.

Hollande : Oui, chacun aura sa vérité et chacun sera authentique, je n'imagine pas que vous feindrez.

Les catégories les moins importantes sont toutefois intéressantes, du moins dans un aspect comparatif. La politique n'est rien sans la volonté des femmes et hommes politiques de changer les domaines de la société qui marchent moins bien : les mauvaises finances, les injustices, les inégalités, etc. Dans le débat, les exemples de *je-volonté* sont assez nombreux alors qu'ils sont moins importants que les catégories ci-dessus :

(8) Hollande : je veux être le président qui redressera la production, l'emploi, la croissance.

(9) Sarkozy : Je veux mobiliser l'argent public, pas pour ceux qui ont déjà un emploi, pour ceux qui en ont besoin d'un.

(10) Hollande : je veux être aussi le président du rassemblement [...] je veux les réunir, car je considère que c'est de toutes les forces de la France dont nous avons besoin.

Un thème qui surgit et qui a été chaud pendant la campagne est celui du rassemblement (du peuple, des citoyens, des Français), ce qui a résulté en un ethos de *je-rassemblement*. Depuis l'arrivée de Sarkozy au pouvoir, on lui a attribué un ethos pré-discursif d'être le président qui, au contraire, a divisé le peuple français. C'est aussi sur cet ethos que joue Hollande dans son argumentation ; l'ethos de rassemblement est en effet le thème qui a été le plus négocié dans ce débat. Voilà deux extraits d'une plus longue séquence sur ce thème :

(11) Sarkozy : Juste un mot sur le rassemblement. Le rassemblement, c'est un très beau mot, une très belle idée, mais il faut y mettre des faits. Le rassemblement c'est quand on parle au peuple de France, à tous les Français. Je ne suis pas l'homme d'un parti, je ne parle pas à la gauche. Hier, je me suis adressé à tous les Français.

(12) Hollande : [...] je veux revenir sur le rassemblement, parce que je pense, comme vous, que c'est une notion essentielle pour notre pays. Et si vous avez le sentiment que pendant 5 ans vous avez rassemblé tous les Français, vous ne les avez pas divisés, vous ne les avez pas opposés, vous n'avez pas montré celui-ci du doigt, celle-là de certaine distance, alors je voudrais donner quitus. Mais je sais que les Français

ont eu ce sentiment, d'avoir toujours à être soumis à des séparations, à des clivages.

Le fait qu'une interaction comme le débat est un événement de communication où l'ethos est négocié surgit très clairement ici. Chacun réclame l'ethos de rassemblement qui semble, dans ces élections, avoir une importante valeur symbolique, sans doute à cause de la lourde critique que Sarkozy s'est attirée pendant le quinquennat. Un composant dominant de l'ethos pré-discursif de Sarkozy, tel qu'il circule dans les médias, est justement son style présidentiel de « diviser pour mieux régner », devenu un 'stigma discursif' dont il veut se débarrasser. Avec l'exemple ci-dessus, nous nous approchons inévitablement du rôle de la négation dans l'établissement de l'ethos, le thème du chapitre suivant. Celui-ci joue justement le rôle de négociateur ici ; aux spectateurs de juger qui sera celui qui rassemblera les Français.

Considérant la scène globale, constatons que les ethos des *je-dits* répondent à la fonction globale des interventions des candidats, notamment de montrer à l'électorat le vouloir, la force et les idées politiques qui pourraient changer les choses. Au niveau générique, constatons qu'il s'agit d'une certaine ritualisation comme les mêmes verbes reviennent : « je m'engagerai à », « Je serai un président.. », etc. En ce qui concerne la scénographie, il y a un jeu du pouvoir qui ressemble à un va-et-vient entre une fausse soumission (13) – de l'ironie – et le style autoritaire du leadeur omniscient et sarcastique (14) :

(13) Hollande : Donc, vous êtes très mécontent de vous. J'ai dû me tromper, j'ai dû faire une erreur. Je me mets à présenter mes excuses, vous êtes très mécontent de vous.

(14) Sarkozy : Monsieur Hollande, je sais que vous avez le sens de l'humour mais vous, tenir bon sur vos convictions, franchement, pas vous, et pas ça.

Sarkozy domine ce jeu mais les deux candidats font preuve du sarcasme et de l'ironie.

3.2. Les *je-montrés* et l'art de gouverner son discours

Les *je* explicites de l'ethos montré opèrent la gestion de l'activité discursive et le positionnement du sujet parlant ; c'est un *je* méta-discursif qui commente son propre discours ainsi que celui du protagoniste. C'est le *shifter* par excellence, qui renvoie à la présence physique et psychique d'un sujet parlant JE, comme dans : « <u>je dois dire</u> ce soir quel président je serai » (Hollande). Dans le débat, nous rencontrons des formules comme « Je pose une question », « Je viens sur votre proposition », « Ce que j'attends du débat », « Je vais développer mon raisonnement » (Sarkozy) et « Mes propositions… j'y arrive », « Je m'explique », « Je vais venir maintenant sur la question » (Hollande). Ces *je-montrés* sont typiques pour les interactions publiques, où il s'agit de tenir un discours explicatif-pédagogique devant un auditoire, un discours qui risque d'être interrompu par l'adversaire. Avec ces *je*, les candidats conduisent chacun leur propre discours – ils se positionnent et prennent de la place – en nous donnant des informations sur leurs activités discursives.

La plupart des *je-montrés* opèrent cependant un positionnement plus orienté vers l'argumentation, ils fonctionnent comme *preuves de l'autorité derrière le discours* du sujet parlant qui réclame avoir raison. Ces « je » renforcent les affirmations qu'ils introduisent et fonctionnent comme les expressions et verbes factifs, sous-entendant la « vérité » des arguments suivants :

(15) Hollande : Je rappelle que sous votre direction pendant 5 ans, la dépense publique a augmenté de 2 %.

(16) Hollande : Je vous fais d'ailleurs observer qu'il y a des Français qui sont de culte musulman aujourd'hui.

(17) Sarkozy : je vais vous dire pourquoi. Je vous l'ai expliqué.

(18) Hollande : je vous dis qu'il vaut mieux une position intelligente qu'une position dogmatique.

(19) Sarkozy : Je vous dirai simplement trois exemples pour vous montrer que l'esprit du rassemblement irrigue toute la société française.

(20) Sarkozy : Je vous rappelle que ces talibans avaient décidé que les petites filles n'iraient plus à l'école.

Les *je-montrés* du débat exposent ici (21-23) une *discussion métalinguistique* concernant la répartition de la parole, non sans un ton ironique ; c'est ainsi qu'on reconnaît un débat :

(21) Hollande : Je vous laisse terminer puisque vous voulez aller plus loin. Allez-y.

(22) Hollande : Je peux vous arrêter là-dessus ? Je peux vous arrêter là-dessus ? Cette règle existe déjà pour les résidents communautaires.

(23) Sarkozy : Si je peux terminer mon raisonnement...
Hollande : Répondez à ma question.
Sarkozy : Merci. Je vais terminer mon raisonnement.

Le *je-montré* est aussi un élément constitutif de la *démonstration du pouvoir* dans les débats. Il s'agit d'essayer de diriger l'interaction, d'être celui qui domine le discours. Ces formes de « je » transmettent l'ethos d'une personne qui montre la direction de son discours, qui se positionne, et qui par conséquent se donne l'image de pouvoir conduire son pays. L'émetteur des *je-montrés* est surtout Sarkozy :

(24) Sarkozy : Monsieur Hollande, vous avez parlé, sans doute pour être désagréable à mon endroit, d'un président normal. Je vais vous dire, la fonction d'un président de la République ce n'est pas une fonction normale.

(25) Sarkozy : Je vais vous dire une chose, monsieur Hollande : c'est une fierté. Il y a ceux qui parlent de rassemblement, et il y a ceux qui l'ont fait vivre.

Nous avons vu que ces *je* opèrent au niveau de la scène englobante, qui est liée à la fonction du texte – la visée persuasive. Ils sont aussi intéressants à étudier au niveau du genre textuel, comme des traits stéréotypés (de dominance, d'autorité : *Je vais vous dire*) dans les débats entre autorités dans un cadre politique. Exposons maintenant comment, de même qu'avec les *je* dits, les *je* montrés révèlent au niveau de la scénographie l'ambition d'instaurer des relations de pouvoir. Ainsi, nous voyons des attitudes ironiques, sarcastiques et d'autres stratégies de domination dans les propos introduits par ces *je*. Dans (26), sous un manteau ironique, Hollande met en scène une (fausse) soumission :

(26) Hollande : Donc, vous êtes très mécontent de vous. J'ai dû me tromper, j'ai dû faire une erreur. Je me mets à présenter mes excuses, vous êtes très mécontent de vous.

3.3. L'ethos rhétorique négocié par négation : 'Je ne suis pas comme vous, je fais différemment'

En nous appuyant sur Kerbrat-Orecchioni (2005 : 94), nous constatons que dans une interaction comme celle d'un débat politique, la construction de l'ethos, tel qu'il est conçu par les spectateurs, est à un certain degré une *négociation*, à savoir que les protagonistes brodent une image de soi, une image qui risque toujours de subir des contre-attaques. Amossy dit également que les protagonistes d'une interaction peuvent chacun « mettre [l'ethos] en doute, le corriger, le rejeter ou encore renvoyer une image alternative, éventuellement défavorable » (2010 : 132). C'est à ce stade que la négation devient intéressante dans le discours des candidats. Nous allons voir comment la bipartition ethos pré-discursif et ethos discursif nous sera utile dans cette partie de l'analyse.

Avant d'expliquer le lien entre ethos et négation, il convient de présenter le postulat de base de la négation comme un opérateur polyphonique (Ducrot 1984 ; Nølke et al. 2004). Selon cette vue, la négation stratifie son énoncé en deux points de vue superposés et hiérarchiquement organisés : l'un réfutant, l'autre réfuté. Voici une illustration de la *polyphonie de la négation* :

(27) Hollande : Non. Est-ce qu'il est du PPE ou non ? Répondez à ma question.
Sarkozy : Je ne suis pas votre élève.

La stratification de l'énoncé nié :

Point de vue 1 : 'Je suis votre élève'
Point de vue 2: 'Je ne suis pas votre élève'

Le point de vue 1, l'affirmation du fait que 'je suis votre élève', est ainsi sous-jacent à l'énoncé nié. On conçoit cette affirmation comme une « voix », ou point de vue, implicite à la négation, un point de vue qui *peut être associé à un autre protagoniste que celui qui produit l'énoncé nié*, dans ce cas à Sarkozy. Par un procédé ironique, Sarkozy, en faisant référence à la question précédente de Hollande, attribue le point de vue 1 à son adversaire, un point de vue que Sarkozy récuse. Le procédé peut se paraphraser ainsi : 'vous pensez que je suis votre élève mais je ne le suis pas'.

Si nous revenons à nos hypothèses, l'ethos rhétorique semble, en partie, être construit sur une contre-image défavorable qui est créée par la négation du candidat adversaire. Cette image se base souvent sur un ethos pré-discursif. La fonction rhétorique de la négation, reposant sur son statut de marqueur de polyphonie linguistique, semble ainsi pertinente pour l'examen de l'ethos des candidats[8]. Nous constatons que les exemples, où les candidats font allusion aux ethos pré-discursifs de l'autre ou d'eux-mêmes, sont surtout limités aux *je-rassemblement* et aux *je-leader humble* mais touchent aussi quelques autres types d'ethos du débat.

Ci-dessous, Hollande se donne l'image d'un président ouvert, réconciliant et coopérant, en qualifiant Sarkozy indirectement comme celui qui désunit les assemblées qui gouvernent, les différentes catégories professionnelles, les salariés, etc. Dans (28–29) il est fait référence directement à certains événements qui ont eu lieu. L'ethos pré-discursif du leadeur qui désunit le pays est nourri de la description dans les médias de Sarkozy et de son caractère péremptoire, un thème qui a aussi été récurrent dans la campagne électorale :

(28) Hollande : Moi je ne distingue pas le vrai travail du faux, les syndicalistes qui me plaisent et les syndicalistes qui ne me plaisent pas, les organisations patronales que je veux préférer ou d'autres. Non. Je n'oppose pas les salariés du privé ou du public.

(29) Hollande : Moi président de la République, je ne traiterai pas mon Premier ministre de collaborateur.

Ces exemples montrent que la négation permet de jouer sur l'ethos pré-discursif de l'autre candidat. Ainsi, l'ethos positif de Hollande, sous-jacent dans l'énoncé nié, est renforcé par l'image dévalorisante de Sarkozy qu'il fait passer, en se servant de la négation. C'est la mise en scène de cet ethos pré-discursif, véhiculé par le point de vue sous-jacent, et la réfutation du même qui donne de la force à ces exemples d'ethos rhétoriques. Constatons que la négation peut être un outil très économique pour la présentation de soi, étant donné qu'avec elle, le candidat fait d'une pierre deux coups : il se valorise en même temps qu'il dévalorise l'autre. Cette stratégie de la négation est d'autant plus efficace dans un débat où il est difficile pour l'adversaire de les contester. Il y aura ainsi un conflit entre l'image que Sarkozy, dans ce cas, élabore pendant le débat et l'image mise en scène par Hollande. C'est pourquoi nous dirons que la négation négocie l'ethos dans le débat. Étant donné que (28) est une façon indirecte de dire que Sarkozy sépare le vrai travail du faux, il est moins facile d'essayer de les rectifier que dans le cas où l'autre dit ouvertement que Sarkozy aurait tort de séparer le vrai travail du faut, etc. La négation, en qualité de phénomène de polyphonie, met en scène un propos sous-jacent, un ethos pré-discursif, qui peut être associé à ce stade à une voix collective adhérant à une certaine image de Sarkozy. Ce n'est donc pas seulement une idée inventée sur le moment par Hollande ; celui-ci joue justement sur ces ethos pré-discursifs et négatifs existants de Sarkozy, en disant que lui, Hollande, par contre, fera autrement.

Voici deux exemples du même genre où Sarkozy se présente comme le candidat qui comprend et écoute les aspirations du « peuple », et qui parle à tous les Français, sans exception :

(30) Sarkozy : Je ne suis pas l'homme d'un parti, je ne parle pas à la gauche. Hier, je me suis adressé à tous les Français, pas simplement aux syndicalistes qui ont parfaitement un rôle à jouer, le rassemblement c'est de parler à tous, y compris à ceux qui n'ont pas vos idées.

(31) Sarkozy : Je n'ai pas pris une pince à linge pour me boucher le nez Monsieur Hollande. Je n'ai pas fait de leçon de morale à des gens qui vivent dans des quartiers où je ne vis pas, ou qui mettent leurs enfants dans des écoles où je ne vis pas. Pour moi, il n'y a pas des sous-citoyens.

En (30), Sarkozy joue sur un ethos pré-discursif selon lequel 'Hollande est l'homme d'un parti', ou 'Hollande parle uniquement aux gens de gauche', à la différence de Sarkozy qui est le président depuis un quinquennat et assume déjà en qualité de chef de l'État le rôle de celui qui rassemble le peuple. La négation fait d'une pierre deux coups : elle fait passer le message que Hollande reste un leader de gauche et que Sarkozy lui-même, est le leader de tous les Français. Sarkozy sous-entend, en se servant de la négation, l'ethos pré-discursif dévalorisant selon lequel 'Hollande vit loin (dans tous les sens) du peuple', 'il est snob et moraliste' ou bien 'Hollande méconnaît la situation des gens désintégrés'. Au fond de ces deux exemples (31–32), il y a les deux ethos pré-discursifs selon lesquels 'la gauche est un parti fermé' et aussi que 'la gauche sont des snobs intellectuels qui pensent toujours avoir la bonne réponse', auxquels Sarkozy a fait allusion à d'autres moments, entre autre dans le débat contre Ségolène Royal.

3.4. L'ethos négocié : 'Je ne suis pas ce que vous prétendez que je suis'

L'autre exemple du lien entre la négation polyphonique et l'ethos rhétorique est lorsque les candidats veulent se débarrasser d'un ethos pré-discursif défavorable attaché à leur propre personne. Il peut s'agir d'un ethos pré-discursif dans le sens d'image collective ou bien d'un ethos créé au cours du débat. La négation permet d'essayer de réfuter l'ethos pré-discursif, dévalorisant, attaché au locuteur même, et ainsi de corriger – négocier – son ethos :

(32) Hollande : Vous nous dites : « J'ai assumé un certain nombre de réformes difficiles », mais à quel prix pour les Français ? À quel prix

pour les injustices qui ont été creusées, les inégalités qui ont été aggra-
vées ? [...] si un quinquennat se termine alors qu'il a été heurté et s'il
n'y a pas eu comme vous dites de violences, je pense que le mérite en
revient à toute la société française.

Sarkozy : Je n'ai pas évidemment le seul mérite, mais je ne peux pas
être le seul coupable non plus Monsieur Hollande.

La négation introduisant l'énoncé de Sarkozy constitue une litote :
c'est comme s'il adoucissait un ethos pré-discursif positif selon lequel
'Sarkozy a le seul mérite' et se présente ainsi comme le 'leadeur
humble' qui ne prend pas tout le mérite à son compte. Dans le deuxième cas, il essaie de réfuter l'ethos pré-discursif qui lui est attribué par Hollande et d'autres, selon lequel 'il est le seul coupable'.
Sarkozy négocie ainsi son ethos en jouant sur deux superlatifs : « le
seul mérite » et « le seul coupable », ce qui renforce l'effet, d'un côté,
d'une certaine omnipotence déguisée et, de l'autre, d'une victimisa-
tion dont se sert fréquemment Sarkozy.

La discussion sur la nécessité de rassembler un peuple divisé continue. L'ethos pré-discursif attaché au président sortant est que 'Sarkozy
est responsable des injustices, des inégalités' ; c'est cette image que
Hollande évoque dans sa réplique et dont Sarkozy essaie de se débarrasser en la réfutant. Ainsi les ethos pré-discursifs dévalorisants sont ici
évoqués pour nuire à l'adversaire, et ces ethos sont ensuite négociés par
celui-ci, à l'aide de la négation :

(33) Sarkozy : j'ai une preuve à vous donner de cet esprit de rassemblement
qui m'a animé pendant 5 ans, c'est qu'il n'y a jamais eu de violence
pendant les 5 ans de mon quinquennat, que je n'ai jamais été amené
à retirer un texte qui aurait blessé ou créé un climat de guerre civile
dans notre pays.

Sarkozy revient plus tard sur le même ethos pré-discursif qui lui est
attaché et qu'il veut à tout prix faire disparaître, et il essaie de le faire
en se servant de la négation :

(34) Sarkozy : Il y a eu des manifestations, elles se sont passées dans le
calme, personne ne s'est senti humilié, il n'y a pas eu de divisions, il n'y
a pas eu d'émeutes, il n'y a pas eu de violence.

Hollande n'a pas d'ethos pré-discursif aussi chargé que Sarkozy, ce
qui donne une tâche plus difficile pour celui qui veut l'attaquer sur
son passé. Sarkozy essaie cependant ici d'évoquer les liens d'ami-
tiés entre Hollande et son prédécesseur à la candidature, Dominique

Strauss Kahn, circonscrit par le scandale de New York, pour le rendre suspect :

(35) Hollande : Ce n'est pas moi qui ai nommé Dominique Strauss Kahn à la tête du FMI.
Sarkozy : Je le connais moins bien que vous.
Hollande : Mais je ne le connaissais pas plus [...] Vous pensez que vous connaissez la vie privée de vos collaborateurs ou de vos amis ? Moi pas. Je ne la connais pas.

Même si on peut penser que c'est un coup vulgaire de la part de Sarkozy, d'évoquer que Hollande a quelque chose à voir avec les agissements de DSK, il n'est pas sans risque pour Hollande d'avoir à se défendre contre cette allusion 'pas de fumée sans feu' évoquée par Sarkozy, de contredire un ethos pré-discursif plutôt innocent selon lequel 'Hollande connait DSK'. Étant données toutes les connotations qu'évoque l'ex-candidat et l'extension du mot *connaître*, cette (dé) négation « je ne le connaissais pas » serait ouverte aux interprétations qui peuvent amener assez loin, du type : 'je ne suis pas un pervers'. Les spectateurs se demandent éventuellement d'où vient cette nécessité de dénoncer les liens supposés avec DSK.

Nous avons donc évité de dire que ces ethos sont réfutés par la négation parce que, finalement, l'ethos rhétorique est un phénomène discursif qui appartient à ceux qui écoutent et évaluent le débat. Les débatteurs réfutent, déclarent faux – dans leur « univers de croyance » – les dits de l'autre mais, aux yeux des spectateurs, il faut considérer la négation d'un ethos du débat comme un procédé qui négocie l'ethos rhétorique des deux candidats. Nous sommes en face de deux candidats aspirant au poste de président et l'image qu'ils transmettent à l'audience est très importante. La scène du débat est celle d'un duel où les répliques sont des coups d'épée qui révèlent au public le style de la lutte, la force, la rapidité, la tactique des combattants, mais où le dernier coup mortel est donné par l'électorat.

4. Discussions et conclusions

4.1. Présentation de soi et *je*-ethos de crédibilité et les jeux du pouvoir

L'ethos – la présentation de soi – est partout dans le discours ; lorsqu'un sujet parlant énonce, il ou elle énonce quelque chose sur soi. En regardant l'ethos à partir d'une forme spécifique de langue, comme nous l'avons fait avec *je*, nous avons éventuellement des réponses différentes dans le cas où nous aurions entamé une analyse d'une autre unité linguistique. L'objectif a cependant été de choisir un élément qui serait intimement lié à l'ethos dans ce genre de discours.

La répartition entre les deux candidats montre qu'Hollande est le candidat qui emploie davantage le pronom *je*. Ceci est peut-être normal puisqu'il est le candidat qui est le moins connu des deux ; il a besoin de montrer qu'il a la capacité d'assumer le rôle de président et que son message est crédible. Les *je-dits* qui dominent chez les deux sont les *je de l'action et de la force*, les *je de l'idéologue*, les *je du leadeur humble*. Hollande domine fort dans la catégorie *je-rassemblement* et Sarkozy est celui qui présente le plus de *je-autorité*. Sarkozy est également le candidat qui emploie le plus le *je-négation* même si la répartition dans cette catégorie est assez équilibrée entre les deux ; les deux sont conscients de se défendre contre les ethos pré-discursifs qui leur sont attribués mais ils utilisent avant tout le *je-négation* pour sous-entendre un prédiscursif dévalorisant de l'adversaire en se présentant en même temps comme l'opposé à cette image. Tout pour soigner la crédibilité. Sarkozy est aussi le candidat qui utilise le plus les *je-montrés* du positionnement du pouvoir, ce qui semble assez naturel vu sa position de président sortant dont la crédibilité repose beaucoup sur son rôle et ses acquis en tant que chef de l'État.

Nous avons analysé comment les *je-montrés* dénotent le positionnement dans le discours ; ces *je* auront ainsi le statut d'unités métadiscursives. Il s'agit de formules qui expriment l'acte de maintenir la parole, d'interrompre l'autre, de s'excuser pour interrompre l'autre, de commenter et de renforcer ses propres dits, comme dans « Laissez-moi terminer », « je vais vous répondre », etc. Ces *je* introduisent des actes de langages au sens propre : les « dires » y sont des « faires ». Ainsi les discours des candidats sont aussi des exercices de pouvoir : l'interaction devient non seulement un champ de bataille des idées mais aussi une démonstration de la force et du pouvoir de la parole. Pour exécuter ce pouvoir, ces métadiscours sont très efficaces.

4.2. Les *je* suivis de négation modifient, négocient, adoucissent

À la présentation de soi à travers les *je* que font les candidats s'ajoutent ainsi les *je* combinés avec négation. Les *je* des énoncés niés présentent indirectement les candidats : en prononçant ce que *je ne suis pas*, il est sous-entendu soit 1) ce que *l'autre pense que je suis* : c'est un ethos pré-discursif (pdv 1) que le candidat (« je ») veut réfuter parce qu'il n'est pas d'accord sur cette image ; soit 2) ce que *je pense que (à la différence*

de moi-même) l'autre candidat est : c'est un ethos pré-discursif défa-
vorisant (pdv 1) que l'un des candidats attribue à l'autre et duquel il
(« je ») se distancie. En d'autres termes, les *je-négations* permettent au
locuteur de se présenter comme une personne crédible. Soit le candidat
étant responsable de la réfutation rectifie l'image erronée que l'autre
se fait de lui, soit le candidat présente – indirectement – et se distancie
à la fois d'une image de l'autre. Dans les deux cas, le candidat nie un
ethos pré-discursif, sous-jacent. Mais puisqu'il s'agit de l'ethos, fondé
de jugements de valeurs et dépendant de l'auditoire et du contexte, et
puisqu'il s'agit ici d'une confrontation entre deux adversaires, la négation négocie – au lieu de réfuter – plutôt cet ethos.

4.3. Ethos et scènes d'énonciation

En prenant en considération différents aspects de la scène d'énonciation
du débat politique, constatons ainsi que les ethos d'un débat ne sont
pas seulement formés par les choix langagiers conscients des candidats
(peut-être à l'aide des conseillers des médias), mais sont également
le résultat d'une négociation à l'intérieur du discours interactif même.
Ainsi, les ethos *je-dits* peuvent être confirmés, parodiés, mis en doute,
rectifiés ; si la présentation de soi est mise en question, elle peut être de
nouveau réaffirmée. *La scène englobante* du débat présume également
la négociation. Il en est ainsi étant donné que le duel verbal (dont il est
question) pour se présenter du bon côté, afin de persuader les spectateurs du bien fondé de son programme politique, est l'élément central
de tous les débats politiques et constitue ce qui décide leur fonction
textuelle : c'est un discours polémique et argumentatif.

Cette interaction-compétition explique aussi, au niveau de la *scène
générique*, la haute fréquence du pronom *je* dans les débats présidentiels
par rapport aux autres interactions (Fiala & Leblanche 2004) ; les *je-
montrés* sont souvent des formules ritualisées qui concernent la mainte-
nance de la parole et l'organisation du discours : « je dis », « je vais vous
dire », « je rappelle », « je vais y venir », « je termine », etc. Les *je-dits*, par
contre, évoquent des thèmes et des engagements présidentiels : « Je veux
fermer Fessenheim pour deux raisons », « Moi, je protège les enfants de
la République » (Hollande) et « Je veux mobiliser l'argent public », « j'ai
la passion de la France et que je souhaite vous conduire dans ce monde
difficile » (Sarkozy). En revenant à la scène englobante et à la visée persuasive, les candidats ne peuvent pas laisser passer les contre-images
négatives lancées par l'autre candidat, mais sont censés essayer de les
réfuter, ce qui explique le rôle central des « je » et négations dans le débat.

Pour gagner la bataille, chacun des candidats essaie, au niveau de la scénographie, de distribuer les rôles du discours d'après des schémas de pouvoir, tels que *père-fils patron-employé, maitre-élève, autorité-ignorant*, en se donnant à soi-même soit le rôle du puissant et du savant, soit le rôle du maltraité ou de l'offensé. Les deux rôles peuvent en effet évoquer l'ethos de la crédibilité.

5. Remarques finales

Dans cette étude, nous avons catégorisé les *je-ethos* d'après les verbes accompagnant le pronom de la première question. Constatons cependant que l'analyse quantitative a ses limites quant à un phénomène rhétorico-discursif, puisque l'ethos est aussi l'affaire d'une négociation et d'une interprétation. L'impact rhétorique de la présentation de soi est conçu par ceux qui écoutent et regardent ; la négation par l'un des candidats de l'ethos de l'autre devient une négociation de l'éthos. L'impact rhétorique de la présentation de soi est conçu par ceux qui écoutent et regardent.

Dans nos études antérieures sur la négation en tant que stratégie d'argumentation (Roitman 2013), nous avons étudié comment les réfutations des arguments des autres renforcent l'argumentation des candidats dans l'interaction. Dans les deux cas, nous sommes partie du postulat que la négation est un marqueur de polyphonie qui stratifie les énoncés en deux points de vue ainsi que les enjeux rhétorico-argumentatifs de l'exploitation de cette structure linguistique. Les études se chevauchent mais prennent deux per-spectives différentes, l'une voulant décrire la réfutation comme outil d'argumentation entre deux candidats et l'autre, cette étude-ci, voulant décrire l'impact rhétorique de l'emploi de la négation dans la présentation du JE empirique.

Notes

1. La présente étude est fondée sur le projet antérieur « Cinq élections présidentielles en France (1974–2007). Les débats de l'entre-deux-tours à la télévision: l'argumentation et contre-argumentation ». Notre matériel se compose des six derniers débats télévisés pour les élections présidentielles, 1974–2012 : Giscard d'Estaing/Mitterrand (1974) ; Mitterrand/Giscard d'Estaing (1981) ; Mitterrand/Chirac (1988) ; Chirac/Jospin (1995) ; Sarkozy/Royal (2007) ; Hollande/Sarkozy (2012) (Éditions Boucher ; INA). Les deux derniers débats ont été enregistrés par nos propres moyens. Ils ont été transcrits par les journaux Libération (2007) et Le Monde (2012) et sont disponibles en ligne. Ces

transcriptions ont été revues et corrigées par nous-même ; toutefois, certains éléments tels que les termes d'adresse, les marqueurs discursifs, tels que les confirmations, « d'accord », « bien sûr », «oui», «non», ainsi que les répliques des deux journalistes, entre autres choses, ont souvent été omis.

2. Véronis est associé à http://politicosphere.blog.lemonde.fr/ qui fait des analyses quantitatives de phénomènes linguistiques du politique sur le Web en collaboration avec *Linkfluence*, une entreprise de technologie linguistique : http://fr.linkfluence.net/

3. Dans un sens très large, on pourrait étudier l'ethos en tant que phénomène de la sociologie (Fusulier 2011), ou l'ethos « du corps » (Fontanille 2007). Cette conception de l'ethos inclut aussi tout ce qui relève du visuel, de la sémiologie, et du corporel, notamment les gestes et le comportement, etc. Dans la pragmatique américaine de Brown & Levinson (1987), l'ethos renvoie aux normes d'interaction dans une communauté socio-culturelle : il y aura ainsi un « ethos des Suédois », par exemple.

4. Aristote traduit par Kennedy (1991).

5. Pour le même concept, Bourdieu (1982) se sert de la notion « ethos préalable » dans son ouvrage *Ce que parler veut dire*.

6. Il est intéressant de noter l'évolution de la terminologie dans la recherche d'Amossy (1999, 2000, 2010). En 1999 et 2000 elle parle de « l'ethos » et de « l'image de soi » et en 2010 se sert, en s'inspirant de Goffman (1973), du terme « présentation de soi ». Même si au fond nous sommes assez proche de l'idée classique, à savoir que ce sont les mêmes concepts – bonnes mœurs, statut social – qui attribuent de la crédibilité à une personne, ce changement terminologique témoigne d'une évolution socio-culturelle ; la société est devenue une scène où tout le monde peut se « présenter », ce qui arrive aussi. La conscience de l'impact qu'on peut obtenir via les chaînes de média est si grande que la présentation de soi est devenue toute une industrie. Les conseillers de communication aident les politiciens à dessiner la personnalité qu'ils souhaitent envoyer au public.

7. Les catégories présentées dans le texte sont des abréviations des catégories du Tableau 1.

8. Si un énoncé avec un *je-dit* est réfuté on aura soit une négation polémique soit une négation descriptive, avec une « présupposition pragmatique » sous-jacente (Ducrot 1984 ; Givón1978 : 80). Ce sont les négations des *je-dits* avec une « présupposition pragmatique » qui nous intéressent quant à l'analyse de l'ethos pré-discursif. Si par contre un énoncé *je-montré* est nié il y a une *négation métalinguistique*, dans le sens de Ducrot (1984) et Horn (1989), c'est-à-dire une négation qui porte sur les mots mêmes de la parole et non pas sur un argument sous-jacent. La négation métalinguistique rejette les présuppositions,

elle ne suit pas la loi d'abaissement et inverse l'orientation argumentative nor-male de la négation sur une échelle descendante. Voir Ducrot (1984) et Horn (1989) pour les tests d'enchaînements et les différentes orientations argumen-tatives des différents types de négations.

Références

Adam, Jean-Michel. 1999. « Images de soi et schématisation de l'orateur: Pétain et de Gaulle en juin 1940 ». *In* : Ruth Amossy (dir.) *Images de soi dans le discours. La construction de l'ethos*. Lausanne : Delachaux & Niestlé. 101–126.

Amossy, Ruth. 1999 (dir.) *Images de soi dans le discours. La construction de l'éthos*. Lausanne-Paris : Delachaux & Niestlé.

Amossy, Ruth. 2000. *L'Argumentation dans le discours*. Discours politique, littérature d'idées, fiction. Paris : Nathan.

Amossy, Ruth. 2010. *La présentation de soi. Ethos et identité verbale*. Paris : Presses Universitaires de France.

Barthes, Roland. 1970. « L'ancienne rhétorique ». *Communications*, 16, 1970. 172–223. http://www.persee.fr/web/revues/home/prescript/article/commo588–8018 (2013-06-19)

Chudzińska, Yasmine & Pierre Bourdieu. 1983. « Ce que parler veut dire. L'économie des échanges linguistiques ». *Mots*, 7 : 155–161. http://www.persee.fr/web/revues/home/prescript/article/motso243–6450 (2013-06-19)

Brown, Penelope & Stephen C. Levinson 1987. *Politeness: Some Universals in Language Usage. Studies in interactional sociolinguistics*. Cambridge: Cambridge University Press.

Charaudeau, Patrick. 2001. « Visées discursives, genres situationnels et construction textuelle ». *In* : *Analyse des discours. Types et genres*, Éd. Universitaires du Sud, Toulouse. Consulté le 19 juin 2013 sur le site de *Patrick Charaudeau - Livres, articles, publications*. http://www.patrick-cha-raudeau.com/Visees-discursives-genres,83.html

Charaudeau, Patrick & Dominique Maingueneau. 2002. *Dictionnaire de l'analyse du discours*. Paris : Éditions du Seuil.

Ducrot, Oswald. 1984. *Le Dire et le dit*. Paris : Éditions de Minuit.

Fiala, Pierre & Jean-Michel Leblanc. 2004. « Autour de JE présidentiel ». Louvain-La-Neuve : JADT 2004. http://lexicometrica.univ-Paris3.fr/jadt/jadt2004/pdf/JADT_068.pdf (2013-07-05)

Fontanille, Jacques. 2007. « Avant-propos : émotion et sémiose » et « Ethos, pathos et persuasion : le corps dans l'argumentation. Le cas du témoignage ». *In :* Jacques Fontanille (dir.). *Les Émotions et configurations dynamiques. Semiotica. Revue de l'Association internationale de sémiotique,* 163. Berlin/ New York : Mouton de Gruyter. 1–9 et 85–109.

Fusulier, Bernard. 2011. « Le concept d'ethos ». *Recherches sociologiques et anthropologiques,* 42 *(1)* : 97–109. URL : http://rsa.revues.org/661 (2013-06-19)

Givón, Talmy. 1978 « Negation in Languages: Pragmatics, Function, Ontology ». *Syntax and Semantics,* 9. New York : Academic Press. 69–112.

Goffman, Erving. 1973. *La mise en scène de la vie quotidienne. La présentation de soi.* Paris : Minuit.

Horn, Laurence. 1989. *A Natural History of Negation.* Chicago : University of Chicago Press.

Nølke, Henning, Kjersti Fløttum & Coco Norén. 2004. *ScaPoLine. La théorie scandinave de la polyphonie linguistique.* Paris : Kimé.

Leblanc, Jean-Michel & William Martinez. 2005. « Positionnements énonciatifs dans les vœux présidentiels sous la cinquième République », Corpus 4. http://corpus.revues.org/index347.html (2013-07-05)

Kennedy, George, A. 1991. (Aristotle). *On rhetoric. A Theory of Civic discourse. Newly translated, with Introduction, Notes and Appendices.* New York/Oxford : Oxford University Press.

Kerbrat-Orecchioni, Catherine. 1980. *L'énonciation.* Paris : Armand Colin.

Kerbrat-Orecchioni, Catherine. 2005. *Le discours en interaction.* Paris : Armand Colin.

Maingueneau, Dominique. 2002. « *L'ethos, de la rhétorique à l'analyse du discours* ». <http://dominique.maingueneau.pagesperso-orange.fr/intro_company.html> (2013-06-19)

Maingueneau, Dominique. 1999. « Ethos, scénographie, incorporation ». *In :* Ruth Amossy (dir.) *Images de soi dans le discours, La construction de l'ethos.* Lausanne : Delachaux & Niestlé. 75–101.

Maingueneau, Dominique. 1998. *Analyser les textes de communication.* Paris : Dunod.

Marchand, Pascal & Pierre-Olivier Dupuy. 2009. « Débat de l'entre-deux tours 2007 : la conquête de l'espace lexical ». *Mots : les langages du politique. 89* (2007 : débats pour l'Elysée). 105–117.

Marchand, Pascal & Pierre-Olivier Dupuy. 2011. « Confrontation et positionnement dans les duels de l'entre-deux tours : une approche lexicométrique ».

In : Marcel Burger, Jérôme Jacquin & Raphaël Micheli (dir.). *La parole politique en confrontation dans les médias*. Bruxelles : De Boeck. 129–147.

Marchand, Pascal & Pierre-Olivier Dupuy. 2012. « Le débat d'entre les deux tours (2 mai 2012) ». http://pascalmarchand.fr/ spip.php?article55 (2013-06-19)

Roitman, Malin & Françoise Sullet-Nylander. 2010. « Voix de campagne présidentielle : quelques observations sur la question et la réfutation dans le débat télévisé Royal-Sarkozy (2 mai 2007) ». *In* : Abecassis Michael & Ledegen, Gudrun (dir.) *Les voix des français : à travers l'histoire, l'école et la presse*. Oxford : Peter Lang.

Roitman, Malin. 2013. « Construire son argumentation sur la réfutation du discours de l'autre : les débats de l'entre-deux-tours ». *In* : Sullet-Nylander, Françoise, Gunnel Engwall & Hugues Engel (dir.). *La linguistique dans tous les sens*. Stockholm : Kungl. Vitterhets Historie och Antikvitets Akademien.

Véronis, Jean. 2007. « Moi, François Hollande ». http://blog.veronis. fr/2012/05/debat-moi-francois-hollande.html (2013-06-19)

Véronis, Jean. 2007. *Les mots de Nicolas Sarkozy*. Paris : Éditions du Seuil).

Véronis, Jean. 2012. « *Je* revient ». http://politicosphere.blog.lemonde. fr/2012/03/23 / sarkozy-je-revient/ (2013-19)

16. L'impact du contexte sur l'interprétation des composés. Le cas des composés NN en suédois et des constructions correspondantes en français

Maria Rosenberg
Stockholms universitet

1. Introduction

Cette étude contrastive focalise sur le rôle joué par le contexte en ce qui concerne l'interprétation des composés NN suédois et leurs constructions françaises qui y correspondent. Cysouw & Wälchli (dir.) (2007), qui signalent l'utilité du corpus parallèle pour les recherches typologiques et morphologiques, observent justement que le rôle du contexte est souvent négligé dans de telles études. Elle fait partie d'un projet de recherche ayant pour but d'examiner les composés NN en suédois et leurs constructions correspondantes en français, en se basant sur un corpus parallèle de traduction.

L'objectif principal est donc d'examiner l'impact du contexte sur l'interprétation des composés NN en suédois. Mon hypothèse émise est que l'interprétation d'un composé NN suédois poserait, dans certains cas, des problèmes pour le traducteur, ce qui se reflète dans la traduction française. La méthode utilisée pour essayer de répondre à la question d'une influence éventuelle du contexte consiste à examiner tous les composés NN suédois attestés dans le corpus afin de juger, d'une part, s'ils sont établis ou non, et d'autre part, s'ils peuvent recevoir une interprétation ambiguë ou non hors contexte.

Le contenu de ce travail est organisé de la manière suivante. La section 2 présente le corpus parallèle et quelques données que j'ai pu en extraire. La section 3 traite du contexte ainsi que du Principe de compositionnalité et leur impact sur l'interprétation des composés. La section 4 contient l'analyse de l'impact du contexte sur l'interprétation de

---

composés NN attestés dans le corpus. Enfin, la conclusion du travail est donnée dans la section 5.

2. Données

Les données dérivent d'un corpus parallèle de traduction, bidirection-nel : le français et le suédois constituent aussi bien la langue source que la langue cible. Le corpus a été compilé dans le but d'essayer de respec-ter deux facteurs, importants pour sa représentativité, à savoir équilibre et sélection (McEnery *et al.* 2006). Il représente deux types de genre textuel : textes de fiction et de non-fiction en suédois et en français, avec leurs traductions parallèles dans l'autre langue. Tous les textes inclus sont contemporains, publiés après 1985, et produits par des locuteurs natifs. Les auteurs et les traducteurs des textes ont été sélectionnés afin d'avoir une grande diversité.

Cette étude se base sur les 2 800 premiers mots dans les versions sué-doises de chaque œuvre. La raison pour laquelle a été fixée une limite de mots-occurrences est de pouvoir comparer le nombre de mots-occurrences dans les textes source suédois à celui des textes source français, et aussi à celui des textes cible.

Tableau 1. La distribution des mots-occurrences dans le corpus parallèle

Suédois	Mots-occurrences	Français	Mots-occurrences
Textes source : 5 fiction + 5 non-fiction	28 000 (23,4 %)	Textes cible : 5 fiction + 5 non-fiction	33 932 (28,3 %)
Textes cible : 5 fiction + 5 non-fiction	28 000 (23,4 %)	Textes source : 5 fiction + 5 non-fiction	29 771 (24,9 %)
Textes source et cible	56 000 (47 %)	Textes source et cible	63 703 (53 %)
Mots-occurrences totaux			119 703 (100 %)

On peut constater que, pour ce qui est de la partie française du corpus, les textes cible contiennent un nombre plus élevé de mots que font les textes source. De plus, il se dégage du tableau 1 que les mots-occurrences français constituent 53% de tous les mots-occurrences dans le corpus, alors que les mots-occurrences suédois constituent 47%. Les textes français contiennent donc plus de mots, comparés aux textes suédois (*cf.* Eriksson 1997).

Regardons ensuite la distribution des composés NN dans différentes parties du corpus parallèle en suédois. De prime abord, remarquons qu'au total environ mille sept cent composés NN suédois sont attestés, constituant un peu plus de 3 % de tous les mots-occurrences dans les textes suédois. En plus, les données dans le tableau 2 montrent que le type de genre textuel semble être lié à la fréquence des composés NN en suédois : les textes de non-fiction comportent plus de composés NN suédois que ceux de fiction. Ce fait pourrait, selon moi, s'expliquer par le besoin des textes de non-fiction, scientifiques, de se servir de termes plus exacts et définitoires.

Tableau 2. Composés NN dans les textes suédois de fiction et non-fiction du corpus parallèle

Suédois	Composés NN	Fréquence relative
Textes de fiction	695	2,5 %
Textes de non-fiction	1 046	3,7 %
Tous textes	1 741	3,1 %

Si on compare les textes source avec les textes cible, une autre différence se dégage aussi. Il ressort du tableau 3 qu'il y a plus de composés NN suédois dans les textes source que dans les textes cible. Les textes originaux suédois semblent constituer un environnement plus favorable pour les composés NN, comparé aux textes suédois traduits du français. Ce fait indique qu'il y a des effets d'interférence entre les deux langues, même au niveau des mots.

Tableau 3. Composés NN dans les textes suédois source et cible du corpus parallèle

Suédois	Composés NN	Fréquence relative
Textes source	1 027	3,7 %
Textes cible	714	2,6 %
Tous textes	1 741	3,1 %

Consultons finalement la figure 1, qui présente les données du corpus parallèle en focalisant sur la structure formelle des constructions françaises qui correspondent aux composés NN suédois. Il s'y dégage par exemple que le français n'utilise pas autant de composés NN que le suédois. Que la composition NN soit productive en suédois (*cf.* Josefsson 2005) et en français (*cf.* Fradin 2009) ne veut ainsi pas dire la même chose, en prenant en compte la fréquence relative. En revanche, le français préfère des syntagmes syntaxiques ou des constructions plus ou moins lexicalisées, pour exprimer un concept complexe là où le suédois utilise un composé NN, comme constaté par nombreux chercheurs (*cf.* Booij 2009; Bücking 2009; Van Goethem 2009). Or, pour nuancer ce qui vient d'être dit, mes données mettent en avant que, le plus souvent, un composé NN suédois correspond à un N en français, même si les séquences N *de* N, N A et N *de* Dét N sont aussi parmi les plus fréquentes. Il y a aussi bien d'autres constructions différentes, utilisées là où le suédois a un composé NN, comme illustré dans la figure 1.

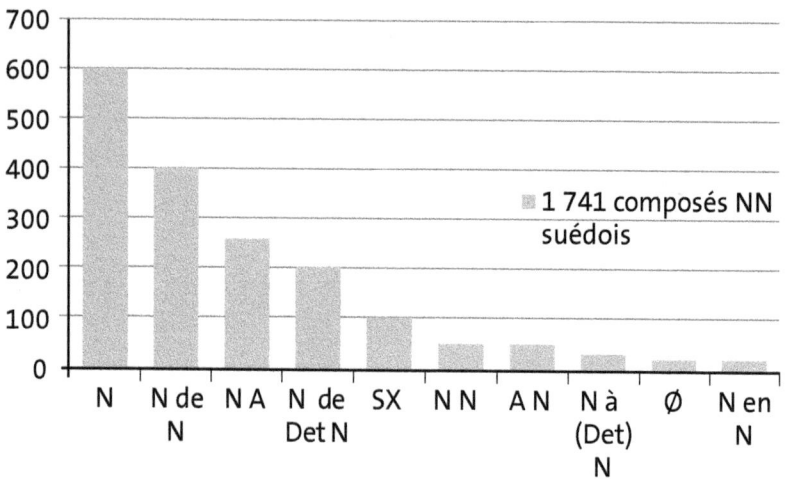

Figure 1. Unités françaises correspondant aux composés NN suédois dans le corpus parallèle

La multitude de constructions françaises correspondant à un composé NN suédois peut certainement être liée à la flexibilité sémantique manifestée par cette dernière langue. La relation sémantique interne des composés NN a été étudiée, entre autres, par Downing (1977), Levi (1978), Finin (1980) (*cf.* 3.1 ci-dessous), et plus récemment par Jackendoff (2009), mais ne fait aucun objet de la présente étude, qui choisit de se concentrer sur l'importance du contexte pour l'interprétation des composés NN suédois.

3. Le rôle joué par le contexte pour l'interprétation des composés

Dans ce qui suit seront discutés d'abord la notion du contexte et sa validité pour l'interprétation des composés NN et ensuite le Principe de compositionnalité, qui, lui aussi, est important pour l'interprétation des composés. Il serait certainement possible d'associer à cette étude aussi le concept de « vague » ou de « floue » en linguistique, et également de pousser encore plus loin la réflexion sur l'ambiguïté[1]. Or, ceci mènerait à une étude plus étendue que ne le permet l'espace disponible ici.

3.1. Le contexte

Dans une perspective linguistique sur la traduction, Catford (1965) fait remarquer la différence entre contexte et co-texte :

> *By* context *we mean 'context of situation', i.e. those elements of the extra-textual situation which are related to the text as being linguistically relevant: hence contextual. By* co-text *we mean items in the* text *which accompany the item under discussion: hence co-textual* (1965 : 31).

Lorsque cette étude parle du contexte, on entendra le plus souvent le co-texte.

Finin (1980) s'intéresse au problème posé par un composé NN, étant donné que la relation sémantique entre les deux concepts ou mots entrant dans le composé n'est pas explicite. Selon lui (Finin 1980 : 310), la sélection de la relation la plus adéquate peut dépendre d'une foule de facteurs sémantiques, pragmatiques et contextuels. Lapata (2002) souligne également trois problèmes que pose un composé pour l'interprétation automatique : (i) la haute productivité implique l'existence d'un besoin d'interpréter des formations qui ne sont pas encore établies ; (ii) la relation sémantique entre les constituants d'un composé est souvent implicite ; (iii) le contexte et des facteurs pragmatiques ont un impact sur l'interprétation.

Aussi bien Finin (1980) que Lapata (2002), se situant les deux dans un cadre TAL, signalent ainsi l'importance des facteurs contextuels pour l'interprétation d'un composé et soulignent aussi que la relation sémantique tenant entre ses constituants peut être imprécise ou flexible. Selon Gagné *et al.* (2005), l'interprétation des composés non-établis dépendrait le plus du contexte (ou co-texte), alors que celle des composés établis dépendrait le plus de la signification déjà établie. Ó Séaghdha & Copestake (2007) discernent quatre types de contexte (ou co-texte) qui sont pertinents pour l'interprétation d'un composé, si on se place dans la linguistique de corpus :

(i) les contextes du composé-type (*type similarity*)
(ii) les contextes des occurrences de chaque constituant (*word similarity*)
(iii) les contextes où se trouvent les deux constituants ensemble (*relation similarity*)
(iv) le contexte du composé-occurrence (*token similarity*).

Puisque l'interprétation d'un composé-type peut varier selon les différents contextes, ou co-textes, le type (iv) sera pertinent pour la présente étude.

Les considérations précédentes laisseraient penser, entre autres, que l'interprétation d'un composé NN suédois pourrait poser problème pour un traducteur qui doit rendre le composé en français. Cette idée est justement celle supposée dans mon hypothèse (*cf.* section 1). Cependant, Isabelle (1984) fait remarquer qu'il est rare qu'un composé ait une interprétation inhabituelle ou bizarre. Dans le même ordre d'idées, selon Meyer (1993), qui a examiné des composés NN allemands nouveaux, tirés des journaux quotidiens, la plupart des composés NN non-établis sont faciles à interpréter sans recourir au contexte. Ryder (1994) exprime l'avis que c'est par l'inter-médiaire de la connaissance des patrons sémantiques productifs, c'est-à-dire des relations sémantiques productives, que les composés sont créés et interprétés.

En somme, on peut donc constater qu'il semble exister deux points de vue opposés en ce qui concerne l'interprétation d'un composé NN : soit le contexte a de l'importance pour son interprétation ; soit le contexte n'affecte pas son interprétation d'une manière significative. Les deux points de vue sont cependant compatibles avec le Principe de compositionnalité, comme nous allons le voir ci-dessous.

3.2. Le principe de compositionnalité

Le Principe de compositionnalité stipule que

> le sens d'une expression composée ne dépend que du sens de ses composants et des règles syntaxiques par lesquelles ils sont combinés (Tellier 1999 : 109).

Puisque la présente étude traite des formations morphologiques sous forme de composés NN, il faudrait plutôt utiliser « règles morphologiques ou lexicales » au lieu de « règles syntaxiques » dans la stipulation ci-dessus.

Dans le but de garder le Principe de compositionnalité, Pelletier (2003) propose que l'interprétation d'un SN donne lieu à des valeurs sémantiques distinctes dans des contextes différents. Selon Pelletier (ibid.), l'ambiguïté contextuelle ne peut pas appartenir au sens lexical d'un N : les sens des constituants d'un SN restent les mêmes d'une phrase à l'autre, mais l'interprétation du SN varie.

Weiskopf (2007) estime aussi que la langue est compositionnelle : les composés NN contiennent des traits contextuels cachés, autorisant des relations différentes qui ne sont pas exprimées dans le lexique. Selon lui, le fait que les composés aient un sens sous-spécifié dans le lexique, préserve l'équilibre entre le cas où l'interprétation d'un composé NN dépend du contexte, et celui où l'interprétation d'un composé NN peut se faire sans recourir au contexte.

L'approche de Pelletier (2003) est ainsi différente de l'approche de Weiskopf (2007). J'interprète la première comme présupposant qu'un N homonyme (par exemple un composé) donne lieu à des entrées différentes dans le lexique, alors que selon la deuxième approche, il n'y aurait qu'une entrée lexicale, sémantiquement sous-spécifiée. Le Principe de compositionnalité est certainement pertinent pour la présente étude, puisque il s'agit d'une composition nominale, combinée à partir de deux noms. Quant à la question de savoir si un composé NN ambigu ou homonyme aurait soit une entrée lexicale sémantiquement sous-spécifiée, soit des entrées lexicales différentes, elle n'a pas trop de pertinence pour la présente étude. Car, en attestant un composé ambigu dans le corpus, il sera de toute façon nécessaire d'aller au contexte pour résoudre l'ambiguïté et vérifier son interprétation. Néanmoins, cette question sera abordée dans mon travail.

Wisniewski & Wu (2012 : 403) avancent que la compositionnalité mène à la productivité – vu que la combinaison des concepts crée des concepts complexes qui s'accompagnent par la production d'expressions nouvelles – ainsi qu'à la systématique – étant donné qu'il nous est possible de prévoir des patrons sémantiques.

Finalement, notons qu'en règle générale, si on estime que les expressions complexes sont interprétées par des règles compositionnelles, le contexte n'aurait pas beaucoup à faire avec leur interprétation. Cependant, Recanati (2012) émet l'opinion qu'on peut garder le Principe de compositionnalité sans oublier que le contexte joue un rôle important pour l'interprétation des expressions complexes (ce qu'estiment aussi, bien que de manière différente, Pelletier 2003 et Weiskopf 2007).

4. Analyse de l'impact du contexte sur l'interprétation des composés NN suédois

Précisons d'abord que cette analyse est surtout qualitative, étant donné que le nombre d'attestations des composés non-établis ou ambigus était étonnamment faible. Elle est basée sur l'introspection, le *SAOB* et le *SAOL* (deux dictionnaires de l'Académie suédoise)², mais aussi sur des recherches sur Google. Constatons ensuite que parmi tous les 1 741 composés NN attestés dans le corpus, uniquement 78 (4,5 % de tous les composés NN) sont estimés comme soit non-établis soit ambigus quant à leur interprétation, ce que montre le tableau 4 suivant. Quant à la question de décider si un composé est établi ou non, j'ai consulté le *SAOB* et le *SAOL* et aussi fait des recherches sur Google : s'il y avait moins de cinq attestations différentes sur Google, le composé était, dans presque tous les cas, jugé non-établi. Pour ce qui est de l'évaluation de l'ambiguïté interprétative des composés, je me suis basée sur l'introspection en combinaison avec le *SAOB*, le *SAOL* et des recherches googliennes ; ces dernières ont été effectuées dans le but de contrôler si mon intuition pourrait se confirmer sur la Toile.

Tableau 4. Composés NN suédois dans le corpus parallèle, jugés non-établis ou interprétativement ambigus

Non-établis ou ambigus	78	4,5 %
Établis	1 663	95,5 %
Composés NN suédois	1 741	100 %

Dans ce qui suit seront présentés et discutés cinq cas qui sont discernés parmi les composés non-établis ou ambigus attestés dans le corpus. Il est à noter que les exemples commencent par l'attestation dans le texte source, suivie par sa traduction dans l'autre langue.

4.1. Composés non-établis interprétables hors contexte

Le premier cas est le plus fréquent, à savoir que la plupart des composés NN suédois non-établis attestés dans mes données sont faciles à interpréter sans recourir au contexte. Mon étude parle de la sorte en faveur à la fois des opinions exprimées par Isabelle (1984) et Meyer (1993) (*cf.* section 3.1), et du Principe de compositionnalité (*cf.* section 3.2). En revanche, elle ne semble pas confirmer l'hypothèse émise (*cf.* section 1), à savoir que l'interprétation d'un composé NN suédois pourrait être problématique au niveau de la traduction française. À mon avis, des composés comme les suivants dans (1–4) s'interprètent aussi facilement que les constructions françaises qui y correspondent :

(1) barre énergétique *vs* energichokladkaka 'énergie-chocolat-barre'
(2) ce livre m'aura posé beaucoup de problèmes, en raison de l'énorme <u>masse documentaire</u> à saisir *vs* dokumentationsmassa 'documentation-masse'
(3) hjortronkrukan 'mûre polaire-la jarre' *vs* Le grand tonneau de lard salé est roulé au-dehors, la caque de harengs, la caisse de pommes de terre, <u>la jarre de mûres polaires</u>
(4) un exercice de la paternité *vs* ett fadersagerande

4.2. L'ambiguïté ressortant d'un des constituants du composé

Dressler (2006 : 41) fait la distinction entre quatre degrés de transparence morphosémantique à l'intérieur des composés : (i) les deux constituants sont transparents (*doorbell*) ; (ii) la tête est transparente, l'autre constituant est opaque (*strawberry*) ; (iii) le constituant non-tête est transparent, la tête est opaque (*jailbird*) ; (iv) les deux constituants sont opaques (*hum-bug*). La transparence du constituant tête est la plus importante pour l'interprétation.

Pour ce qui est des composés considérés susceptibles d'une interprétation ambiguë dans mes données, on peut constater que celle-ci dépend le plus souvent de l'ambiguïté lexicale d'un des constituants. Elle est facilement résolue en recourant au contexte dans lequel se trouve le composé en question. Dans l'exemple (5), le contexte est celui du prix Nobel. Aussi bien le N suédois, *pris*, que le N français, *prix*, sont ambigus entre le sens de 'récompense' et celui de 'valeur monétaire' ; or dans ce contexte, la première interprétation est celle qui doit être choisie ici. Notons en plus que ce composé NN suédois est rendu par trois traductions différentes en français. Dans le composé suédois en (6), le deuxième nom, *planet* 'le plan', est dans sa forme définie : il consiste en un N, *plan*, et une flexion définie, *-et*, suffixée. Par conséquent, cette forme du N le rend homonyme en suédois du N *planet* 'planète', ce qui avait donné une autre interprétation à ce composé (pensons par ex. à *Le Petit Prince*). Pour l'exemple (7) ci-dessous, le contexte est la grande chaîne de la nature : le texte parle de Linné. Le premier N dans le composé, *övergång*, doit conséquemment s'interpréter comme 'transition'. Mais, si on pense à la fameuse photo des *Beatles* traversant *Abbey road*, ce N peut recevoir une autre interprétation, à savoir 'passage piéton', ce qui change l'interprétation du composé. En faisant des recherches sur Google, j'ai pu vérifier cette deuxième interprétation. On peut y trouver plusieurs photos sur ce thème, montrant des personnes moins célèbres traversant des passages piéton un peu partout dans le monde. Dans l'exemple (8), la tête du composé, -*benen* 'les jambes', est ambiguë entre 'jambes d'un être humain' ou, par métonymie, 'jambes d'un pantalon', de sorte que l'interprétation du composé devient ambiguë.

(5) prisbeslut 'prix-décision' *vs* décision pour le prix, décision d'un prix pris/prix 'valeur monétaire' ou 'récompense'
[contexte Nobel]

(6) il vend ce que d'autres ont produit, il est dès lors à l'étage des marchands *vs* köpmannaplanet ' le marchand-plan'
planet 'le plan' ou 'planète'
[contexte économique]

(7) övergångsmänniskor 'transition-humains' *vs* Linné se mit en quête, par ses lectures et auprès de ses collègues, d'êtres humains intermédiaires
övergång 'transition' ou 'passage piéton'
[contexte histoire naturelle]

(8) Elle était déjà derrière le paravent en train de se battre avec les jambes de son jean *vs* jeansbenen 'les jean-jambes'

4.3. L'interprétation de la traduction française diffère de celle du composé suédois

Il arrive dans certains cas attestés, peu nombreux, que les traductions françaises des composés NN suédois imposent une interprétation qui diffère de l'interprétation du composé suédois. À titre d'exemple, le premier nom du composé suédois donné dans (9, ci-dessous), *flytt* 'déménagement' ou 'déplacement', est un terme d'un sens assez général. Par conséquent, le composé suédois est assez vague quant à son interprétation, alors que la traduction française donne une interprétation plus spécifique, notamment celle d''émigrer'. En recourant au contexte, on peut facilement constater que la traduction française est justifiée, car il est question de l'émigration wallonne vers la Suède. Dans l'exemple (10), la traduction française du composé suédois *ungdomsfest*, par rapport à *midsommar* 'la fête de la Saint-Jean', est un des rares exemples de ce qui aurait pu constituer un problème d'interprétation de la part du traducteur. Selon le contexte, il fallait plutôt dire 'fête pour les jeunes/des jeunes'. L'exemple (11) pourrait être du même genre : il y est question, à mon avis, de galettes de pain qui sont (devenues) dures ou sèches et non pas, comme dans la traduction, des galettes de pain dur. Dans l'exemple (12), l'interprétation du composé NN suédois est ambiguë d'une manière subtile en ce que le composé peut désigner soit un plateau destiné à servir le petit-déjeuner soit un plateau (quelconque) sur lequel le petit déjeuner est servi. Cette dernière interprétation est celle donnée par la traduction française. Le dernier exemple (13) ci-dessous peut être considéré comme une traduction fautive, mais dont le traducteur est peut-être conscient[3]. Toutefois, cette traduction est tout à fait compréhensible, d'après moi, étant donné qu'il fait normalement plus chaud dans l'après-midi que pendant le matin.

(9) flyttförbud 'déménagement-interdiction' *vs* interdiction d'émigrer

(10) ungdomsfest 'jeune-fête' *vs* fête de la jeunesse

(11) de hårda brödkakorna 'les galettes de pain dures/sèches' *vs* les galettes de pain dur

(12) en frukostbricka 'un petit déjeuner-plateau' *vs* un plateau avec le petit déjeuner

(13) förmiddagshettan 'avant-midi-chaleur' *vs* la chaleur de l'après-midi

4.4. Composés avec un sens propre et un sens figuré

Il n'y a qu'un seul composé NN suédois attesté qui ait en même temps un sens concret ou propre et un sens abstrait ou figuré. Il est donné dans (14). En suédois contemporain, c'est le sens abstrait qui est le plus courant, d'après moi. En lisant ce composé hors contexte, il est ainsi difficile de savoir quelle interprétation lui donner. Par conséquent, il faut recourir au contexte pour résoudre cette ambiguïté. Pourtant, la phrase originale française montre clairement qu'il est question du sens concret chez le composé suédois :

(14) La voiture devenait elle aussi irréelle à mesure qu'il progressait. Il allait <u>quitter les traces des pneus</u> *vs* spåren efter bilringarna 'les traces des pneus' [bilring 'pneu d'automobile' ou 'poignée d'amour']

En prenant en considération la validité du Principe de compositionnalité et les deux idées différentes exprimées par Pelletier (2003) et Weiskopf (2007) (*cf.* section 3.2), cette ambiguïté pourrait être une question de comment on conçoit l'organisation du lexique. Dans le lexique, il y a soit deux entrées différentes pour le composé *bilring* en suédois, soit il y a une seule entrée dans laquelle le sens du composé est laissé sous-spécifié. Toutefois, pour l'auteur qui choisit d'utiliser ce composé, l'ambiguïté n'existe point, non plus pour le traducteur, qui a tout le contexte à sa portée.

4.5. Ancrage contextuel facilitant l'interprétation du composé NN

J'ai aussi pu attester quelques cas comme celui de l'exemple (15), illustrant que le contexte peut permettre la formation d'un composé nouveau, non-établi. Nous voyons que l'interprétation du composé ne pose pas de problème puisqu'il y a deux expressions précédentes auxquelles le composé, anaphorique, se réfère. Ici, on a donc affaire à un composé qui tire son origine du contexte. Notons que la traduction française utilise deux expressions quasiment identiques afin de référer à l'unité lexicale en question.

(15) en cigarr (första cigarren efter frukost) … frukostcigarren 'petit déjeuner-cigare' *vs* un cigare […] (premier cigare après le petit déjeuner) … le cigare d'après le petit déjeuner

5. Conclusion

Cette étude semble indiquer que, dans le corpus parallèle, il y a en effet très peu de composés NN suédois jugés non-établis ou ambigus quant à leur interprétation. Pourtant, parmi ceux-ci, deux cas types sont discernés : premièrement, la majorité des composés non-établis sont facilement interprétés hors contexte ; deuxièmement, l'ambiguïté d'un composé dépend le plus souvent d'une ambiguïté d'un de ses constituants, laquelle est résolue en recourant au contexte. Pour le premier cas, le Principe de compositionnalité reste valable. Ce principe peut aussi être gardé pour ce qui est du deuxième cas, à mon avis, car il n'est pas forcément question de l'ambiguïté au niveau du lexique, c'est seulement au niveau interprétatif, qu'il y a une ambiguïté (*cf.* Pelletier 2003).

Puisque le contexte ne semble pas avoir d'impact significatif sur l'interprétation de la plupart des composés NN, qui, au contraire, sont facilement interprétables hors contexte, la conclusion qui s'impose est que l'hypothèse ne peut se confirmer. Cela veut ainsi dire que l'interprétation d'un composé NN suédois ne semble pas poser de problèmes qui se reflètent dans la traduction française. Dans cette perspective, mon résultat est un résultat nul. Pour autant, il n'est pas sans intérêt, étant donné qu'il semble indiquer qu'il faut peut-être mettre en question les résultats obtenus par exemple par Gagné *et al.* (2005), c'est-à-dire que l'interprétation des composés non-établis serait fortement dépendante du contexte. Plus important, mon résultat semble confirmer la validité du Principe de compositionnalité pour ce qui est de la composition NN suédoise, puisqu'en liant ce principe à l'interprétation des composés, il semble s'appliquer dans presque tous les cas.

Quant à la question de l'organisation du lexique, cette étude ne fournit aucune réponse claire. On pourrait soit supposer qu'il y a deux ou plusieurs entrées lexicales pour un composé NN ambigu, soit estimer qu'il y a une seule entrée pour un composé NN ambigu dans laquelle son sens est sous-spécifié. Selon moi, la première option semble plus plausible en partant de l'idée que les composés sont formés par la morphologie : le sens de chacun des noms qui entrent dans le composé doit être fixé préalablement à l'application de la règle morphologique. Le fait de stipuler qu'il existe plusieurs entrées pour un composé ambigu ne concerne donc que les composés dont un des constituants est d'une interprétation ambiguë. En revanche, en ce qui concerne l'exemple (14) ci-dessus, *bilring* 'pneu' ou 'poignée d'amour', il est différent, puisque dans ce cas, c'est le sens compositionnel du composé qui est ambigu entre un sens concret ou propre et un sens abstrait ou figuré. Ici, il faut plutôt considérer que c'est le sens concret qui, le plus naturellement, est à la base de l'autre. Reste à savoir s'il y a une ou deux entrées lexicales, reliées entre elles, pour un tel cas. Il me semble pourtant plus plausible qu'il serait question de deux entrées.

Finalement, il importe de souligner que, puisque cette étude est basée sur un corpus parallèle, limité entre autres par son choix de textes, une étude basée par exemple sur un corpus de quotidiens suédois aurait pu donner un tout autre résultat. Or, de mon point de vue et en m'appuyant sur l'étude de Meyer (1993), les résultats n'auraient pas été trop déviants de ceux présentés ici ; toutefois ceci reste à vérifier.

Notes

1. Je tiens ici à exprimer ma reconnaissance à l'examen anonyme par les pairs pour leurs commentaires. Il convient de même de signaler que les erreurs restantes dans ce texte sont évidemment de ma responsabilité.

2. Ces deux dictionnaires sont accessibles en ligne : www.saob.se et www.saol.se.

3. Soulignons que cette étude n'a pas pour but de traiter de l'intention éventuelle du traducteur, mais aborde uniquement le résultat final de la traduction.

Références

I Corpus parallèle

Allén, Sture & Kjell Espmark. 2008. *Nobelpriset i litteratur. En introduktion av Sture Allén och Kjell Espmark*. Stockholm : Svenska Akademien genom Norstedts.

Allén, Sture & Kjell Espmark. 2008. *Le Prix Nobel de littérature. Une intro-duction par Sture Allén et Kjell Espmark*. Françoise Sule (trad.). Stockholm : Svenska Akademien genom Norstedts.

Bergman, Ingmar. 1991. *Den goda viljan*, Stockholm : Norstedts.

Bergman, Ingmar. 1992. *Les meilleures intentions*. Carl Gustaf Bjurström & Lucie Albertini (trad.). Paris : Gallimard.

Bourdieu, Pierre. 1998. *La domination masculine*. Paris : Éditions du Seuil.

Bourdieu, Pierre. 1999. *Den manliga dominansen*. Boel Englund (trad.). Göteborg : Daidalos.

Braudel, Fernand. 1985. *La dynamique du capitalisme*. Paris : Les Éditions Arthaud.

Braudel, Fernand. 1988. *Kapitalismens dynamik*, Gunnar Sandin (trad.), Möklinta : Gidlunds bokförlag.

Broberg, Gunnar. 2006 [1994], *Carl von Linné*. Stockholm : Svenska institutet.

Broberg, Gunnar. 1999 [1994], *Carl von Linné*. Lydie Rosseau (trad.). 2ᵉ éd., Stockholm : Svenska institutet.

Carrère, Emmanuel. 2000. *L'Adversaire*. Paris : P.O.L.

Carrère, Emmanuel. 2001. *Doktor Romand. En sann berättelse*. Suzanne Ekelöf (trad.). Stockholm : Albert Bonniers Förlag.

Ekman, Kerstin. 1993. *Händelser vid vatten*. Stockholm : Albert Bonniers Förlag.

Ekman, Kerstin. 1995. *Crimes au bord de l'eau*. Marc de Gouvenain & Lena Grumbach (trad.). Arles : Actes Sud.

Enquist, Per Olov. 1999. *Livläkarens besök*. Stockholm : Norstedts.

Enquist, Per Olov. 2000. *Le médecin personnel du roi*. Marc de Gouvenain & Lena Grumbach (trad.). Arles : Actes Sud.

Fredriksson, Marianne. 1994. *Anna, Hanna och Johanna*. Stockholm : Wahlström & Widstrand.

Fredriksson, Marianne. 1999. *Hanna et ses filles*. Anna Gibson (trad.). Paris : Éditions Ramsay.

Froman, Ingmarie. 2000. *Sverige och Belgien. La Suède et la Belgique*. Brigitte Parez (trad.). Stockholm : Svenska institutet.

Gavalda, Anna. 2004. *Ensemble, c'est tout*. Paris : Le Dilettante.

Gavalda, Anna. 2005. *Tillsammans är man mindre ensam*. Maria Björkman (trad.), Stockholm : Albert Bonniers förlag.

Houellebecq, Michel. 2001. *Plateforme*. Paris : Flammarion.

Houellebecq, Michel. 2002. *Plattform*. Anders Bodegård (trad.). Stockholm : Albert Bonniers förlag.

Johannisson, Karin. 1989. *Levande lärdom. Uppsala universitet under fem sekler.* Uppsala : Uppsala University Press.

Johannisson, Karin. 1989. *Le savoir vivant. Cinq siècles d'histoire de l'université d'Upsal.* Christiane Landner (trad.). Uppsala : Uppsala University Press.

Juillard, Jacques. 1994. *Ce fascisme qui vient...* Paris : Éditions du Seuil.

Juillard, Jacques. 1994. *Fascism i antågande.* Charlotta Levay (trad.). Tollarp : Studiekamraten.

Kristeva, Julia. 1988. *Étrangers à nous-mêmes.* Paris : Librairie Arthème Fayard.

Kristeva, Julia. 1991. *Främlingar för oss själva.* Ann Runnqvist-Vinde (trad.). Stockholm : Natur och Kultur.

Larsson, Stieg. 2006. *Flickan som lekte med elden.* Stockholm : Norstedts.

Larsson, Stieg. 2006. *La fille qui rêvait d'un bidon d'essence et d'une allumette.* Lena Grumbach et Marc de Gouvenain (trad.). Arles : Actes sud.

Le Clézio, Jean-Marie Gustave. 1992. *Étoile errante.* Paris : Gallimard.

Le Clézio, Jean-Marie Gustave. 1995. *Vandrande stjärna.* Ulla Bruncrona (trad.). Stockholm : Norstedts.

Roudinesco, Elisabeth. 1993. *Jacques Lacan. Esquisse d'une vie, histoire d'un système de pensée.* Paris : Librairie Arthème Fayard.

Roudinesco, Elisabeth. 1994. *Jacques Lacan. En levnadsteckning, ett tanke-systems historia.* Eva Backelin (trad.). Per Magnus Johansson, (fackgranskning och introduktion). Stockholm : Brutus Östlings Bokförlag Symposion AB.

Tidholm, PO & Lilja, Agneta. 2004. *Det ska vi fira! – svenska traditioner och högtider.* http://www.sweden.se/otherlanguages/otherlanguages/otherlanguages/3738/Swedish/Det-ska-vi-fira-Svenska-traditioner-och-hogtider/ [05/04/2011].

Tidholm, PO & Agneta Lilja. 2004. *Festivités à la suédoise – traditions et fêtes,* Lydie Rousseau (trad.) http://www.sweden.se/fr/Accueil/Style-de-vie/Festivites-a-la-suedoise/ [05/04/2011].

Tournier, Michel. 1985. *La goutte d'or.* Paris : Gallimard.

Tournier, Michel. 1987. *Gulddroppen.* Carl Gustaf Bjurström (trad.). Stockholm : Albert Bonniers Förlag.

II Ouvrages cités

Booij, Geert. 2009. « Compounding and Construction Morphology ». *In* : Lieber, Rochelle & Pavol Štekauer (dir.), *The Oxford Handbook of Compounding*. Oxford : Oxford University Press. 201–216.

Bücking, Sebastian. 2009. « How do Phrasal and Lexical Modification Differ? Contrasting Adjective-Noun combinations in German ». *Word Structure*, 2(2) : 184–204.

Catford, John Cunnison. 1965. *A Linguistic Theory of Translation. An Essay in Applied Linguistics*. London : Oxford University Press.

Cysouw, Micael & Bernhard Wälchli (dir.). (2007). « Parallel Texts. Using Translational Equivalents in Linguistic Typology ». *Numéro thématique de STUF – Language Typology and Universals*, 60(2).

Downing, Pamela. 1977. « On the Creation and Use of English Compound Nouns ». *Language*, 53(4) : 810–842.

Dressler, Wolfgang U. 2006. « Compound Types ». *In* : Libben, Gary & Gonia Jarema (dir.), *The Representation and Processing of Compound Words*. Oxford : Oxford University Press. 23–44.

Eriksson, Olof. 1997. *Språk i kontrast. En jämförande studie av svensk och fransk meningsstruktur*. Göteborg : Akademiförlaget.

Finin, Timothy. 1980. « The Semantic Interpretation of Nominal Compounds ». *In* : *Proceedings of First Annual National Conference on Artificial Intelligence*. Stanford, California. 310–315.

Fradin, Bernard. 2009. « IE, Romance: French ». *In* : Lieber, Rochelle & Pavoll Štekauer (dir.). *The Oxford Handbook of Compounding*. Oxford : Oxford University Press. 417–435.

Gagné, Christina, Thomas L. Spalding & Melissa Gorrie C. 2005. « Sentential Context and the Interpretation of Familiar Open-Compounds and Novel Modifier-Noun Phrases ». *Language and Speech*, 48(2) : 203–221.

Isabelle, Pierre. 1984. « Another Look at Nominal Compounds ». *In: Proceedings of the 10th International Conference on Computational Linguistics and the 22nd Annual Meeting of the Association for Computational Linguistics*. Stanford CAL: Stanford University. 509–516.

Jackendoff, Ray. 2009. « Compounding in the Parallel Architecture and Conceptual Semantics ». *In* : Lieber, Rochelle & Pavol Štekauer (dir.), *The Oxford Handbook of Compounding*. Oxford : Oxford University Press. 105–128.

Josefsson, Gunlög. 2005. *Ord*. Lund : Studentlitteratur.

Lapata, Maria. 2002. « The Disambiguation of Nominalizations ». *Computational Linguistics*, 28 : 357–388.

Levi, Judith N. 1978. *The Syntax and Semantics of Complex Nominals*. New York : Academic Press.

McEnery, Tony, Richard Xiao & Yukio Tono. 2006. *Corpus-Based Language Studies: An Advanced Resource Book*. London/New York : Routledge.

Meyer, Ralf. 1993. *Compound Comprehension in Isolation and in Context: the Contribution of Conceptual and Discourse Knowledge to the Comprehension of German Novel Noun-Noun Compounds*. Tübingen : Niemeyer.

Ó Séaghdha, Diamud & Ann Copestake. 2007. « Co-occurrence Contexts for Noun Compound Interpretation ». *Proceedings of the Workshop on A Broader perspective on Multiword Expressions*. ACL 2007, Prague, Czech Republic. 57–64.

Pelletier, Francis Jeffry. 2003. « Context Dependence and Compositionality ». *Mind & Language*, 18(2) : 148–161.

Recanati, François. 2012. « Compositionality, Flexibility, and Context Dependence ». *In :* Werning, Markus, Wolfram Hinzen, & Edouard Machery (dir.). *The Oxford Handbook of Compositionality*. Oxford : Oxford University Press. 175–191.

Ryder, Mary Ellen. 1994. *Ordered Chaos: The Interpretation of English Noun-Noun Compounds*. Berkeley : University of California Press.

Tellier, Isabelle. 1999. « Rôle de la compositionnalité dans l'acquisition d'une langue ». *Actes de CAP'99, 1ère Conférence d'Apprentissage*. 107–114.

Van Goethem, Kristel. 2009. « Choosing between A+N Compounds and Lexicalized A+N Phrases: The Position of French in Comparison to Germanic Languages ». *Word Structure*, 2(2) : 241–253.

Weiskopf, Daniel A. 2007. « Compound Nominals, Context, and Compositionality ». *Synthese*, 156. 161–204.

Wisniewski, Edward. J. & Jing Wu. 2012. « Emergency !!!! Challenges to a Compositional Understanding of Noun-Noun Combinations ». *In :* Werning, Markus, Wolfram Hinzen, & Edouard Machery (dir.). *The Oxford Handbook of Compositionality*. Oxford : Oxford University Press. 403–417.

17. El pluscuamperfecto en las lenguas románicas

Ingmar Söhrman
Göteborgs universitet

1. Introducción

Se suele considerar el pluscuamperfecto un tiempo gramatical sin complicaciones que describe una acción anterior a otra en el pasado. Resulta que esta idea es solo parcialmente correcta. Este tiempo tiene otras funciones sintácticas y modales.

En cuanto a la tipología podemos constatar que existen muchas semejanzas entre las lenguas románicas tanto en lo formal como en lo funcional. Intentaremos comparar las formas y los usos de los idiomas románicos con los del latín.

Casi todas las lenguas románicas (con la excepción del rumano y, en realidad, del gallego) han desarrollado un pluscuamperfecto analítico o perifrástico, basado en el auxiliar latino *habere* y en ciertas lenguas occidentales y con un sentido especial también en *tenere* o además en *essere* (latín tardío) < *esse* más el participio pasado, y la mayoría de estos idiomas han perdido el sintético, que era el único en latín clásico. Veremos que también la idea del pluscuamperfecto como un tipo de pretérito imperfecto pasado (acontecimientos estáticos y procesales) no es completamente correcta, ya que se usa para acciones perfectivas también (Westerholm 2010: 94–104); además, queda evidente que no es necesaria la relación con otro tiempo del pasado, sino que, a veces, se utiliza para expresar sucesos resultativos que se refieren directamente al presente en el momento de la enunciación.

Pocos lingüistas se han dado cuenta del hecho de que este tiempo también puede expresar modalidades de diferentes tipos que pueden

Cómo citar este capítulo:
Söhrman, Ingmar, El pluscuamperfecto en las lenguas románicas. In: Engwall, Gunnel & Fant, Lars (eds.) *Festival Romanistica. Contribuciones lingüísticas – Contributions linguistiques – Contributi linguistici – Contribuições linguísticas.* Stockholm Studies in Romance Languages. Stockholm: Stockholm University Press. 2015, pp. 334–345. DOI: http://dx.doi.org/10.16993/bac.q. License: CC-BY

resumirse en dos "conceptos" –*cambio del mundo referencial* y *aumento de la fuerza ilocutoria modificativa*.

En el presente trabajo intentamos aclarar las formas y usos del pluscuamperfecto de forma coherente y holística incluyendo todas las lenguas románicas y con perspectivas tanto sincrónicas como diacrónicas (cf. Söhrman 2013).

2. Formas

El portugués nos da ejemplos de los tres tipos formales que se usan en las lenguas románicas para expresar la función del pluscuamperfecto (ej. 1–3).

(1) Samuel aproximou-se para avisar que o táxi tinha chegado. (C. Drummond de Andrade 1984: 130)

(2) Samuel aproximou-se para avisar que o táxi havia chegado.

(3) Samuel aproximou-se para avisar que o táxi chegara.

En el primer ejemplo tenemos el auxiliar latino *tenere* (port. *ter*) + participio pasado (en adelante pp) y en el segundo *habere* (*haver*) + participio pasado, mientras que el tercer ejemplo es el descendiente directo del pluscuamperfecto latino *plicaveram* 'había plegado'. En portugués es el primer tipo que es el más usado, y a los otros dos se los considera más literarios, y prácticamente solo usados en el lenguaje escrito. Así, desde una perspectiva portuguesa es curioso que sea el segundo tipo (*habere* + pp) el más usado en la mayoría de las lenguas románicas. No obstante, estas se diferencian del gallego que en realidad solo usa el tipo del tercer ejemplo (*-ra*) y el rumano que no tiene otras formas que las de este último tipo. No obstante, hace falta reconocer que es el pluscuamperfecto del subjuntivo latino el que ha tomado el papel general del pluscuamperfecto rumano, es decir, lat. *captavissem* 'captar; anhelar' > rum. *cautasem* 'yo había buscado'. Además es un tiempo que está restringido al lenguaje escrito. En el lenguaje hablado el perfecto perifrástico lo ha sustituido *a cautat* 'ha buscado' (Söhrman 2009).

En español queda el uso de las formas en *-ra*, sobre todo en el lenguaje escrito (periodístico) con la función del pluscuamperfecto del indicativo en subordinadas relativas (Hermerén 1992; cf. ej. 4), aunque su función normal es la del imperfecto del subjuntivo.

(4) El señor López, que fuera director del instituto, murió ayer.

Posner (1996: 137) también sugiere el uso de estas formas en el español andino para expresar cierta distancia mental a la acción (cf. la distancia cognitiva discutida abajo):

> In the Spanish of the Andes the past tense of the compound form (pluperfect) seems to imply lack of personal commitment to the statement made, rather than past timing.

Da el ejemplo boliviano "y en nada habían encontrado trabajo" donde se usaría el perfecto en el español estándar "y en nada han encontrado trabajo". También puede usarse en lugar del presente del indicativo en expresiones como "había sido tarde" donde se esperaría "ya es tarde" (Bosque 2009: 1789).

Antes de comparar las diferentes construcciones, hace falta notar que ciertas lenguas románicas, al igual que el alemán, usan el verbo *essere* como auxiliar como ya hemos constatado. Este uso se limita al centro de Romania, es decir al francés, occitano, retorromance e italiano. El uso de *essere* está reducido a verbos intransitivos de movimiento como fr. *Je suis venu*, it. *sono venuto*, pero en estos casos se diferencian el género y el número –cf. fr. *Je suis venue*, it. *sono venuta* en femenino y en el plural femenino fr. *nous sommes venues*, it. *siamo venute*.

En gallego se usa normalmente, como ya hemos constatado, la construcción analítica, y la perifrástica con el auxiliar *haber* está restringida a oraciones impersonales (cf. 5; Álvarez et al. 1986: 414). La construcción tiene también un sentido resultativo en catalán y en español, aunque el uso del auxiliar *tenere* + pp es muy poco frecuente (ej. 6) en estas lenguas.

(5) Naquel transatlântico había embarcadas unhas cincocentas persoas. (Álvarez et al. 1986 : 414)

(6) Tenía escritas todas las cartas.

En el latín clásico se encuentran también construcciones perifrásticas como *habeo/teneo comparatum cultellum* 'había comprado el cuchillo' (Elcock 1960: 121); Durante (1981: 27–29) indica que ya en el primer siglo DC el uso del pluscuamperfecto era menos frecuente en latín.

Y ahora resumimos las formas posibles del pluscuamperfecto en las lenguas románicas:

Tabla 1. El pluscuamperfecto en diversas lenguas románicas

Lenguas	Formas perifrásticas	Formas sintéticas
Portugués	tinha/havia + pp	falara
Galego	(había + pp)	falara
Español	había + pp	hablara
Catalán	havia + pp	–
Occitano	aviéu/ère + pp	–
Francés	j'avais/j'étais + pp	–
Sursilvano- (Vallader)	jeu [ha]vevel/ erel + pp (eu vaiva/eira + pp)	–
Ladín dolomítico	ie ove/fove + pp	–
Italiano	avevo/ero + pp	–
Sardo	aío + pp	–
Rumanian	–(am + pp =perfecto)	vorbiseram

Queda obvio que son las formas perifrásticas o analíticas las que predominan. Esta primera parte de nuestra exposición muestra la perspectiva formal del pluscuamperfecto.

3. Funciones

¿Cuáles son entonces las funciones de este tiempo? Según el diccionario Vox el pluscuamperfecto es "el pretérito cuya acción es anterior a otra también pretérita: había contado y hubiera o hubiese contado del indicativo y del subjuntivo, respect[ivamente]."

(7) Fr: J'avais acheté la voiture quand ma fille est née.

Dirección   del   tiempo   ⟶

———— E ————————— R ———————— S —————⟶

avais acheté   est née   enunciación

Figura 1.

Si seguimos el clásico modelo de Reichenbach (1980) tenemos los tres momentos de acción: el del acontecimiento (Point of event = E), el de la referencia (Point of reference = R) y el del habla o enuncia-ción (Point of speech = S) (cf. Bermúdez Wachtmeister 2005: 169). En una oración como (7; Figura 1 arriba) se ve el modelo de Reichenbach E-R-S (cf. Bermúdez Wachtmeister 2005: 169).

Ya hace más de 80 años Jespersen (1931) hizo hincapié en la com-plejidad del pluscuamperfecto y constató que este tiempo, en primer lugar, sirve para significar lo que pasó antes del tiempo del pasado o representa un pasado retrospectivo –dos cosas que están en la misma relación que el pretérito indefinido y el perfecto, pero son difíciles de separar (Jespersen 1931:81).

En un estudio sobre el pluscuamperfecto en griego clásico Krüger & Cooper (1997) discuten el problema del aspecto del pluscuamperfecto griego, que entonces era sintético aunque se puede notar como surgie-ron las formas analíticas (Autor 2013: 181). Sin embargo, parece que la constatación de Krüger & Cooper también vale para el español y, por lo tanto, para las lenguas románicas:

> The pluperfect expresses completion of verbal action in the past. But the idea of a past action to which the pluperfect relates is not necessarily called for. The pluperfect to an indefinite past time as the perfect relates to the idea, with all its imprecision, of an indefinite present time. In some ways the pluperfect is to the perfect as imperfect to present. But in verbal aspect there is a great difference. Both present and imperfect are properly durative and so at least potentially conative. The pluperfect shows an idea of completion much like that shown by the perfect, which is built up on the same stem. Yet the pluperfect is often associated with the imperfect and competes with and alternates with whenever its essential idea of fixed condition does not impede. So the pluperfect competes with the imperfect in description and particularization. The Latin pluperfect and English periphrases with had do not prepare very well for this tense [...] (1997: 632)

En su estudio sobre los tiempos del pasado en español y ruso Westerholm (2010: 94–104) muestra claramente que, a menudo, se traduce el plus-cuamperfecto español con el pasado perfectivo ruso y que éste frecuen-temente corresponde al pluscuamperfecto español, lo que apoya las ideas de Krüger & Cooper.

Es notable que cuando surgieron las lenguas románicas del latín vul-gar el sistema verbal sintético, por lo menos parcialmente, se convir-tiera en uno analítico. Varios lingüistas (Comrie 1985, Bertinetto 1986: 449, Haverling 2013) constatan la complejidad del tiempo y prefieren ver el pluscuamperfecto como un tiempo absoluto-relativo y no solo relativo como se solía decir antes, ya que tiene su uso "autónomo" y no

solo relacionado a otras acciones. No es únicamente que el pluscuamperfecto refleje acciones perfectivas sino también resultativas y, como
veremos más adelante, también modales.

Además, el pluscuamperfecto a veces solapa el uso del perfecto.
Bertinetto muestra de forma convincente que es el aspecto perfectivo
el que predomina en italiano aunque de ninguna manera excluye el
aspecto imperfectivo (Bertinetto 1986: 455–464). Bosque insiste en
que el término correcto en español sería el ante-pretérito en lugar de
ante-copretérito como se discute en la gramática de la Real Academia
Española (Bosque 2009): "no se ancla [necesariamente] en un tiempo
simultáneo a un tiempo anterior al momento del habla, sino directamente en un pasado" (Bosque 2009: 1787). Entonces la opinión de
Bertinetto coincide con la de Bosque y parece tener valor para todas las
lenguas románicas.

Por consiguiente, desde un punto de vista aspectual, el modelo de
Reichenbach parece demasiado simplista como diferencia entre diferentes tipos de acción, es decir, no distingue entre el pretérito indefinido y
el imperfecto. Por eso, Gosselin (1996 y 2005) ha propuesto un modelo
más elaborado. Insiste en los intervalos entre el momento ingresivo
(comienzo) y el egresivo (final) de cada acción: el de la enunciación (o1,
o2), el del proceso (B1, B2) y el de la referencia (I, II). A estos agrega el
intervalo circunstancial (ct1, ct2) que constituye el complemento temporal. Concretamos este modelo en la Figura 2:

"Luis escribió una novela."

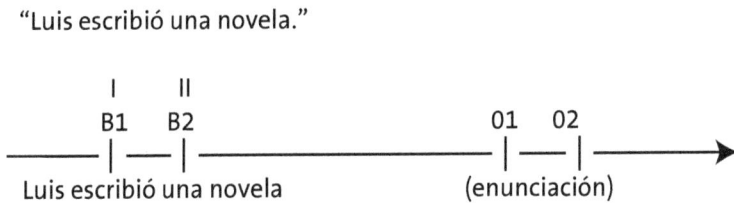

Figura 2.

Comparemos las correspondencias temporales de los tiempos de la
Figura 2 con los de la Figura 3:

"(Cuando le vi) Luis escribía una novela."

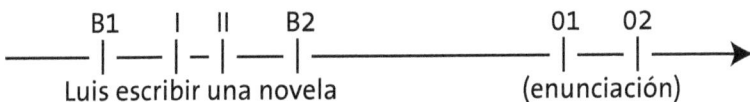

Figura 3.

El intervalo del proceso, B1 - B2, y el intervalo de referencia, I – II, no coinciden en la figura 3 como en la figura 2, lo cual da como resultado E = R (-S) (cf. Reichenbach) en la figura 3, pero E< R (-E), donde el signo < tiene su significado matemático (es decir "menos").

En sardo se usa a menudo el pluscuamperfecto en lugar del perfecto para describir acontecimientos sin relación con un punto de referencia en el presente o el pasado (cf. Blasco Ferrer 1984: 150). En el siguiente ejemplo (8), el contexto (cf. el complemento circunstancial temporal *un'ora appustis* 'una hora más tarde') nos enseña claramente que los sucesos descritos no están ubicados en un tiempo anterior al intervalo de referencia (Jones 1993:85).

(8)   Un'ora appustis l'aian muttiu chi esseret andau derettu derettu a domo sua.
       Una hora más tarde le llamaron (habían llamado) para que fuera directamente a /su/ casa. (Jones 1993:85–86).

Ménard (1987:141–142) constata que en francés medieval tardío se usaba el pluscuamperfecto para marcar tanto la anterioridad como la duración, mientras que en el francés medieval antiguo se usaba el passé simple para todo sin preocuparse por la cronología relativa (cf. ej. 9).

(9)   Dis blanches mules fist amener Marsilies que li *tramist* li reis de Suatilie (*Chanson de Roland*, 89).
       Marsiles hizo traer diez mulas que le *había dado* el rey Suatilie.

Entonces, podemos ver que, desde una perspectiva románica, el pluscuamperfecto no tiene ninguna definición temporal clara, como la del pretérito, ya que es relativo a este tiempo (pretérito), aunque esta relación no siempre esté presente (cf. Westerholm 2010: 47). Por lo tanto, queremos proponer el concepto de *distancia cognitiva* (o mental) como núcleo sintáctico del pluscuamperfecto, ya que la presencia de la deixis es la que da una función temporal al pluscuamperfecto mientras que la disminución de la deixis, dada por la falta de referencias temporales a otros sucesos, es lo que da un valor modal al pluscuamperfecto (Figura 4):

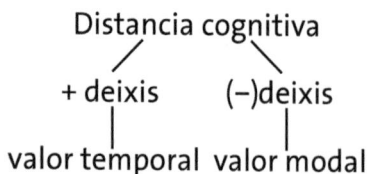

```
            Distancia cognitiva
              /            \
      + deixis        (–)deixis
         |                |
  valor temporal   valor modal
```

Figura 4.

Con frecuencia la deixis se expresa a través de otra oración o frase como se puede ver en el ejemplo catalán (10):

(10) A penes *havia tirat* la meva carta que vaig rebre la seva.

Apenas había echado mi carta, recibí la suya.

4. Valores modales

En una oración como la del ejemplo (11), vemos que la acción se conecta directamente con el momento de la enunciación.

(11) Esta noche *había ganado* un millón de euros.

La referencia a *esta noche* incluye una implicatura conversacional que indica que lo que ocurrió fue un sueño y la distancia cognitiva en forma de un sueño se manifiesta y no necesita más indicaciones para que el oyente la perciba. En todos los ejemplos modales veremos que el pluscuamperfecto contiene un aspecto resultativo relativo al momento de la enunciación, lo que se puede ilustrar en el modelo de Gosselin de la siguiente manera, donde la flecha marca la relación directa con el momento de la enunciación:

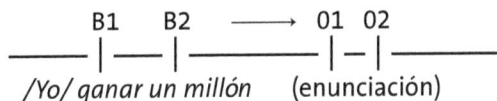

```
         B1    B2    ⟶    01  02
   ───────|───|──────────|─|───────
   /Yo/ ganar un millón    (enunciación)
```
Figura 5.

Como constatamos ya al principio, se pueden dividir los usos modales en dos conceptos: *Cambio del mundo referencial* y *Aumento de la fuerza ilocutoria modificativa*, cada uno de los cuales puede dividirse en cuatro subgrupos:

Cambio del mundo referencial
1) Valor onírico (mundo soñado)
2) Valor fantástico (mundo inventado)
3) Valor irreal
4) Valor lúdico

Aumento de fuerza ilocutoria modificativa
1) Valor epistémico doxático (indica eventos conocidos o considerados como tales)
2) Valor de cortesía o modestia
3) Valor cariñoso
4) Valor de deducción narrativa

Concretemos estas categorías con unos ejemplos clarificativos. Es interesante constatar que raras veces se usa el pluscuamperfecto con valor modal con verbos imperfectivos, sino que casi siempre se usa con perfectivos o resultativos.

Las cuatro subcategorías de cada concepto se diferencian, pero no solo limitan la una con la otra sino que se solapan y se pueden ver cómo las partes de un dardo de cuatro lados con una relación muy estrecha.

En la primera categoría *Cambio del mundo referencial* se nota claramente que la referencia no tiene ningún enlace con un momento del mundo real, sino con uno de otro mundo posible dentro del universo de creencias (*univers de croyance*; Martin 1983: 118; Autor 1991: 41–49). El hablante se refiere a un mundo ficticio donde rigen otras reglas e implica una situación de "Supongamos que...", pero no habla del pasado pero de algo cognitivamente lejano –probablemente alternativo– por no pertenecer a la realidad actual.

Con el *valor onírico* el hablante habla de algo soñado, y por lo tanto irreal, pero sin que el hablante haya podido influir en la realización del sueño (12) donde no es necesario incluir las palabras entre corchetes. Se podría incluir *questa notte* como indicación de un sueño, pero el contexto mismo muestra a qué tipo de mundo (real o posible) se refiere el hablante.

(12) [Ho sognato che] *avevo vinto* un milione.

El *valor fantástico* indica un paso consciente a un mundo posible alternativo, inventado por el protagonista mismo (13) y se parece al onírico, pero representa una acción espontánea e inconsciente.

(13) Et alors elle *était devenue* la grande star.

El *valor irreal* representa una especulación por parte del hablante sin que pase mentalmente a otro mundo como en el caso del valor fantástico (13). Parece transformar la proposición en una condicional, pero se limita a imaginarse un mundo posible en el que no se entra (14). El mensaje no es ninguna sorpresa para el emisor y la prótasis toma un valor concesivo en lugar de uno hipotético con la intención de hacer el mensaje más cortés.

(14) Y si *habían sido* mozalbetes, ahora ya serían hombres y derechos.

El *valor lúdico* es un uso frecuente del lenguaje infantil donde compite con el potencial. El tiempo manda a los participantes a otro mundo posible (de ficción) –y ellos lo saben y lo admiten y pueden dejar esta "realidad imaginada" en cualquier momento según su propio deseo, pero el pluscuamperfecto tiene un valor performativo (15).

(15) Io ero la mamma e te *avevo* appena *preparato* la cena.

Dentro del concepto *Aumento de la fuerza ilocutoria modificativa*, el pluscuamperfecto tiene una fuerza ilocutiva que modifica el mensaje, pero no es un traslado mental a otro mundo posible.

El *valor epistémico doxático* tiene un valor cortés, y los ejemplos contienen casi siempre una negación y se puede siempre añadir una «tag-question» (*n'est-ce pas?/¿verdad?/non è vero?*). Es una manera cortés de recordarle algo a alguien sin reducir la importancia del mensaje y, como veremos, es una manera eficaz de criticar a alguien con una insinuación formulada como pregunta.

(16) Tu n'*avais* pas *parlé* avec Jean? [comme nous avions décidé hier]

El *valor de cortesía o modestia* sirve para recordar a alguien, sin molestarle y sin reproches; a diferencia del caso anterior que se usa "top-down"; este caso es "down-top", es decir recordando sin crítica desde una posición (psicológicamente) inferior –empleado a jefe, etc.

(17) *Avevo telefonato* sta mattina.

El *valor cariñoso* es un valor pragmático (formulado como pregunta) que deja abierta al oyente la posibilidad de huir o protestar. Se nota el cariño claro del hablante (p.ej. madre a hijo) aunque lleve algo de crítica. Aquí la prosodia es fundamental para diferenciar esta categoría de las otras dos.

(18) Tu n'*avais* pas *mangé* suffisamment?

La última subcategoría, el *valor de deducción narrativa* (19), es una reducción de la responsabilidad enunciativa (Kronning 2003) que se produce en el momento de la enunciación, y es una deducción lógica, pero expresada con modestia. El valor epistémico queda claro y se acerca al valor de los verbos modales que pueden sustituir el pluscuamperfecto (20).

(19) Como el césped estaba húmedo, había llovido durante la noche.
(20) Como el césped estaba húmedo, debía de haber llovido durante la noche.

Para concluir, solo necesitamos constatar que tanto en cuanto a la forma como en cuanto a la función, el pluscuamperfecto resulta más diferenciado de lo que se suele decir, que no es necesariamente un tiempo que se usa con verbos imperfectivos, sino que es igual de frecuente usarlo con verbos perfectivos y también puede representar un aspecto resultativo. Los valores modales son, por lo visto, muy notables en el lenguaje hablado, pero poco comentados.

Referencias

Álvarez. Rosario, Xosé Luis Reguiera & Henrique Monteagudo. 1986. *Gramática Galega*. Vigo: Galaxia.

Bermúdez Wachtmeister, Fernando. 2005. "Los tiempos verbales como marcadores evidenciales. El caso del pretérito perfecto compuesto". *Estudios filológicos*, 40. 165–193.

Bertinetto, Pier Marco. 1986. *Tempo, aspetto e azione nel verbo italiano : il sistema dell'indicativo*. Firenze: Accademia della Crusca.

Blasco Ferrer, Eduardo. 1984. *Storia della lingüística della Sardegna*. Tübingen: Niemeyer.

Bosque, Ignacio et al (eds.). 2009. *Nueva gramática de la lengua española*, 2 vols. Real Academia española & Asociación de Academias de la Lengua Española. Madrid: Espasa Libros.

Castillo Puche, José Luis. 1976 [1956]. *El vengador*. Barcelona: Destino.

Comrie, Bernard. 1985. *Tense*. Cambridge: Cambridge University Press.

Drummond de Andrade, Carlos. 1984. *Contos de Aprendiz*, 22nd ed. Rio de Janeiro: Ed. Record.

Durante, M. 1981. *Dal latino all'italiano moderno. Saggio di storia linguistica e culturale*. Bologna: Zanichelli.

Elcock, William D. 1971 [1960]. *The Romance Languages*. London: Faber & Faber.

Gosselin, Lauren. 1996. *Sémantique de la temporalité en français*. Louvain-la-Neuve: Duculot.

Gosselin, Laurent. 2005. *Temporalité et modalité*. Bruxelles: de Boeck/Duculot.

Haverling, Gerd. 2013. "On tense and mood in conditional clauses from Early to Late Latin". 13–56. *In*: Josephson, Folke & Ingmar Söhrman (eds.)., *Diachronic and Typological Perspectives on Verbs*. Amsterdam: John Benjamins.

Hermerén, Ingrid. 1992. *El uso de la forma en* ra *con valor no-subjuntivo en el español moderno*. Études romanes de Lund 49. Lund: Lund University Press.

Horrock, Geoffrey. 2009. *Greek: A History of the Language and its Speakers*. London & New York: Longman Linguistics Library.

Jespersen, Otto. 1931. *A modern English grammar on historical principles. P. 4, Syntax, Vol. 3, time and tense*. Germanische Bibliothek. Erste Reihe, Sprachwissenschaftliche Lehr- und Elementarbücher. Heidelberg: Winter.

Jones, Michael A. 1993. *Sardinian Syntax*. London & New York: Routledge.

Judge, Anne & F. G. Healey. 1983. *A Reference Grammar of Modern French*. London, Melbourne & Baltimore: Edward Arnold.

Kronning, Hans 2003. « Modalité et évidentialité ». In: Birkelund, Merete, Gerhard Boysen & Poul S. Kjærsgaard (eds.). *Aspects de la Modalité*. Tübingen: Max Niemeyer, Linguistische Arbeiten 469. 131–151.

Krüger, Karl Wilhelm. 1997. *Attic Greek Prose Syntax*. Vol. 1. Guy L. Cooper III. (ed.). Ann Arbor: The University of Michigan Press.

Martin, Robert. 1983. *Pour une logique du sens*. Paris: PUF. Horrocks, G. 1997.

Ménard, Philippe. 1987. *Syntaxe de l'ancien français*. Vol 1. In: Lefèvre Yves (ed.). Manuel du français du Moyen Âge. Paris: Éd. Bière.

Posner, Rebecca. 1996. *The Romance languages*. Cambridge: Cambridge University Press.

Reichenbach, Hans. 1980 [1947]. *Elements of Symbolic Logic*. New York: Dover Publications.

Söhrman, Ingmar. 1991. *Las construcciones condicionales en castellano contemporáneo*. Studia Romanica Upsaliensia 48. Uppsala: Almqvist & Wiksell

Söhrman, Ingmar. 2009. "Mai-mult-ca-perfectul în limba română într-o perspectivă romană ăi balcanică". In: Kahl, Thede (ed.). *Das Rumänische und seine Nachbaren*. Leipzig: Frank & Timme. 131–139.

Söhrman, Ingmar. 2013. "Reference, aspectuality and modality in ante-preterit (pluperfect) in Romance languages". In: Josephson, Folke & Ingmar Söhrman (eds.). *Diachronic and Typological Perspectives on Verbs*. Amsterdam: John Benjamins. 173–209.

Westerholm, David. 2010. *Funciones del pasado en los sistemas verbales del español y del ruso*. Acta Universitatis Gothoburgensis, Romanica Gothoburgensia 66. Göteborg: Göteborgs universitet.

Vox = *Diccionario Enciclopédico Vox 1*. 2009, Larousse Editorial.

18. Metafore monetarie nella narrativa italiana del tardo Ottocento

Igor Tchehoff
Stockholms universitet

1. Introduzione

La presente indagine sulle metafore del denaro fa parte di un progetto più ampio dedicato allo studio dei motivi economici[1] nel romanzo italiano del secondo Ottocento. Poiché il senso globale di un'opera nasce dall'interazione dei suoi livelli costitutivi, un'analisi più sistematica delle metafore può dare un contributo importante all'interpretazione del testo. Questo vale in particolare per le metafore monetarie, perché il denaro, essendo un mezzo universale di scambio privo di una sua essenza particolare, può prestarsi a una grande varietà di significati metaforici. Soprattutto dagli scrittori veristi il denaro viene raffigurato come una presenza ossessiva in un mondo dove tutti i personaggi adorano "il dio Quattrino" (Chelli), che risulta essere anche "il miglior frutto della loro vita" (Serao). In tale modo le metafore monetarie possono svolgere alcune funzioni di tipo ideologico, conoscitivo e narrativo. Il corpus delle metafore monetarie esaminate in questo studio consiste di tre romanzi pubblicati in Italia nel corso di pochi anni: *L'eredità Ferramonti* (1884) di Gaetano Carlo Chelli, *Mastro-don Gesualdo* (1889) di Giovanni Verga e *Il paese di cuccagna* (1890) di Matilde Serao.

Gli esempi dell'uso metaforico del denaro saranno analizzati in una prospettiva che combina le teorie linguistiche e cognitive della metafora con un approccio più strettamente letterario.[2] Al centro della presente analisi vi saranno le metafore monetarie che mettono in rilievo la circolazione e la tras-formazione del denaro che metaforicamente può passare da uno stato fisico all'altro. Queste caratteristiche del fenomeno in questione sono state indagate attentamente sia dagli scrittori del

Come citare questo capitolo:
Tchehoff, Igor, Metafore monetarie nella narrativa italiana del tardo Ottocento. In: Engwall, Gunnel & Fant, Lars (eds.) *Festival Romanistica. Contribuciones lingüísticas – Contributions linguistiques – Contributi linguistici – Contribuições linguísticas.* Stockholm Studies in Romance Languages. Stockholm: Stockholm University Press. 2015, pp. 346–359. DOI: http://dx.doi.org/10.16993/bac.r. License: CC-BY

secondo Ottocento sia dagli studiosi moderni delle metafore. Si tratta dunque di esaminare in questa sede soprattutto le metafore che mettono in rilievo la circolazione del denaro e non la totalità delle metafore monetarie presenti nel corpus.

Per i romanzieri italiani si tratta di capire e di interpretare la metamorfosi della società tradizionale che veniva trasformandosi con l'avvento della modernizzazione veicolata dai processi monetari. Gli scienziati cognitivisti hanno invece esaminato come le metafore materiali possono rendere più concreti e comprensibili i fenomeni astratti, quale il denaro. Il corpus letterario ottocentesco darà sostegno a entrambe le ipotesi che finora sono state formulate sulle metafore *concettuali* che governano la metaforizzazione del denaro: la prima, che riguarda l'intera economia sociale ed evidenzia i flussi finanziari (O'Connor 1998) e la seconda, che vede il denaro in stretta relazione con le necessità personali di un individuo in carne ed ossa (Casadei 1996).

2. Il quadro teorico

Per quanto riguarda la prospettiva metodologica, si farà uso delle teorie legate al nome di George Lakoff, che vedono la metafora non come un fenomeno periferico nell'uso del linguaggio, ma come un fattore centrale nella struttura della lingua e della mente, qualcosa che determina la nostra percezione del mondo, aiuta a organizzare le nostre esperienze e di conseguenza determina le nostre azioni. Secondo questo approccio cognitivista, "metaphor resides in thought, not just in words" (Lakoff & Turner 1989: 2).

I sostenitori della *Conceptual Metaphor Theory* fanno una distinzione tra le metafore concettuali e le metafore linguistiche.[3] La metafora concettuale è una nozione sistematica che fa parte di una certa cultura e che viene realizzata attraverso varie metafore linguistiche. Per esempio, a una metafora concettuale come "IL TEMPO È UNA RISORSA (economica)" corrispondono in italiano le metafore linguistiche "sprecare il tempo", "fare fruttare il tempo" e "guadagnare tempo". "TIME IS MONEY" è, secondo Lakoff e Johnson, un modo metaforico di concettualizzare il tempo usando le nostre esperienze quotidiane del denaro (1980: 7–9). Una metafora concettuale "CONOSCERE È VEDERE", invece, stabilisce una relazione tra due campi diversi di esperienze, quali conoscenza e visione (Casadei 1996: 76):

> Una metafora concettuale è infatti una proiezione (*mapping*) tra due domini, detti dominio origine (*source domain*, ad esempio il vedere) e dominio oggetto

(*target domain*, ad esempio il conoscere); la proiezione dà luogo a un insieme di corrispondenze sistematiche e coerenti tra elementi del dominio origine ed elementi del dominio oggetto [...] (*ibid.*).

Generalmente, il dominio origine indicherà un campo più concreto che sarà impiegato per caratterizzare il campo più astratto del dominio oggetto. In questo modo le metafore aiutano a organizzare e concretizzare le nostre conoscenze. Di conseguenza, non dovrebbe sorprendere la massiccia presenza di metafore nei discorsi che riguardano i processi economici, spesso percepiti come complessi e intangibili:

> Thus, in THE ECONOMY IS A LIVING ORGANISM metaphor, the economy (target), being a highly abstract and intangible concept, is metaphorically structured in terms of a living organism (source), a concept which we, as human beings, understand and conceive of much more easily (Silaški & Kilyeni 2011: 63).

Allo stesso tempo si può notare come in ogni metafora concettuale venga compiuta una scelta particolare, avvicinando due campi, o domini, diversi. Alcune caratteristiche del dominio origine saranno attribuite al dominio oggetto, mentre altri tratti del dominio oggetto rimarranno in ombra. Se l'economia viene considerata un organismo vivente e non un insieme di azioni umane, si potrebbe perdere di vista la possibilità di governare politicamente il suo sviluppo e funzionamento. Il compito dei politici diventa piuttosto quello di creare le migliori condizioni per il funzionamento di questo sistema autonomo, senza la possibilità di intervenire direttamente. In questo senso le metafore possono diventare portatrici di una particolare visione del mondo o di un'ideologia.

L'avvicinamento di due campi esperienziali diversi effettuato dalla metafora si trova anche al centro della discussione sulle metafore letterarie e su quelle convenzionali. Gli scrittori e i poeti spesso adoperano metafore per allargare l'universo concettuale del lettore e offrire uno sguardo innovativo sull'esistenza umana. Le metafore che si riscontrano nei testi poetici sembrano più creative rispetto a quelle che noi usiamo quotidianamente, ma sul carattere preciso di questa differenza tra i due tipi di metafore esistono alcune ipotesi divergenti. Secondo Elena Semino e Gerard Steen (2008), si può distinguere tra gli approcci teorici che stabiliscono una netta distinzione tra le metafore letterarie e non-letterarie, e altre proposte teoriche che enfatizzano elementi di continuità tra l'uso delle metafore nel linguaggio letterario e quello non-letterario. Per gli studiosi appartenenti alla scuola formalista e alla stilistica anglosassone, le metafore poetiche rappresentano un particolare tipo di deviazione dalle norme semantiche (2008: 233–234). Per i teorici cognitivisti, invece, l'uso poetico della metafora è visto come una realizzazione innovativa del potenziale concettuale comune alle metafore convenzionali: "though a particular poetic passage may give a unique linguistic expression of a basic metaphor, the conceptual metaphor underlying it may nonetheless be extremely common" (Lakoff & Turner 1989: 50).

3. Le metafore concettuali del denaro

Il denaro svolge un ruolo importante nella nostra vita quotidiana, ma allo stesso tempo rimane un fenomeno astratto e complesso. Dal punto di vista teorico, la definizione del denaro si divide in tre parti: è un mezzo di scambio, un'unità di conto e una riserva di valore. Essendo un mezzo di scambio universale, il denaro non possiede delle caratteristiche intrinseche, perché può essere scambiato con una merce qualsiasi, è uno strumento impersonale che si può prestare a qualsiasi scopo. Come riserva di valore, il denaro avrà, comunque, sempre un valore positivo, a dispetto dei teologi medievali e di Lutero che lo vedevano invece come lo sterco del demonio. Questa indeterminatezza del denaro fa parte della sua natura e diventa anche un fattore produttivo, qualcosa che stimola l'immaginario collettivo e individuale e che si rispecchia in numerosi proverbi, aforismi e sentenze che riguardano il denaro.

La necessità di concretizzare questo fenomeno proteiforme ha dato origine alla metafora concettuale "DENARO È MATERIA" che è comune a tante lingue.[4] Per le metafore monetarie in spagnolo, Kathleen O'Connor ha proposto la seguente classificazione tripartita degli stati fisici del denaro: "Solids are associated with long-term security and indivisibility; liquid, with transferability and instancy of access; and gas, with uncontainability, unpredictability, and loss" (1998: 141). A queste metafore concettuali si possono facilmente trovare corrispondenti in italiano: "la casa, un solido investimento", "flussi finanziari", "La Borsa di Milano si sgonfia". Anche se O'Connor sembra basarsi unicamente sui testi specialistici, le stesse metafore concettuali possono essere identificate in un brano de *Il paese di cuccagna* di Matilde Serao:

> Aveva stentato dapprima a comprendere quale sottile elemento dissolvente disperdesse i quattrini della sua casa, […]: non arrivava a capire per quale ferita piccina, a una a una, stillassero via le goccie del sangue di casa Fragalà. Invano prosperava la bottega, invano ella faceva prodigi di economie, il denaro spariva, spariva, sentendo ella il vuoto sotto la solidità apparente della loro casa commerciale sentendo il languore irrimediabile di un corpo a cui il sangue va mancando (1890: 136).

La scrittrice napoletana costruisce un complicato sistema metaforico. La casa commerciale, prima stabile, perde gradualmente la sua solidità a causa dell'elemento dissolvente del gioco. La scrittrice insiste sulla visione metaforica del denaro come sangue che sparisce goccia a goccia e fa diventare la casa Fragalà simile a un corpo dissanguato. La metafora "IL DENARO È SANGUE", tipica di questo periodo, sarà esaminata in seguito. Inoltre, si può notare che la divisione tripartita proposta da O'Connor per le metafore spagnole di oggi sembra trovare piena conferma in un romanzo italiano del secondo Ottocento. Questo fatto dà sostegno all'ipotesi cognitivista che afferma la continuità tra le metafore convenzionali e quelle letterarie. Infine, accanto alla metafora del sangue/liquido troviamo "la casa", "la bottega", la "casa commerciale" e "un corpo" – quattro entità che possono essere accomunate sotto la categoria concettuale e ontologica del *contenitore*. Lo schema del contenitore insieme alla visione del denaro in movimento sorreggono la metafora concettuale "IL DENARO È UN LIQUIDO" (Silaški & Kilyeni 2011: 66), che è poi la variante più produttiva tra le metafore monetarie.

Una motivazione differente delle metafore concettuali del denaro è stata suggerita da Federica Casadei. L'approccio della studiosa italiana è molto diverso, perché la sua indagine è incentrata sulla semantica delle espressioni idiomatiche italiane, che vengono ricondotte alle metafore concettuali come intese da Lakoff. Il suo studio non riguarda in particolare le metafore monetarie, ma analizza le espressioni idiomatiche, un alto numero delle quali rimanda alle metafore concettuali del denaro. Un aspetto interessante dell'uso metaforico del denaro che risulta dall'analisi di Casadei, è che "il denaro è una delle poche entità che compaiono nelle e.i. [espressioni idiomatiche] sia come dominio origine che come dominio oggetto di metafore" (1996: 353). L'ubiquità del denaro come categoria mentale può essere notata, per esempio, nelle metafore concettuali "IL TEMPO È UNA RISORSA (economica)" e "IL DENARO È ARIA/OSSIGENO", che appaiono nelle espressioni idiomatiche italiane.

Dal corpus delle espressioni idiomatiche esaminato da Casadei si possono estrarre due gruppi che corrispondono alle seguenti metafore concettuali:

1. IL DENARO È ARIA/OSSIGENO: "avere una/la corda al collo" – essere in una situazione economica disperata, "strozzare" – prestare denaro a forte usura, "strozzino/cravattaio" – usuraio, "avere bisogno di ossigeno" – avere bisogno di denaro (1996: 321–322).

2. IL DENARO È UN LIQUIDO: "essere una sanguisuga" – essere avido spec. di denaro, fare lo strozzino, "succhiare anche il midollo (a qcn)" – sfruttare fino in fondo spec. economicamente, "avere la borsa asciutta/le tasche asciutte" – non avere denaro; "essere/stare/restare a secco/in secco" – essere senza denaro, "nuotare nell'oro" – essere molto ricco (1996: 309, 353–354).

La metafora concettuale del denaro solido, invece, non trova corrispondenti nel corpus delle espressioni idiomatiche italiane di Casadei. Ciononostante, si possono identificare altre espressioni che si basano sull'immagine del denaro che viene mangiato e che di conseguenza sarebbe solido: "mangia mangia", "mangeria", "mangiasoldi". Un rapido sguardo agli esempi enunciati permette subito di constatare che le motivazioni di queste metafore concettuali del denaro sono molto diverse da quelle proposte da O'Connor per i testi specialistici. Nel corpus delle espressioni idiomatiche le metafore del denaro sono in stretto rapporto con il corpo dell'individuo e i suoi bisogni vitali. Secondo Casadei, la metafora concettuale "IL DENARO È ARIA/OSSIGENO" è un caso particolare della metafora "LE DIFFICOLTÀ ECONOMICHE SONO MANCANZA D'ARIA/ SOFFOCAMENTO", che si basa sulla relazione metonimica tra essere in vita e respirare (1996: 321). "IL DENARO È UN LIQUIDO", invece, è probabilmente motivato da "IL DESIDERIO È FAME/SETE" oltre che dallo schema del contenitore (1996: 353–354).

Si vedono, dunque, due motivazioni molto diverse delle stesse metafore concettuali del denaro. La proposta di O'Connor parte da una visione globale del denaro e del suo funzionamento nell'economia sociale. Nella prospettiva di Casadei, invece, il denaro viene metaforizzato dal punto di vista di un individuo che deve mangiare, bere e respirare. In seguito si vedrà come queste due visioni metaforiche del denaro ricorrono nel corpus delle metafore letterarie del tardo Ottocento.

4. Il denaro come sangue

La metafora concettuale "IL DENARO È SANGUE" è un caso particolare di "IL DENARO È UN LIQUIDO". Questa metafora, fondamentale nel brano citato di Matilde Serao, ha goduto di una grande fortuna nel corso della storia grazie alla sua concretezza e capacità esplicativa, probabilmente perché rimanda alla comune esperienza umana del corpo. La dimensione corporea è centrale, secondo la teoria cognitivista, nella strutturazione metaforica che sorge dall'esperienza umana (Lakoff & Johnson 1980: 117–118). Inoltre, si può notare che nella metafora "IL DENARO È SANGUE" il dominio origine, cioè, sangue, può essere considerato, dal punto di vista semantico, una combinazione di due semi presenti nel concetto del denaro: l'idea della circolazione (denaro come mezzo di scambio) + l'idea del valore (denaro come riserva di valore). Il sangue è appunto un liquido in continua circolazione e di altissimo valore per un individuo.

Partendo dallo schema corporeo, la metafora del sangue è stata spesso applicata al denaro dagli studiosi dell'economia politica dell'epoca premoderna. Secondo Michel Foucault, il mercantilismo aveva adottato la metafora della moneta come il sangue della società, incorporando nella sua analisi la scoperta della circolazione sanguigna fatta da William Harvey (Foucault 2006 [1966]: 197). La fortuna di questa metafora tra gli economisti sembra persistere ancora nel Settecento, ma poi cade in disuso nell'ambito specialistico, come sostiene Jerah Johnson, perché l'economia politica si sviluppa come disciplina e diventa più sofisticata col tempo (1966: 122). Per i non-specialisti, invece, la metafora mantiene la sua forza esplicativa. In *L'eredità Ferramonti*, Chelli spiega il ruolo del credito nel sistema economico a proposito di un istituto finanziario che doveva "cercare la propria clientela nel piccolo commercio, languente nell'anemia del credito, ch'è il suo sangue vitale" (1884: 73). Il denaro, o il credito bancario è, dunque, il sangue dell'economia e del commercio e la metafora usata da Chelli rispecchia una visione precisa della società e ha un valore conoscitivo. Inoltre, si può notare che, come nella citazione di Serao, la mancanza di denaro viene paragonata al sentimento fisico del languore.

Accanto alla variante economico-politica della metafora concettuale "IL DENARO È SANGUE", il corpus romanzesco contiene esempi di una variante più individuale che concerne la descrizione di alcuni personaggi, soprattutto quando i narratori danno la parola ai protagonisti che si definiscono in tali termini. Mastro-don Gesualdo di Verga dice "[c]ol mio denaro, capite, vossignoria? col sangue mio!" (1889: 87) e più tardi avrà l'impressione che "gli toglievano il denaro, il sangue delle vene, per tenerlo sottomano, prigioniero" (1889: 246) Nel romanzo di Serao, un'usuraia, Donna Concetta, "[v] oleva il suo denaro, *il sangue suo*" (1890: 127). In tal modo il narratore può anche prendere le distanze dalla visione dell'individuo che si identifica con il proprio denaro, che poi è una caratterizzazione sociale dei borghesi o dei popolani arricchiti. La metafora "IL

DENARO È SANGUE" può dunque essere portatrice non solo di una visione scientifica e concettuale, come si è visto prima, ma anche di una prospettiva sociale ed ideologica. Inoltre, "sangue" come dominio origine in italiano può avere un significato molto ampio, ed essere inteso come "vita", "salute" o fare riferimento ai rapporti famigliari e di parentela. La frase "[c]ol mio denaro [...] col sangue mio" di Mastro-don Gesualdo può essere interpretata nel senso che la caccia al denaro occupa il posto della sfera famigliare nella vita del protagonista, che è un tema ricorrente nei tre romanzi esaminati. Lo scrittore siciliano sfrutta abilmente il potenziale semantico di una metafora convenzionale nella costruzione del romanzo quando Mastro-don Gesualdo alla fine realizza le conseguenze tragiche della visione esistenziale "IL DENARO È SANGUE". Verga, Serao e Chelli usano metafore di questo tipo nella caratterizzazione dei personaggi, per poi, a livello dell'intreccio, far vedere gli effetti di una visione del mondo che risulta dal significato della metafora. In tal modo, il senso globale dell'opera viene costruito dall'interazione tra il livello metaforico e il livello degli eventi narrativi.

5. Le due motivazioni della metafora concettuale "IL DENARO È UN LIQUIDO"

Nella terminologia economica, l'immagine del denaro come liquido è la metafora più frequente. Anche se nella nostra esperienza quotidiana le monete e le banconote hanno una forma tangibile, il denaro in senso astratto e generale viene concepito come un liquido (Silaški & Kilyeni 2011: 65). Denaro e liquidi condividono alcune caratteristiche strutturali come omogeneità e facile divisibilità. Nel paradigma fisico la circolazione dell'acqua è determinata dalle leggi naturali e il denaro che circola nella società sembra svolgere la stessa funzione. Il nostro modo moderno di metaforizzare il denaro è sicuramente influenzato dalle nostre esperienze del denaro in forma non-tangibile dei conti bancari, delle carte di credito e delle transazioni elettroniche, ma anche il corpus delle metafore ottocentesche fornisce la stessa immagine. Di conseguenza, la motivazione della metafora concettuale "IL DENARO È UN LIQUIDO" offerta da O'Connor che sottolinea il ruolo della circolazione e della trasferibilità, sembra più in linea con la nostra comprensione moderna del denaro. La motivazione più corporea della stessa metafora nell'ambito delle espressioni idiomatiche, proposta da Casadei che lega "IL DENARO È UN LIQUIDO" alla metafora concettuale

"IL DESIDERIO È FAME/SETE", può sembrare sorprendente in questo contesto. Probabilmente le espressioni idiomatiche esprimono un sapere più antico e concreto, legato all'epoca premoderna, quando il denaro era un risultato del lavoro fisico e serviva soprattutto a soddisfare le necessità vitali dell'individuo come l'alimentazione. A questo punto si tratta di capire se le due motivazioni della stessa metafora concettuale si autoescludano o possano essere combinate per arricchire la nostra comprensione del fenomeno in questione. I romanzi che ritraggono e problematizzano il passaggio dalla società tradizionale a quella moderna potranno forse fornire una possibile risposta?

Nel corpus romanzesco le realizzazioni concrete della metafora concettuale "IL DENARO È UN LIQUIDO" mostrano una materia sempre in movimento. Verga parla "del denaro a fiumi da intascare" (1889: 242); "[i]l denaro a fiumi, un va e vieni" (1889: 235) e anche nel romanzo di Serao queste metafore sono numerose:

(1) "un affluire magico di denaro che corre al denaro, per incanto" (1890: 72),

(2) "L'*assistito*, [...] pompava denari da tutto il gruppo dei cabalisti" (1890: 104),

(3) "è una gran liquefazione di denaro, come in un crogiuolo, donde fuggisse tutto il metallo" (1890: 141),

(4) "l'indomani, sarebbero sgorgati denari, denari, denari" (1890: 71).

L'ultimo esempio funziona anche al livello iconico dove l'abbondanza si esprime attraverso la ripetizione della parola-chiave "denari". Queste manifestazioni concrete della metafora concettuale "IL DENARO È UN LIQUIDO" nei romanzi sembrano determinate piuttosto dalla circolazione del denaro e dalla sua trasferibilità, e non dal suo legame al corpo. Dall'altro lato ci sono metafore monetarie che dimostrano come tutta questa circolazione sia messa in moto proprio dai desideri e dalle passioni dei protagonisti:

(5) "succhiare, come un vampiro, sangue e quattrini di quella famiglia" (Chelli 1884: 279),

(6) "la bocca vorace che inghiottiva tutti i denari del vecchio" (Serao 1890: 114),

(7) "l'*assistito* ronzava intorno [...] sempre succhiatore di denari" (Serao 1890: 137),

(8) "Denaro, denaro, era quello che voleva, era la sua sete, era la sua fame, era la sua anima che solo quello chiedeva, quello che solamente chiedeva il suo corpo. Denaro! O sarebbe morto, ecco!" (Serao 1890: 198).

L'ultima citazione di Serao conferma pienamente la motivazione della metafora concettuale proposta da Casadei, in cui la brama di denaro viene metaforizzata in termini di fame e di sete. Le metafore monetarie possono, dunque, essere spiegate in entrambi i modi, sia partendo dalla visione globale del denaro in circolazione, sia considerando il denaro dal punto di vista di un individuo totalmente dominato dalla brama di soldi. Infatti, il romanzo ottocentesco dimostra chiaramente che la circolazione del denaro non è solo un fenomeno oggettivo, mosso dalle leggi naturali com'è il caso della circolazione dell'acqua, ma che i flussi monetari vengono determinati dalle passioni e dai desideri umani che sorgono nel corpo, come risulta dall'interpretazione delle espressioni idiomatiche offerta da Casadei. In questo modo il romanzo compie una sintesi dei due approcci che si sono visti finora. Allo stesso tempo le due motivazioni della metafora concettuale "IL DENARO È UN LIQUIDO" pongono l'accento su due delle definizioni del denaro di cui si è parlato prima, cioè la sua funzione come un mezzo di scambio e quella come una riserva di valore. Anche se le due funzioni sono legate tra loro, la circolazione del denaro viene soprattutto determinata dalla sua scambiabilità, mentre l'oggetto del desiderio è per definizione un oggetto di valore. Infatti, nel romanzo di Verga la brama di accumulazione di cui Mastro-don Gesualdo è vittima riguarda soprattutto i beni materiali o oggetti di valore, come proprietà agricole o *la roba* in generale, e non tanto il denaro in sé.

Si può constatare che le due motivazioni della metafora concettuale "IL DENARO È UN LIQUIDO" non si contraddicono e combinate insieme possono contribuire a una comprensione maggiore del fenomeno in questione. Cioè che interessa gli scrittori è, appunto, proporre un quadro generale del loro tempo che consiste delle varie prospettive dei singoli protagonisti. Al centro della loro indagine si trova l'interazione dell'individuo con la collettività, un'interdipendenza che, con l'arrivo della società moderna, viene mediata attraverso i meccanismi monetari. La funzione fondamentale del denaro in questo processo di modernizzazione è stata caratterizzata dal filosofo tedesco Georg Simmel che, pochi anni dopo la pubblicazione dei romanzi analizzati, descriveva il denaro nel modo seguente: "In breve, il denaro è l'espressione e lo strumento di un rapporto, della reciproca dipendenza degli uomini, della loro relatività, la quale fa sì che la soddisfazione dei desideri dell'uno dipenda da un altro e viceversa" (cit. in Poggi 1998: 142). La soddisfazione dei desideri di cui parla Simmel può, nel caso di alcuni protagonisti come Irene Ferramonti, essere metaforizzata in termini conflittuali dalla comunità che sospetta la giovane donna di "succhiare, come un vampiro, sangue e quattrini di quella famiglia" (Chelli 1884: 279). La protagonista stessa descrive la sua interazione con gli altri in modo differente: "L'esistenza è una lotta dell'individuo con la società, piena di varie vicissitudini. Chi perde, è un imbecille se non si prepara a vincere in un assalto successivo" (Chelli 1884: 273).

6. Prospettive per la ricerca futura

Per finire, si vorrebbe indicare due indirizzi promettenti per la futura ricerca sulle metafore monetarie nel romanzo italiano dell'Ottocento. Il primo riguarda la dimensione esistenziale e ideologica delle metafore letterarie che può essere esaminata nella prospettiva della teoria di *Great Chain of Being*, proposta da George Lakoff e Mark Turner. Questa teoria riguarda la nostra comprensione del mondo, "la natura delle cose", ovvero il senso comune che ha una struttura metaforica e che si rispecchia nei modi di dire e nei proverbi: "We have a commonplace theory of forms of being – that they have essences and that these essences lead to the way they behave or function" (1989: 169). Secondo gli studiosi americani, la struttura metaforica essenziale che determina la nostra comprensione del mondo è gerarchica e statica, e porta a delle conseguenze sul piano politico:

> The existence of these global and microcosmic hierarchies in the cultural model of the Great Chain, and in its conscious elaborations in the West, has had profound social and political consequences, because the cultural model indicates that the Great Chain is a description not merely of what hierarchies happen to *exist* in the world but, further, of what the hierarchies in the world *should be*. This implies that it is *wrong* to attempt to subvert this order of dominance (1989: 210).

La visione immutabile e pessimista delle cose, che spesso caratterizza il verismo italiano, e che soprattutto nel caso di Verga si riflette nei proverbi e nel senso comune del popolo, potrebbe proficuamente essere analizzata nel quadro della teoria metaforica di *Great Chain of Being* di Lakoff e Turner.

Un altro interessante indirizzo di ricerca concerne il rapporto tra le metafore poetiche e quelle convenzionali. Le metafore monetarie analizzate finora riguardano soprattutto i vari stati materiali del denaro, solido e liquido, e come tali condividono una comune base concettuale con le metafore convenzionali, pur possedendo, in alcuni casi, una maggiore complessità (si veda il brano di Serao in "Le metafore concettuali del denaro"). A questo punto sorgono due domande sul carattere delle metafore monetarie. La prima è se le metafore del denaro possano davvero essere poetiche e innovative, mentre la seconda riguarda il rapporto tra le metafore poetiche e il genere del romanzo verista e naturalista. Alla prima domanda la risposta sarebbe affermativa, mentre la seconda richiede uno studio più approfondito.[5] Uno dei protagonisti alla fine de *Il paese di cuccagna*, con le ultime "cento lire […] chiuse nel suo vuoto portafoglio […] sentiva come un calore crescente, poiché quella moneta era veramente l'ultima parola del destino. Non avrebbe trovato più niente: tutto era detto" (1890: 211). La scrittrice in poche parole ci comunica il fortissimo potere del denaro di trasformare la vita di un individuo e questa metafora del denaro come "parola del destino" sembra avere un carattere piuttosto innovativo. Una metafora monetaria ancora più originale e sorprendente viene presentata da Federigo Tozzi, uno scrittore che abbandona il paradigma naturalista, in *Con gli occhi chiusi*:

> gli mostrò tutti i soldi riscossi: – Li vedi? Son come noi uomini: chi è fatto in un modo e chi in un altro. Questo è stato battuto con il martello, e appena si conosce com'è. Quest'altro è piegato, come se uno è zoppo; quest'altro lo volevano bucare, come se tu dài una coltellata a qualcuno o la dànno a te; e questo è consumato tanto che pesa metà; è un povero come me; e me lo beverò per il primo, perché non mi ci faccia pensare. A rivederci. (1919: 58).

Il personaggio tozziano propone in questo caso la similitudine "i soldi sono come uomini" per affermare il valore uguale di tutti gli esseri umani. Come le monete del campagnolo toscano, siamo tutti diversi dal punto di vista fisico, ma abbiamo lo stesso valore come esseri umani. In questo modo Tozzi capovolge la metafora ponendo il valore umano sullo stesso piano del valore monetario, dimostrando il potenziale conoscitivo e liberatorio della metafora poetica.

Note

1. Si intende inoltre studiare la funzione di questi motivi nella struttura narrativa dei testi, la loro presenza nei vari generi romanzeschi e le visioni del mondo dei narratori che risultano dal loro trattamento dei problemi economici.

2. I moderni strumenti informatici permettono di quantificare la presenza delle parole chiave nei corpus. Solo una parte minore delle parole quali "denaro", "soldi", "quattrini" e "lira" fanno parte delle espressioni metaforiche. In *L'eredità Ferramonti* "denaro" e "quattrini" appaiono cinquanta volte, mentre

per Verga e Serao i numeri corrispondenti sono 119 e 230. La spiccata differenza può in parte essere spiegata dal fatto che il romanzo di Chelli è lungo circa la metà delle altre due opere veriste (o per citare i numeri esatti, i tre romanzi contengono 59532, 109246 rispettivamente 144402 parole).

3. Lakoff e Johnson parlano di "metaphorical concepts" e "metaphorical linguistic expressions" nel loro studio fondamentale *Metaphors We Live By* (1980: 7), ma in seguito si useranno i termini "metafore concettuali" e "metafore linguistiche" per indicare gli stessi concetti. Inoltre, si segue la convenzione introdotta dai due studiosi americani di indicare le metafore concettuali con lettere maiuscole.

4. Il carattere universale, o, invece, culturalmente specifico delle metafore è attualmente un ampio campo di ricerca. Rimanendo nell'ambito delle metafore monetarie, si può segnalare, oltre al contributo di O'Connor (1998), quello di Silaški e Kilyeni, "The MONEY IS A LIQUID Metaphor in Economic Terminology – a Contrastive Analysis in English, Serbian and Romanian" (2011).

5. Secondo uno studio influente di David Lodge (1977), il romanzo modernista e la poesia fanno maggior uso delle metafore rispetto al romanzo realista dell'epoca vittoriana, dove prevale il procedimento metonimico nel senso di Jakobson. Semino e Steen vedono alcune difficoltà nell'approccio di Lodge, pur accettando la validità delle sue osservazioni (2008: 238).

Riferimenti

Casadei, Federica. 1996. *Metafore ed espressioni idiomatiche. Uno studio semantico sull'italiano*. Roma: Bulzoni.

Chelli, Gaetano Carlo. 2010 [1884]. *L'eredità Ferramonti*. Roma: Avagliano Editore.

Foucault, Michel. 2006 [1966]. *Le parole e le cose. Un'archeologia delle scienze umane*. Milano: BUR Saggi.

Johnson, Jerah. 1966. "The Money=Blood Metaphor, 1300–1800". *The Journal of Finance*, 21:1. 119–122

Lakoff, George & Mark Johnson. 1980. *Metaphors We Live By*. Chicago: University of Chicago Press.

Lakoff, George & Mark Turner. 1989. *More than Cool Reason. A Field Guide to Poetic Metaphor*. Chicago: University of Chicago Press.

Lodge, David. 1977. *The Modes of Modern Writing: Metaphor, Metonymy, and the Typology of Modern Literature*. Ithaca, N.Y.: Cornell University Press.

O'Connor, Kathleen Therese. 1998. "Money and Finance as Solid, Liquid, and Gas in Spanish". *Metaphor and Symbol*, 13:2. 141–157.

Poggi, Gianfranco. 1998. *Denaro e modernità. La «Filosofia del denaro» di Georg Simmel*. Bologna: Mulino.

Semino, Elena & Gerard Steen. 2008. "Metaphor in Literature". *In:* Gibbs, Raymond (ed.). *The Cambridge Handbook of Metaphor and Thought*. New York: Cambridge University Press.

Serao, Matilde. 1890. *Il paese di cuccagna*. <http://www.liberliber.it/mediateca/ libri/s/serao/il_paese_di_cuccagna/pdf/il_pae_p.pdf>

Silaški, Nadežda & Annamaria Kilyeni. 2011. "The MONEY IS A LIQUID Metaphor in Economic Terminology – a Contrastive Analysis in English, Serbian and Romanian". *Professional Communication and Translation Studies*, 4:1–2. 63–72.

Tozzi, Federigo. 1994 [1919]. *Con gli occhi chiusi. Ricordi di un impiegato*. Milano: Feltrinelli.

Verga, Giovanni. 1994 [1889]. *Mastro-don Gesualdo*. Roma: Newton Compton editori.

19. Soggettività e oggettività negli articoli a carattere informativo di tre giornali italiani

Maria Tell
Stockholms universitet

1. Introduzione

Questo studio mira ad esaminare come soggettività e oggettività vengono espresse in alcuni articoli di giornale a carattere informativo, quindi non in articoli editoriali. Partendo dal presupposto che il linguaggio giornalistico non è mai del tutto neutro, mi interessa osservare con quali modalità gli autori degli articoli, con l'aiuto della lingua, intendono esprimere soggettività, oggettività ed opinioni ideologiche. Roger Fowler ha individuato e descritto la presenza di un fattore ideologico in ogni tipo di linguaggio giornalistico:

> News is a representation of the world in language; because language is a semiotic code, it imposes a structure of values, social and economic in origin, on whatever is represented; and so inevitably news, like every discourse, constructively patterns that of which it speaks. News is a representation in this sense of construction; it is not a value-free reflection of 'facts'. [...] There are always different ways of saying the same thing, and they are not random, accidental alternatives. Differences in expression carry ideological distinctions (and thus differences in representation) (Fowler 1991: 4).

Il corpus preso in considerazione in questo studio consiste di articoli che trattano delle manifestazioni svoltesi a Roma contro Silvio Berlusconi in seguito alle sue dimissioni nel novembre 2011. Si è scelto di prendere in considerazione tre dei principali quotidiani italiani, ognuno con un'impronta ideologica diversa: *l'Unità,* di sinistra, il *Corriere della Sera,* liberale, ed *il Giornale,* di destra e oltretutto di proprietà della famiglia Berlusconi. L'analisi mira a mettere in evidenza le modalità con cui soggettività e

Come citare questo capitolo:
Tell, Maria, Soggettività e oggettività negli articoli a carattere informativo di tre giornali italiani. In: Engwall, Gunnel & Fant, Lars (eds.) *Festival Romanistica. Contribuciones lingüísticas – Contributions linguistiques – Contributi linguistici – Contribuições linguísticas.* Stockholm Studies in Romance Languages. Stockholm: Stockholm University Press. 2015, pp. 360–376. DOI: http://dx.doi.org/10.16993/bac.s. License: CC-BY

oggettività si manifestano nei rispettivi articoli che troviamo pubblicati sui siti internet dei giornali. Come punto di partenza dello studio verranno applicate soprattutto le teorie dell'analisi del discorso. L'analisi linguistica si ispira all'analisi critica del discorso così com'è stata elaborata in principio da Norman Fairclough, secondo il quale i discorsi sono

> ways of representing the world. [...] Different discourses are different perspectives of the world, and they are associated with the different relations people have to the world, which in turn depends on their positions in the world, their social and personal identities [...]. Discourses not only represent the world as it is (or rather is seen to be), they are also projective, imaginaries, representing possible worlds which are different from the actual world, and tied into projects to change the world in particular directions (Fairclough 2003: 124).

Un vantaggio delle teorie di Fairclough è che queste si focalizzano sia sull'aspetto ideologico di diversi discorsi, sia sul modo in cui questo aspetto viene espresso nel linguaggio attraverso l'uso di vari procedimenti linguistici. Inoltre in queste si distingue tra un ordine del discorso più generale, che tratta argomenti pertinenti allo stesso campo (ad esempio i media, le università o i servizi sanitari), e diversi discorsi contrastanti all'interno dell'ordine del discorso generale in questione (1995: 55–56). In questo caso si ha un ordine del discorso giornalistico all'interno del quale diversi discorsi ideologici, uno di sinistra, uno liberale e uno di destra, presentano la loro immagine della realtà. L'analisi linguistica di Fairclough prende spunto innanzitutto dalla grammatica sistemico-funzionale di M.A.K. Halliday, che si focalizza sulle funzioni linguistiche coinvolte nel processo di creazione del senso nel linguaggio. Secondo Halliday lo scopo dell'analisi sistemica di un testo è quello di spiegare gli effetti da questo ottenuti: come e perché un testo suscita una certa impressione e perviene al suo significato (2004: 658)[1]. Ciò che sarà analizzato più a fondo nello studio presente sono i diversi mezzi linguistici utilizzati dai giornalisti nelle frasi informative al fine di esprimere soggettività, oggettività ed opinioni ideologiche. Questi fenomeni si possono osservare, per esempio, nell'uso di parole con connotazioni positive o negative, nell'impiego della transitività, della nominalizzazione e della modalità, e nell'uso di varie figure retoriche (Fowler 1991: 64–79; Fairclough 1995: 26–27).

2. Soggettività e oggettività negli articoli scelti

Tutti e tre gli articoli di giornale selezionati per questo studio trattano in gran parte degli stessi eventi: i manifestanti che festeggiano le dimissioni di Silvio Berlusconi con lo spumante, il lancio di monetine contro Berlusconi da parte dei manifestanti, l'arrivo e/o la partenza di Berlusconi a/da Palazzo Chigi e la presenza dell'orchestra, la Resistenza Musicale Permanente, che suona per celebrare le dimissioni del premier. L'obiettivo di questa analisi è osservare se vi siano delle differenze o delle similitudini linguistiche nella descrizione di questi eventi sui giornali, e se vi siano inoltre delle differenze nella scelta dell'informazione presentata al lettore. Nel caso di interviste e di citazioni ci si aspetterebbe infatti che il giornalista facesse emergere diversi punti di vista ed opinioni contrastanti per mantenere l'oggettività e l'equilibrio dell'informazione. Come affermato da Fairclough, rappresentazioni divergenti dello stesso evento possono dipendere dallo scopo, dai valori e dalle priorità della comunicazione e, nell'analisi testuale, queste differenze sono spesso osservabili attraverso l'uso di discorsi diversi (1995: 41). Si è partiti con un'analisi dei titoli dei giornali, i quali trasmettono l'informazione ritenuta la più importante e che è posta dunque in primo piano (si veda tra gli altri Fairclough 1995: 119). I titoli saranno di seguito citati per intero mentre per quanto riguarda l'analisi degli articoli, per motivi di spazio, ho scelto dei brani rappresentativi (correndo così il rischio di aver fatto delle scelte soggettive inconsce, come succede ad ogni autore).

il Giornale:

> Berlusconi consegna le dimissioni al Colle. E dall'Italia dell'odio sputi, monete e grida.
> Una folla inferocita ha seguito tutti gli spostamenti di Silvio Berlusconi da Palazzo Chigi al Quirinale fino a Palazzo Grazioli. Caroselli, orchestre, Bella Ciao e cartelli che inneggiano alla Liberazione. FOTO-VIDEO. La folla inferocita assedia i palazzi del potere: prima è festa e poi la vendetta. Urla, sputi e insulti. E Di Pietro fa il gesto dell'ombrello.
> di Francesco Maria Del Vigo
> Il Cavaliere è salito al Colle e ha fatto un passo indietro
> FOTO VIDEO[2]
> E Di Pietro fa il gesto dell'ombrello

l'Unità:

> Bandiere, musica, cori ma anche monetine per l'addio del premier
> di Natalia Lombardo

Corriere della Sera:

> FESTEGGIAMENTI FINO A TARDA NOTTE
> "Bye Bye Berlusconi", festa di piazza

Traffico in tilt: migliaia di persone davanti al Quirinale e Palazzo Grazioli prima e dopo dimissioni [sic!] del premier. Il Popolo Viola: "Gli abbiamo tirato le monetine".
[Redazione online]

Si nota immediatamente come il titolo de *il Giornale* sia molto più lungo degli altri due e includa anche un piccolo sommario relativo al contenuto dell'articolo. Sono presenti delle ripetizioni di frasi e di parole che sottolineano il messaggio e cercano di accreditare la pretesa di veridicità di ciò che è detto (come è noto, più una cosa viene ripetuta e più facilmente viene accettata come vera). Nel titolo de *il Giornale* il reporter riesce ad esprimere alcuni pareri soggettivi, soprattutto attraverso la scelta di nomi, verbi ed aggettivi che trasmettono connotazioni positive quando si parla di Berlusconi e connotazioni negative invece nei confronti dei manifestanti. Una divisione delle funzioni degli elementi della frase, basata sulla teoria di Halliday (2004: 177–182), ci permette di distinguere meglio la costruzione delle frasi e gli elementi soggettivi inseriti dal reporter, quali la connotazione e la combinazione di attributi e verbi:

Tabella 1.

Agente	Processo	Scopo	Paziente	Circostanze
Berlusconi	consegna	le dimissioni		al Colle
Una folla inferocita	ha seguito	tutti gli spostamenti di	Silvio Berlusconi	da Palazzo Chigi […] fino a Palazzo Grazioli
La folla inferocita	assedia	il palazzo del potere		

Il reporter scrive che Berlusconi "consegna" le dimissioni invece di usare l'espressione più comune "**dare le dimissioni**" (risultato di una ricerca su Google: 1 170 000 risultati per la prima versione e 2 990 000 per la seconda; nello Zingarelli si trova solo l'espressione con il verbo **dare**). Le connotazioni del verbo *consegnare* suggeriscono l'immagine che Berlusconi stia regalando o sacrificando qualcosa, elemento a sua volta rafforzato dalla frase "ha fatto un passo indietro". Nelle descrizioni dei manifestanti prevalgono invece nomi ed aggettivi con connotazioni negative. Si osservi la frase in cui è riportata la risposta dei manifestanti alle dimissioni del premier, "e dall'Italia dell'odio sputi, monete e grida", ripresa poi in seguito da un'altra frase, "Urla', sputi e 'insulti", e inoltre anche dall'uso della parola "vendetta". Tutte queste parole presenti nelle frasi citate rappresentano attività aggressive e negative. È da notare anche l'espressione "folla inferocita", che appare due volte, dove l'attributo "inferocita", insieme ad un'anonima "folla" quale agente, dà l'impressione di una forza feroce, incontrollabile e intimidante. Proseguiamo con la costruzione delle frasi "Una folla inferocita ha seguito tutti gli spostamenti di Berlusconi..." e "la folla inferocita assedia il palazzo di potere"; qui la folla è in posizione di agente, è responsabile dell'azione ed è accompagnata da un verbo come *assediare*, che riporta ad un contesto di aggressività e guerra e che, in associazione con la "folla", rinforza il parere negativo del giornalista nei confronti dei manifestanti. Berlusconi, a sua volta, è posto in posizione di paziente, è il partecipante agito e viene rappresentato come una vittima perseguitata dai manifestanti, che ricoprono la parte dei persecutori. Il giornalista inoltre mette in risalto un gesto osceno di Antonio Di Pietro, che appartiene alla fazione politica opposta a Berlusconi.

Dunque, già nel titolo traspare l'atteggiamento soggettivo e negativo del reporter nei confronti dei manifestanti antiberlusconiani, da una parte attraverso l'uso di diversi procedimenti linguistici quali la prevalenza e la ripetizione di parole e di frasi con connotazioni negative nella descrizione dei manifestanti, e dall'altra per la mancanza di una loro individualizzazione. Su nove frasi ne sono state individuate otto soggettive ed una sola oggettiva: "caroselli, orchestre, Bella ciao e cartelli che inneggiano alla Liberazione".

Rispetto al titolo de *il Giornale* ed anche a quello del *Corriere della Sera*, il titolo de *l'Unità* è molto più breve e conciso. È anche piuttosto oggettivo: le parole usate sono neutre e non sono riportati pareri sul contenuto da parte della giornalista. Inizia focalizzandosi sulla gioia dei manifestanti che festeggiano. C'è un certo distacco dalla figura di Berlusconi da parte dell'autore, che si concentra piuttosto sul fatto che si stia allontanando dal potere, vale a dire sull'effetto delle dimissioni e non sulle stesse che, al contrario, non vengono menzionate. Inoltre la giornalista per designare Berlusconi usa solo il titolo formale, "premier", e non il nome proprio.

L'articolo del *Corriere della Sera* è l'unico a non essere firmato da un giornalista in particolare ma da un'anonima redazione online. Perciò, non potendo attribuire l'articolo ad una persona specifica, designerò la persona o le persone responsabili con il termine più generico di emittente del testo.

Nel *Corriere della Sera* il titolo si focalizza sull'atmosfera di festa e sul punto di vista dei manifestanti. Come è stato osservato, le scelte compiute circa gli elementi inseriti volutamente nel testo e quelli invece esclusi possono essere rilevanti per quanto riguarda l'analisi degli aspetti ideologici (Fairclough 1995: 105–07). Né qui né nell'articolo de *l'Unità* vengono menzionati gli sputi, gli insulti e le urla della folla inferocita che l'emittente de *il Giornale* ha invece scelto di mettere in risalto. In quest'ultimo, all'interno del catenaccio, l'emittente trasmette informazioni oggettive sulla situazione del traffico nel centro di Roma, notizia che gli altri due giornali non menzionano affatto. Supponendo che un articolo giornalistico inizi con il trasmettere l'informazione ritenuta la più importante, si può dedurre che uno degli scopi primari dell'emittente fosse quello di mettere al corrente il cittadino medio sulle conseguenze delle manifestazioni. Non a caso infatti l'ultimo paragrafo dell'articolo tratta solamente dei problemi del traffico nella capitale.

Anche il resto del titolo è di carattere oggettivo: vengono menzionate le dimissioni del premier e la presenza di manifestanti senza però esprimere giudizi od opinioni personali, attraverso un linguaggio privo di connotazioni particolari. Il lancio delle monetine viene presentato tramite il discorso diretto, riportato attraverso la citazione delle parole di uno dei membri del Popolo Viola, senza alcun commento da parte dall'emittente, che mantiene dunque un approccio oggettivo preferendo lasciar parlare i fatti e le persone. Un'altra differenza tra *il Giornale* da una parte e *l'Unità* e il *Corriere della Sera* dall'altra è che nei titoli di questi ultimi vi sono solamente frasi nominali, strutture usate assai frequentemente nel linguaggio giornalistico italiano; in quest'ottica il linguaggio de *il Giornale* costituisce dunque un'eccezione.

3. L'articolo de *il Giornale*

L'articolo si caratterizza fin dall'inizio per l'assai frequente ripetizione di nomi e verbi con connotazioni negative a caratterizzare i manifestanti, come abbiamo già visto nell'analisi dei titoli, ma anche di domande e di figure retoriche, di metafore, di frasi affermative e giudizi che ribadiscono la volontà di discreditare i manifestanti. Si veda ad esempio il paragrafo seguente, che inizia e termina con una ripetizione di nomi e di verbi che sottolineano l'aggressività dei manifestanti, come *sputi, sputare, insulti, insultare, assediare, urlare, lanciare monetine*:

Insulti, sputi e poi la festa. Cosa c'entrano i cori da stadio con una giornata come questa? Il morso della crisi si avvicina all'osso del Paese, la politica annaspa ma c'è qualcuno che ci vede qualcosa di buono. Non è la solita storia del bicchiere mezzo pieno e mezzo vuoto, questa volta il calice è prosciugato. Ma per gli sfascisti, quelli con la bava alla bocca che vogliono solo la testa del Cavaliere, il miraggio dell'oasi antiberlusconiana ora è realtà. E quindi saltano i tappi e si alzano i cori [...]. Alla faccia di tutto, anche del buon gusto e della razionalità. Ora tocca al revanscismo, lo aspettavano da anni: è l'Italia che si dice indignata perché è politicamente scorretto essere incazzati. Eppure sputano, urlano e lanciano monetine. Insultano qualunque membro del governo abbiano a tiro e assediano i palazzi del potere.

La ricorrenza di questi nomi e verbi ha come effetto quello di sottolineare il comportamento selvaggio e immotivato dei manifestanti, visto attraverso gli occhi del reporter. Queste ripetizioni non solo creano una coesione lessicale con connotazioni negative (per quanto riguarda la coesione lessicale si veda Halliday 2004: 571–575), ma costituiscono inoltre un esempio di ciò che Fairclough definisce come "discoursal overkill", cioè una coesione che porta ad effetti esagerati (1995: 101). Per quanto riguarda le domande e le figure retoriche, si può notare che il reporter fa uso di tali procedimenti al fine di mettere ulteriormente in risalto l'irresponsabilità dei manifestanti e la gravità della crisi politica attuale, accompagnati da un tono di forte indignazione. Si veda infatti la domanda retorica "Cosa c'entrano i cori da stadio con una giornata come questa?", la cui risposta è sottintesa: non c'entrano affatto. Il brano prosegue con metafore drammatiche tese anch'esse a sottolineare la gravità della situazione. L'uso di verbi all'indicativo in queste espressioni metaforiche ha la funzione di confermare la veridicità dell'enunciato del reporter, essendo il modo verbale che generalmente si usa per indicare un fatto come reale, vero: "il morso della crisi si avvicina", "la politica annaspa", "qualcuno ci vede qualcosa di buono", "il calice è prosciugato", "vogliono solo la testa del cavaliere", "tocca al revanscismo", ecc. Il reporter ricorre più volte all'uso della congiunzione avversativa *ma* per contrapporre la crisi politica attuale all'irresponsabilità dei manifestanti: "Il morso della crisi si avvicina, la politica annaspa ma c'è qualcuno che ci vede qualcosa di buono", "questa volta il calice è prosciugato. Ma per gli sfascisti [...] il miraggio dell'oasi antiberlusconiana ora è realtà" (s.n.). Inoltre, per descrivere i manifestanti vengono utilizzati l'attributo "sfascisti" e l'espressione figurata "la bava alla bocca", elementi entrambi molto negativi e dispregiativi. Ancora una volta, tramite procedimenti linguistici quali la scelta dei nomi, degli attributi, delle apposizioni e dei verbi, i manifestanti sono presentati come degli aggressori e Berlusconi come una vittima. Questi procedimenti hanno qui una funzione di orientazione, servono infatti a guidare le simpatie del lettore nei confronti dei protagonisti (per la funzione di orientazione si veda Fairclough 1995: 92). In questo caso le simpatie del reporter sono indubbiamente dirette verso Silvio Berlusconi e il suo governo.

L'articolo prosegue dunque secondo queste modalità, per mezzo di procedimenti linguistici che esprimono la soggettività del reporter che rimprovera i manifestanti e allo stesso tempo difende Berlusconi. Solamente uno dei paragrafi dell'articolo è piuttosto oggettivo e descrive le manifestazioni:

> Fuori dalla Camera, la festa è iniziata con il "Bye, Bye Silvio, Party...?" del Popolo Viola un circo ambulante che segue il Cavaliere da Palazzo Chigi a Montecitorio fino al Quirinale. "Oggi – ha scritto il blogger Viola Gianfranco Mascia – è il grande giorno. Questo 12 novembre ce lo segneremo nel calendario come il giorno della Liberazione". In piazza Colonna suona un'orchestrina, per strada intonano Bella Ciao e sotto al Quirinale la "Resistenza musicale permanente" si è data appuntamento per eseguire l'"Hallelujah dal Messiah" [sic!] di Handel.

Qui il giornalista non commenta la citazione del rappresentante del Popolo Viola e mancano avverbi, attributi, apposizioni e complementi a determinare verbi e nomi. Il linguaggio è neutro, senza connotazioni particolari, con l'eccezione dell'apposizione "circo ambulante" per descrivere i Viola. L'ultimo paragrafo, invece, riprende il discorso dei paragrafi precedenti sull'irresponsabilità dei manifestanti, sulla gravità della crisi e sulla vittimizzazione di Berlusconi, usando gli stessi procedimenti linguistici visti in precedenza. Si può notare inoltre come la maggior parte delle frasi siano espressive e non assertive, cosa che ci si aspetterebbe invece in un articolo a carattere informativo. Ricordiamo qui la distinzione di John Searle tra frasi espressive, che esprimono sentimenti e atteggiamenti, e frasi assertive, che rappresentano le cose così come stanno (1979: viii).

4. L'articolo de *l'Unità*

Qui la giornalista passa direttamente dal titolo all'atmosfera di festa, trasmettendo l'evento dal punto di vista dei manifestanti; ciò è osservabile nella tematizzazione e nelle connotazioni dei nomi, dei verbi e degli attributi scelti nelle funzioni di agente e processo:

"Alleluja! Alleluja! Allelujaaa". È con il coro degli orchestrali di Santa Cecilia, il gruppo di "Resistenza Musicale Permanente", seduto con violini, archi e fiati nella piazza davanti al Quirinale, che si celebra la "festa della liberazione". 12 novembre, una data "da non dimenticare", neppure per i bambini assiepati davanti alle transenne che chiudono Palazzo Chigi o per la massa accorsa sul Colle pronta a stappare le bottiglie di spumante al passaggio di Silvio Berlusconi. Il quale ora evita gli amati bagni di folla narcisistici.

Rispetto a il Giornale, la descrizione dell'orchestra è qui molto più dettagliata e se ne sottolinea l'alto livello culturale. Le espressioni "festa della liberazione" e "da non dimenticare" sono incastrate nel discorso della reporter e non vengono attribuite a nessuno dei protagonisti, ma al contrario rimangono anonime. Qui manca ciò che Fairclough chiama framing, ovvero quegli elementi del discorso dell'emittente che circondano il discorso riportato, quali i verbi, come dice o afferma (1995: 83). Quando le citazioni sono incastrate e anonime, come in questo caso, diventa più difficile distinguere tra il discorso della giornalista e quello di altre voci. In questo modo le citazioni entrano piuttosto a far parte delle frasi affermative della giornalista che, con questo procedimento, tende ad esprimere soggettività e a riprendere il punto di vista dei manifestanti. Anche l'uso della terza persona singolare "si celebra" invece di "loro celebrano" tende al soggettivo, dal momento che può includere tutti e dunque alludere anche al "noi". Nei confronti di Berlusconi la giornalista esprime un parere negativo tramite l'uso del sarcasmo, osservabile negli aggettivi con funzione attributiva riportati nella frase "ora evita gli amati bagni di folla narcisistici", in cui ridicolizza il presunto egocentrismo di Berlusconi. Il narcisismo non è generalmente considerato una qualità positiva e l'uso dell'aggettivo "amati", in contrapposizione al contingente abbandono di Berlusconi di questa attività a seguito delle dimissioni, contribuisce a creare un effetto ironico. Vi sono anche altre modalità grazie alle quali la giornalista esprime un personale parere negativo nei confronti di Berlusconi, come ad esempio alcune espressioni figurate:

> Dalle prime ore del pomeriggio una folla spontanea si è radunata davanti ai Palazzi: Chigi, Grazioli, il Quirinale, il triangolo di potere nel cuore di Roma. Stretti stretti su via del Corso davanti alla sede del governo in un'aria di festa e di rabbia come se scoppiasse un bubbone represso.

Qui la giornalista paragona Berlusconi e il suo governo ad un fenomeno chiaramente sgradevole, "un bubbone represso", il cui scoppio, cioè le dimissioni, genera un senso di sollievo. Si può anche notare la differenza di senso tra questo articolo e quello de il Giornale creata dalle diverse connotazioni degli elementi linguistici scelti nelle funzioni di agente e processo.

Tabella 2.

Agente	Processo	Circostanze
una folla spontanea	si è radunata	davanti ai palazzi

Si noti la differenza di connotazione tra la scelta dell'attributo "sponta-nea" rispetto a quella di "inferocita" de il *Giornale*, e quella tra l'espressione "si è radunata" e invece "assedia" apparsa sempre ne il *Giornale*. Ne risulta che le scelte de *l'Unità* sono molto più neutre rispetto a quelle de il *Giornale*.

Un altro esempio di soggettività è il discorso della reporter a proposito di una fermata d'autobus: "Il segretario Neccoli annuncia che al Comune di Roma chiederà il ripristino della fermata dei bus in via del Plebiscito. Era stata tolta per non disturbare i balletti di Silvio".

La prima frase è un discorso indiretto che riporta in modo oggettivo l'annuncio di Neccoli, mentre la seconda esprime un parere un po' sprezzante nei confronti di Berlusconi da parte della giornalista che, non a caso, lo chiama solo con il nome proprio, *Silvio*. Si tratta di una familiarità fuori luogo in questo tipo di articoli e che risulta quindi insultante. Anche questo enunciato critica l'egocentrismo di Berlusconi, sottolineando il fatto che la fermata era stata tolta per volere suo e, per di più, per non arrecare disturbo alle sue famigerate feste.

La reporter si mostra invece positiva nei confronti dei manifestanti. Non solo trasmette le manifestazioni esclusivamente dal loro punto di vista ma vi è anche una loro individualizzazione, essendo spesso descritti con parole ed espressioni con connotazioni positive:

"Siamo qui per vederlo dimettere", la signora ben vestita, funzionaria dell'Inps, è venuta "apposta da Sapri per vederlo", e "aspettiamo che se ne vada, perché chi non vede non crede, con un tipo del genere", spiega la figlia. [...] È "gente normale" con bandiere tricolori, cittadini informati arrivati lì per esserci. "Siamo romane, aspettiamo tutti che se ne vada. Vede? ho la sciarpa arancione, come ha detto quel cantante... Vecchioni". Anziani con la copertina di Time, giovani arrabbiati gridano "Arrestatelo", o "fuori i mafiosi dallo Stato"; più ironico il "Bye bye Berlusconi. Party?". Due donne col cartello "grazie Napolitano", sorridono: "Siamo qui armate di carta e penna, da casalinghe...". Uno scanzonato ottantenne osserva. "Io devo ancora trova' uno che l'ha votato...".

Notiamo che la signora è "ben vestita", un attributo con connotazioni positive, ed è inoltre identificata come funzionaria dell'Inps (Istituto Nazionale Previdenza Sociale); è descritta come una brava persona con un lavoro impegnativo, e quindi il lettore può confidare nel fatto che la sua critica a Berlusconi sia motivata. Allo stesso tempo la giornalista rispetta anche se solo in parte l'oggettività degli articoli informativi, rispettando il limite tra il proprio discorso e quello dei manifestanti e non commentando le citazioni, che qui sono marcate ed attribuite ad altre persone. Il riconoscimento di questo limite da parte della reporter è un fattore importante nella questione della soggettività e dell'oggettività. Mentre le citazioni non cambiano per esempio l'ordine delle parole o il contenuto della frase, il discorso indiretto può invece trasformarli, adattandoli alla voce della reporter (Fairclough 1995: 81). Allo stesso tempo mancano però opinioni che si oppongano a quelle dei manifestanti. Si vede come i manifestanti che la giornalista sceglie di presentare siano descritti come delle brave persone, innocue, come ad esempio casalinghe e pensionati. Osserviamo come una citazione incastrata nel discorso della giornalista, "gente normale", unitamente al suo parere che si tratti di "cittadini informati", assuma il carattere di una frase affermativa che appoggia i manifestanti e li definisce 'normali' e 'informati'. Sono, cioè, persone istruite che sanno quello che fanno, a differenza della folla inferocita descritta ne *il Giornale*. Si noti il modo in cui la reporter riporta i gesti dei manifestanti che, sventolando la bandiera italiana, compiono un gesto patriottico. Anche qui riscontriamo una differenza rispetto a *il Giornale*, che invece li accusava implicitamente di non interessarsi al destino del Paese.

La reporter, tramite il linguaggio, sembra dunque voler sminuire l'aspetto violento del lancio delle monetine da parte dei manifestanti: "Tira anche un po' aria di 'monetine', da quel lontano 1993 nel quale Craxi e la classe politica fu messa alla berlina. 'Ce l'hai le monetine?', s'informa un ragazzo arrampicato sulle transenne".

L'uso dell'avverbio aggiuntivo *anche* indica che il lancio delle monetine non è l'unico evento che si sta verificando; l'espressione "un po'", assieme alla parola *monetine* tra virgolette, riscuote un effetto eufemistico, diminuendo appunto l'aggressività dell'evento. Inoltre colloca il lancio di monetine entro un contesto storico-politico. La gente ha lanciato le monetine *anche* nel 1993. A differenza de *il Giornale*, qui viene meno la focalizzazione sulla personalità di Berlusconi e la presunta vendetta nei suoi confronti. Il lancio delle monetine fa piuttosto parte di un rito che si ripete ogni volta in cui un governo considerato corrotto dà le dimissioni.

Ne *il Giornale* abbiamo visto come Berlusconi venga rappresentato come una vittima perseguitata da una massa inferocita, tra l'altro nelle posizioni rispettivamente di paziente e di agente, attraverso le frasi e le connotazioni dei verbi e dei nomi usati. Qui vediamo, piuttosto, il contrario: Berlusconi, quando viene messo in posizione di agente, è rappresentato come qualcuno in fuga dalle proprie responsabilità nei confronti del popolo: "L'Audi blu di Berlusconi scivola dall'uscita su piazza del Parlamento, corre su per via del Tritone ma dalla folla partono fischi e urla".

Attraverso questo procedimento sintattico l'evento diventa quindi una fuga da parte di Berlusconi, che prende l'iniziativa, invece di una caccia all'uomo da parte dei manifestanti, che qui rimangono invece inerti. Si noti che anche la scelta dei verbi *scivolare* e *correre* indica una fuga precipitosa.

5. L'articolo del *Corriere della sera*

L'articolo del *Corriere della Sera*, a mio parere, è il più oggettivo sia nei confronti dei manifestanti, sia nei confronti di Berlusconi e del suo governo. Il linguaggio in questo articolo non è solo più neutro ma anche molto più formale. Si veda, per esempio, il primo paragrafo, in cui è rispettato l'equilibrio tra i festeggiamenti dei manifestanti e la gravità di un evento come le dimissioni del premier.

> ROMA – Più di un migliaio di persone ha festeggiato le dimissioni del premier Silvio Berlusconi in piazza del Quirinale. Dalle ore 16 di sabato, un nutrito gruppo di persone si era riunito davanti al palazzo per assistere all'ultimo atto del governo Berlusconi. Il Presidente del Consiglio, Silvio Berlusconi, è arrivato alle 20.57 per rassegnare le dimissioni nelle mani del Capo dello Stato.

Nella tabella sottostante è osservabile la mancanza di connotazioni particolari degli elementi linguistici, fattore che riconduce all'oggettività.

Tabella 3.

Agente	Processo	Circostanze	Scopo
un nutrito gruppo di persone	si era riunito	davanti al palazzo	per assistere all'ultimo atto del governo Berlusconi
Il Presidente del Consiglio, Silvio Berlusconi	è arrivato	alle 20.57	per rassegnare le dimissioni nelle mani del Capo dello Stato

L'emittente non esprime opinioni proprie, né assume il punto di vista dell'uno o dell'altro protagonista di questi eventi. La correttezza e la veridicità dell'informazione sono sottolineate dalla menzione di orari e di luoghi esatti. I manifestanti, a differenza che ne *il Giornale*, sono descritti in modo neutrale, come un gruppo di persone qualsiasi, e anche Berlusconi è presentato in modo neutro e corretto, attraverso l'uso del suo titolo formale e del nome per intero. Anche i verbi *riunirsi* e *arrivare* sono neutri, privi di connotazioni particolari.

Gran parte dell'articolo prosegue poi, come ne *l'Unità*, descrivendo le manifestazioni e i luoghi dove si svolgono. L'emittente del *Corriere della Sera* è, però, più cauto e mantiene una maggiore distanza dai manifestanti rispetto alla reporter de *l'Unità*. Inoltre rileva aspetti sia positivi sia negativi delle manifestazioni: da una parte l'atmosfera di festa e di solidarietà e dall'altra l'affollamento ed i problemi del traffico da queste causati. Compie anche una distinzione tra manifestanti più o meno pacifici. Ne vediamo un esempio di seguito, dove l'espressione *non solo, ma anche* rafforza la sensazione di affollamento creato dai manifestanti:

> Non solo tutta la facciata della Consulta è occupata dalla folla, ma anche il lato delle scuderie del Quirinale, con la Polizia a far da cordone. "Buffone, Buffone": le urla della folla sono intervallate dalle note di un'orchestra che nell'attesa del premier ha suonato Hallelujah e l'Inno d'Italia. Ma c'è anche chi intona "Bella ciao", seguita da "Meno male che Giorgio c'è".

A seguito vi è poi un confronto, introdotto da un *ma* avversativo, tra l'orchestra che suona brani inoffensivi e alcune persone che cantano invece brani più controversi come *Bella ciao*, la canzone partigiana simbolo della seconda guerra mondiale, e "Meno male che Giorgio c'è", una presa in giro di Berlusconi nella quale il nome originale, Silvio, viene sostituito con quello del Presidente della Repubblica.

Per quanto riguarda la rappresentazione dei manifestanti, si può notare come l'emittente li citi senza fare commenti o esprimere opinioni proprie ma, a differenza de *l'Unità*, usi qualche volta dei verbi che assumono una funzione modale nel *framing* delle citazioni (si veda Fairclough 1995: 83 per le funzioni di questo procedimento, quali la manipolazione, e anche Halliday 2004: 252–253 per le connotazioni di vari verbi nel *framing*). Anche se non mette in discussione ciò che i manifestanti affermano, a volte la veridicità dei loro commenti, per mezzo di questo procedimento, perde di valore rispetto all'articolo de *l'Unità*. Ne vediamo qualche esempio:

> "Noi ci sentiamo liberati", dice una signora dai capelli biondi che si definisce casalinga e mamma di due figli, uno di 27 e l'altro di 23 anni. Poi replica: "Chi siamo? Siamo gli italiani che si sono rotti di questa gentaccia, grazie a Napolitano". [...] Nella folla c'è anche un ragazzo con una decina flutes [sic!] in plastica ed una bottiglia di spumante. A lui si avvicina un altro giovane, si chiama Roberto, così dice e ha in bella mostra una bottiglia di spumante: "L'ho comperata due anni fa per questo momento", racconta.

Tramite l'uso di verbi quali "si definisce" o l'espressione "così dice", la veridicità delle affermazioni è attribuita ai parlanti, mentre l'emittente, in un certo senso, ne prende le distanze. Allo stesso tempo avviene un'individualizzazione dei manifestanti per i quali l'emittente, nel *framing*, adotta nuovamente dei verbi neutri come "dice", "racconta" e "replica".

Similarmente agli altri articoli, anche qui ci si occupa del lancio delle monetine. A differenza degli altri due però qui l'evento non viene né giudicato, né attenuato. L'emittente lascia la parola al leader dei Viola, senza fare commenti, sebbene adotti un verbo con connotazioni ambigue nel *framing*:

> "Abbiamo accolto l'arrivo di Silvio Berlusconi al Quirinale con un lancio di monetine. È stato un gesto spontaneo dei cittadini. Oggi è la liberazione dell'Italia" afferma il leader dei Viola, Gianfranco Mascia, in piazza del Quirinale.

Affermare può significare sia 'sostenere' che 'confermare'; se l'emittente lo usa con il primo significato, ciò implica una presa di distanza dal commento di Mascia, mentre se lo usa attribuendogli il secondo significato, allora il *framing* rimane piuttosto neutro. Per quanto riguarda la rappresentazione dei manifestanti, si può notare quanto questa risulti più simile a quella dell'articolo de *l'Unità* rispetto a quella proposta da *il Giornale*. Anche qui sono descritti come dei cittadini normali, positivi nei confronti del proprio Paese e certamente non una minaccia per lo Stato: "La folla applaude al passaggio di una Cinquecento dipinta con i colori della bandiera italiana. Scatta l'applauso al Presidente della Repubblica". Qui l'emittente mette in risalto il fatto che la gente applauda due volte alla vista dei simboli che rappresentano l'Italia: i colori della bandiera e il presidente.

Nel *Corriere della Sera*, a differenza degli altri due giornali, mancano pareri su Berlusconi e sul suo governo da parte dell'emittente. Un'altra differenza è che l'emittente del *Corriere* dedica un intero paragrafo alla questione della fermata dell'autobus ed un altro alla situazione del traffico. Questo potrebbe essere spiegato come una volontà precisa di trasmettere informazioni di carattere pratico per il lettore comune. Per quanto riguarda la fermata, anche qui si parla della sua riapertura, come ne *l'Unità*, ma tutta l'informazione proviene da una lunga citazione del consigliere del Pd, Dario Nanni, in un discorso diretto, riportato senza commenti dell'emittente, ed attraverso l'uso del verbo neutro *dire* nel *framing*:

> "Appena appreso che Berlusconi si sta recando al Quirinale per rassegnare le dimissioni al presidente della Repubblica ho predisposto immediatamente una mozione nella quale si chiede di ripristinare la fermata dell'autobus in via del Plebiscito" dice il consigliere capitolino del Pd Dario Nanni. "Il testo specifica – conclude – che sono venuti meno i motivi che determinarono la sospensione della fermata da parte dell'Atac su indicazione dell'am-ministrazione capitolina. Il documento sarà consegnato immediatamente agli uffici dell'assemblea capitolina per giungere lunedì stesso ad una rapida discussione della proposta".

Il linguaggio burocratico-formale di Nanni risulta oggettivo, non contenendo opinioni o parole ed espressioni con connotazioni soggettive, e costituisce inoltre un forte contrasto stilistico rispetto alla descrizione della sospensione della fermata fornita dall'articolo de *l'Unità*, dove il motivo sarebbe stato quello di non arrecare disturbo alle feste di Berlusconi. Nell'articolo del *Corriere della Sera* troviamo una perifrasi formale, "sono venuti meno i motivi che determinarono la sospensione della fermata", mentre ne *l'Unità* la fermata "[e]ra stata tolta per non disturbare i balletti di Silvio".

A proposito del traffico, l'emittente riprende il discorso dal titolo e riporta informazioni sulle strade chiuse, sulle deviazioni del traffico e dei mezzi pubblici e così via. Qui individuiamo anche un ultimo esempio dell'oggettività dell'emittente, che dà la colpa della situazione del traffico sia al governo Berlusconi, sia ai manifestanti: "La crisi del governo Berlusconi ha mandato in tilt anche il traffico del centro della Capitale per le migliaia di manifestanti che si sono accalcate davanti ai palazzi del potere". Da una parte abbiamo il governo Berlusconi e la sua crisi in posizione di agente e, quindi, ritenuti responsabili dell'azione, dall'altra la subordinazione introdotta da un *per* causativo indica che anche i manifestanti, che qui funzionano da agente, sono una causa del problema.

6. Conclusioni

I tre articoli si occupano dello stesso evento: le manifestazioni svoltesi a Roma successivamente alle dimissioni del premier Silvio Berlusconi. Sono articoli a carattere informativo da cui ci si aspetta da parte del giornalista una presentazione delle informazioni piuttosto oggettiva e priva di opinioni o simpatie personali. Nonostante gli articoli in questione dovrebbero mantenere un alto grado di oggettività in relazione all'informazione trasmessa, si può constatare che l'oggettività del giornalista/emittente varia abbastanza a seconda del profilo ideologico dei diversi quotidiani. La soggettività degli emittenti nei confronti del loro materiale può essere osservata per mezzo di diversi procedimenti linguistici. Il linguaggio offre molte possibilità di offuscare o di manipolare l'oggettività, presupposta negli articoli a carattere informativo, e ciò può avvenire a tutti i livelli del testo: dalla struttura generale alla scelta del lessico.

Analizzando i testi dei diversi giornali si può notare una grande differenza nella struttura tra il *Giornale* da una parte e *l'Unità* ed il *Corriere della Sera* dall'altra. Nel primo abbiamo quattro paragrafi di cui due sono di carattere retorico e due trattano delle manifestazioni e degli eventi in relazione ad esse. Ne *l'Unità* gli esempi di retorica soggettiva si limitano a qualche riga, mentre non vi è ombra di brani retorici nel *Corriere della Sera*. Gli articoli di questi due ultimi quotidiani si focalizzano spesso sui manifestanti, lasciati spesso liberi di esprimere le loro opinioni. La differenza è che *l'Unità* assume il punto di vista dei manifestanti, giudicando Berlusconi, mentre il *Corriere della Sera* mantiene la neutralità. Ne *il Giornale*, invece, il punto di vista dei manifestanti manca del tutto. Nell'articolo de *l'Unità* è tematizzata l'atmosfera di festa e di gioia dei manifestanti e in quello del *Corriere della Sera* ritroviamo sia l'atmosfera di festa, sia la situazione del traffico, mentre ne *il Giornale* è tematizzato il comportamento rimproverabile dei manifestanti. In questo modo ognuno dei quotidiani, in particolare *il Giornale* e *l'Unità*, ha dato una propria rappresentazione del mondo attraverso un suo discorso particolare.

Note

1. Per Halliday il testo è il risultato di una selezione continua in una rete di sistemi che costituiscono la grammatica di una lingua. Molte di queste scelte sono obbligatorie ed inconsce, essendo dipendenti dalla costruzione della struttura della lingua in questione (2004: 23–24). Il presente studio si concentrerà tuttavia sulle scelte consce degli emittenti. Queste si possono osservare nei contenuti

delle tre metafunzioni del linguaggio osservate da Halliday: quella ideazionale, quella interpersonale e, infine, quella testuale. La metafunzione ideazionale (ovvero logico-esperienziale) riguarda la costruzione dell'esperienza umana e l'aspetto riflessivo della lingua. Attraverso l'analisi dei processi, dei partecipanti coinvolti e delle circostanze, si studiano la frase come rappresentazione e ciò di cui essa tratta (ivi: 29; 168–169; 309). La metafunzione interpersonale si occupa delle relazioni sociali e personali tra emittente e destinatario e dell'aspetto interattivo della lingua (ivi: 29–30). La metafunzione testuale riguarda la frase in quanto messaggio e la costruzione e l'organizzazione del testo (per esempio la creazione di coesione). Questa funzione ha il compito di coadiuvare le altre due metafunzioni (ivi: 30; 160). Il presente studio si focalizzerà sulla metafunzione ideazionale, cioè sui partecipanti, sui processi, sulle circostanze e sul contenuto delle frasi. Le altre due funzioni sono comunque presenti e interessanti. In particolare verrà osservata la funzione interpersonale nello studio dei tentativi, da parte dell'emittente, di influenzare il destinatario.

2. In questo studio mi occuperò esclusivamente del linguaggio del testo.

Riferimenti

I. Corpus

http://roma.corriere.it/notizie/cronaca/11_novembre_12/dimissioni-governo-festa-19021/46020051.shtml

http://cerca.unita.it/ARCHIVE/xml/2335000/2334019-xml?key?=bandiere%2C+musica%2C+cori&first=1&orderby=1

http://www.ilgiornale.it/interni/eccola_italia_sfascisticarosellidimissioni/12-11-2001/articolo-id=55631-page=0-comments=1

II. Opere citate

Fairclough, Norman. 1995. *Media Discourse*. London: Edward Arnold.

Fairclough, Norman. 2003. *Analysing Discourse. Textual analysis for social research*. London & New York: Routledge.

Fowler, Roger. 1991. *Language in the News. Discourse and Ideology in the Press*. London & New York: Routledge.

Halliday, M.A.K. 2004. *An Introduction to Functional Grammar*. (Revised by Christian M.I.M Matthiessen). London: Hodder Education.

Searle, John. 1979. *Expression and Meaning. Studies in the Theory of Speech Acts*. Cambridge: Cambridge UP.

Lo Zingarelli. Vocabolario della lingua italiana di Nicola Zingarelli. 1996. Dodicesima edizione. Bologna: Zanichelli.